日本藝術史

獻給

雙親、Drs. John & Susan Huntington、盛容、益凱、益坦及愛護我的師長與親友。

自序

在亞洲國家中，中日兩國不但在歷史上一直都扮演著具有影響性的角色，而且兩國關係之密切，絕非他國所能比擬。日人深知此點，故對中國之研究，可謂不遺餘力，即使在第二次世界大戰侵華期間，對於中國之研究仍不懈怠，且更為積極；如日本學者在南京大報恩寺，對於玄奘所遺頭骨之發掘，即為一例❶。其他如對於中國各家思想、歷史、文學、政治、藝術、社會等各方面之研究，亦積極不怠，有關之論文與書籍之多，可謂難以計量，而平均水準之高，亦為國際間所公認，故甚多研究中國各方面之中國學者，以日人之論文及書籍，作為主要參考者，為數頗多。反之，我國對於日本各方面之研究，卻大為遜色，差距極大，以「無可比擬」形容之，應不為過。就以坊間書店所能見到國人撰寫之有關日本的書籍而言，其數量可謂極為稀少，不易一見也。

兵家曰：「知己知彼，百戰不殆。」日人在二次世界大戰時雖未戰勝，但對於我國之瞭解程度，卻非我國對於日本瞭解之程度所能比擬。就「知彼」而言，日人對中國已入了門，但中國對日本卻仍在門外，更何談「知彼」？故日人的侵華戰爭是事出有因，亦是有跡可循的。惜國人在慘痛的歷史教訓後，仍未能因「後知後覺」而痛定思痛，積極並加強對於日本的研究；政府如此，社會如此，學術界亦如此，殊為可歎！

就以臺灣目前與日本的經濟關係言，日本是臺灣最大的入超國，在經濟上的影響甚大，最低限度在研究日本經濟方面的論著，應有相當數量，但卻仍是極為冷清。反觀歐美各國，因近代日本經濟的崛起，對於日文的學習，以及有關日本各方面之研究，有如雨後春筍，極為熱絡。以日文、日本研究與日本文化藝術三方面之教學及研究而言，在美國較著名與規模較大的大學，均可授予學位或設有課程，且反應熱烈，並不斷擴展中。此即所謂順應潮流，趕上時代也。此種現象甚值國人深思之。

由於上述原因，歐美較有規模的大學中，不但研究日本各方面的論著甚多，且藏書極豐，與國內情形相較，實不可以道里計。一般而言，如有同樣性質的課程，一是日本的，一是中國的，則選擇前者的學生人數，遠較選擇後者為多。再以修習之課程言，一九六○年代時，日文、日本史及日本藝術史逐漸在美國大學中傳授，其中尤以日本藝術史更廣受歡迎，開設此一課程之大學亦為數最多。至一九九○年代，各大學對教授日本藝術史的人才需求甚殷，這種現象與日本的經濟發展及在國際間的影響力，當有直接的關連性。

❶ 一九四二年日本侵華期間，日本軍方與學者共同合作發掘南京大報恩寺遺址，發現一個石匣，刻有係玄奘頭骨之銘文，中有玄奘之頭骨十七片。詳情見邢福泉著《臺灣的佛教與佛寺》（臺北，臺灣商務印書館，1992年7月三刷），第125頁。

著者於一九七六年即在美國加州州立大學（聖荷西）任教，「日本藝術史」為教授課目之一，後又於紐約市聖若望大學亞洲研究學院碩士班繼續教授同一課程，並在美國大學藝術學會（College Art Association of America）及南加州亞洲學會議（Asian Conference of Southern California）等處，發表有關日本藝術方面之學術論文。因有感於國內研究日本風氣之低落，故於一九九六年夏趁第二次返國客座之便，在華梵碩士班開設國內首創之「日本藝術史」課程，期能帶動對日本研究之風氣，並因應時代潮流。

論及日本藝術，不少人對於日本藝術有所誤解；譬如眾人皆知中國之佛教藝術舉世無出其右，但考諸史實，中國佛教藝術之興盛期，約自南北朝至北宋止，即公元四世紀至十二世紀，共約八百年；但日本卻自飛鳥時期至室町時期，皆是佛教藝術為主流之時代，即自公元六世紀至十六世紀，共計約一千年，較中國尚多兩百年。且日人雖另有神道教，但神道教之信仰及藝術，卻從未在日人中佔有如佛教之重大分量，而在中國人中，儒、道兩家之思想及影響，卻是不容忽視的。故整體而言，佛教及佛教藝術對於日人的重要性及影響性，可能較國人尤有過之，故有興趣研究佛教藝術者，日本實為不容忽略的一環。

再以有志研究中國藝術者而言，對於日本藝術的瞭解，更有其必要，因為甚多中國已經消失，或者不甚瞭解與成為懸案的事物，在日本藝術中都可發現或找出答案。換言之，日本承繼了許多在中國已經消失的事物；譬如中國人以為是日本的事物，事實上卻原來是中國的，或者在中國已蕩然無存與無跡可尋的事物，卻可在日本發現。故欲真正瞭解中國藝術至最大極限，日本藝術是絕不可缺的一環，否則對於中國藝術的瞭解，必定有所缺失。最佳之例為研究中國南北朝至唐代的建築，必須亦研究日本飛鳥時期至奈良時期的建築，否則必難窺其全貌，或對中國木結構建築與配置，有真正之瞭解。

本書雖為藝術史性質，但並無一般藝術史「大同小異」或「人云己云」的通病，書中內容及分析，多係著者任教日本藝術史二十餘年之研究成果及創見而成，部分並與中國藝術作一比較，他書不易見之。本書雖為由國人以中文撰寫日本藝術史之第一本學術性書籍，唯學海無涯，著者限於才識，力有未逮與疏漏錯失之處，自所難免，尚祈海內外方家學者，不吝賜正，是為至感。並祈本書之出版，能夠帶動國人對關係最密切的鄰國——日本的研究風氣！

邢福泉

一九九八年八月十九日于美國康涅底克州

格桑柏尼市冷泉居松柏園

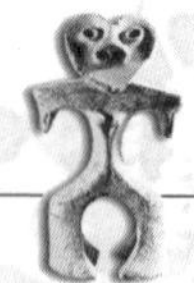

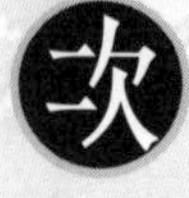

目次

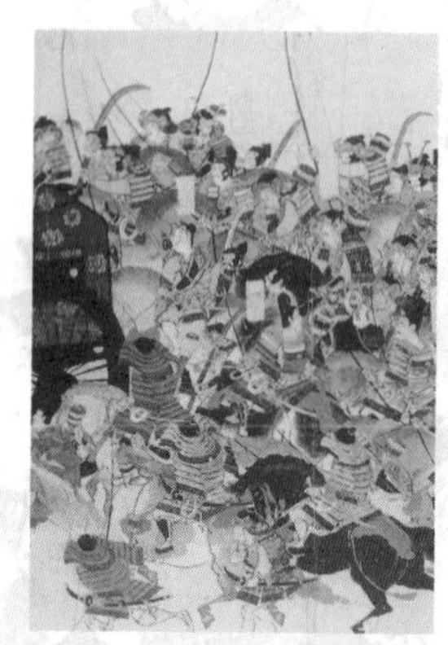

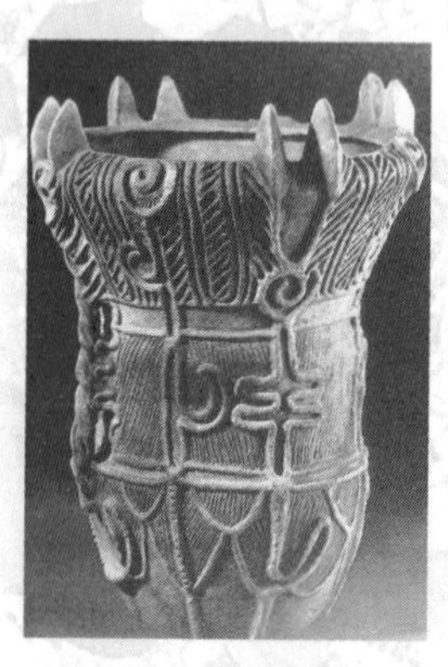

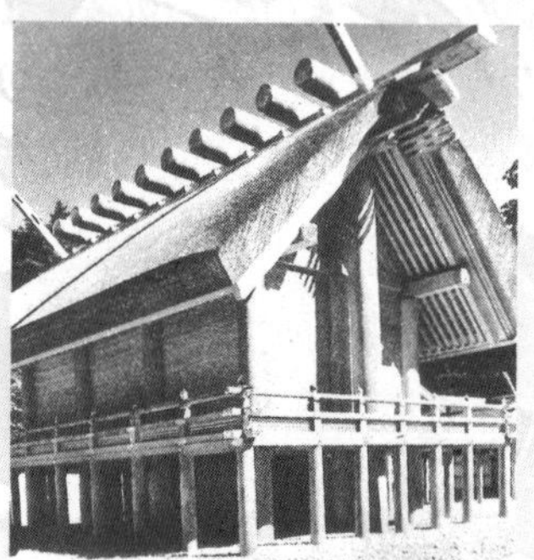

日本藝術史

目次

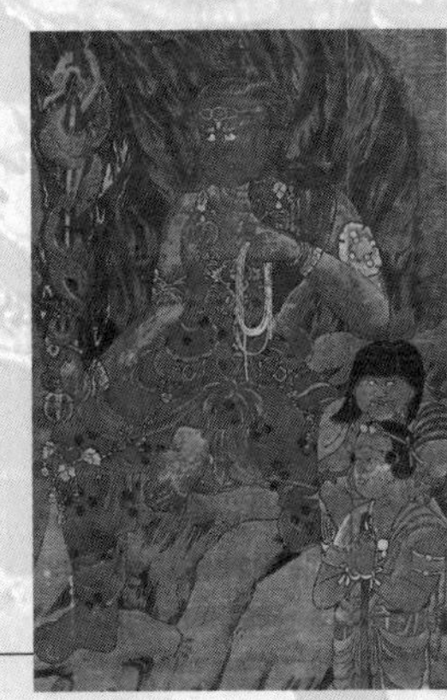

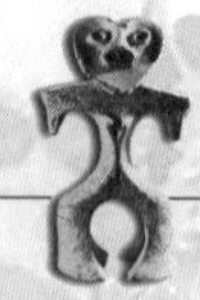

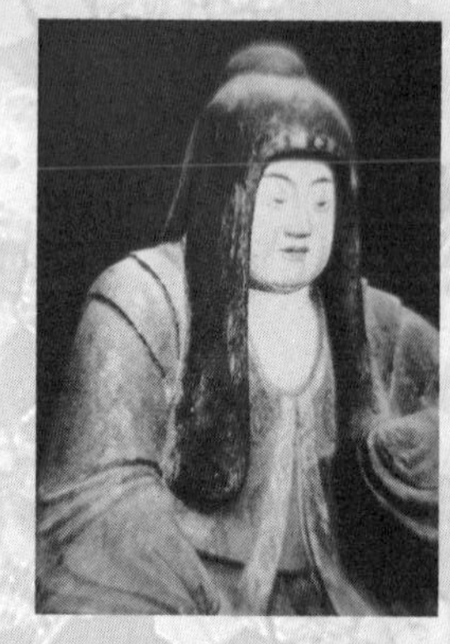

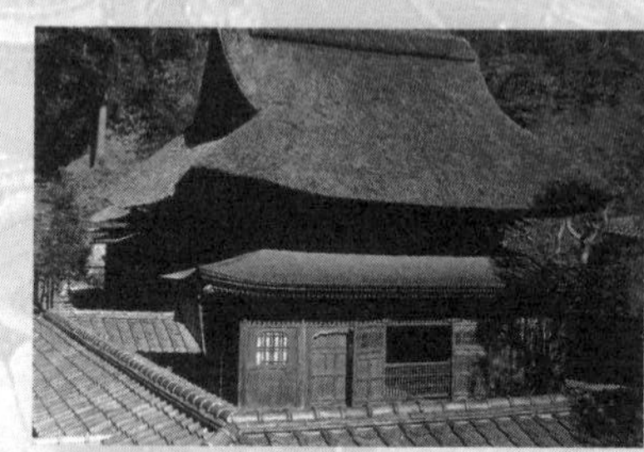

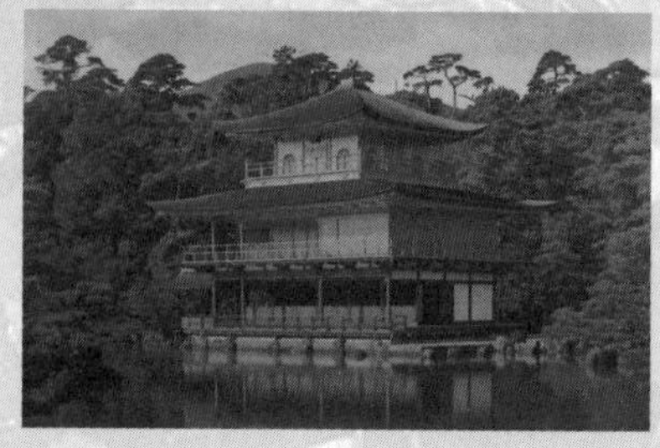

日本藝術史

目次

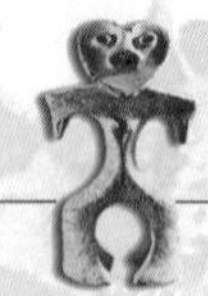

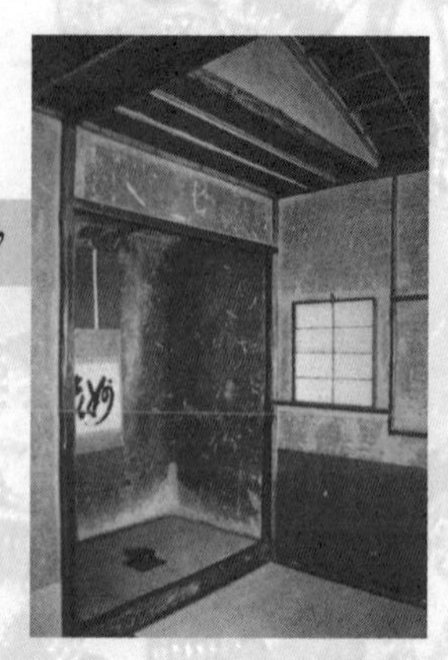

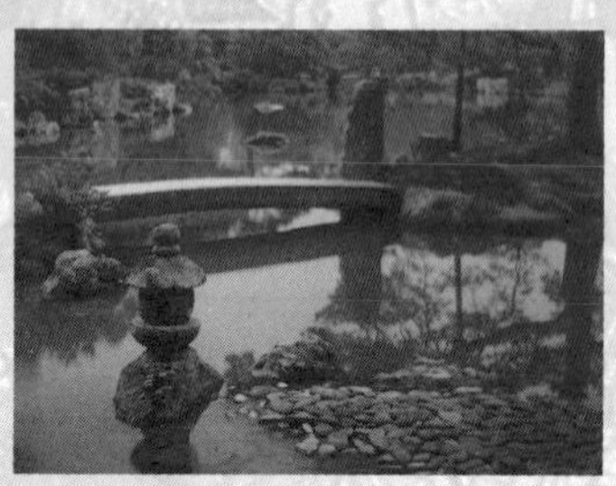

圖片目次

有＊號者請參考書前彩色頁

圖片目次

中日年代對照表

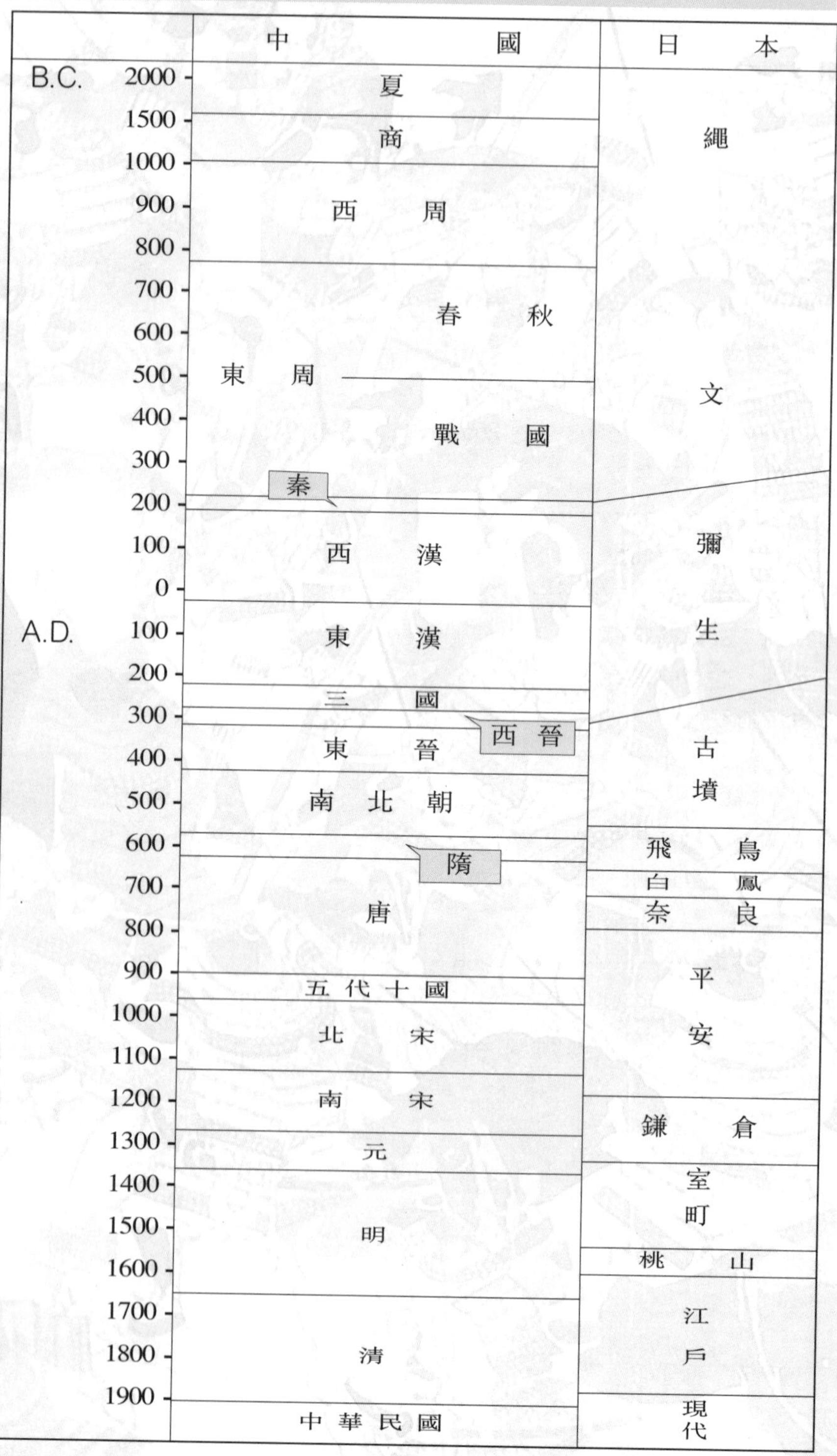

中國
日本
B.C.
2000
1500
1000
900
800
700
600
500
400
300
200
100
0
A.D.
100
200
300
400
500
600
700
800
900
1000
1100
1200
1300
1400
1500
1600
1700
1800
1900
夏
商
西周
春秋
東周
戰國
秦
西漢
東漢
三國
西晉
東晉
南北朝
隋
唐
五代十國
北宋
南宋
元
明
清
中華民國
繩文
彌生
古墳
飛鳥
白鳳
奈良
平安
鎌倉
室町
桃山
江戶
現代

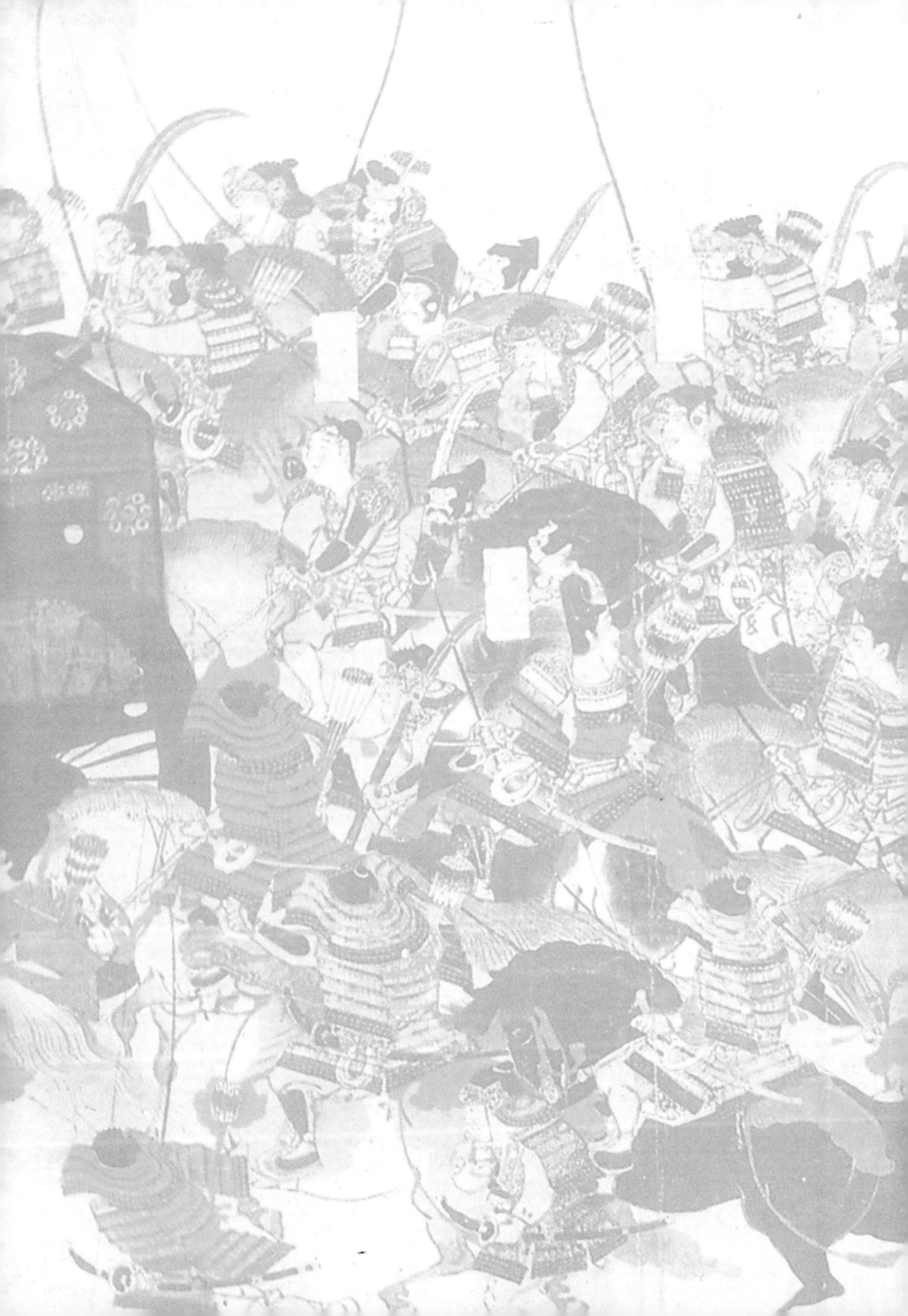

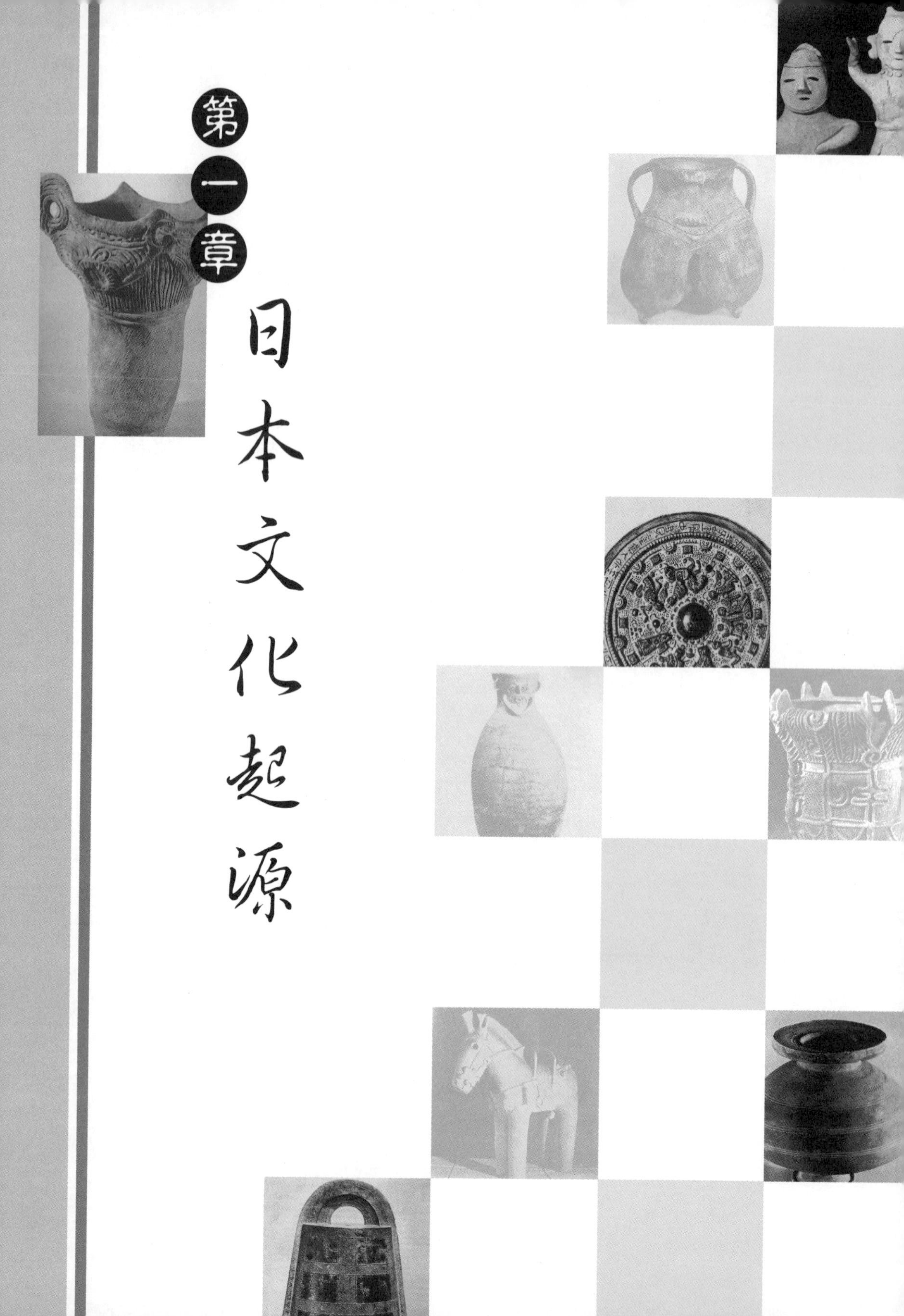

第一章 日本文化起源

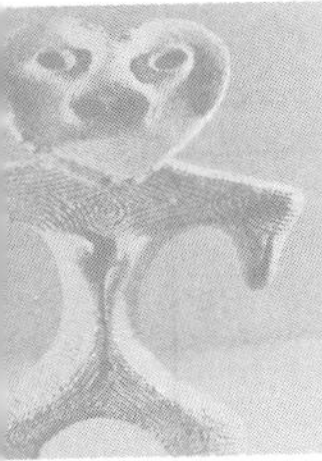

摘　要

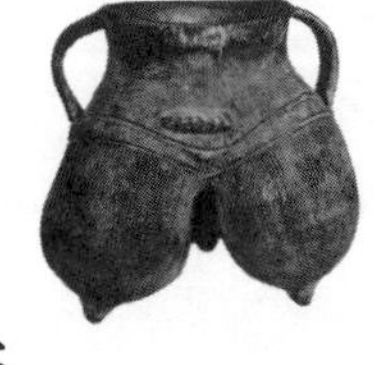

日本大和族之確實起源，世界學者有不同之看法，但以蒙古種為主，滲雜高加索種與東南亞之馬來種，則為較少爭議之說法。另一研究困難之處為日本至六世紀方有文字（中文），八世紀方有正式歷史，甚多早期之情況與活動，僅能自中國之《史記》、《漢書》、《後漢書》及《三國志》內，見其蛛絲馬跡。

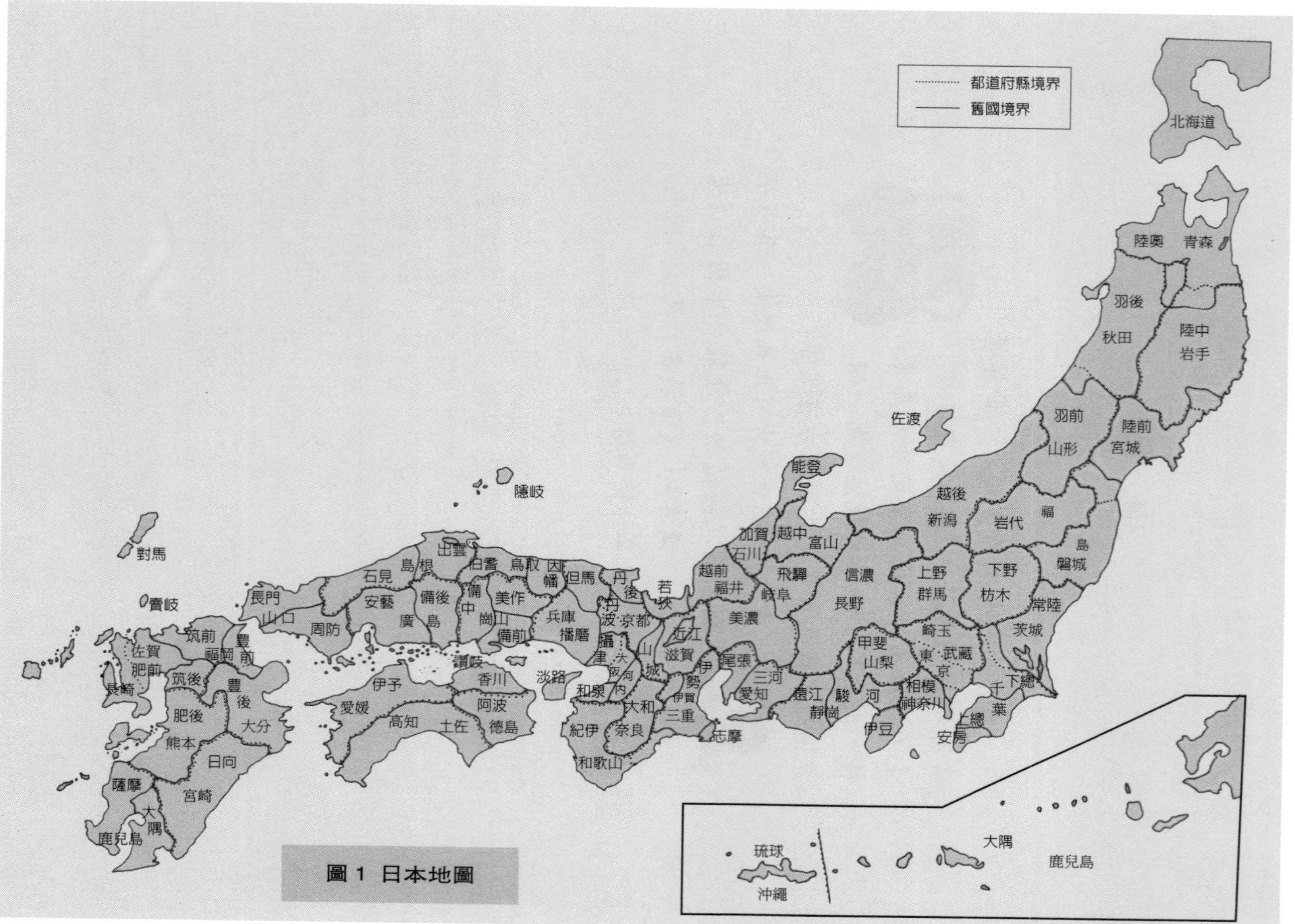
都道府縣境界
舊國境界
北海道
陸奥
青森
羽後
秋田
陸中
岩手
羽前
山形
陸前
宮城
佐渡
越後
新潟
岩代
福
島
磐城
下野
栃木
常陸
茨城
上野
群馬
埼玉
武藏
東京
千
葉
下總
上總
安房
相模
神奈川
甲斐
山梨
駿河
伊豆
遠江
静岡
信濃
長野
能登
加賀
石川
越中
富山
飛驒
岐阜
越前
福井
美濃
尾張
三河
愛知
若狹
近江
滋賀
伊勢
伊賀
三重
志摩
丹後
丹波
京都
山城
攝津
大阪
河內
大和
奈良
和泉
紀伊
和歌山
但馬
兵庫
播磨
淡路
因幡
鳥取
美作
備前
岡山
備中
伯耆
隱岐
出雲
島根
石見
備後
廣島
安藝
周防
長門
山口
讚岐
香川
阿波
德島
伊予
愛媛
土佐
高知
對馬
壹岐
筑前
福岡
豐前
佐賀
肥前
長崎
筑後
豐後
大分
肥後
熊本
日向
宮崎
薩摩
大隅
鹿兒島
琉球
沖繩
大隅
鹿兒島

圖1 日本地圖

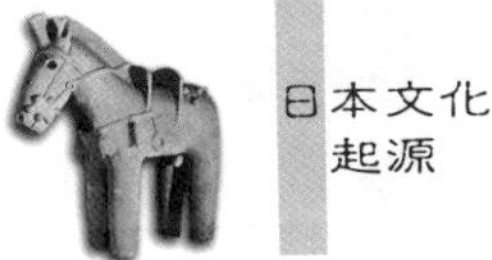

日本係由本州、四國、九州、北海道四島及其他三千餘小島所組成（圖1），總面積三十七點七萬餘平方公里，據部分學者推斷，在上古時期日本各島曾與亞洲大陸相連，直至距今約一萬年左右，因地層變動，方與大陸脫離，形成今日之日本。

關於日本大和族之來源，學者有不同之說法，但國際學者公認構成大和族主要的人種是蒙古種、馬來種與高加索種。蒙古種中包括了中國大陸及韓國的移民。國際學者雖然認為在公元前二千年左右就有人類在今日的日本境內活動，稱之為繩文（Jōmon）文化或繩文族，是從亞洲大陸移民過來的高加索種。他們可能原居於印度北部，其後遷移至中亞細亞、西伯利亞及東北，然後再至日本。可是部分學者仍然懷疑繩文文化能否上溯至公元前二千年左右，但是至少在公元前二世紀前，已有繩文文化存在，則是共同公認的。

日本上古文化的難以確定，主要是日本一直至公元六世紀方有自中國全盤移植過來的文字——中文。有了文字以後，方有史料的記載，故日本史料最早的書籍是公元七一二年的《古事紀》（*Kojiki*）與七二〇年的《日本書紀》（*Nihonshoki*）。可惜均甚簡短並滲雜神話在內，與中國的《史記》、《漢書》等不可同日而語。據上述兩書所述，日本的開國之君是天照大神第三代孫神武天皇（Jimmu）。其後日本境內因戰亂而建立了許多小國。在公元前二世紀至公元二世紀之間，敬奉天照大神的邪馬台國（Yamato）成為共主，後裔即今日之日本天皇系統，其宗廟為今日皇室之伊勢（Ise）神宮。故部分學者稱日本本土風格之繪畫或建築為「邪馬台繪畫」或「邪馬台建築」。

因今日日本的和歌山縣新宮市有「徐福之墓」（圖2），並於每年九月一日夜舉行「徐福祭」，而佐賀縣又有每五十年舉行一次的「徐福大祭」及「徐福神社」，再加上各種考證，已有部分學者認為日本之神武天皇即徐福❶，但尚未為世界學者公認。

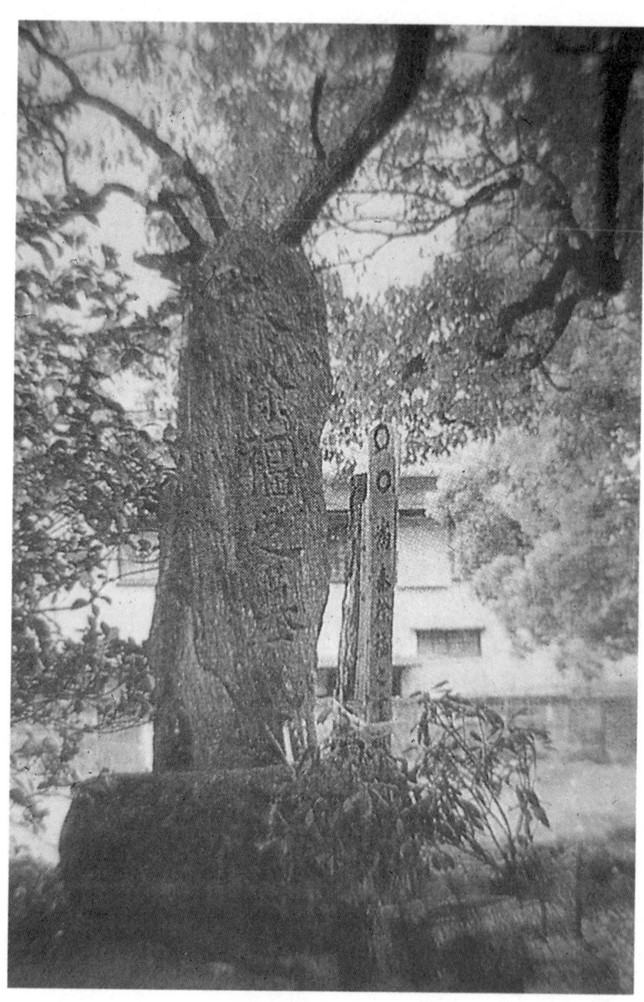

圖2 徐福之墓
和歌山縣新宮市

總言之，在飛鳥時代（公元552至645年）前之日本，因缺乏足夠史料及實物，各種狀況均不十分明瞭，最多自《史記》、《漢書》、《後漢書》及《三國志》等書所載，略知其蛛絲馬跡。如《後漢書》內有「倭傳」，曾記載漢光武帝於中元二年（公元57年）賜倭奴國王印等等。但據學者研究，繩文時期為一漁獵社會，彌生（Yayoi）時期則為一農耕社會，此已為公認之事實。

❶ 齊鳳山〈徐福東渡求仙藥、中日絲路千古情〉，《中央日報・副刊》（臺北，1995年1月9日）。文中提及香港曾出版《徐福入日本建國考》（日本譯為《神武天皇——徐福傳說之謎》，以日文出版）。臺灣《華學月刊》第126期亦發表了〈徐福即神武天皇考〉論文。

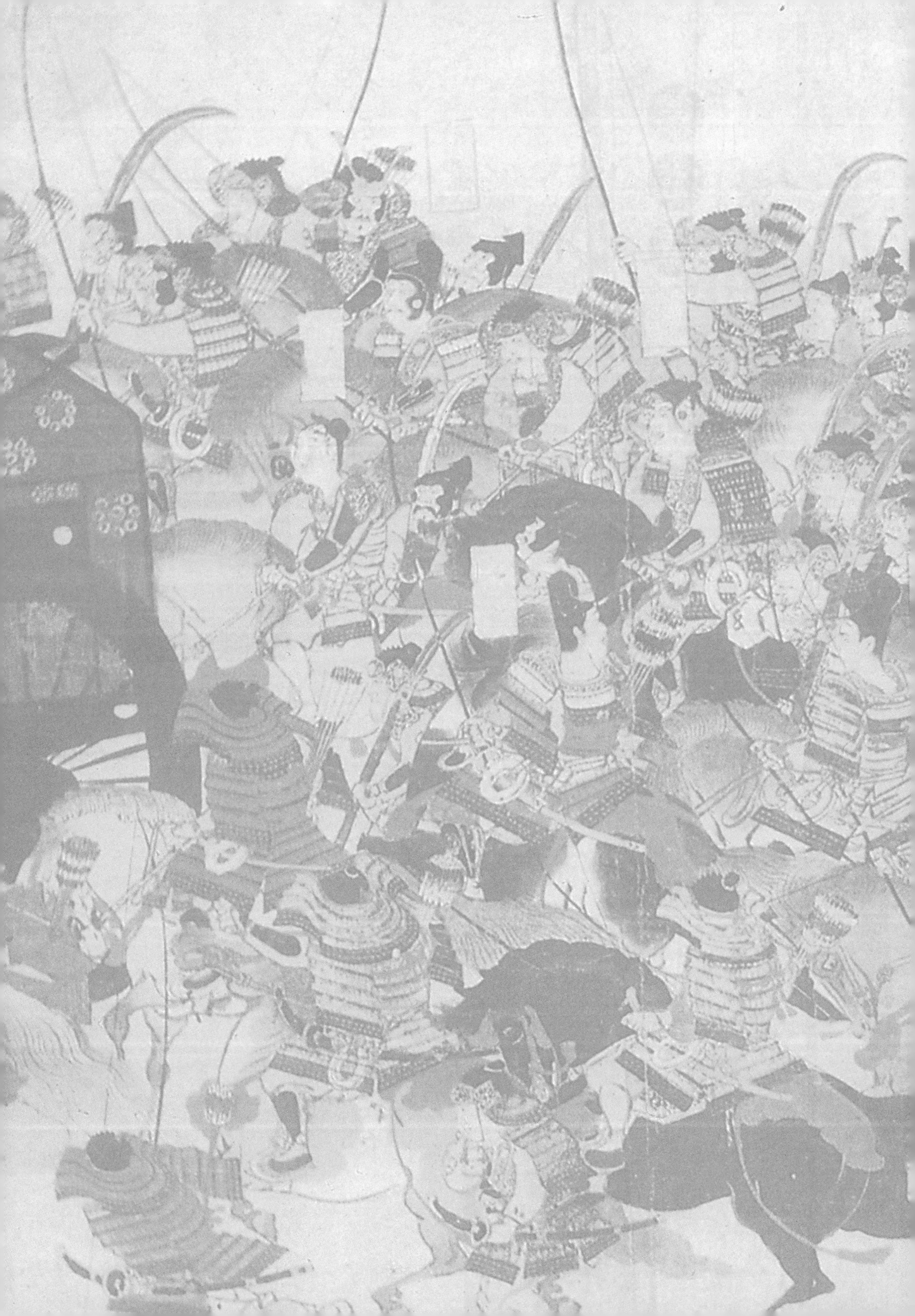

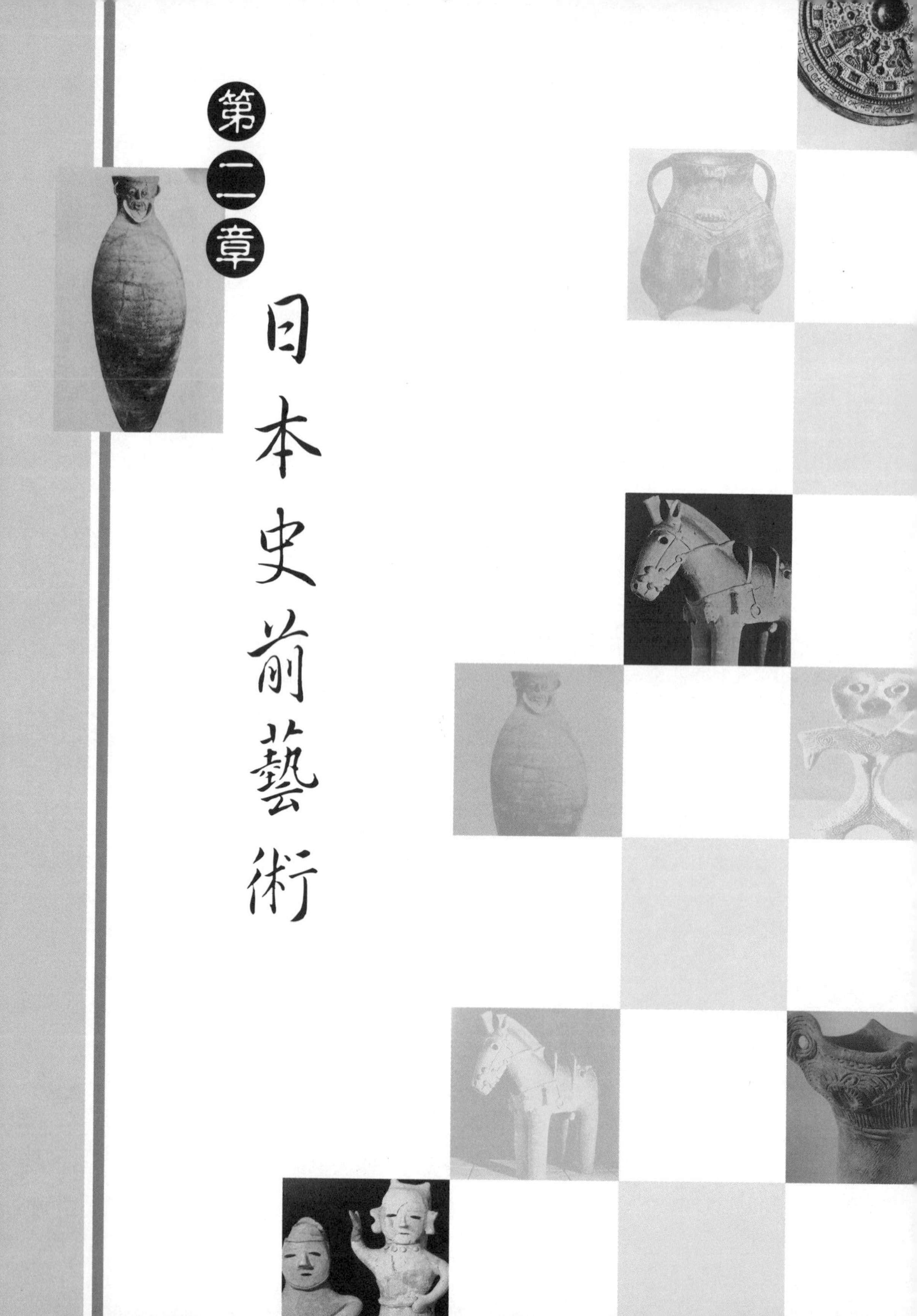

第二章 日本史前藝術

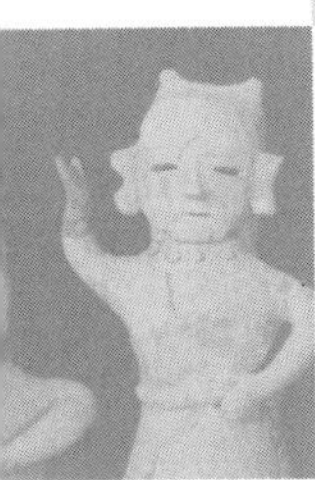

摘　要

日本史前藝術共分為三個時期：

一、繩文時期（公元前二世紀以前）——陶器上多有繩狀紋路而得名。大約可分為土器及土偶兩種。部分實行屈肢葬，頭部蓋以陶甕，與中國仰韶文化及卑南文化頗有類似之處。

二、彌生時期（公元前二世紀至公元二世紀）——有穴居及村落聚集兩種方式，已由漁獵社會逐漸轉型至農牧社會，並使用簡單機械與高溫製造陶器，與中國龍山文化之陶器有近似之處。此時已能製作銅鐘，圖紋裝飾均有本土特色。在九州並發現漢代之「漢委奴國王」印。

三、古墳時期（公元二世紀至552年）——甚多巨型之皇帝墳墓出現，最有名者為仁德天皇墓，墓內有自中國輸入及本土自製之銅鏡，部分刻有中國文字。墓外廣植中空之泥偶及泥製之舟船、動物等。福岡縣附近發現之古墳中，內有幾何形圖案與人、舟、樹、馬等圖案，極為抽象原始。一九七二年在奈良發現的高松塚古墳，更是古墳文化與飛鳥時期文化具有關連性的有力佐證。

繩文時期

繩文時期（公元前二世紀以前）係以陶器上之繩狀紋路而得名，因此一時期之陶器，尤其是陶罐多有繩狀紋路，故稱之為繩文文化或繩文時期（圖3）。如前章所言，繩文時期之主要人種為高加索種（Caucasian），與現在所見之日本人完全不同。現居住於北海道（Hokkaido）及庫頁島（Kurile Islands）之蝦夷人（Aino or Ainu）可能為繩文時期之遺民。考古及人類學家皆認為，在公元前二世紀後，一個由日本南部興起新來的較高文化民族，將屬於繩文文化的種族驅至日本北部，亦即現在之北海道附近。

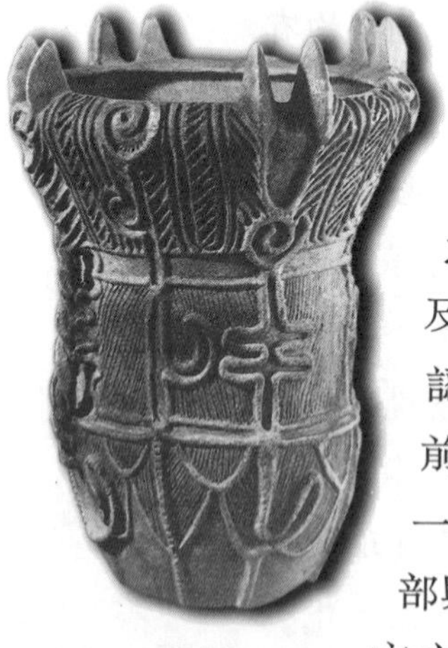

圖3* 陶器
繩文時期
（有*號之圖，請參考書前彩色頁。）

此一新興種族之文化稱為「彌生文化」，亦稱「彌生時期」。

繩文時期之陶器可分為兩類：

一、土器(Doki)

土器係指具有繩狀裝飾之容器（圖4）。此類容器係以黑灰色之陶土製成。與彌生時期之陶器比較，最大的不同處為繩文時期之陶器係手製及日曬而成。此一時期陶器的形狀及突出如淺浮雕之繩紋，均為世界其他文化所無。但陶器中、下部分如細繩狀之紋路，卻與中國史前陶器及商代部分陶器上之細繩狀紋路近似（圖5）。公元前二世紀左右，正當戰國末期及漢初，人民為逃避戰禍，由東北經韓國移居日本者當不在少數。較早期之箕子後裔移居韓國為另一例子，故極有可能受中國移民之影響。再者繩文時期之居民係經

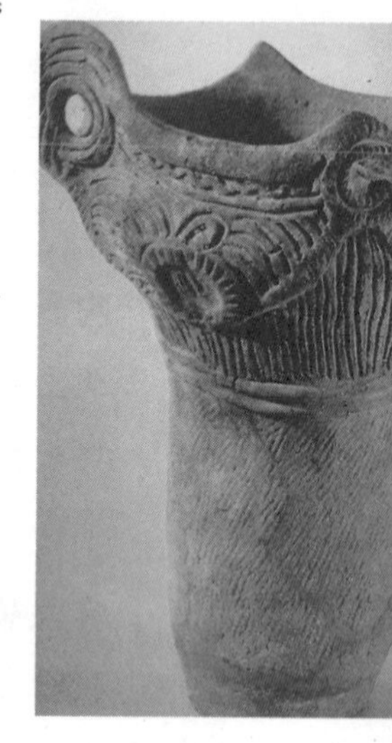

圖4* 陶器
繩文時期

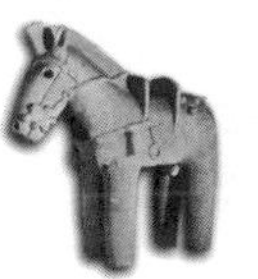

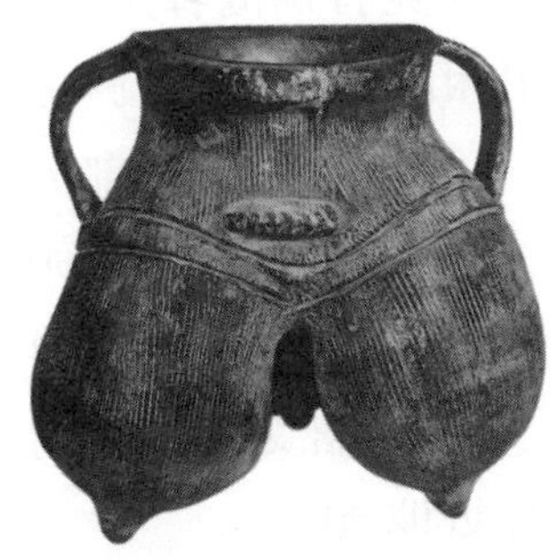

圖5* 鬲
中國商朝

東北、韓國而來，受中國之影響自有可能。

二、土偶（Dogū）

此係以陶土製成之偶像，形像有似人者，亦有似動物者（圖6、7、8），部分土偶造型頗為抽象；如短手、誇大的肢體造型、似人又似動物的眼睛以及心臟形的頭部等等。甚多人形土偶的體型與豐滿矮胖的婦女近似，可能象徵生育與豐潤，並為繩文民族所敬拜。部分土偶之造型亦為他國文化所無，但迴文狀的紋路卻與中國仰韶文化陶器及以後銅器上的部分紋路相似，其間當有關連性。

繩文時期有一細長之陶甕（圖9），頸部有一帶有鬍鬚之人面相。如將此一陶甕與在青海柳灣出土之仰韶文化之陶甕相較（圖10），其人面之位置同在頸部，受中國之影響應有可能。但其極為細長之陶甕形

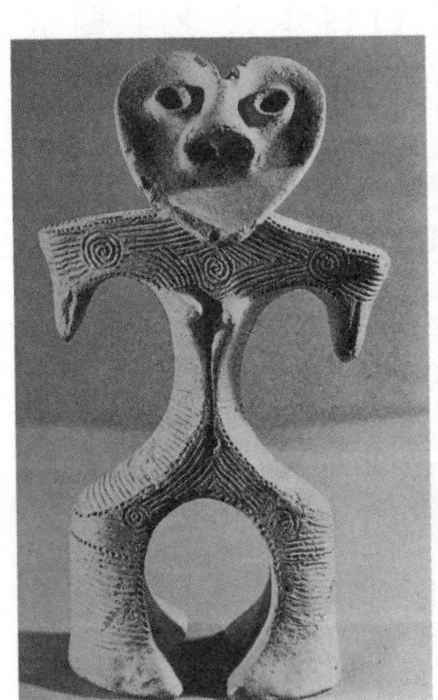

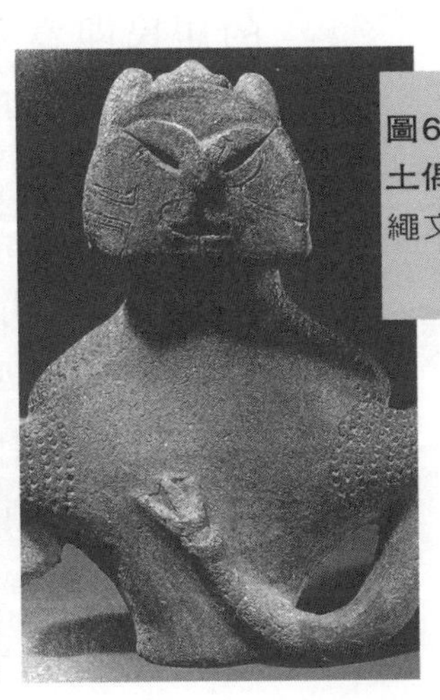

圖6 圖7*
土偶
繩文時期

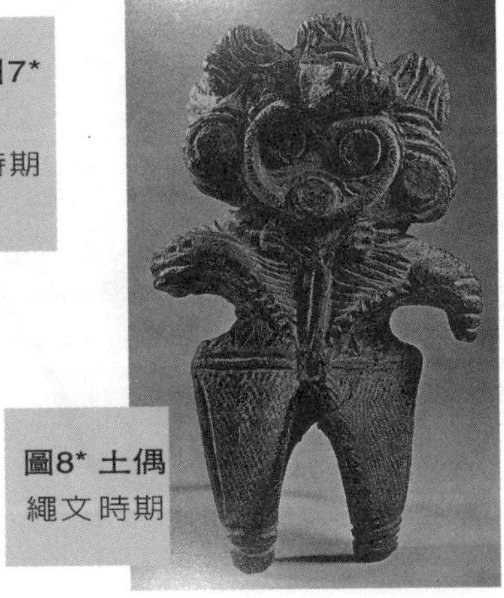

圖8* 土偶
繩文時期

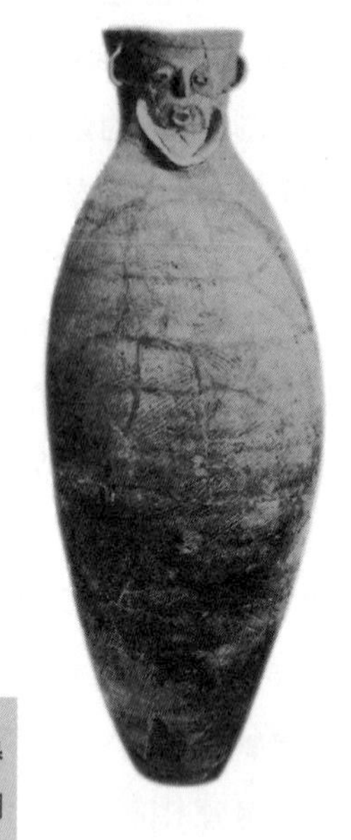

圖9 陶器
繩文時期

狀，在中國尚未見有類似者。

學者們均相信，繩文民族係集體居住，墓穴在住所附近，部分舉行屈肢葬，並以石土壓屍體，頭部蓋以陶甕，以防止靈魂再來作祟。此一特色，又與仰韶文化及臺灣東部之卑南文化近似❶。

彌生時期

彌生時期係自公元前二世紀至公元二世紀間。彌生之名係取自東京市一條街道之名稱，因為彌生文化之遺物先從此地發現。彌生文化的居民即為今日日本人之主要先祖，當然亦有與其他種族混合者，但為數較少。

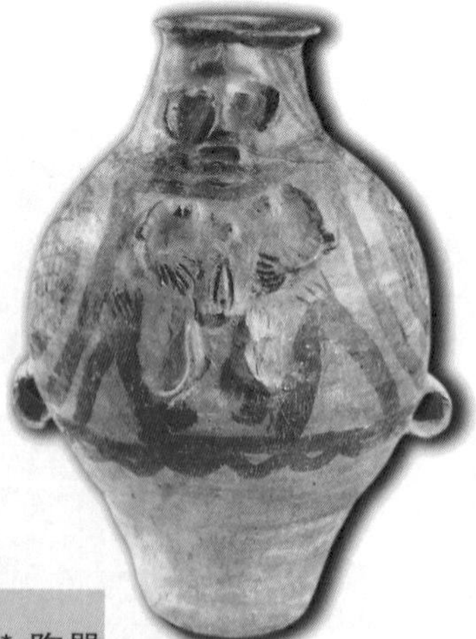

彌生文化的住民有穴居及村落聚集兩種方式。其房屋建築部分係圓形，中有四柱，正中則為炊臺（圖11），與中國仰韶文化陝西半坡村之建築物頗為類似。此一時期之建築物初期有圓形及半圓形兩種；中期有圓形、橢圓形及長方形三

圖10* 陶器
中國仰韶文化

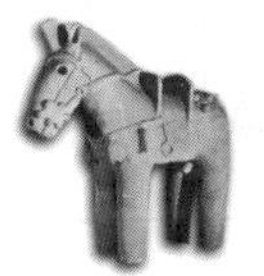

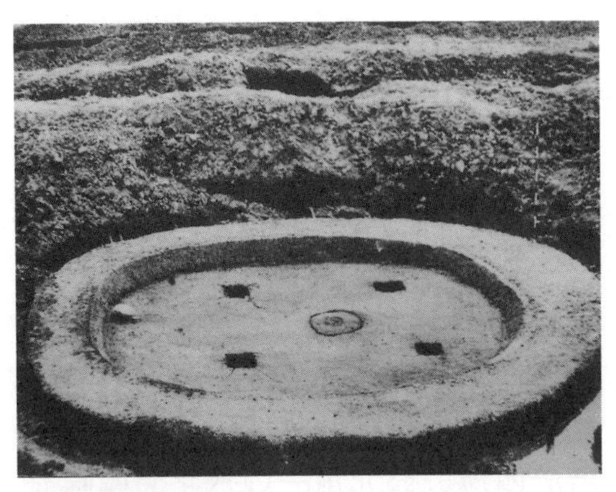

圖11　建築遺址
登呂　彌生時期

種；後期則僅流行長方形一種。屋頂之材料應為稻草及樹枝。

此一時期之陶器係以褐紅之陶土製成（圖12），不但使用機械，同時亦以火高溫製成，其特色為分上、中、下三部分，中間部分突出，上、下均較細小，陶器上有規則平行的凹線。形狀遠較繩文時期的陶器優美細緻，且極為簡樸，與中國龍山文化之黑陶器頗有近似之處，尤其是規則平行的線條。類似的陶器亦發現於中國東北及韓國。較早期的陶器則較為簡略原始，僅以刀刻畫簡單線條於陶器表面，人物則以幾何圖案構成（圖13）。

彌生時期後期，日本已有自製的銅鐸（Dōtaku）出現（圖14）。製作銅鐸的概念係來自中國自無疑義，但其形制、

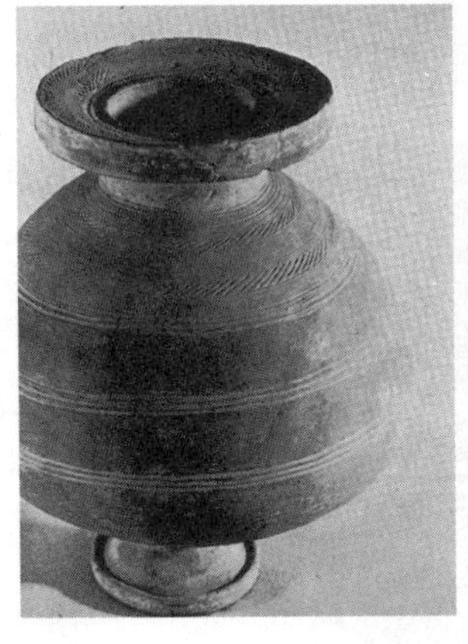

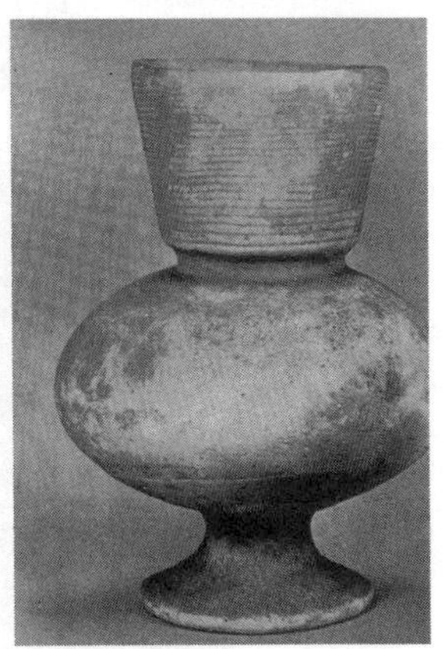

圖12　陶器
登呂　彌生時期

❶有關皁南文化之特徵，見邢福泉作〈皁南文化與中國大陸文化〉，《東方雜誌》，第17卷第9期（1984年），第40～43頁。

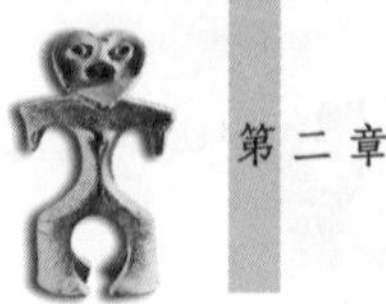

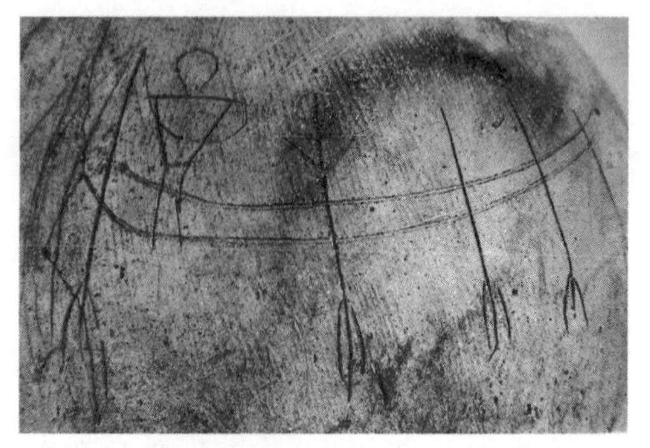

圖13 陶器（局部）
登呂　彌生時期

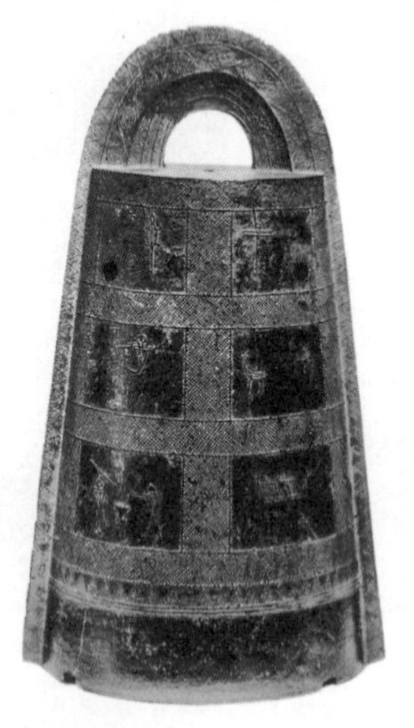

圖14 銅鐸
登呂　彌生時期

大小方格、題材及簡樸原始的線條等，均為中國所無。可是，鐘面上的迴文與三角形裝飾，卻可在中國銅器上見之。

另一具有日本特色的銅鐘為「流水紋銅鐸」（**圖15**），其形制及流水紋均為他國所無，但兩側邊緣上之三角形裝飾卻常見於中國銅鏡。由於西漢於公元前一〇八年將韓國大部分納為樂浪郡，中國之影響更為明顯。

一七八四年三月，日本九州福岡縣的一個農民，發現了一個地下石室，石室內藏有一個刻有「漢委奴國王」的金印（**圖16**），印上為蛇鈕，印之大小為二點三四釐米見方，現藏於福岡市立美術館。據《後漢書》「倭傳」記載，漢光武帝於中元二年（公元57年）賜「漢委奴國王」印予倭奴國使者。印發現後，因史料缺乏，部分日本學者基於民族自尊心，認為該印之真實性大有問題，在學界曾引起爭論。但一九五六年在雲南晉寧縣出土了西漢一個刻有「滇王之印」的蛇鈕金印，與漢制「蠻夷蛇」之印制相

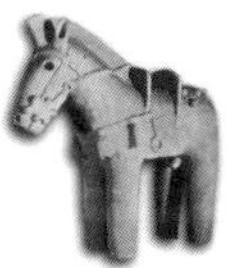

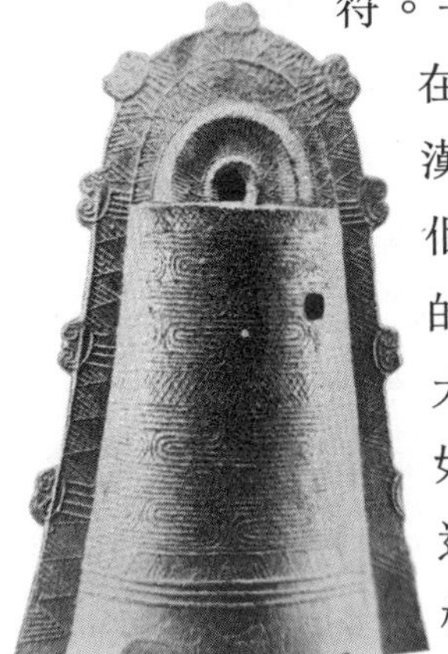

圖15　流水紋銅鐸
登呂　彌生時期

符。一九八一年又在揚州邗江縣漢墓出土了一個「廣陵王璽」的龜鈕金印，大小與「漢委奴國王」印相近，且字體亦極接近，印鈕上均有圓狀之飾文。此一金印與「漢委奴國王」印之頒賜日期僅差一年，故從紀錄、風格及實物大小而言，「漢委奴國王」印偽造之可能性極微。又據《三國志・魏志》「倭人傳」，北魏明帝景初三年（公元239年）賜「親魏倭王」金印。一九五一年大阪府泉北郡出土一面漢代神獸鏡，上有「景初三年陳國作銘之保子宜孫」之中文銘文。由上可知「漢委奴國王」印應為漢光武所賜之金印無疑❷。

圖16*
漢委奴國王印
中國東漢

彌生時期為一農業社會，人民係由中國及韓國入侵之黃種人，原來之繩文民族則被逐至北部，但仍經常與新入侵之民族發生爭端。彌生文化之住民係以巨石及陶甕為棺，已能鑄造鐵器及銅器。此時最重要之政經文化中心係本州邪馬台之伊勢（Ise）。

❷王曉秋著《中日文化交流史話》（臺北，臺灣商務印書館，1994年），第18～23頁。

古墳時期

古墳（Kofun）時期係自公元二世紀至五五二年。在此一期間內，甚多的日本帝王巨型墳墓出現，故以為名。

圖17
仁德天皇墓
大阪　古墳時期

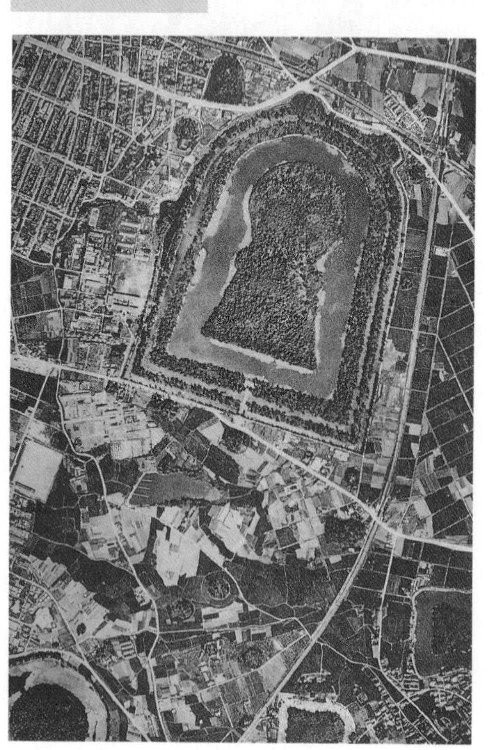

古墳時期最有名者為位於大阪的仁德天皇墓（圖17）。該墓約建於公元四世紀，長達一千六百二十英尺，高九十英尺，面積約二十萬平方米❸，四周圍以如護城河之水溝。除大阪外，類似之古墳尚發現於京都、奈良等地。所有古墳中，陪葬品極為豐富；有銅鏡、玉器、生產工具、武器等。此種巨型墳墓之出現，當受中國漢代厚葬之影響。墓內之銅鏡有漢代者，亦有仿製及自製者。受漢代甚至南北朝之影響應無疑義。由遺留之實物風格看來，此一時期之文化應自彌生文化逐漸演變而來。

仁德天皇墓上約有一萬七千餘個泥塑埴輪或泥偶(Haniwa)❹，墓內則無。部分學者認為：墓上的泥偶應是逐漸演變而來的。他們認為早期的古墳上可能沒有人形或動物型的泥偶，只是一些泥柱內填泥土，然後插於高起墳

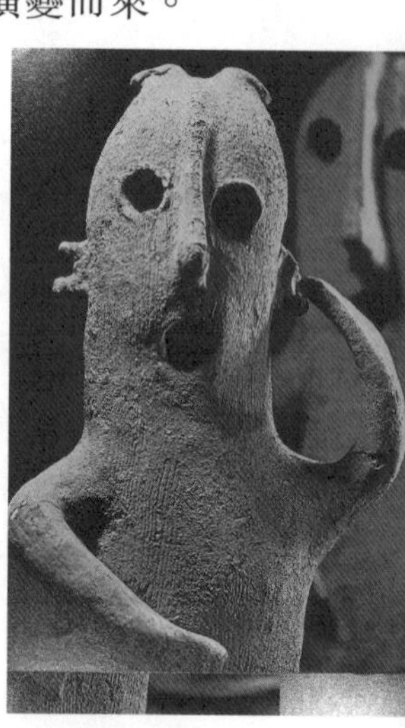

圖18* 埴輪
古墳時期

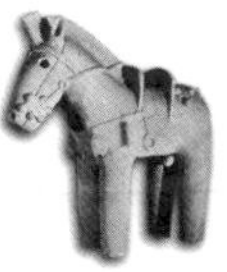

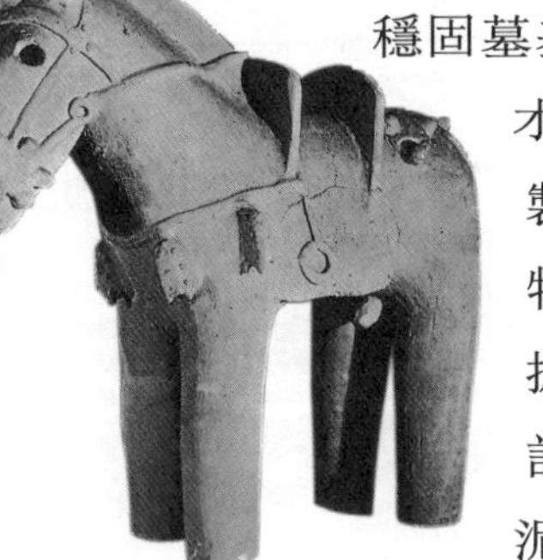

圖19* 埴輪
古墳時期

墓的下方，以防泥土流失，穩固墓基。到了以後才加以裝飾，製成人形或動物形狀。但是據《日本書紀》記載，墓上的泥偶係代替殉葬者而來。據中國的習俗及中國對日本文化的影響而言，後者似較合理。但中國係置於墓內，而日本則置於墓上或墓外。但兩者作用皆有，亦有可能。

古墳時期的泥偶，多為中空，以褐紅色泥土製成，並未經火烤（圖18、19、20）。部分係以抽象形式表現，並有著色者，底部則為圓柱狀，以插於泥土之中。由這些泥偶觀察，亦可略知當時社會之服裝及生活型態。一般之高度介於三十釐米至一百五十釐米之間。甚多泥偶雖甚具抽象性，但仍具相當動感及表情，到了後期則已接近寫實性。此種中空的泥偶及表現的方式，在中國雖未發現，但仰韶文化出土的彩陶泥偶中，亦發現中空、抽象之類似泥偶，是否有關連性，頗值研究。

據《日本書紀》及《古事紀》之記載，在三世紀末期至四世紀之間，日本本土已告統一。公元三九一年，日軍並入侵朝鮮半島之百濟國及新羅國，可見日人對亞洲大陸的野心，

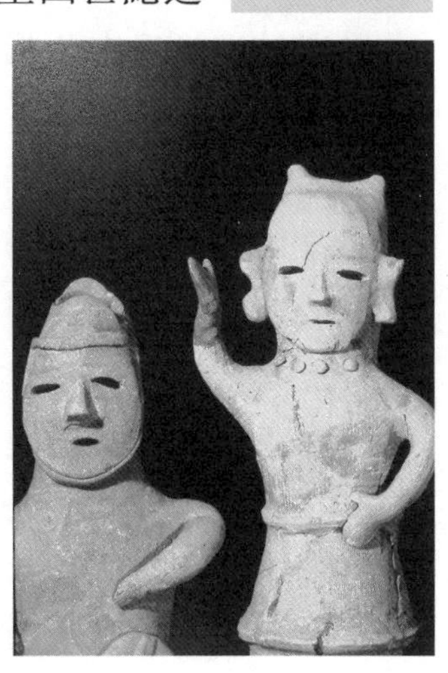

圖20* 埴輪
古墳時期

❸ Danielle & Vadime Elisseeff, *Art of Japan* （N. Y., 1985）, p. 523.
❹ 同上註。

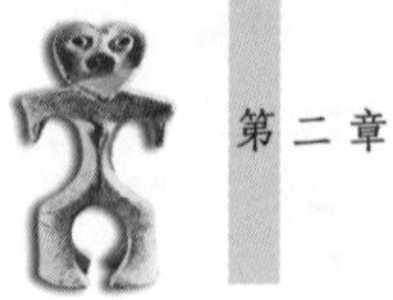

早在古墳時期已萌芽了。入侵的主因可能係漢亡後中國大亂，無力東顧，樂浪郡亦於公元三一三年撤銷之故。日本與朝鮮及中國的關係自然亦越來越緊密了。

圖21　家屋文鏡
古墳時期

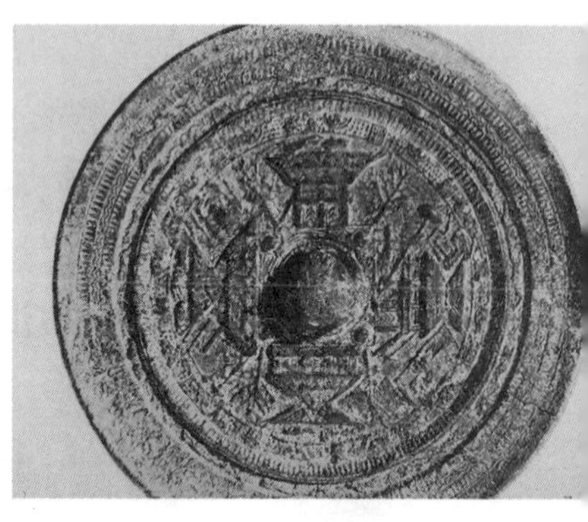

在古墳時期，石墓相當流行，可能係受漢墓之影響，部分石墓內部並有以彩色塗於石上之簡單壁畫，題材有幾何形圖案之裝飾及描述日常生活情形者，後者係人大於山川樹林，頗受南北朝初期繪畫之影響。

日本風格之銅鏡可以下列兩個銅鏡為代表：（一）發現於奈良之家屋文鏡（圖21）將日式房屋圖形置於鏡上之手法，為日本所獨有，但銅鏡四周之圖案仍襲自中國者。（二）公元五〇三年銅鏡（圖22）。該鏡有「癸未年」等字樣之銘文，表面較粗糙，並有人物圖案，以此種圖案置於鏡面之手法，為中國漢鏡所無。當時日本除自造外，尚自中國進口銅鏡，如有銘文皆為中國字。據《日本書紀》記載，在公元二八四年，百濟遣使阿直岐入貢日本，其人精通中國經典，為皇子之師，歸後，遣中國人王仁赴日講授儒家思想❺。如確有其事，日本、韓國及中國間之關係更明矣。

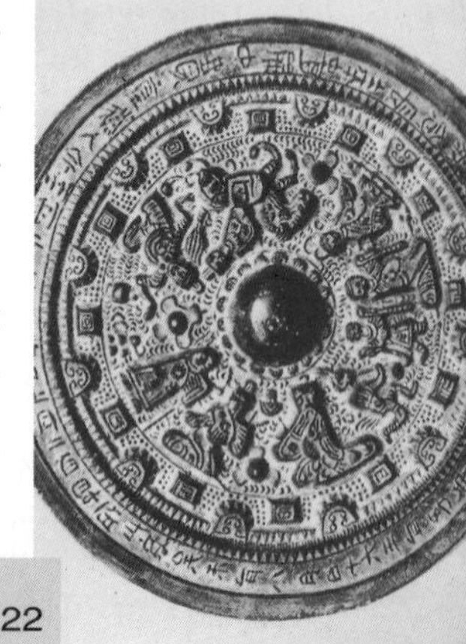

圖22
癸未年銅鏡
古墳時期

❺據稱：王仁赴日時，曾攜帶《論語》十卷。見袁昌堯、張國仁著《日本簡史》（香港開明書局，1993年），第11～12頁。

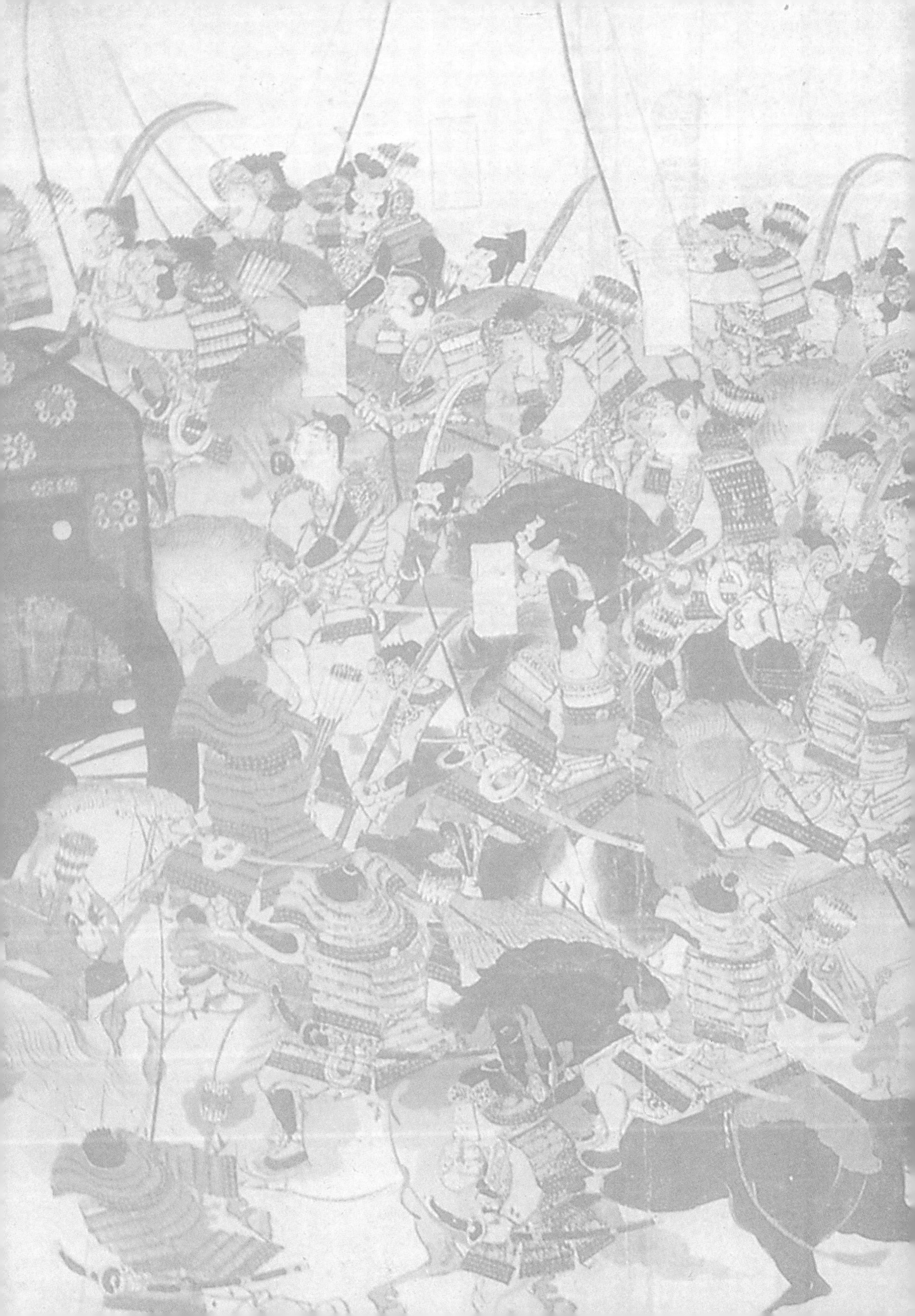

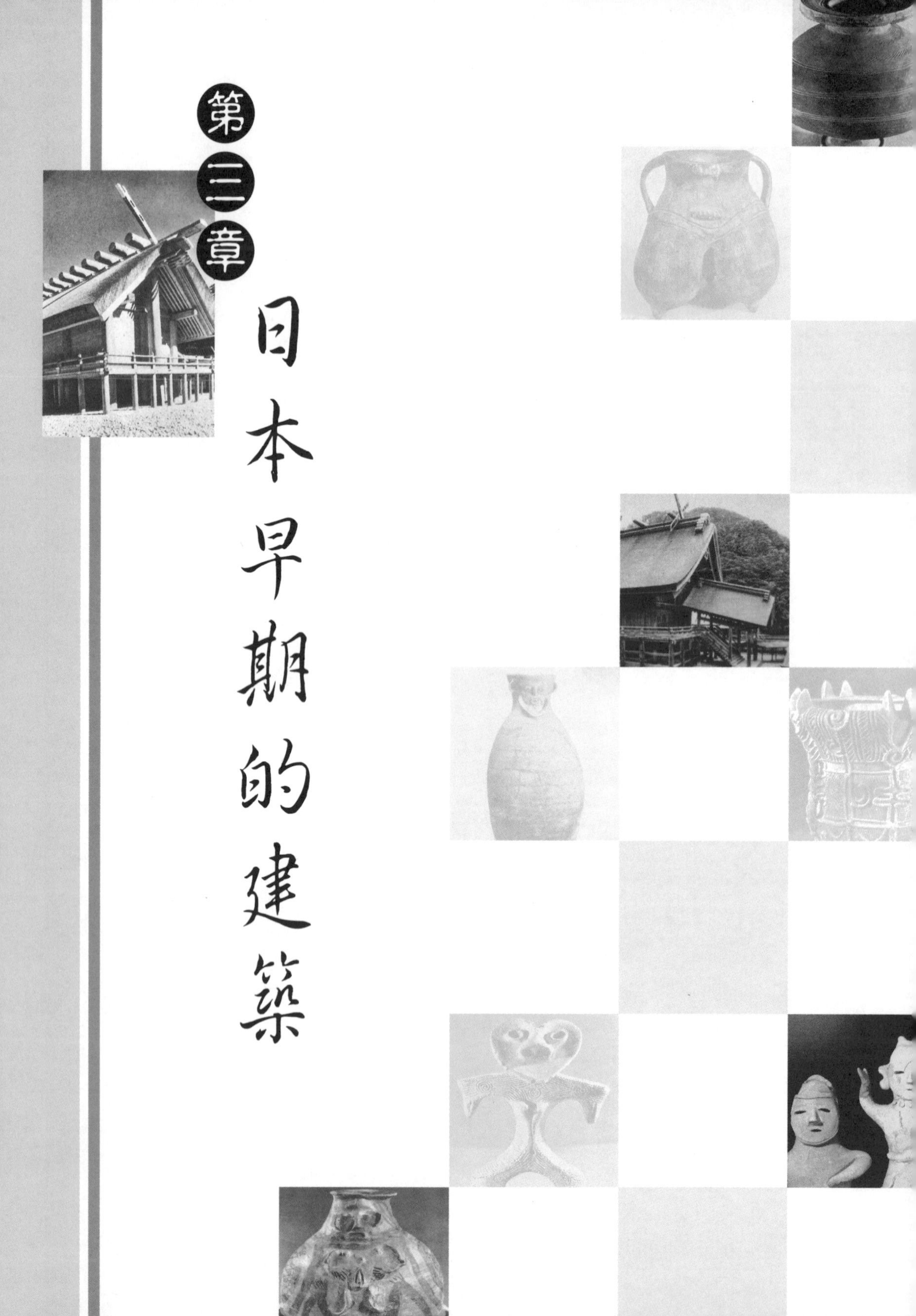

第二章 日本早期的建築

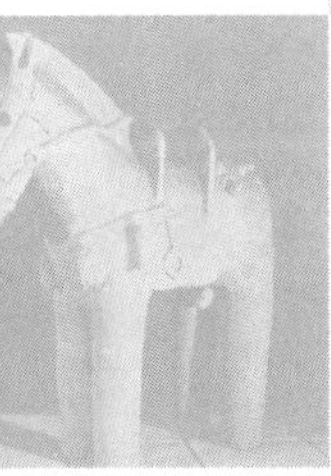

摘要

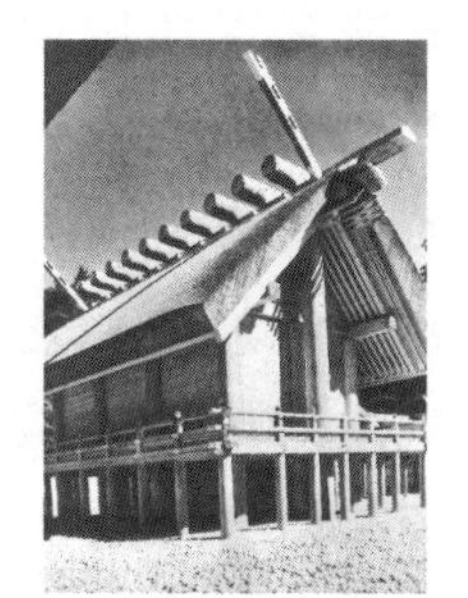

日本早期之建築，可以古墳時期之陶製房屋模型，與銅鐘上之房屋模型，以及「家屋文鏡」之建築為代表。今日實例可見者則為有名之伊勢神宮與出雲大社。伊勢神宮為日皇祭祀天照大神之實用神社，甚多後期之日本本土風格建築，係據伊勢神宮演變而來。出雲大社則已部分受中國建築之影響。

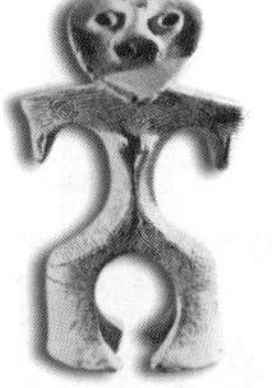

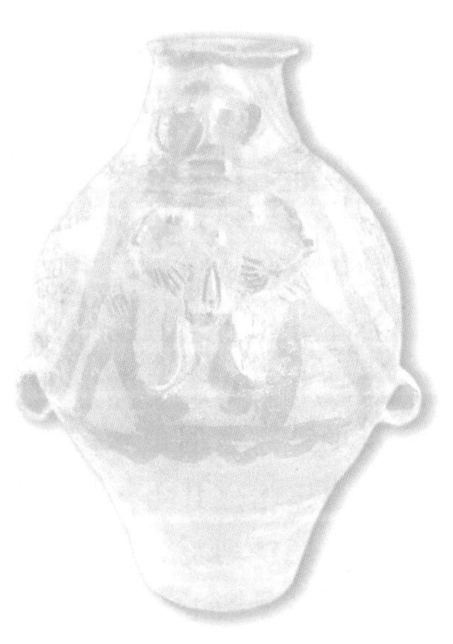

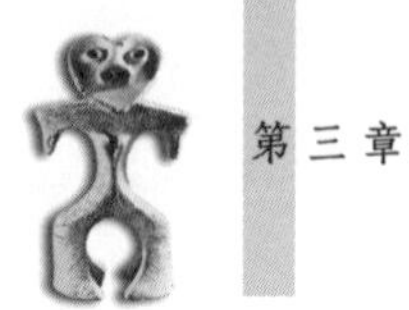

第三章

伊勢神宮

日本早期之建築可見於彌生文化銅鐘上之房屋模型（圖14）、古墳時期的家屋文鏡（圖21），以及參考《日本書紀》與《古事紀》有關之描述。上述型式之房屋在佛教正式傳入前為日本建築之主流，其代表者則為著名之伊勢神宮（圖23）。

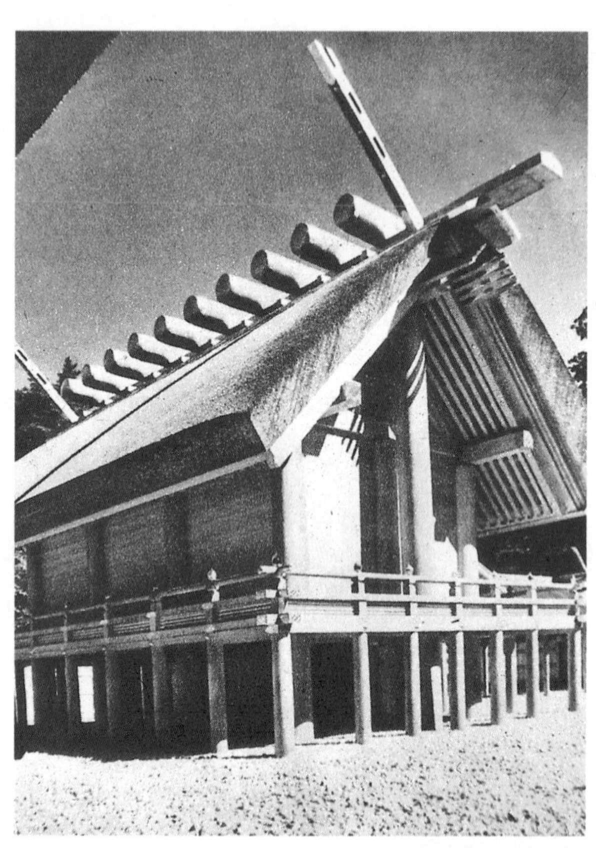

圖23
伊勢神宮
伊勢　七世紀

伊勢神宮雖然原建於公元七世紀，但其型式卻可上溯至彌生時期之日本建築。因伊勢神宮係每二十年重建一次，故今日所見者，即為當初新建時之原樣。此一神宮原來可能為部落酋長之居所或神廟，後為日本皇室使用為宗廟以祭祀天照大神，故亦為「神道」宗教信仰之神社。神宮內藏有皇室之三寶，即寶劍、鏡子及項鍊。寶劍象徵皇室征服各小國而為日本之共主，鏡子代表天照大神，項鍊則為天照大神神奇力量聚集之所，故上述「三寶」亦見於古墳時期各天皇墳墓之內。伊勢神宮周圍有欄杆，除天皇及主持神道儀式之祭司外，他人不得進入。他們認為此一神宮亦即天照大神之居所。

伊勢神宮係一木造建築，構造極為簡單樸素，所有的結構皆一目了然；如木柱、簷檐及稻草屋頂

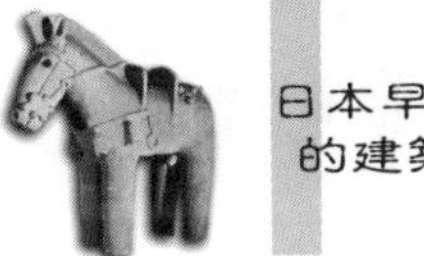

等。木結構部分皆未油漆，仍保持原木之色澤。二十世紀末期流行之保持原木本身色澤及簡單樸素之建築設計，受日本傳統建築之影響甚大。部分學者認為神宮之造型部分與馬來亞地區及東南亞地區一些土著傳統建築相似，故以日本海島性之交通言，亦不無可能。

神宮之木柱均以粗大之木材為之，最明顯者為兩端（山面）之巨形木柱，整個建築結構不但簡單明瞭，而且亦令人有堅固厚重之感覺。除此以外，伊勢神宮尚有如下之特色：

一、地板與地面距離甚高。此種設計原在防潮及防止一般動物進入，極為實用，但以後卻成為日本式建築特徵之一。日本皇宮內之部分建築，即有如此之設計，唯高度較低而已❶。但最重要者為二次世界大戰後，因對日本文化之注意，此種設計亦影響部分美國之建築。如加州市區公寓性的房屋，甚多使用地面與樓板間之空間作為停車場，即為一例。

二、寬長之走廊。此種設計較能使建築本身或居住者與房屋外之自然環境接觸。傳統日式房屋寬長之迴廊應自此演變而來。

三、平行密集之水平屋脊壓木。壓木之原始作用可能為將兩坡稻草或樹枝接界處予以固定，防止大風時散落。但目前所見之壓木，其裝飾性應較大於實用性。

四、屋頂所佔之比例約為三分之二以上。類似比例之房屋亦可見於後來具有日本風格之建築。

五、屋頂厚重並出簷甚深。二十世紀著名建築家法蘭克・萊德（Frank L. Wright, 1867～1959）之甚多設計，深受此種影響❷（圖24）。

六、屋頂重量由木柱支撐，墻

❶著者於一九八二年，隨立法院外交委員會訪問日本國會領袖，曾隨團赴日本皇宮參觀。

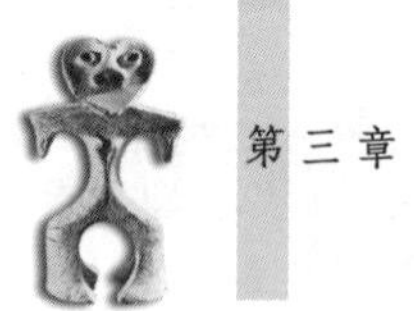

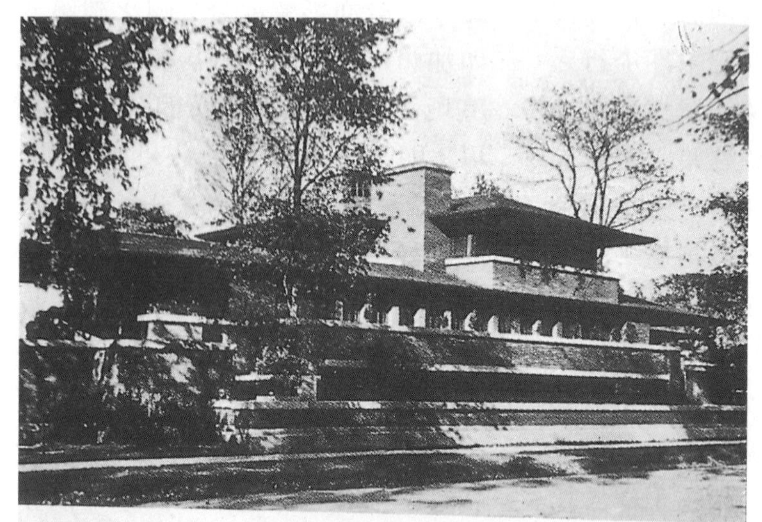

圖24 魯比住屋
美國芝加哥
法蘭克·萊德設計

不載重。

七、四周無窗。

八、深長之屋頂脊木。

九、正門向南並位於房屋之橫面。

十、突出屋脊上之交叉形橫木。

神宮外為一座兩根水平橫木建成之外門，現今之神社均有之。依其建造時間及佛教對日本之影響言，甚可能為印度佛教士都柏（Stūpa）前之牌坊演變改良而成。

出雲大社

如將伊勢神宮與位於本州出雲（Izumo）之「大社」神廟相較（圖25），其最大的差異點為「大社」建築之正脊已由瓦面代替，山面部分已出現類似「懸魚」之裝飾，正門係在山面部分，而非如伊勢神宮之橫面，同時屋頂坡度已有微翹，顯然係受中國建築之影響。

據稱，此一建築原係日皇垂仁

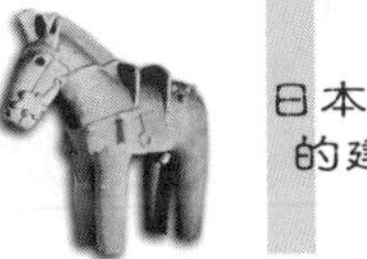

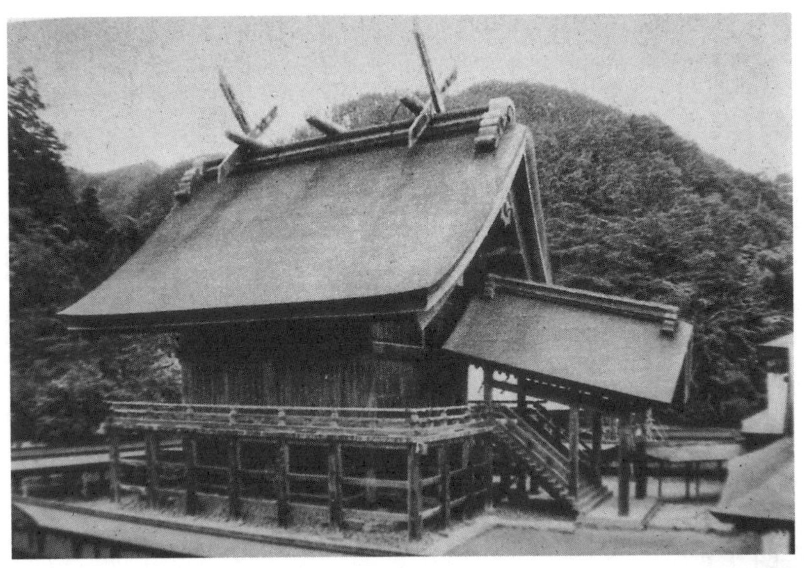

圖25
大社神廟
出雲
原建於一世紀

（公元前29年至公元70年）依當時之皇宮所建，十八世紀改建後即將其縮小至今日之面積。假如今日所見，確係當年垂仁所建之模式，則中國建築在公元前一世紀對日本之影響已極為明顯。

❷如一九〇九年建造，位於芝加哥市之著名魯比屋（Robie House）。見 Dale G. Cleaver, *Art An Introduction* (N.Y., 1966), p. 346.

第四章 飛鳥時期

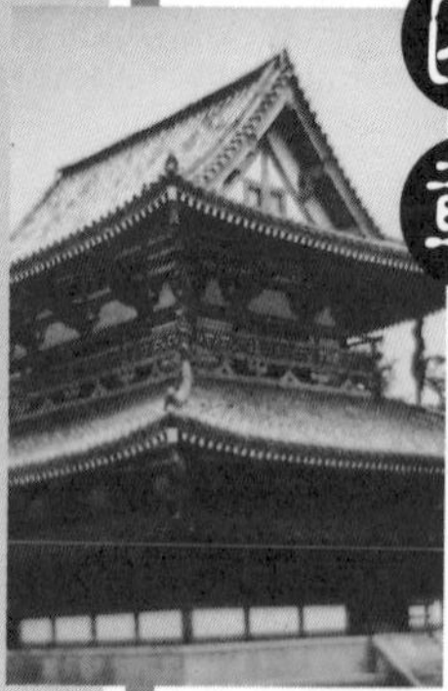

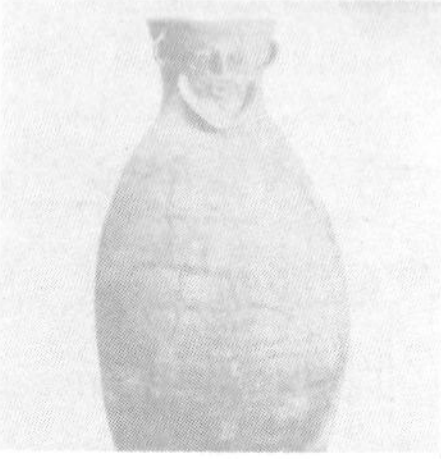

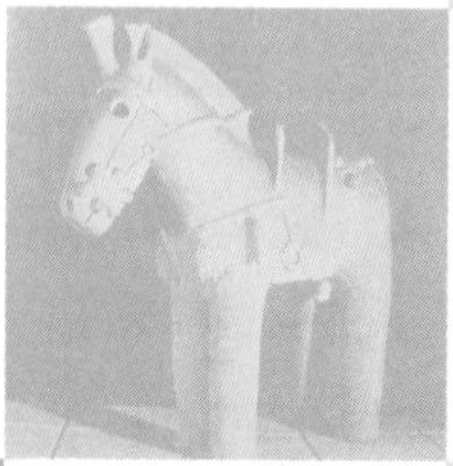

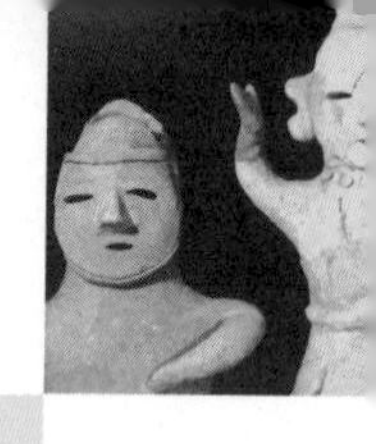
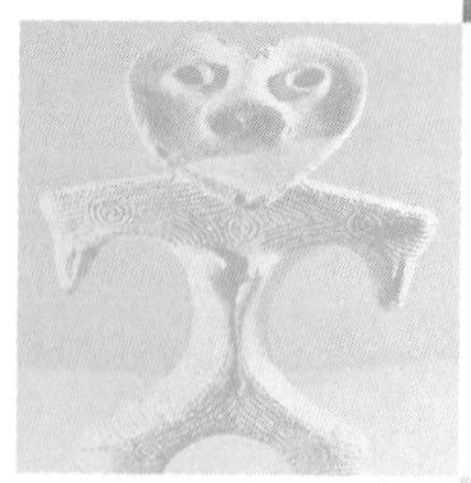
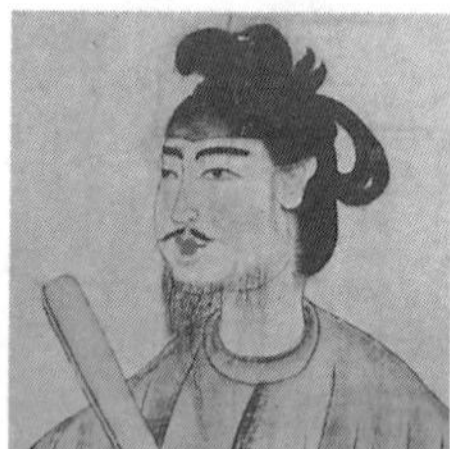
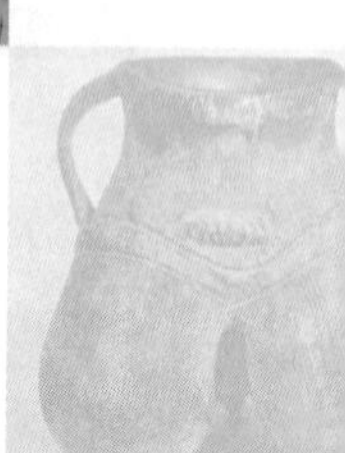
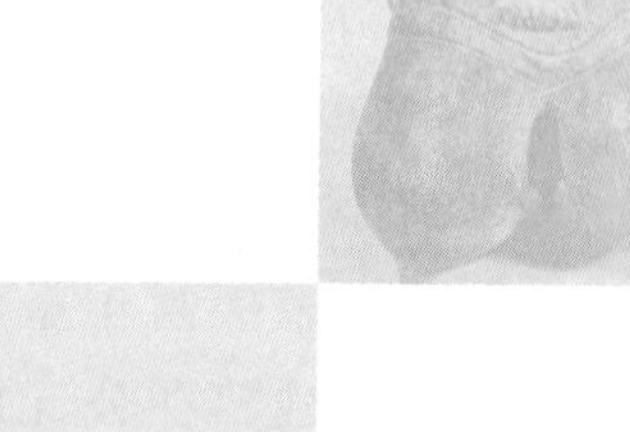
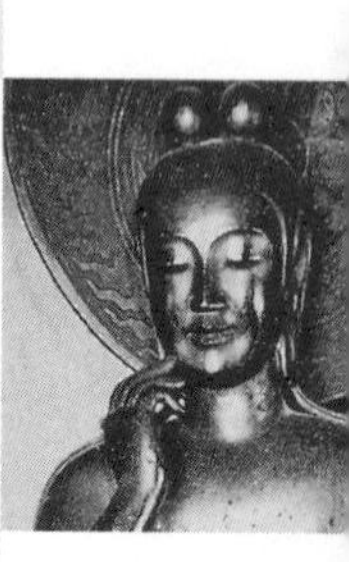

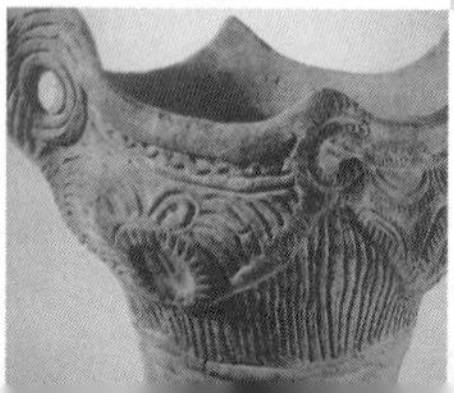

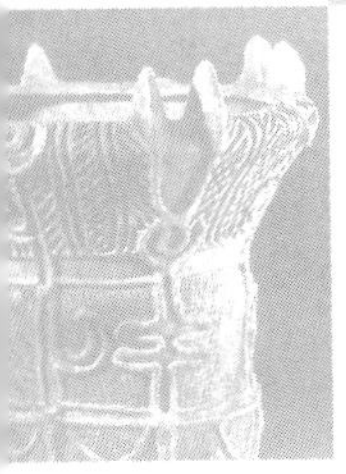

摘要

由聖德太子所主導的飛鳥時期，不但為今日之日本文化開始奠立根基，且亦使佛教成為當時的國教，並為日人信仰之主流至今，影響極為深遠。佛教係於公元五七七年自韓國傳入，後即直接與中國交通。早期之佛教藝術家中，且有韓國及中國人在內。最早之佛寺係位於大阪之四天王寺，其風格係完全模倣中國南北朝之重要佛寺，唯現已無存。世界著名之法隆寺則係由聖德太子下令所建，為世界現存最古的木造建築，係屬於中國南北朝建築風格，佛教繪畫亦是如此，如瘦長身軀、單一色彩與人大山小等。題材以《本生經》之故事最多，如捨身飼虎等，同時亦流行以圖畫配合佛經內容，皆用中文書寫。法隆寺所藏之銅造阿彌陀佛三尊像，以及其他觀音像或菩薩像，皆受韓國與中國南北朝佛教雕像風格之影響。思惟菩薩像在此期間甚為流行。

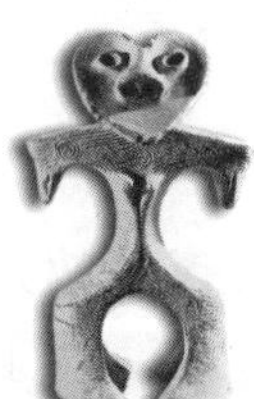

佛教與佛教藝術之傳入

自公元五五二年至六四五年，在日本歷史上稱之為「飛鳥時代」(Asuka period)。此一時期最重要且影響日本政治、宗教及文化最巨者當為佛教之傳入。以「飛鳥」為名係因當時日本帝國之首都位於飛鳥（今奈良）所致。

飛鳥時代不但為今日之日本文化開始奠立根基，同時也使佛教成為日本宗教之主流至今，影響極為深遠。與佛教傳入的同時，中國儒家思想、文字與文化亦正式隨同進入，再而影響後來之「大化革新」，使日本全盤「唐化」或「華化」矣。

朝鮮與日本之接觸自古即早有之。日人所稱之「歸化人」中有韓國人亦有中國人。據九世紀日政府出版之《新撰姓氏錄》中記載，歸化人系統的姓氏約佔全日本姓氏之百分三十。可見中、韓兩國與日本關係之深。公元五五二年百濟(Paikché) 王遣使至日本，佛教經典、雕像、幡旌等亦隨同攜來，並有書函致日皇欽明（公元539～571年）。公元五七七年，韓國幾位比丘及一位比丘尼，連同一位佛像雕刻家自韓國抵日。其後，類似者相繼前往日本，其中且包括專精佛教建築、雕刻及繪畫之工匠。組成分子中，除韓國人外，中國人或受過中國人訓練的工匠，都有可能在內。故最早之日本佛教藝術所反映者為外來之韓國佛教藝術及中國佛教藝術。

提及早期之日本佛教及佛教藝術，著名之聖德太子（Shōtoku Taishi，公元572～621年）為必提之人物（**圖26**）。他在推古（Suiko）女皇下攝政，他不但是日本史上最重要人物之一，同時也是佛教和接受中國文化的推動者，且在當時被視為觀音的化身❶，在日本人中，他是一位家喻戶曉的偉大人物。公元六〇四年，他將佛教定為日本國教。公元六〇〇年，日本與中國隋朝正式直接交通接觸。公元六二四年，日本至少有佛寺四十六座，比丘八百一十六人及比丘尼五百六十

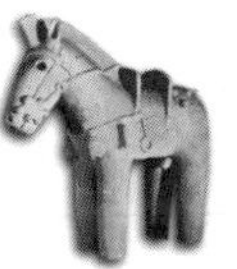

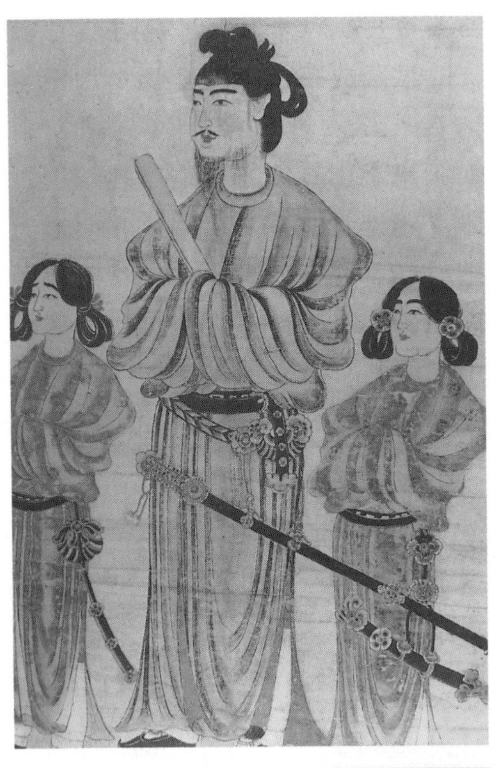

圖26*
聖德太子
飛鳥時期

五人，數目並繼續急速增加中。

現存遺跡中，最早者為建於公元五九三年位於今日大阪之四天王寺（Shitennō-ji），唯僅留殘基而已❷。目前可見佛寺之最早者為位於今日奈良之法隆寺（Hōryū-ji）。

法隆寺

法隆寺係於公元六〇七年聖德太子奉推古女皇之命而建立。聖德太子不但使日本進入文治，同時亦制定憲法，並遣使至中國隋朝，開所謂「遣唐使」之先例。聖德太子係於公元六二一年逝世，在其逝前，曾先後遣使至隋四次，即六〇〇年、六〇七年、六〇八年及六一四年。第二次及第三次均由中國人熟知之小野妹子（Onoimoko）為大使，均見於《日本書紀》。由此可知，法隆寺之建立，係日本與隋朝直接來往後七年。以日本對中國文

❶ Seiroku Noma, *The Arts of Japan* (N.Y., 1986), pp. 34~35.

❷ 四天王寺之配置係仿中國北魏之主要佛寺而成，如位於洛陽之永寧寺。寺院係以佛塔為中心，配以附屬建築物。

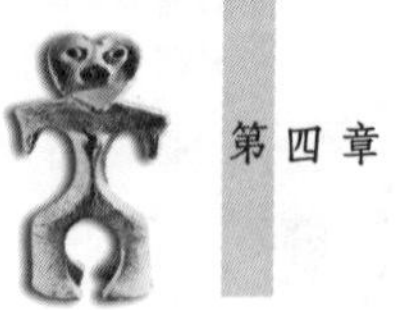

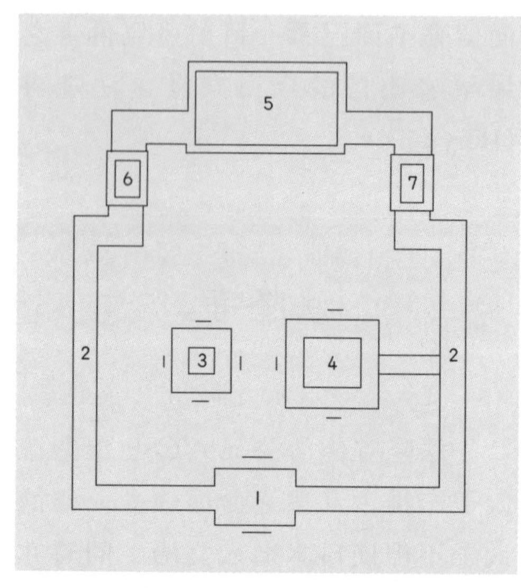

圖27　法隆寺平面圖（現在）　奈良
1.中門
2.迴廊
3.佛塔
4.佛殿（金堂）
5.講堂
6.經樓
7.鐘樓

物制度之心儀，以及聖德太子之崇信佛法，新建之法隆寺係師法當時中國著名佛寺者，似極有可能。

法隆寺不但是日本現存最古的佛寺，同時也是世界現存最古的木造建築物。更重要者為凡欲研究中國唐代或唐代以前之建築者，法隆寺為重要參考建築物之一。

法隆寺目前之配置係自中門進入後，塔在左，金堂（佛殿）在右，講堂則在後方與迴廊連接；右方之鐘樓及左方之經樓，亦與迴廊連接（圖27）。但是，原來之配置卻與現在所見者略有差異（圖28），即中門外尚有南大門，講堂、鐘樓及經樓均在長方形迴廊之外，但塔及金堂之位置並未變異。其後迴廊與

圖28　法隆寺平面圖　奈良

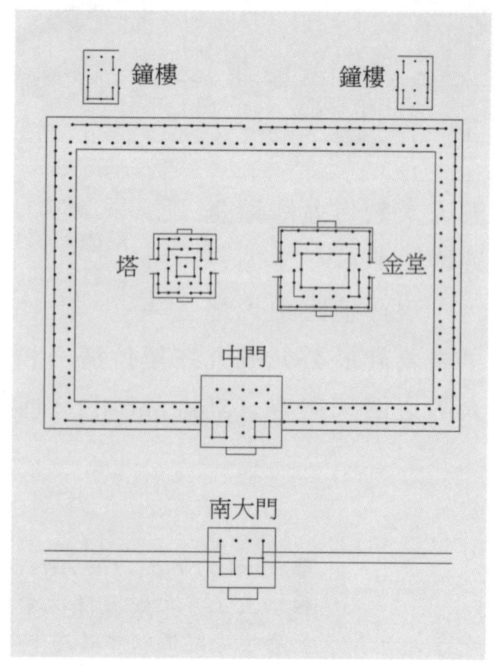

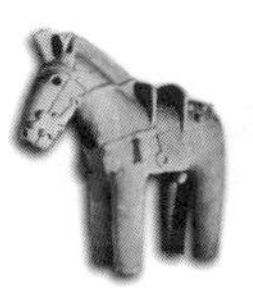

講堂、鐘樓及經樓連接，可能係因便利躲避風雨關係。

國際學術界人士對法隆寺五層塔及金堂並列之配置，頗多爭論，因此一佛塔及金堂左右並列之配置，在現存之所有佛寺中，係一獨特之孤例。奈良之川原寺雖有並列之例，但卻左右相異，即塔在右，金堂在左。以當時日本與隋朝關係之密切，以及日人對中國文化之仰慕，作為日本皇室佛寺之法隆寺，似無獨創一格、標新立異之可能。再者，法隆寺前後著名之佛寺，如四天王寺及東大寺等，其配置均與中國大陸佛寺或著名建築之配置相同，豈有法隆寺獨特與眾不同之理。故法隆寺之配置應仍為中國佛寺所有者，唯在中國及日本至目前尚未發現有相同之實物而已 ❸。

法隆寺於公元六七〇年毀於火，故今日所見者係毀於火後依原樣所重建者。因發掘後之四天王寺以及飛鳥寺、藥師寺、東大寺等，均於中門外尚有南大門，故中國唐以前之佛寺亦必有南大門，惜甚多以後仿古之佛寺多不注意此種配置，而僅有山門或中門，有南大門者似更未曾聞也。

日本佛寺與中國大陸佛寺相似，即不僅為信徒敬拜聚會之所，同時亦為佛學研究及人民遊訪之所，故環境甚為雅緻（圖29）。迴廊外且有象徵西方淨土之蓮池。中門左右兩側各有肌肉賁張面向前方之木雕力士，頗為寫實。自建築之風格言，法隆寺之屋頂瓦面甚為簡樸，正脊兩端無鴟尾起翹，斗拱皆為「一斗三升」，簷角淺翹，屬早期

❸ 詳細之討論，請閱著者於一九七七年任教於美國加州聖荷西州立大學時，在全美大學藝術學會年會上發表之英文論文。題目為："The Transition Period of Chinese Early Buddhist Architectures & Their Backgrounds."（〈中國早期佛教建築的演變時期及其背景〉），全文見書後「附錄」。

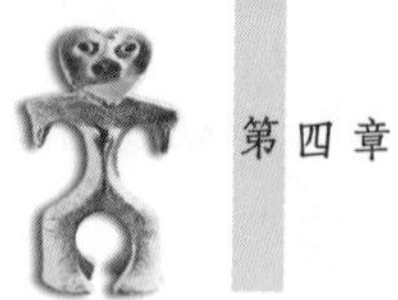

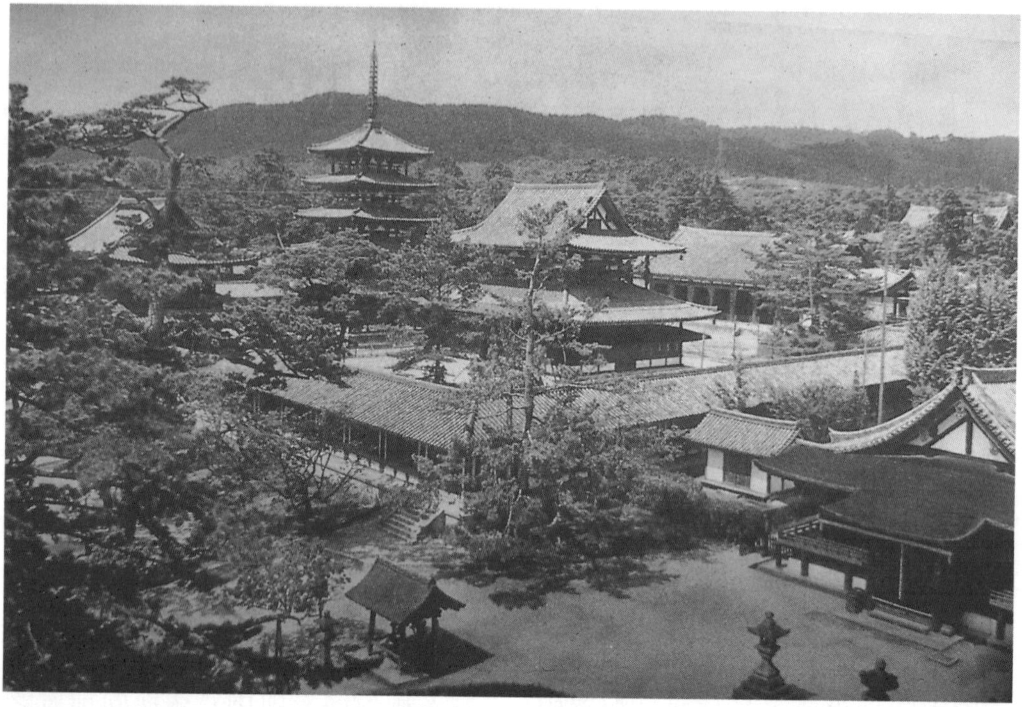

圖29
法隆寺全景
奈良

南北朝風格。類似之屋頂瓦面可見於臺灣日據時代建築之佛寺，如臺北市臨濟寺、善導寺等。中國南北朝早期建築風格之受日人歡迎之程度可見一斑。

法隆寺之佛塔為一五層建築（**圖30**）。在佛教中，五層塔代表五佛，即大日佛、阿彌陀佛、阿閦佛、寶生佛及不空如來。但亦代表五大，即地、水、火、風、空。因中國之塔係印度的士都柏（Stūpa）與漢代之瞭望臺綜合而成，故其原意與印度士都柏代表之意義相同，即係象徵宇宙；塔之四方形塔基代表「天圓地方」之地，高聳之塔身代表宇宙之軸心，此一軸心則係連接地與天之須彌山(Mt. Sumeru)或迷樓山(Mt. Meru)。當然，塔與士都柏亦代表釋迦牟尼佛與佛法。塔之頂尖如避雷針狀者稱為「相輪樘」或剎（**圖31**），自梵文Yaṣṭi而來，其上

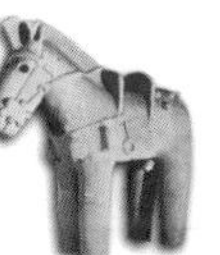

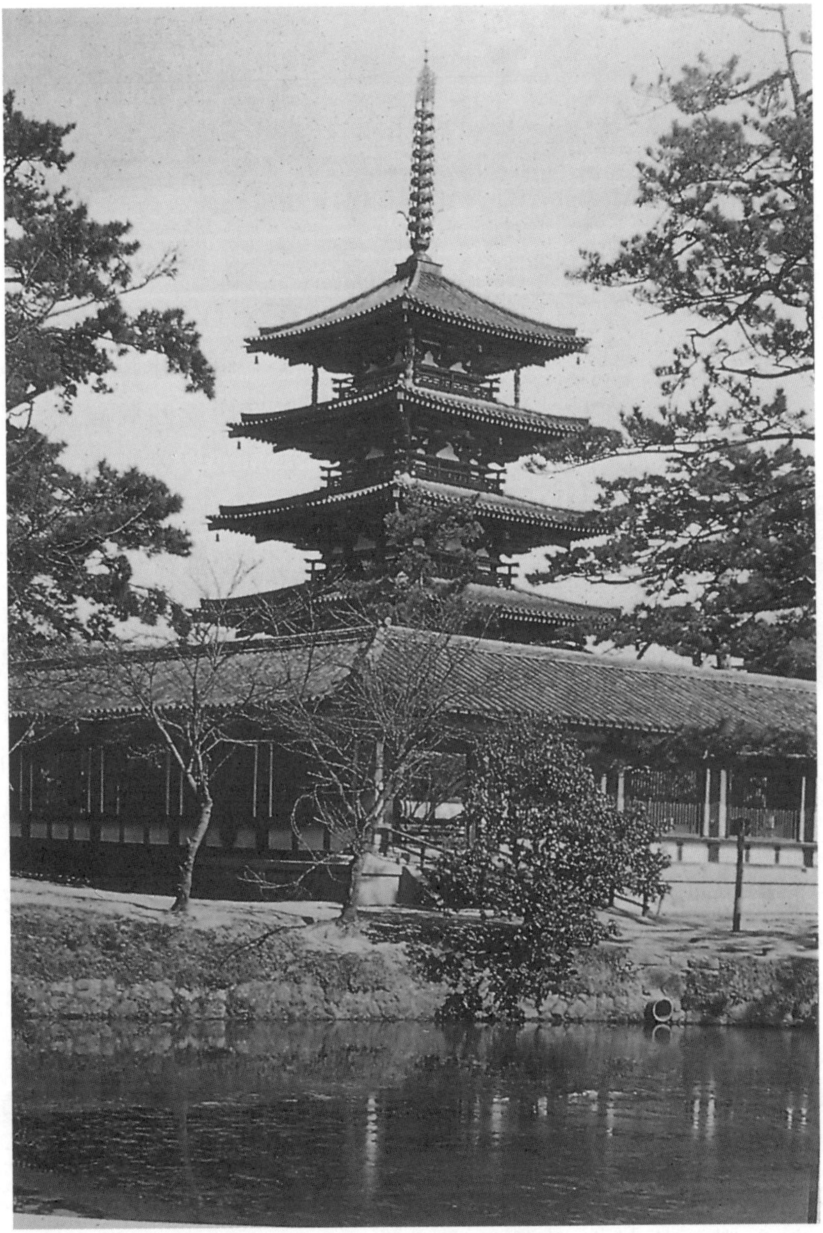

圖30
法隆寺五層塔
奈良

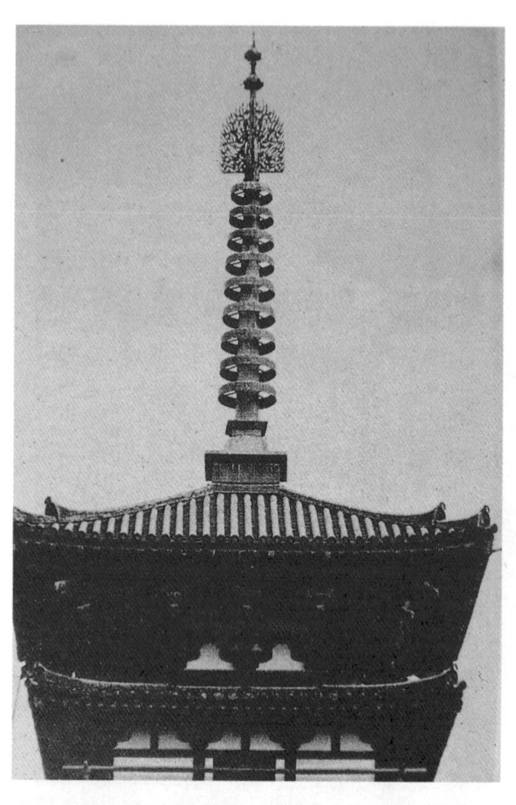

圖31
法隆寺五層塔塔刹
奈良

有「相輪」或「輪相」，梵文稱Chattra，原意係指諸神或宇宙均在釋迦牟尼庇佑之下。下端如覆缽狀者，係自梵文之Harmika而來，代表諸神所居。「相輪橖」之尖端則為一顆火焰狀之珠子，代表由釋迦牟尼舍利子（Śāri）演變而成之摩尼珠（Maṇi）。此一摩尼珠具有各種神奇力量，如攜之，則火水均不能傷。現存木塔「相輪」之數目多為九個，亦稱「九輪」，有九輪之塔即為佛塔，見《法苑珠林》卷三十七。

五層佛塔之右側為供奉佛像之金堂（Kondo）（圖32），為重簷歇山式。唐代建築特徵之一為四周無欄杆且房屋四周無廊之臺基。此類臺基可在敦煌唐代壁畫及長安發掘出土之青龍寺基址見之。

金堂及佛塔屋簷四角均掛有銅鐘，此制最早見於中國南北朝時代之北魏，如洛陽永寧寺木塔即於四角懸掛銅鐘，載於《洛陽伽藍記》。在佛教中，鐘之本來作用係以鐘聲召集僧侶，但鐘聲亦可使受苦眾生停息痛苦，並可息瞋心、引生正念及善心❹。敲鐘時多敲一百零八下，象徵可滅一百零八種煩惱。金堂於一九四九年又被大火焚毀，今所見者係一九五四年照原樣所重建。綜合言之，法隆寺之建築予人一種簡單樸素之感覺，斗栱亦不繁瑣，深受中國南北朝及隋代建築之影響。

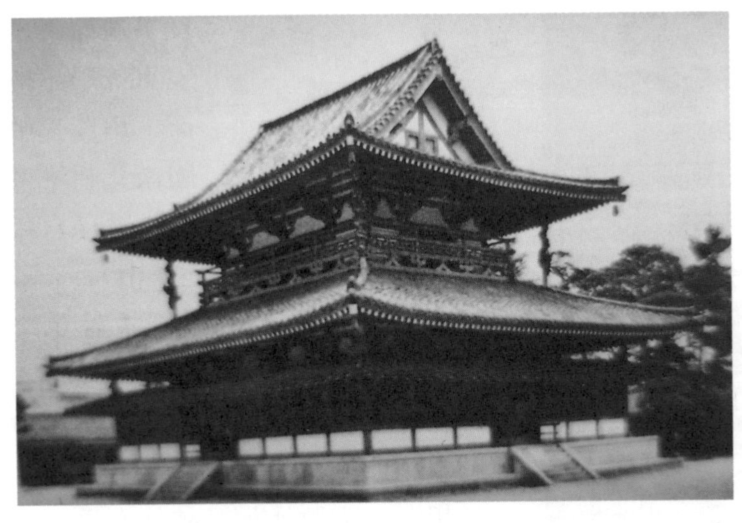

圖32
法隆寺金堂
奈良

仿中國歇山式的建築，正脊兩端多有鴟尾，斗栱已較繁瑣，上層正面有扇門可開啟，內藏佛像。繪畫則繪於扇門上與四周以及下層部位。玉蟲廚子上之繪畫，已被公認為世界最早之漆畫。

在扇門上繪有兩個力士像，其餘周圍皆為菩薩像或有關釋迦牟尼事蹟等等，均似中國南北朝繪畫風格。其中最著名者為釋迦牟尼前生為悉達大太子（Prince Siddhārtha）時捨身飼虎之故事，出於《本生經》（圖34、35）。此一故事係敘述釋迦牟尼為太子時，偶見一群餓虎於山

繪　畫

飛鳥時期遺留之繪畫為數不多，最著名者當為原藏於法隆寺金堂佛壇上之「玉蟲廚中臺座繪」（圖33）。據云，以玉蟲為名，係因建造時以玉蟲脫落後之翅膀置於其上作為裝飾而得名。此一廚（櫥）子係

❹可參考唐《高僧傳》中之「智興傳」、《行事鈔》卷二、《俱舍論》及《佛祖統紀》等。

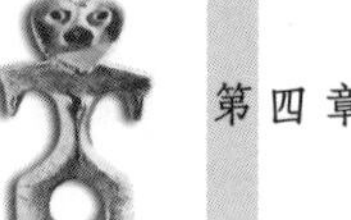

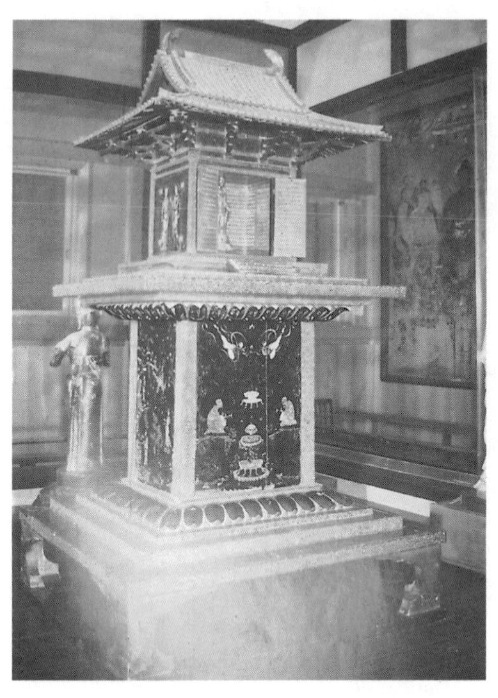

圖33*
玉蟲廚中臺座繪
奈良法隆寺

谷之下待斃，心中不忍，捨身跳入谷中飼虎的故事。但在繪畫中，脫衣、投身入谷及飼虎之三個不同時空階段，皆在同一畫面之中，極容易使人誤認為畫中之三個人及動作均在同一時空內發生。此種不分時空之表達方式，在印度早期佛教雕刻中甚為普遍，敦煌南北朝壁畫中，亦有相似者，三者之關係至為明確。以風格言，細長之人體、欠缺精確之比例、艷麗之單色、抽象而生硬的物體（草、樹、石等），以及平坦而未表現景深的畫面，均深受中國南北朝繪畫之影響。當時之畫工，甚多係自朝鮮半島及中國至日本之歸化人。

在此期間，另有紙本著色之《過去現在因果經》四卷（圖36），係一手卷；上方為與經內有關之繪圖，下方則為手寫之經文。由其單一用色、人物比例及線條而言，當受中國南北朝繪畫之影響。此幅繪畫係描述釋迦牟尼禪定大悟前受諸種妖魔鬼怪騷擾時之景象。其他題材尚有「釋迦出城見生老病死圖」、「釋迦削髮灌頂圖」等。畫中人物之服裝及建築均為中國式，南北朝流行之單色、抽象及欠缺景深之特色，亦同時於畫中顯現。

聖德太子逝世後，其妃為思念亡夫，命藝工製「天壽國繡帳圖」，主要係描述聖德太子在西方淨土蓮池中，由蓮花中再生之情景，現存殘片則在中宮寺。其他之題材為釋迦出生及出生後行走七步圖。

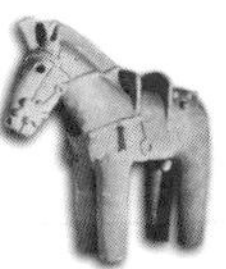

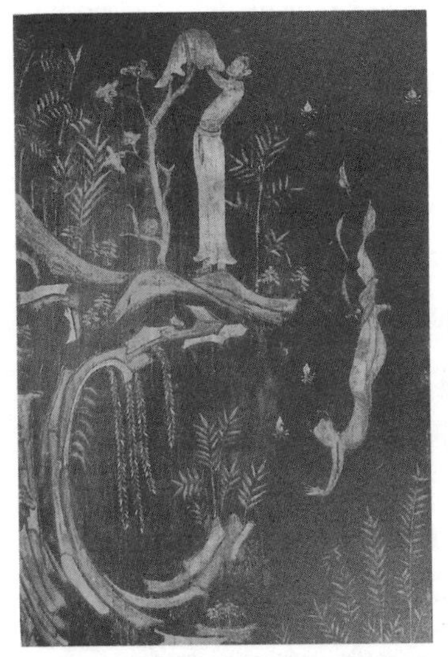

圖34
玉蟲廚中臺座繪（局部）
奈良法隆寺

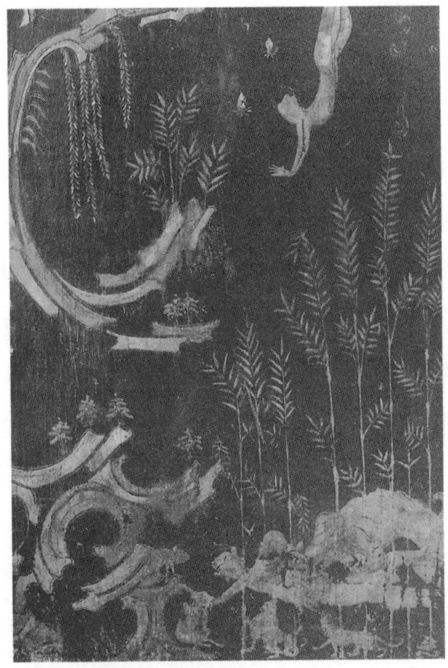

圖35*
玉蟲廚中臺座繪（局部）
奈良法隆寺

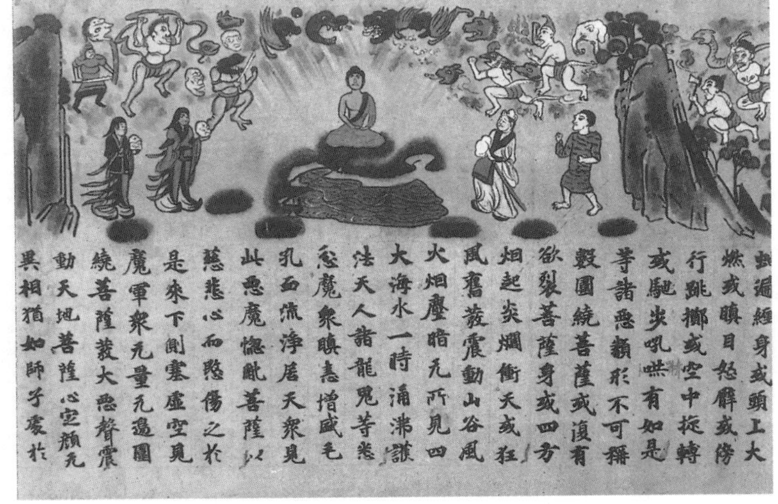

虵遍纏身或頭上大燃或瞋目怒髀或傍行跳擲或空中旋轉或馳走吼喚有如是等諸惡類形不可稱數圍繞菩薩或復有欲裂菩薩身或四方烟起炎爛衝天或狂風奮發震動山谷風火烟塵暗无所見四大海水一時涌沸諸淨天人諸龍鬼等悉忿魔衆瞋恚增盛毛孔血流淨居天衆見此惡魔惱亂菩薩以慈悲心而愍傷之於是來下圍塞虛空見魔軍衆无量无邊圍繞菩薩發大惡聲震動天地菩薩心定顔无異相猶如師子處於

圖36*
《過去現在因果經》
飛鳥時期

雕　塑

最早之日本佛教雕像係來自朝鮮半島，以後甚多在日本雕成之雕像，亦係由來自朝鮮或中國之雕工所完成。其中著名者有完成於六二三年之銅造釋迦三尊像（圖37），現存於法隆寺金堂之佛壇上。此一佛像係由中國移民雕刻家之孫鞍作止利（Shiba Tori）所造，由瘦長之面孔、服裝、雲狀之衣紋及笑容，可知係屬於中國南北朝六世紀中期風格之佛像。佛像兩側之菩薩較主尊細小，顯示主尊之重要性。此種表現方式常見於南北朝繪畫。兩位菩薩皆戴冠，衣之兩側已如鳥翼般向外翹起。在中國南北朝時期之佛像中，尤其金銅佛中，頗為普遍。

此一釋迦像係坐於蓮座之上。在古印度，蓮花代表地球及有吉祥清淨之意。在佛教中，蓮座即佛座，且彌陀之淨土係以蓮花為所居，故以蓮花為代表，但亦代表諸佛之蓮華藏世界（淨土）。釋迦佛之

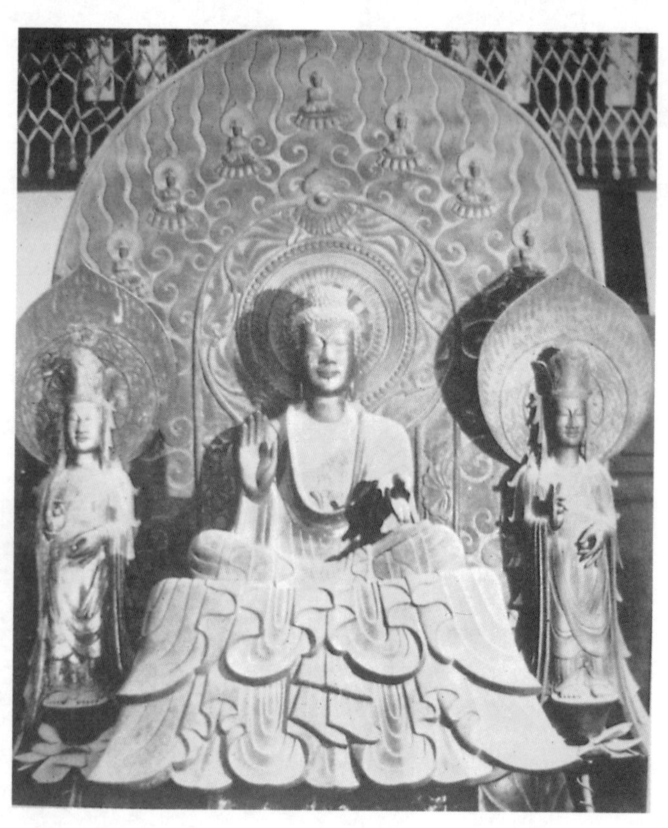

圖37
釋迦三尊像
奈良法隆寺

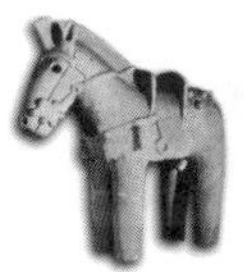

另一名稱則為蓮花王❺。但蓮花最早係被婆羅門教所使用，如婆羅門即係坐於蓮花之上❻。釋迦佛右手舉起之手勢為「施無畏印」；「印」一字係由梵文Mudra而來，即手勢之意；「施無畏」者即梵文之Abhaya，表示無需懼怕之意。左手掌心向上稱為「與願印」或「施願印」或「滿願印」(Vara mudra)，表示慈悲布施圓滿之意及流注如意寶或甘露水。頭頂突出之部分稱為「無見頂相」，表示無上之智慧，梵文稱為Ushnisha。兩眉之間突出之圓點稱為「白毫」，係自梵文Ūrṇā而來，亦可稱之為第三眼，表示釋迦佛之無所不見。頭部後面之圓形及火焰狀之背景通稱之為「光座」(Prabhā-maṇḍala)。在古印度及中東係太陽之象徵。綜言之，此一佛像深受中國南北朝佛像造形之影響，欠缺真實感及予人扁平及不自然之感覺。

法隆寺中另一著名雕刻為木雕之觀音菩薩（圖38），可能略晚於前述之釋迦三尊像。此一觀音像係由單獨之木塊雕成，身軀體態優美纖細，甚為寫實，衣著底端並未如鳥翼般向外翹起，而代以柔美流暢之曲線，但雲狀之紋路仍顯現出南北朝特殊之風格，而此種紋路卻普遍為金銅、木材及石雕雕工所使用。觀音像之左手持一淨瓶，手部極為優美逼真。淨瓶之梵文為Kuṇḍikā，內盛水，原為實用，後逐漸演變為救苦、救難及治病之用。女性化後之楊柳觀音像多持淨瓶，由此七世紀中期之觀音像觀之，仍為男身，但已有女性化之傾向矣。此像右手持一摩尼珠；身後之光座未過及腰，但火焰尾部卻較釋迦三尊像更為尖長寫實。雕像本身原曾施漆，表面仍可見到殘留之紅、綠、藍三

❺見《百緣經》卷四。
❻見《智度論》卷八。

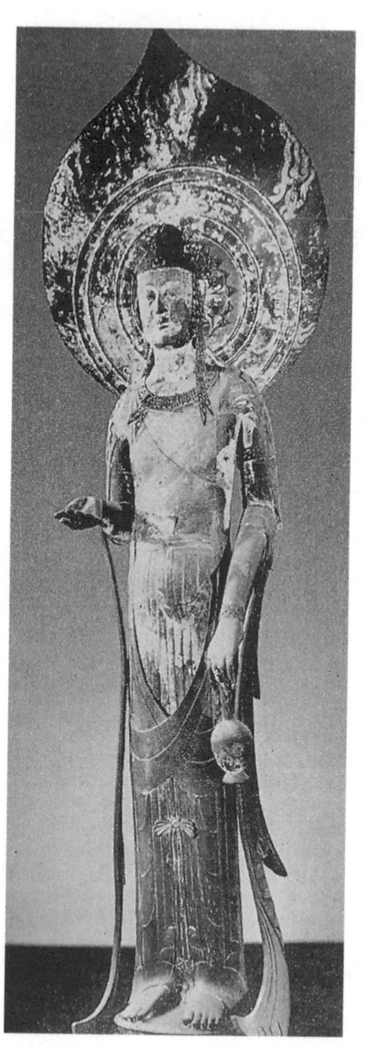

圖38
木雕觀音菩薩
奈良法隆寺

色。日人通稱此像為「高麗觀音」，但在韓國及中國並未發現類似者。

飛鳥時期之另一著名雕刻為現藏於奈良中宮寺之木雕彌勒菩薩像（圖39）。此一雕像頂有雙髻，類似之髮型在中國極為流行，但用之於菩薩像卻難得見之。菩薩面部略露微笑、雙眉細長過眼，右手觸於右頰，閉目作禪定狀，右腳則置於左腿上，姿態甚為優雅。微笑及座下雲狀之布紋，在南北朝佛像雕刻中極為流行。以左手觸頰之姿勢，在雲岡及龍門石窟菩薩像中均有見之，此種以手觸頰之姿勢稱為思惟手❼，而思惟即定心之思想也。佛教中之《思惟經》、《思惟要法》及《思惟略要法》等均為論述此方面之經典。

法隆寺中有一觀音立像（圖40），此一立像係木質但施漆及鍍金；瘦長的身軀及面型仍受中國南北朝之影響，兩側向外翹出有如燕尾或鳥翼之衣紋，反映中國大陸六世紀左右的風格。此一觀音像最突

❼《大日經疏》卷十六：「不思議具慧者，菩薩作思惟手。」附註曰：「與如意輪菩薩手同。」

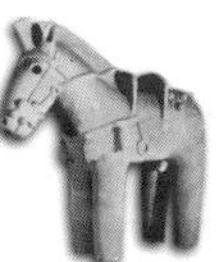

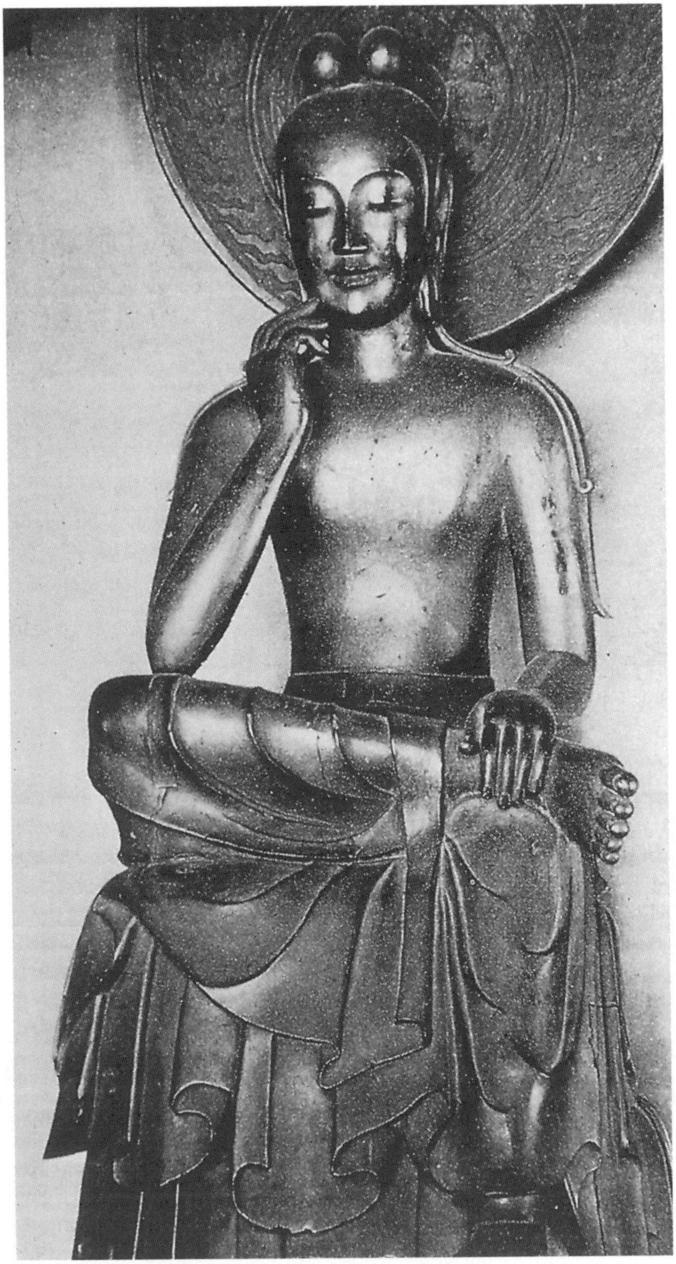

圖39
木雕彌勒菩薩
奈良中宮寺

出者為頭部後面的木質鍍金光環與高冠；無論雕刻或花紋均極為精細華麗，有如黃金所精製。菩薩雙手捧一摩尼珠（Maṇi），珠上並有火焰。摩尼之梵文原意為珠、離垢或如意，故亦稱如意珠（Cintāmaṇi），能遂眾生所願，並有各種奇異功能，如能湧出各種寶物，持有者毒不能害，火不能燒，可清濁水及顯現天下各種事物等❽。中國佛寺屋頂上之寶珠或火珠，正確之名稱應為摩尼珠或如意珠，社會上一般所稱之「雙龍搶珠」圖像所顯示的大珠，亦係淵源於摩尼珠或如意珠。

觀音之原始性別，常為學界所爭論，解決之道應自佛經內求之。其實觀音之原始性別確係男性，而非「中性」或女性❾。

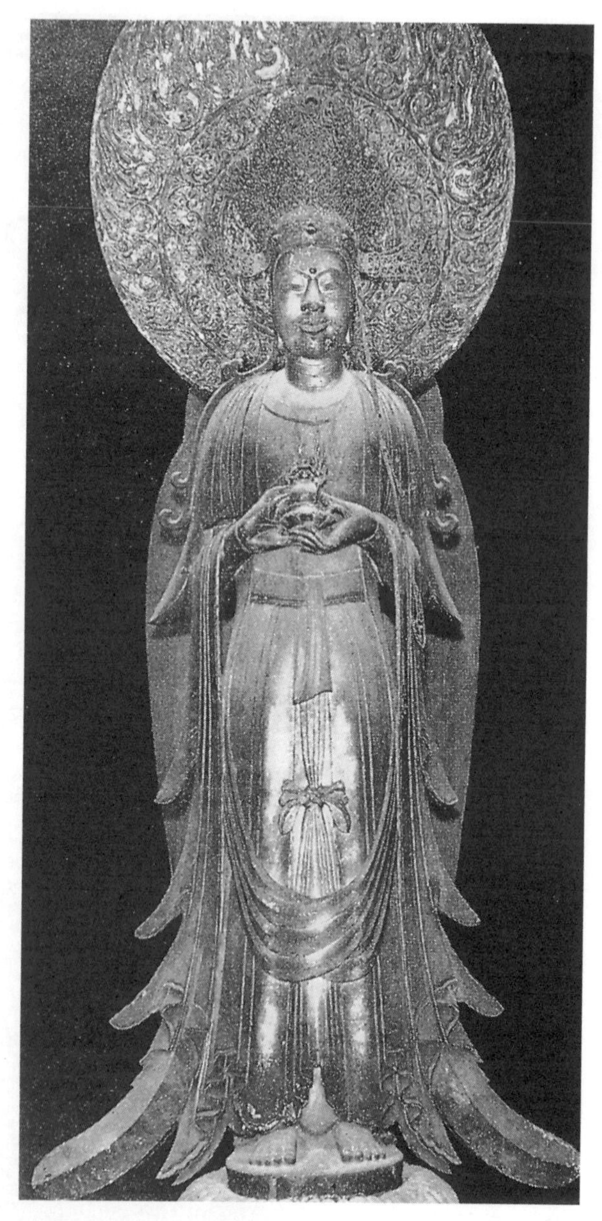

圖40
木雕觀音菩薩
奈良法隆寺

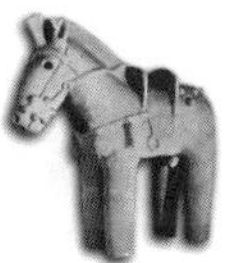

❽《玄應音義》卷二十三曰：「末尼亦云摩尼，此云寶珠，謂珠之揔名也。」《圓覺大鈔》卷一云：「摩尼，此云如意。」《慧苑音義》上曰：「正云末尼，末謂末羅，此云垢也，尼謂離也，謂此寶光淨不為垢穢所染也。」至於摩尼珠之功能，《智度論》卷五十九曰：「有人言，此寶珠從龍王腦中出。人得此珠毒不能害，入火不能燒……有人言，是帝釋所執金剛，用與阿修羅戰時碎落閻浮提。有人言，諸過去久遠佛舍利，法既滅盡，舍利變成此珠，以益眾生。有人言，眾生福德因緣故，自然有此珠……此寶名如意，無有定色，清澈輕妙，四天下物皆悉照現，是寶常能出一切寶物，衣服飲食隨意所欲，盡能與之。」《涅槃經》卷九則曰：「摩尼珠投之濁水，水即為清。」但佛經中對摩尼珠之來由各有不同，有曰自摩竭大魚腦中出（《雜寶藏經》卷六），有曰金翅鳥肉心為如意珠（《觀佛三昧經》卷一），有曰欲求此珠須至龍王宮中求（《智度論》卷十）。說法不一。但應以《智度論》卷十所云：「生自佛舍利，若法沒盡時，諸舍利皆變為如意珠。」及《往生論註》下所說：「諸佛入涅槃時，以方便力留碎身舍利，以福眾生，眾生福盡，此舍利變為摩尼如意珠。」最可採信。

❾臺灣大學學者毛一波教授及釋廣元法師與成厂居士，曾於一九八〇年中，在《中央日報・副刊》上對性別之爭各抒己見，惜皆未以充分證據支持所述論點。作者引劉宋曇無竭譯之《觀世音菩薩授證經》，確定觀音原始性別為男性，遂息爭議。見邢福泉作〈由佛經談佛與觀音的性別〉，《中央日報・副刊》（1980年5月29日）。

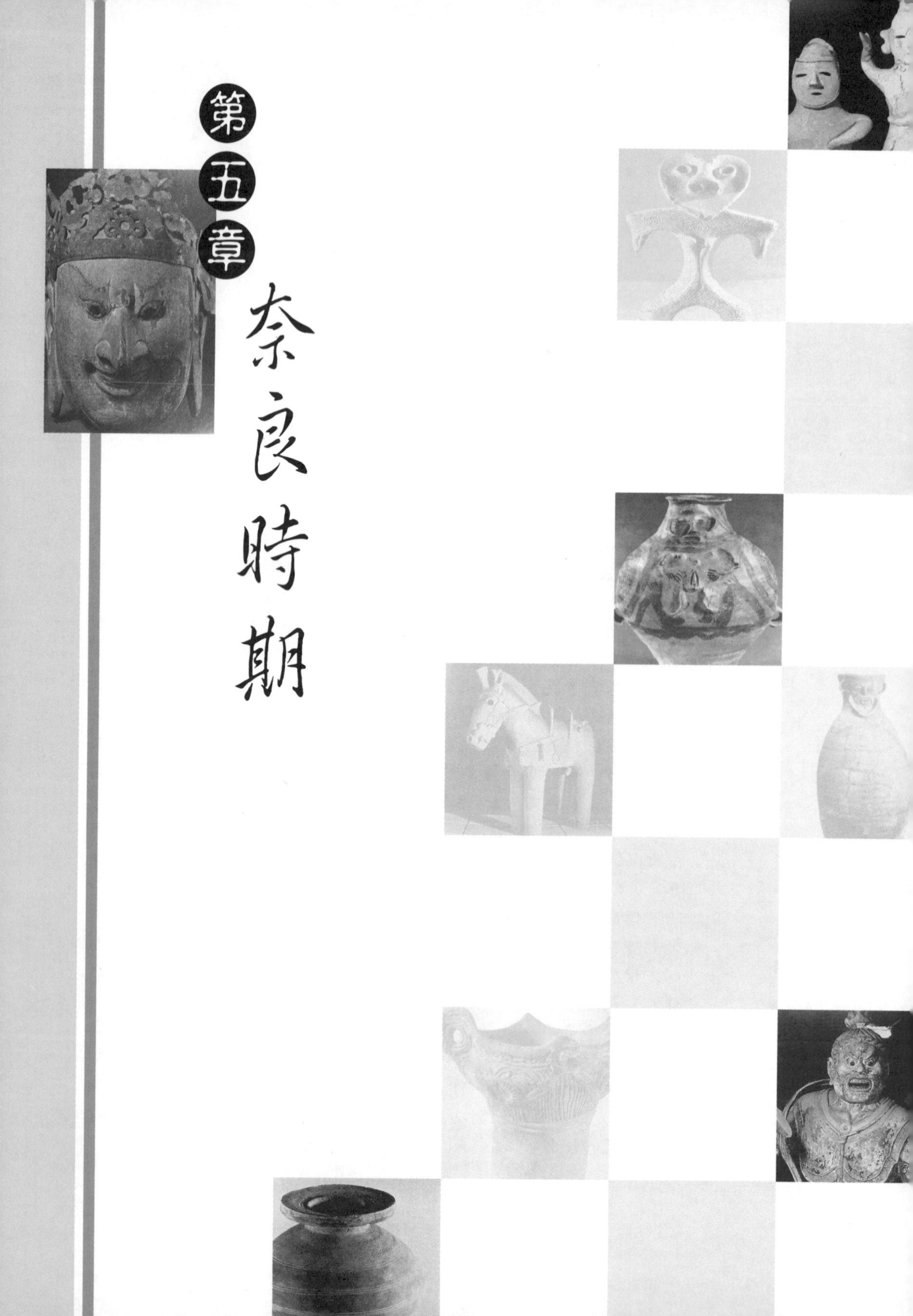

第五章 奈良時期

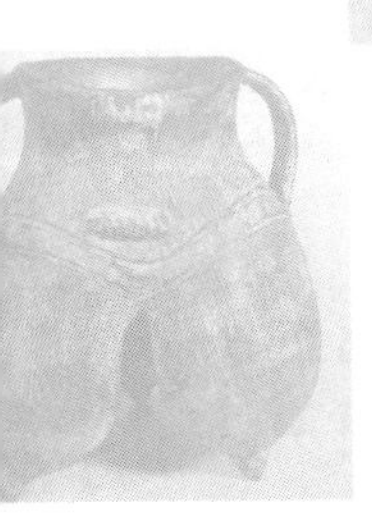

摘　要

奈良時期為日本佛教之全盛期，亦是日本佛教的黃金時代，不但佛教為當時的國教，同時日人亦全盤唐化，以中國之各種制度為師，並派遣留學生及留學僧赴唐學習，故亦是中國文化影響日本文化最強烈的時期。

奈良城的都市計畫、主要佛寺、佛像、佛教繪畫等均模仿唐朝，如東大寺、唐招提寺、各佛寺之佛塔、釋迦牟尼像、藥師像、毘盧遮那佛、天王像、經變圖等均為其例。聖武天皇且下詔在各省建立佛寺及七層佛塔。中文為官方及知識階級的正式讀寫言語，今尚稱之為「古典日文」。雕塑像中，以東大寺的毘盧遮那佛、執金剛神像、千手觀音，與法隆寺的彌陀三尊像、藥師寺的藥師三尊像，以及唐招提寺的鑑真和尚像最為著名。鑑真像係以泥塑施漆與彩色雕塑而成，極為逼真寫實，為唐代風格之反映。鑑真且為日本律宗之祖，備受朝野尊崇。繪畫中，以法隆寺金堂內之阿彌陀佛三尊像，最為精美著名，完全係唐朝及敦煌繪畫之版本。法相宗、華嚴宗及律宗為當時佛教之主流。以中文書寫之《古事紀》及《日本書紀》問世，為日本最早之歷史書籍。

奈良時期（公元646年至710年）對日本而言，無論在政治上、文化上和宗教上都極為重要；除了明治維新（1868年）使日本在政制上仿效西方外，奈良時期的文化和宗教，至今仍可在日人身上或日本社會中見其遺緒，故有人亦稱奈良時期為日本佛教的黃金時代。

在此一時期最重要者為「大化革新」與全盤中國化；公元646年日本孝德天皇以「大化」為年號，發布革新詔書，並仿效中國唐朝典章制度，以中文為正式語文，積極建立中央集權帝國，進步甚速。後又參考唐朝律法，制定「大寶律令」及「養老律令」，並仿照唐朝國都長安，建立帝都於奈良（圖41）。故在奈良時代日本係以中國為師，前往中國學習者包括學者、僧侶、政府官員、藝術家、文學家、商人、工匠及學生等等，因在八世紀左右，中國唐朝可能是世界最文明的國家，其他亞洲及中東國家赴長安學習及從事貿易者，亦為數甚多，約有數千人左右，且有

圖41 奈良及唐朝長安都市平面圖

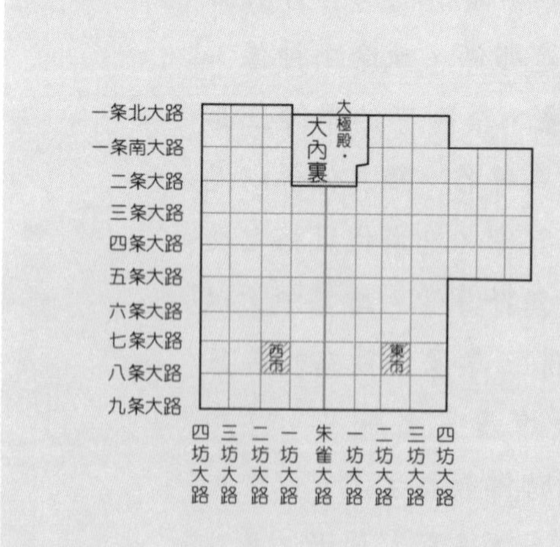

奈良（平城京）

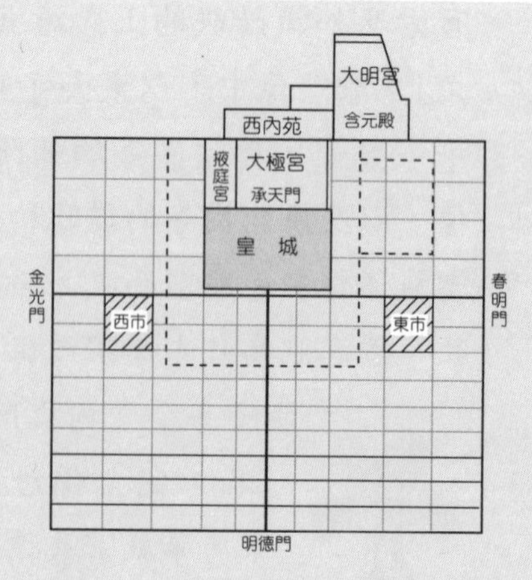

長　安
（虛線表示與奈良市的比較）

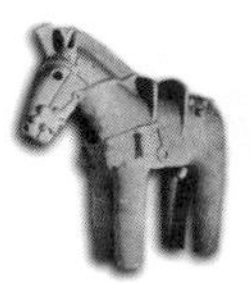

滯留不歸或入籍中國者。

自宗教方面言，因佛教興盛，故神道教亦隨附於佛教之內，其中一支派認為佛與天照大神本為一體，並無差異。隨著中國佛教各種宗派的傳入，日本佛教有如雨後春筍，宗派林立，其中以六宗信徒最多，六宗之中最早者為法相宗，其主寺在法隆寺一直至今；其次為律宗，主寺在唐招提寺；再次為華嚴宗，主寺在東大寺。華嚴宗在此時期極受歡迎，因日皇亦被認為係與毘盧遮那佛（Vairocana）同等地位。故在七世紀末期之日本，佛寺之數目已超過五百座。

自文化方面言，日本第一本歷史書籍《古事紀》於公元七一二年完成。公元七二〇年完成《日本書紀》。當時一位具有水準的「文化人」，必須能讀寫中文，瞭解中國文學詩詞及研究佛經。由於手抄佛經亦是一種功德，故上自皇室，下至販夫走卒，均蔚成一股風氣。此時又取中文之偏旁，創立「假名」文字，唯並未風行。公元七四一年，聖武天皇下詔在各省建立佛寺及七層佛塔，並於各寺置《蓮華經》十部，其本人亦以金字手抄經文分送，可見佛法及中國文化影響之強烈。

在奈良時期影響日本最大的佛寺當為東大寺及唐招提寺。現分述如下：

東大寺

東大寺係由日皇聖武下詔興建，公元七四七年動土，七四九年完工，歷時兩年而成。據稱當時之東大寺係世界最大的木造建築，銅鑄之毘盧遮那佛像高五十三英尺，開光典禮係由天皇主持，來自各國之僧侶共有萬餘人之多。巨型佛像之鑄造，當受中國佛像之影響，佛寺之規模自亦受唐朝建築之影響。惜其後大火，現存之佛寺及佛像均係以後所重建，質料可能均不如前。

現存之東大寺主殿寬約二百九十英尺，深約一百七十英尺，高約

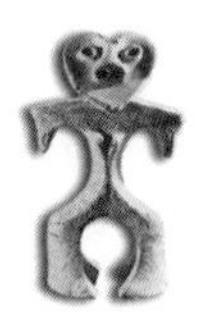

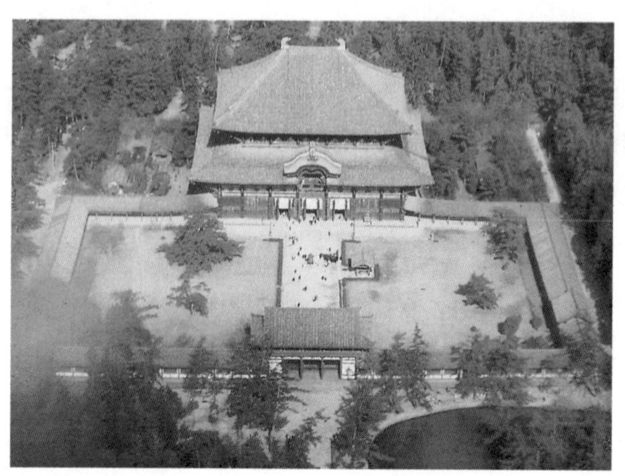

圖42*
東大寺
奈良

一百五十六英尺（圖42）。殿前有四方形之迴廊並連接主殿，迴廊正前方為中門，中門外前方又有南大門，迴廊前方左右兩側則原為佛塔（圖43）。此種以雙塔置於主殿外迴廊前面左右兩側之配置，與唐朝大明宮含元殿左右兩側之高聳樓閣相似❶（圖44），以日本與中國當時之關係，東大寺雙塔之配置係受中國宮殿建築或佛寺之影響，應無多大疑義。

東大寺為一雙簷四坡廡殿式木造建築，

正脊兩端為唐代盛行之鴟尾，敦煌壁畫及佛教石窟多見之。斗拱頗為粗大，但已逐傾於繁複化。東大寺最特殊者為其正門前上方突出之山面形瓦頂。此種以山面置於正門部位之手法，最早見於本州出雲之大社神廟。中國唐朝建築以山面為正門者，實物尚未得見，但中國唐朝敦煌壁畫及宋代繪畫

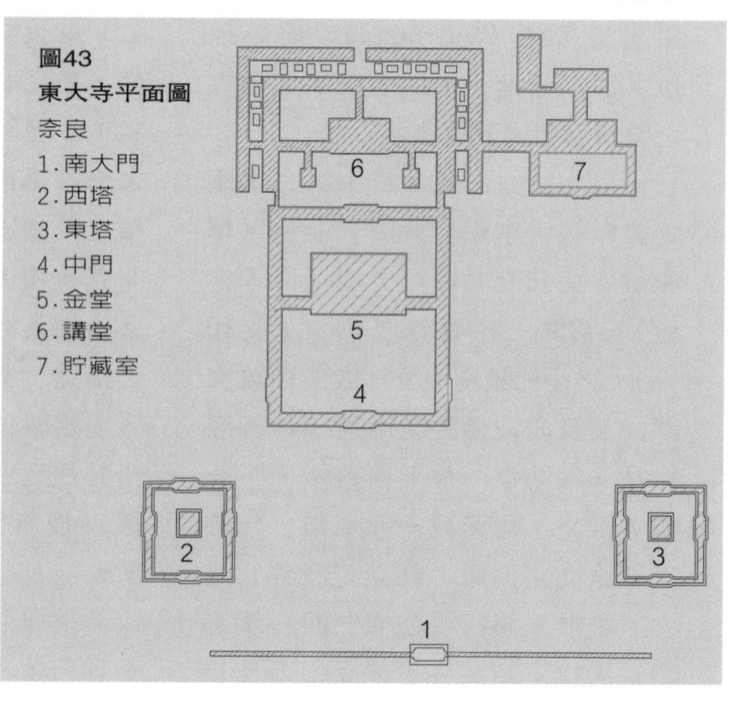

圖43
東大寺平面圖
奈良
1.南大門
2.西塔
3.東塔
4.中門
5.金堂
6.講堂
7.貯藏室

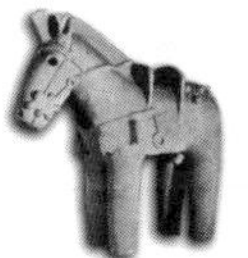

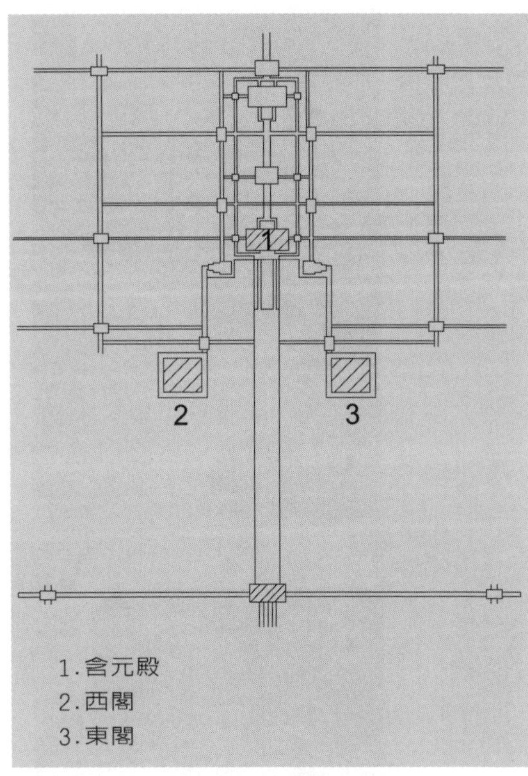

圖44
唐長安大明宮含元殿平面圖

中，以山面為正門之建築卻不在少數，以當時中日關係及上下以中國為師之潮流下，當係受唐朝之影響。

東大寺大殿之正前方有一石座銅製之智慧燈（圖45）。在佛教中，燈象徵光明，而光明之作用有二，即除黑暗及顯智慧❷，故自法隆寺始，日本佛寺前多有此燈，為中國至少自南北朝始即流行之配置，惜後來興建之中國佛寺頗多未注意及此，亦是「禮失求諸野」之例也。此一智慧燈各面均有面型豐滿、身軀彎曲，深受中國唐朝及印度笈多（Gupta）風格影響之吹奏樂器菩薩像（圖46），鑄工頗為精巧，反映出中國唐朝風格，同時也證明西方淨土思想在日本佛教徒中已甚受歡迎。

東大寺主殿內之現存毘盧遮那佛銅像（圖47）係於一六九二年重造，高約五十三英尺，連基座則高

❶中國古代佛寺之配置基本上係受同時期建築物之影響。見梁思成作〈中國建築與建築家〉，《文物》第十期（1953年），第56頁。大明宮含元殿之復原狀及配置圖參閱傅熹年作〈唐長安大明宮含元殿原狀的探討〉，《文物》第八期（1973年），第30～48頁。
❷《智度論》卷四十七、《瑜伽論》卷十一等。

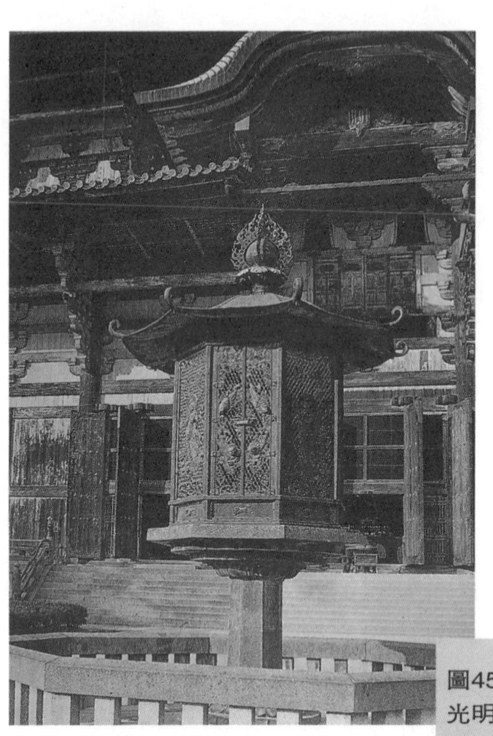

圖45*
光明燈
奈良東大寺

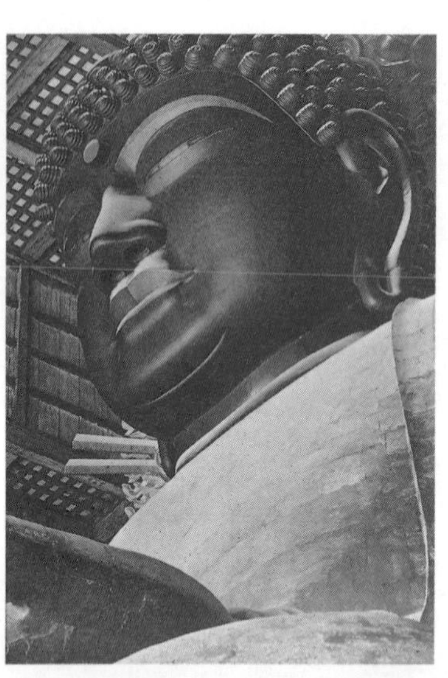

圖47*
毘盧遮那佛
奈良東大寺

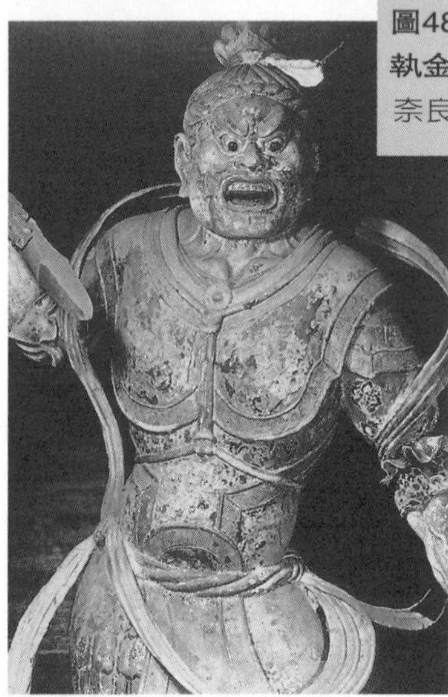

圖48*
執金剛神
奈良東大寺

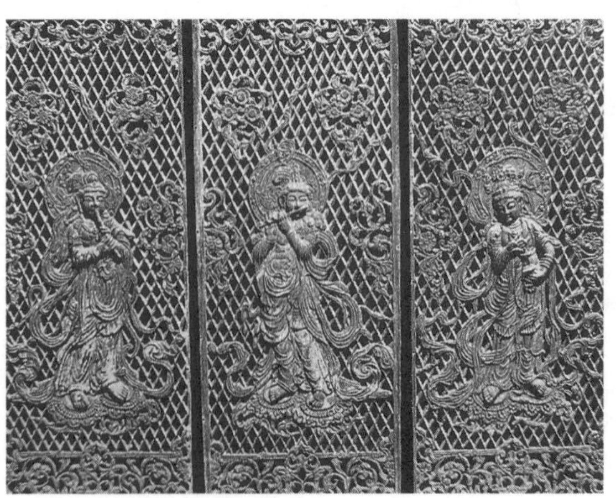

圖46*　光明燈（局部）
奈良東大寺

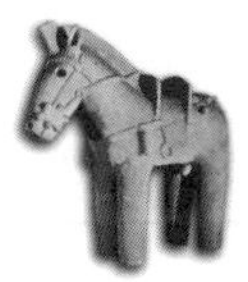

約七十二英尺，因原來於七四九年完工之佛像，在東大寺大火時即被焚損。此一佛像之螺髮、長過雙目之雙眉、小嘴及豐滿之臉型，均為中國唐式之翻版。雕造巨型佛像之觀念，亦受中國南北朝及隋唐造像之影響。

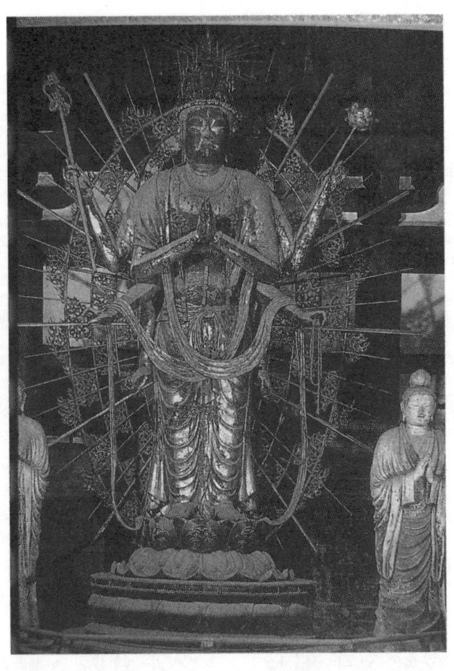

圖49
不空羂索觀音像
奈良東大寺

因木材易腐及易引起火災，原建於奈良時代的木建築現存者不多。東大寺主殿後之正倉院（儲藏屋）為少數留存者之一。此一儲藏屋係以圓形木幹建造，地面與地板之間距離甚大，木之結構及樑柱均清晰可見，其手法與伊勢神宮極為類似，為日本傳統建築風格之另一佳例。

在雕刻中，現存於東大寺之執金剛神像（圖48）為一精品，唯僅每年展示一次，保存極為良好。此一金剛像為唐式風格之再現，無論盔甲、憤怒表情、彎曲生動之軀體及紋飾，均可見於敦煌或隨葬物中之天王或金剛像。頸後及兩側下垂之飄帶，在中國頗為風行，除神將、將軍外，尚應用於飛天身上，其實此種形如飄帶之裝飾原為以花編成之帶狀或環狀物，在印度教中為勝利之象徵，笈多時期甚為盛行。

在飛鳥時期，雕像多以木或銅為雕塑材料，但至奈良時期則多以泥塑施漆造像，係受中國之影響。在東大寺中有一約為兩人高之不空羂索觀音像（圖49），頭戴寶冠，雙手作蓮華合掌，此一手印一表敬禮，一表理智不二及十波羅蜜❸，為一男身觀音像。此一觀音像之出現當係受唐朝密宗興盛之影響，最澄、空海、圓仁之入唐學佛，為一佳例。尤以空海在長安青龍寺從高僧惠果學密，返日後創真言宗，最為有名，此即一般所稱之「東密」。最澄則在天台山國清寺從道邃大師學天台教義，兼習密、禪及戒律，返國後建立天台宗，密宗一支稱為「台密」。唐朝後，密宗失傳，但卻在日本大盛，為「禮失求諸野」之另一佳例。

此一觀音像之兩側為泥塑施漆之日光菩薩及月光菩薩像❹，高度僅及千手觀音之半，小嘴、面部豐滿，眉、眼均細長，衣紋、手部及整個造形甚為寫實，中國唐代雕塑之水準在此可見端倪。遺憾的是日光菩薩及月光菩薩之塑像，在中國均不易得見，這可能與敬拜藥師佛(Bhaiṣajya-guru-vaiḍūrya-prabhāṣa) 之多寡有關，因日光菩薩及月光菩薩為藥師佛之左右脇士，奈良時期藥師佛寺似不在少數，故中國唐朝或有不少之藥師佛寺，但以後可能逐漸式微也。

日本天皇聖武逝後，即將其收藏品捐贈東大寺，並保存於東大寺

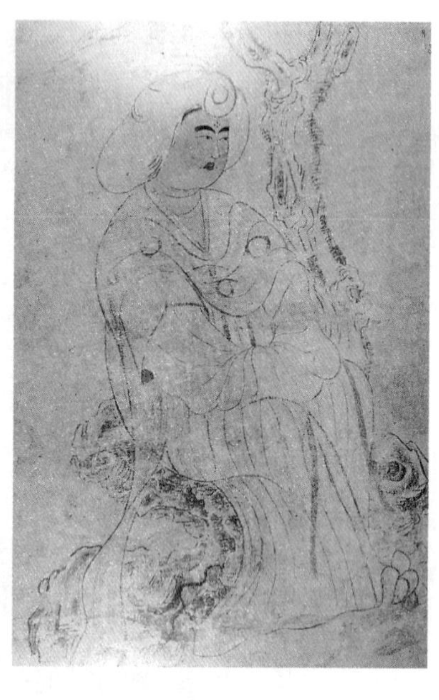

圖50*
樹下婦人
奈良東大寺

之正倉院，精品甚多，其中之一為唐式之樹下婦人（圖50）。此一繪畫線條甚為流暢，婦女身軀面形亦甚豐圓，小嘴及服飾等均反映出唐代風格，尤可注意者為其濃重粗大之雙眉，此種形式之雙眉在平安時期後之日本風格之繪畫中，頗為多見。婦女身旁之樹幹全係以線條構成，用墨不多，亦作背景襯托，對唐以後之山水畫發展情形，在此或可略見一二。

另一藏於東大寺正倉院之繪畫為菩薩畫像（圖51）。此一畫像仍為

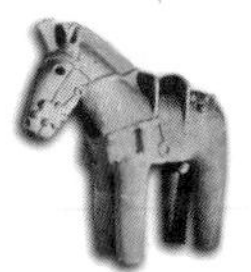

中國唐朝風格，世界著名亞洲藝術史家李雪曼（Sherman Lee）於其《遠東藝術史》（*History of Far Eastern Art*）一書中，曾稱此一畫像筆法甚佳，但如詳細觀察此一菩薩頭上之圓狀飄帶，粗細不一之敗筆甚多，實難稱佳作也。

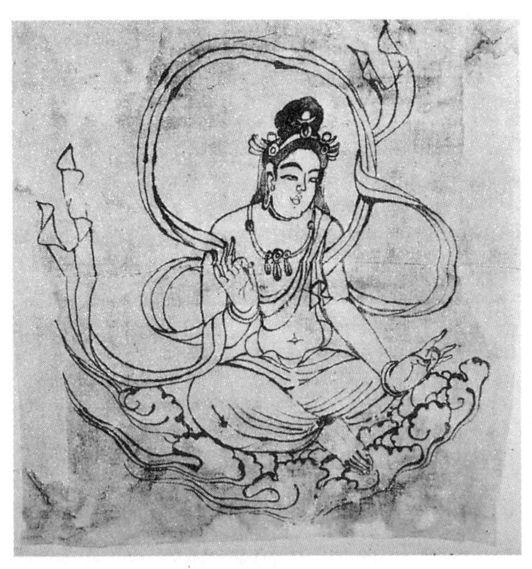

圖51
菩薩畫像
奈良東大寺

唐招提寺

自奈良時期至平安時期為止，日本朝廷共任命了十九次遣唐使，實際成行者十二次。極盛時期之使團可多達五百餘人，如公元七一七年以大伴山守為大使之使團即有五百五十七人，其規模可見一斑❺。

中國當時雖無朝廷使節至日，但由唐赴日的鑑真和尚卻為中日文化交流在日本大放異彩，幾乎成為日本知識分子中家喻戶曉的人物。

鑑真和尚對於日本的影響是多方面的；除了宗教以外，尚包括了

❸見《大日經》卷三及《攝無礙經》。

❹《藥師經》：「於其國中，有二菩薩摩訶薩，一名日光遍照，二名月光遍照，是無量無數菩薩之上首。」此兩菩薩亦見於金剛界曼荼羅（Mandala）中。左為日光菩薩，右為月光菩薩。《藥師經》有五種譯本，單言《藥師經》則指唐玄奘譯之《藥師瑠璃光如來本願功德經》一卷。

❺余又蓀著《隋唐五代中日關係史》（臺北，臺灣商務印書館，1974年），第63頁。

建築、雕塑及書法等，故特將其生平略為敘述如下：

鑑真和尚（公元688～763年）俗姓淳于，十四歲至揚州大雲寺出家，二十六歲於揚州大明寺講說戒律，並參與八十餘座佛寺之建造，同時積極從事救濟事業，在中日均負盛名。日本當時雖佛教興旺，但戒律卻甚鬆弛，故日本佛教界請政府延聘高僧主導戒律，鑑真自為首位人選。當時唐朝嚴禁私自出海，鑑真一行或被人告密，或遇狂風觸礁，或船破漂流，十一年中歷經五次失敗，至第六次時方告成功，當時已六十六歲了。其中第五次竟從舟山群島漂流至海南島之崖縣，在大雲寺居住一年。後又自海南島航行至廣州，由於海風及暑熱，雙目全盲。最後又回到揚州。公元七五三年又乘日本遣唐使返日之船隻赴日，時已六十六歲。這次赴日有弟子及工匠二十三人隨行，佛及觀音像等八座，佛經八十四部三百餘卷，以及王羲之、王獻之真跡三種。途中又遇大風，漂流至沖繩島，最後方於公元七五三年抵達九州。翌年，抵首都奈良並入住東大寺，後天皇授以傳燈大師職位，先後為聖武天皇等授戒，及在東大寺設立戒壇院。公元七五六年，孝謙天皇任鑑真為大僧都，統管日本佛教各種事務。兩年後退位並設計創建有名之

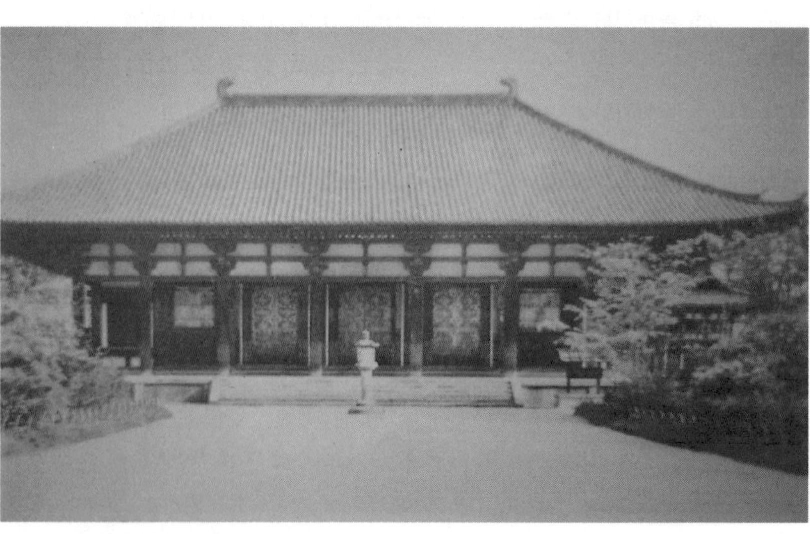

圖52
唐招提寺
奈良

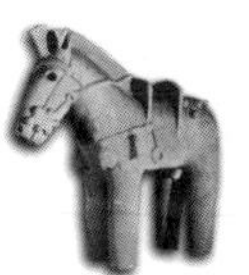

唐招提寺（圖52），為律宗之重鎮。公元七六三年，以七十六歲高齡圓寂於唐招提寺❻。

自佛教傳入日本後，佛寺數量相繼增加，唯設計佛寺者多無可考，此或與中國自古對建築「工匠」輕視有關，確知為中國人設計並主持建造者則為唐招提寺，此為中國中唐佛寺建築風格之反映，研究中國建築或佛寺者，日本奈良之唐招提寺為不可缺少之研究對象。

鑑真不但為佛教的傳播卓有貢獻，同時對中日文化交流的功績亦居功甚偉。他精通醫藥，被日人目為漢醫藥之祖，十七世紀左右的日本漢藥袋上，甚至印有鑑真像❼，其重要性及廣為日人所知悉之情形，由此可見一斑。他亦是以中國人埋骨扶桑最著名的人物，與埋骨中國的日人阿倍仲麻呂（公元698～770年）常為學者所稱道。後者曾中進士，官至北海郡開國公，並追封潞州大都督，與王維、李白等均過從甚密，且常相唱和❽。

唐招提寺係建於公元七五九年，所代表者為唐代中期之建築，

❻鑑真事跡見王曉秋著《中日文化交流史話》（臺北，臺灣商務印書館，1994年），第42～45頁。

❼同前注。

❽阿倍仲麻呂於公元七一七年隨遣唐使赴華，時年十九歲。隨入國子監就讀，後入籍、中進士。在唐朝歷任左拾遺、祕書監兼衛尉卿、鎮南都護、安南節度使及北海郡開國公等要職。他的詩甚富感情，如：「慕義空名在，偷中孝不全。報恩無有日，歸國定何年？」「天中戀明主，海外憶慈親。西望懷恩日，東歸感義辰。」「翹首望東天，神馳奈良邊。三笠山頂上，想又皎月圓。」李白及王維也為他寫了以下兩首詩：「日本晁卿辭帝都，征帆一片繞蓬壺。明月不歸沈碧海，白雲愁色滿蒼梧。」（李白）「九州何處遠，萬里若乘空。向國惟看日，歸帆當信風。鰲身映天黑，魚眼射波紅。鄉樹扶桑外，主人孤島中。別離方異域，音訊若為通。」（王維）。同❻，第33～41頁。

其特色為樸實厚重；屋頂約佔建築高度之一半，木柱粗壯，斗拱均為「一斗三升」，實用而少裝飾。唯一具有裝飾性者應為正脊兩側之「鴟尾」。此種形式之「鴟尾」在唐代極為流行，後逐漸演變為鴟吻及正吻。屋頂簷角微曲，至宋代方有較大角度之上翹。此一建築雖位於高臺上，但四周無廊，亦無欄杆，為唐代晚期前流行之式樣。至晚唐及五代，建築配以欄杆似較為多見；如敦煌第六十一窟西壁五代之大建安寺壁畫❾，及第八十五窟南壁晚唐鹿母夫人故事（《報恩經・變論議品》）壁畫❿。

唐招提寺前之石燈稱為智慧燈，與東大寺前之智慧燈同一意義，僅材料之差而已。如此一石燈係鑑真時原建者，則佛寺前置石燈之手法，可能為南北朝及唐朝所流行者，因屬於北齊(公元479～501年)時代位於山西太原之童子寺發掘時，於殿前亦發現一個與唐招提寺相似之石燈⓫。唐招提寺係一廡殿式建築，在敦煌第一七二窟南壁西側「未生怨下」壁畫可見⓬，故廡殿式與歇山式可能為唐代主要建築之流行形式。如與法隆寺佛殿相較，唐招提寺佛殿僅有前後兩個入口，與法隆寺四面皆有入口略有差異。

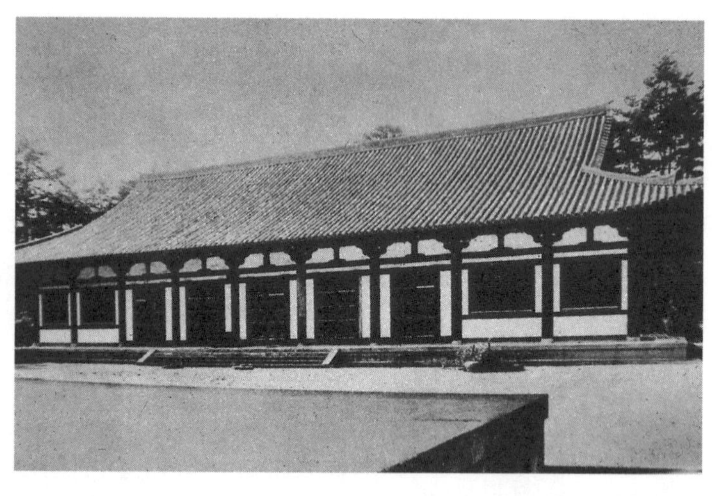

圖53
唐招提寺講堂
奈良

唐招提寺之講堂（圖53）據稱原係皇宮之部分建築，後因遷移而贈與唐招提寺，如確為如此，則唐招提寺原係與皇宮為鄰，與皇室之關係自甚密切。此一講堂與金堂、藏經樓及寺寶儲

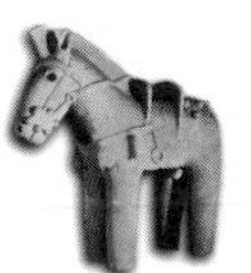

藏室，皆為原建於奈良時代者。此一講堂係歇山式建築，正面九間，斗拱均為「一斗三升」，為漢至唐初流行之風格。由瓦頂形式觀之，兩端無鴟尾，甚為簡樸，與法隆寺之瓦頂風格接近，應為中國南北朝之流行風格，而非奈良唐式風格。由此可知，奈良時期之建築，亦有部分仍繼承飛鳥時期建築之形式，並非全屬中國唐式。此一講堂為日本歇山式建築中最古老者。

藥師寺與夢殿

另一建於奈良時代的木造建築為藥師寺雙塔之一的三層木塔（圖54）。此一木塔最大的特色為：每層均有雙簷，由大而小向上收縮。此外塔基無欄杆，並有四處入口，與法隆寺之五層木塔類似。此塔每層之上簷皆大於下簷，頗有主從關係，設計頗為特殊，在中國雖未得見，但由奈良時代以中國為師之情形看來，應為唐朝流行之木塔設計，而非日人獨創，且可能為唐朝初期者，因其瓦頂設計仍深受南北朝建築之影響。塔頂之剎或相輪樘，與法隆寺五層塔之剎為同一形式，南北朝風格之影響應無太大疑義。

法隆寺著名之「夢殿」係為紀念聖德太子而建（圖55），其原址原

❾ 見敦煌研究院編《敦煌》（甘肅人民出版社、江蘇美術出版社出版，1993年），第189頁。

❿ 同前注，第175頁。

⓫ 見Lawrence Fu-chuan Hsing（邢福泉），*Taiwanese Buddhism & Buddhist Temples* (Taipei, 1983), pp. 124, 309.

⓬ 此係指阿闍王Ajāta'satru(Kṣemadar'sin)生前，其父母請十者問命。十者言此子必殺害父親，故出生後即將其由樓上擲至地下，但未死，僅斷一指。及長，果幽禁父母。圖片可見❻書中第130頁。

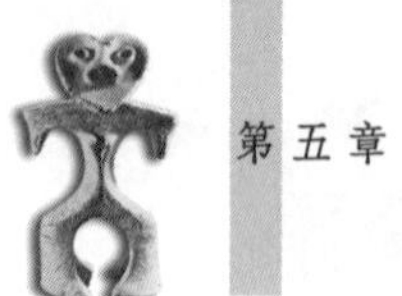

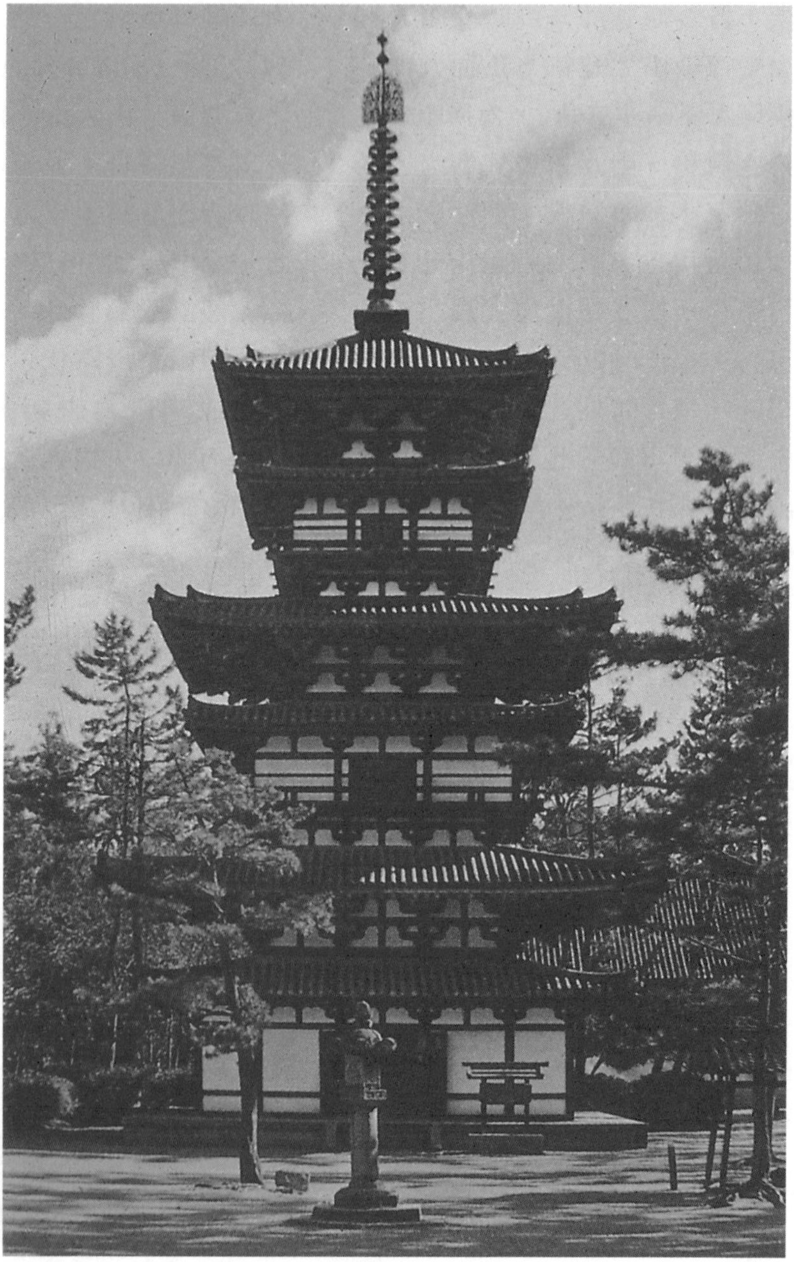

圖54*
藥師寺木塔
奈良

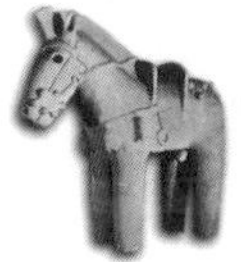

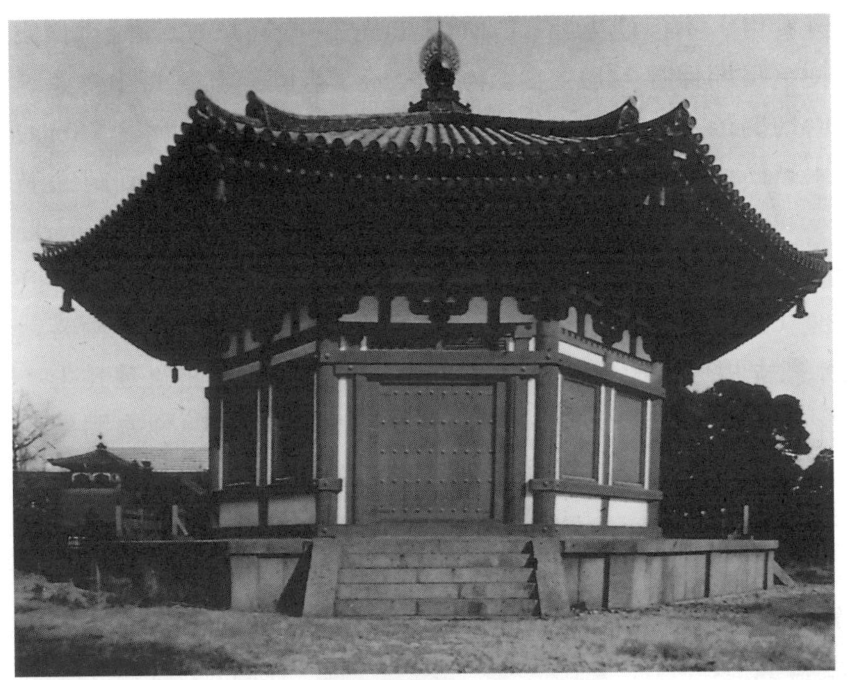

圖55*
法隆寺夢殿
奈良

有聖德太子作為修行之私人廟宇。此一「夢殿」為日本最古老之八角形建築。由其「一斗三升」斗拱及瓦面見之，仍應為初唐建築風格；殿頂有火焰狀之摩尼珠，象徵釋迦牟尼及佛法，並能破暗顯明，除一切污穢貪瞋。中國建築亭閣上之「寶頂」，可能係此一類似「寶頂」之覆鉢與摩尼珠結合之形狀而來。正面之直櫺窗為唐代建築流行設計之一。敦煌壁畫中有與「夢殿」同一形式之建築。

雕　塑

在奈良時期，雕塑應為最重要者，因奈良時期遺留之建築物及繪畫不多，但雕塑方面則為數頗多，同時在此一時期雕塑所佔之地位亦較重要，其主因可能係受唐朝雕塑材料之多元化影響；如在飛鳥時代係以銅及木為主要材料，但至奈良時期則增加泥塑及乾漆塑兩種。此

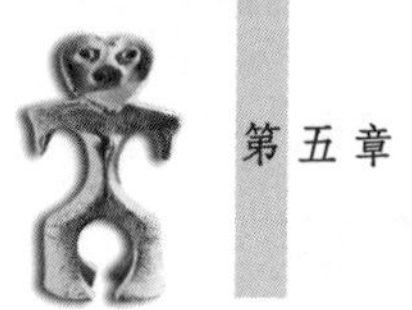

兩種材料之廣泛應用，不但使人物更真實，且可使之長期保存，加上日本與唐朝之密切關係，使奈良時期之雕塑在日本藝術史上佔有相當重要之地位。

奈良時期精品之一當為前述鑑真和尚之塑像（圖56）。此一塑像內部係由木架支撐，上敷麻布與泥，再雕塑施漆而成，至今表面上仍存留各種顏色。製造之方法與中國敦煌之泥塑施漆手法完全一致。此一塑像面部表情極為逼真寫實，反映出中國唐朝泥塑之寫實風格。以高僧為題材之方式，在日本雕塑史上為首創，以後平安時代與鎌倉時代以高僧或祖師作為造像或畫像對象之流行，即係受此影響。

因受飛鳥時期之影響，奈良早期之雕像仍有以銅作為材料者，其中最著名者為位於法隆寺內之彌陀三尊像（圖57）；中為阿彌陀佛，其左側為觀音菩薩 (Avalokitésvara)，右側為大勢至菩薩（Mahāsthāma or Mahāsthāma-prāpta）。以彌陀佛像為例，大頭、豐圓面孔、短小身軀、螺髮、微笑、犍陀羅式衣著（Toga）及衣紋，均為初唐佛像雕刻之特徵。彌陀之右手作說法印（Vitarka mudra），左手作與願印（Vara mudra）。阿彌陀佛及兩菩薩均坐或立於半開之蓮花上，蓮花之莖幹極為明顯。此種現出莖幹之手法，最早見於飛鳥時代之「天壽國繡帳圖」，描述聖德太子在西方淨土蓮池中，重生之情景（圖58）。據淨土宗三經所載⓭，淨土宗信徒於死後，其靈魂即被彌陀三尊接引至西方淨土中之蓮池，並按各人修行分為九品，靈魂皆寄托於蓮花之中，當時間到來，蓮花逐一開放，重生之人即自蓮花中現出，再經過一番聽經修行後，即可永遠居住於西方淨土之中，並免去輪迴之苦。

圖56*
鑑真像
奈良唐招提寺

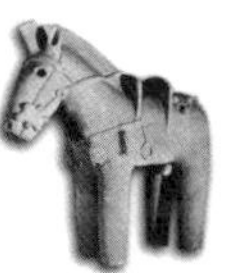

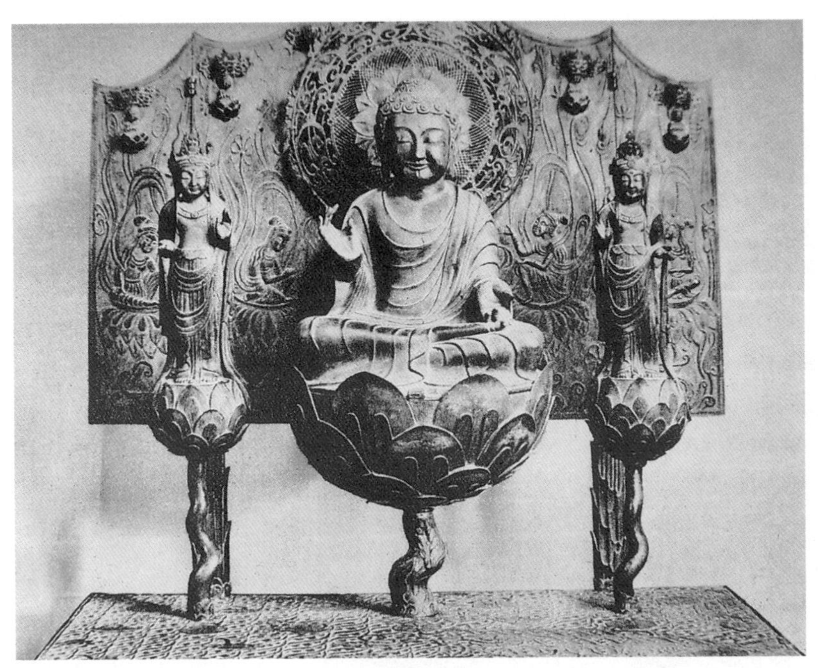

圖57
彌陀三尊像
奈良法隆寺

三尊背後屏風下方坐於蓮花上之人物，即係上述重生之人自蓮花中出現之情景。屏風之上端係佛教中之過去七佛，釋迦牟尼係次於迦葉佛，為第七位過去佛⓮。此一彌陀像頭部後方之光環，極為精美細緻；中間為八葉蓮花，四周圍以藤蔓，與東大寺之銅鑄智慧燈同為奈良時期之佳品。上述重生之人坐於蓮花上之手法，在北魏鞏縣石窟中已見之，故仍傳自中土也。

阿彌陀佛兩側之觀音菩薩及大

⓭即《阿彌陀經》、《無量壽經》及《觀無量壽經》。

⓮七佛之名見於《增一阿含》四十四之十、《智度論》九、《神呪經》一等。據《長阿含》一之《大本經》記載，此七佛分別為Vipaśyin, Śikhin, Viśvabhū, Krakucchanda, Kanakamuni, Kāśyapa, Sakyamuni。

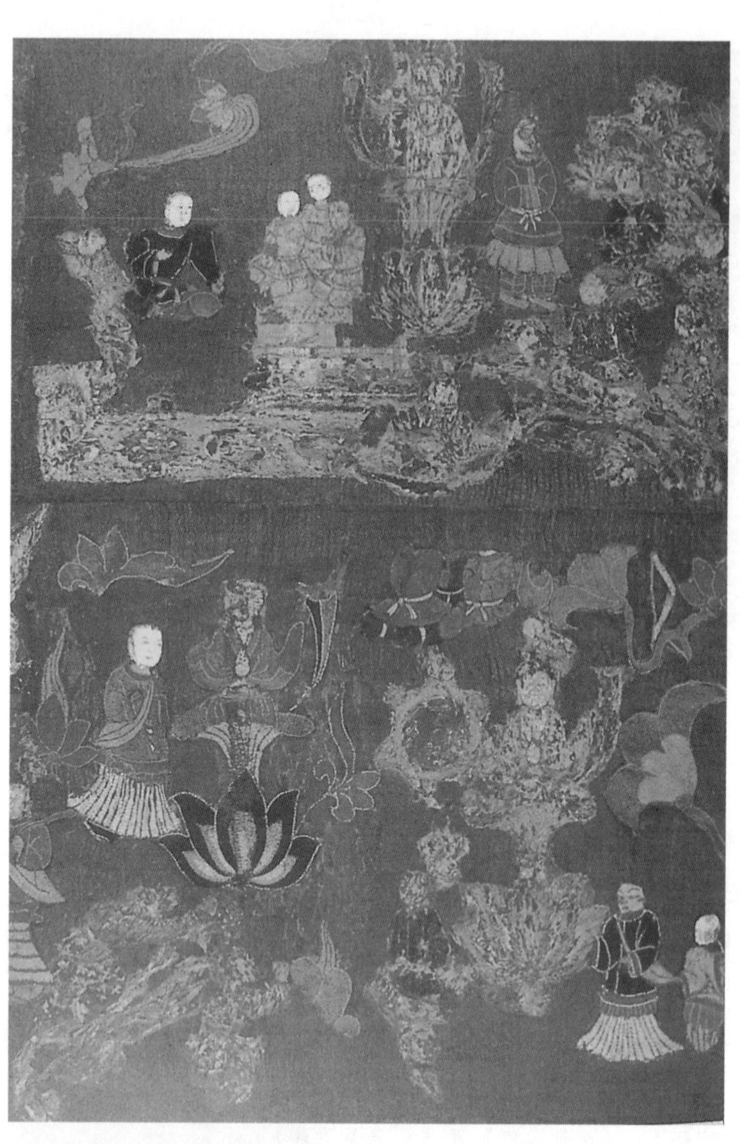

圖58*
天壽國繡帳圖　飛鳥時期

勢至菩薩，左右手分作施無畏印（Abhaya mudra），其餘一手作與願印。前者之寶冠上有彌勒佛像，後者則為一寶瓶。兩者較小之體形，顯示地位之次要性。如前所言，此一三尊像之屏風為極為細緻之佳品，除光環外，蓮花上之人物及背景均甚為生動，帶有動感之飄帶，尤為屏風生色不少。布局方面，則採用完全對等之均衡式，屏風兩側重生人物之面對面之安排，即為一例。

奈良時期另一著名之銅鑄像為藥師寺內之藥師三尊像（圖59、60、

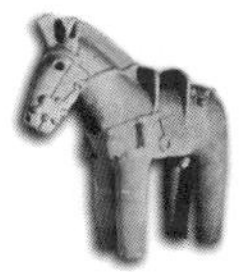

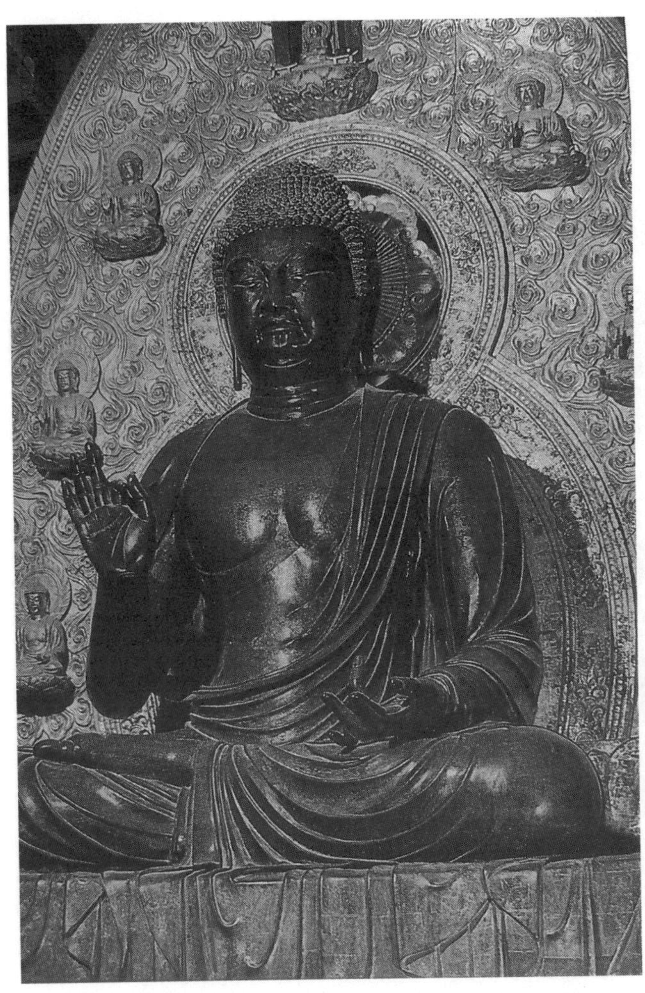

圖59*
藥師佛
奈良藥師寺

61）。藥師佛之梵名係Bhaiṣajya-guru-vaiḍūrya-prabhāṣa，即藥師瑠璃光如來、大醫王佛或醫王善逝，主理東方淨瑠璃國，曾發十二誓願，救眾生之病，見玄奘所譯之《藥師瑠璃光如來本願功德經》，亦簡稱《藥師經》⓯。除藥師三尊外，尚有藥師七佛、藥師八大菩薩及藥師十二神將。藥師佛有持藥罐者，亦有不持藥罐者，通常多作「藥師印」，即將右掌置於左掌上，兩大拇指頭部相互接觸，再安置於臍下部位，此一手印亦稱為「法界

⓯此經僅一卷。另有《藥師如來本願經》一卷，隋達摩笈多譯；《藥師瑠璃光七佛本願功德經》二卷，唐義淨譯；《藥師瑠璃光經》一卷，宋慧簡譯；《佛說灌頂拔除過罪生死得脫經》一卷，東晉帛尸梨密多羅譯。連同玄奘者共五譯。

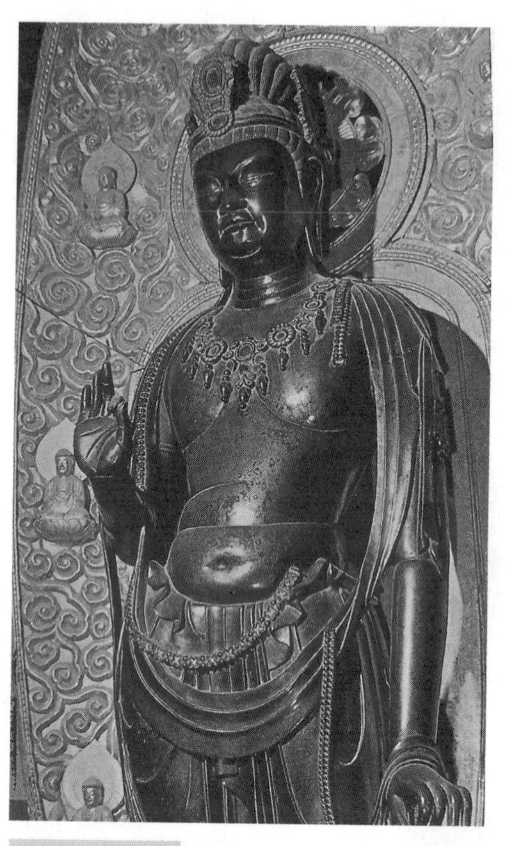

圖60*
日光菩薩
奈良藥師寺

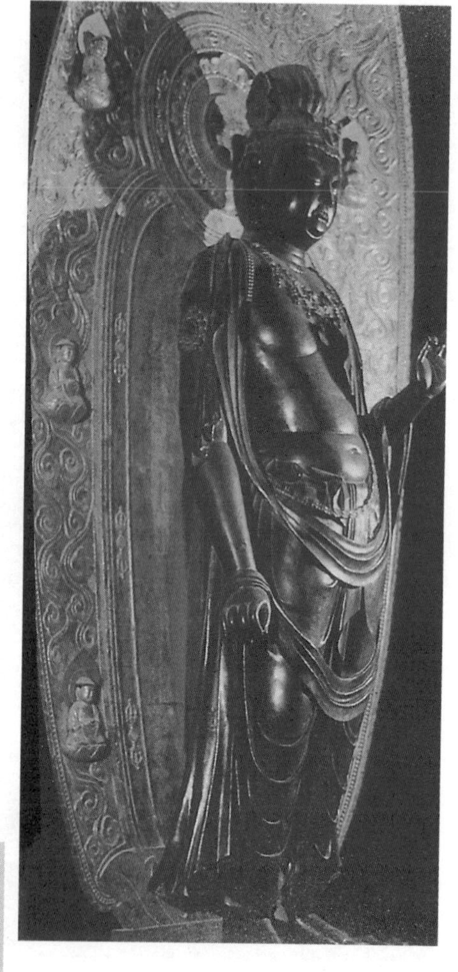

圖61*
月光菩薩
奈良藥師寺

定印」。

據稱，藥師寺之藥師三尊係因日皇天武之妻染病而造。完工日期各有爭論；有云係公元六九七年藥師寺建造之時所造，亦有人稱係公元七一八年或六八八年所鑄，至今迄無定論，但學者皆同意其風格應為七世紀下半期唐朝風格之反映。此一藥師佛像之身軀比例，遠較法隆寺內之彌陀三尊像之彌陀坐像為

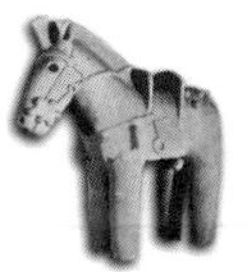

佳，亦較寫實，如前胸及腹部之肌肉均展現真實感。此外，雙手及衣紋亦甚逼真。衣紋之表現似承犍陀羅之遺風。藥師佛之面部略帶微笑，雙眉細長過眼，眼睛細長半閉，與犍陀羅風格之佛像相較，除面部較圓及微笑部分外，其餘均極為接近。光座上之七佛，當為藥師七佛，此七佛係以藥師如來為主體，因七佛名稱各經有異，故從略。如與法隆寺內之彌陀三尊像相較，雕像及光座均甚精緻，應較前者為佳。

藥師佛之左右兩側，各有日光菩薩（Sūrya-prabhāsana）及月光菩薩（Candraprabha）。前者在密宗中又稱威德金剛，掌中或蓮花上有日輪；後者密號清涼金剛，右手持蓮花，花上有半月輪。《藥師經》中又說：「於其國中，有二菩薩摩訶薩。一名日光遍照，二名月光遍照，是無量無數菩薩之上首。」

藥師寺藥師佛左側之日光菩薩佩戴瓔珞，裝飾華美，肌膚寫實。身軀微曲前突，則為印度笈多王朝佛像之風格，但向前微突之腹部，又為印度本土風格之反映，且可上溯至印度河谷文化之部分石雕像。月光菩薩與日光菩薩之特徵相同，腳部稀疏平行之衣紋，則屬笈多佛像之風格。總言之，藥師寺之藥師三尊像，應為奈良時期雕刻佳品之一，同時也呈現了奈良時代雕像寫實、精緻、華麗、生動之特徵。

法隆寺五層塔之北面，有釋迦牟尼涅槃雕塑像一群（圖62），敘述釋迦牟尼涅槃時，菩薩及羅漢等圍繞四周之情景。涅槃來自梵文Nirvāṇa，亦稱Parinirvāṇa，泥洹、滅度、寂滅等均為同義。釋迦涅槃時頭北面西，右脇而臥，四周之樹皆開白花。在敦煌中唐第一五八窟，有釋迦涅槃塑像，故知必為當時流行之題材。雕塑者特以中央位置及金色凸顯釋迦牟尼之重要性，但其表現均衡布局之手法，卻較為活潑。譬如位於前方左右之羅漢，左右各有三人，但並不作呆板、整齊之排列即為一例。此外，由菩薩與羅漢之表情，亦可知修行之深淺；羅漢面目悲戚，而菩薩則仍祥和。

法隆寺之力士像（圖63），為

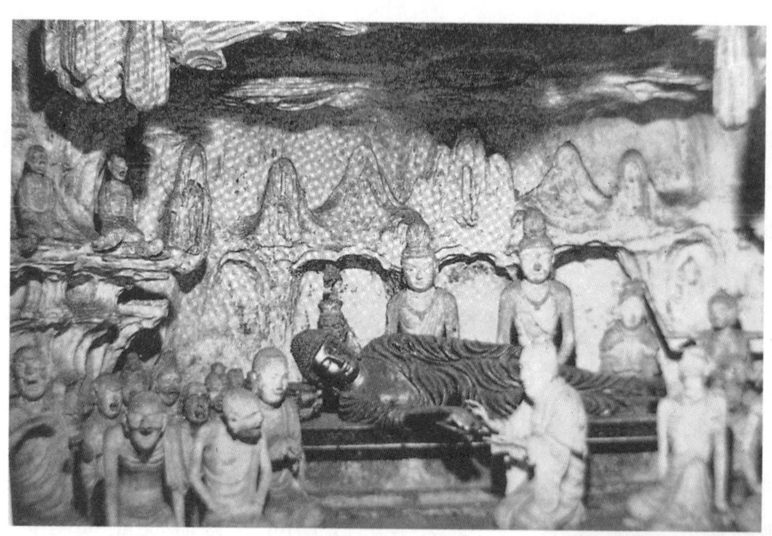

圖62
釋迦涅槃像
奈良法隆寺

圖63* 力士
奈良法隆寺

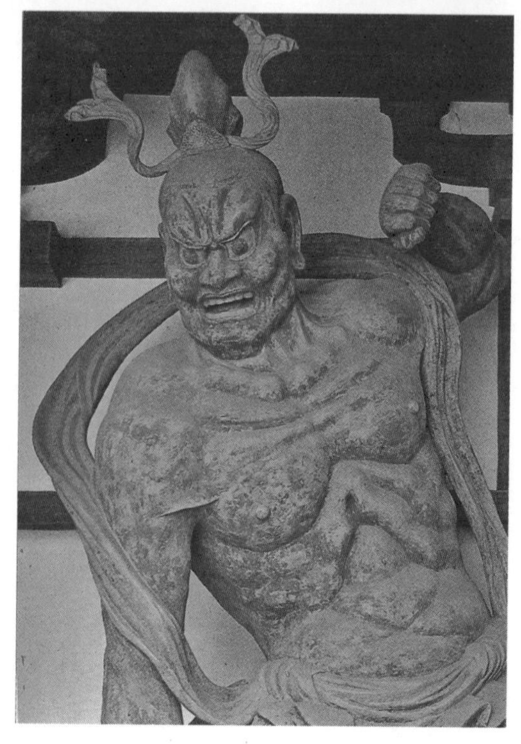

奈良時期寫實及受印度笈多風格影響之另一例。胸、腹肌肉及肋骨之表現，甚有真實感；彎曲之腰部則為部分唐朝雕塑受笈多風格影響之再現。憤怒而逼真的面部表情，與東大寺之執金剛神有異曲同工之妙。奈良雕塑之寫實及生動特徵，由此可見一斑。

在奈良時期，佛教壁畫甚為流行，當係受中國唐朝之影響，但奈良時代繪畫保存良好者不多。法隆寺金堂原有頗多之佛教壁畫，但一九四九年之大火，卻將大部分壁畫損毀，所幸存留之部分照片，仍可供人參研。法隆寺金堂之壁畫中，

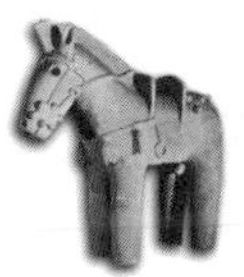

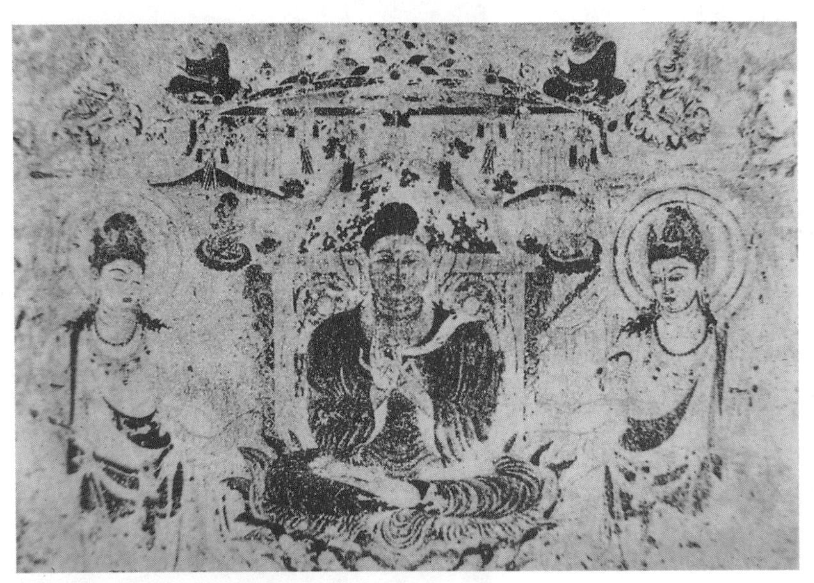

圖64
阿彌陀佛三尊像
奈良法隆寺

最有名者為位於西壁的阿彌陀佛三尊像（圖64），其餘為東壁繪藥師佛像、南壁繪釋迦像、北壁繪彌勒佛像。

阿彌陀佛三尊像中之彌陀佛頂上，有一華蓋，亦即自花蓋而來。古印度帝王外出時，以花編成似傘蓋之形狀，以遮太陽，並示尊貴，後為中國採用，改以布縵替代鮮花，稱為華蓋。中國石窟帝王供養人像浮雕中，華蓋為常見之物，大陸佛寺之佛像，亦有甚多在頭上懸掛華蓋者。此為印度影響中國文化，而中國又將之華化之佳例。

上述之阿彌陀佛雙手作轉法輪印（Dharmacakra mudra），面部豐圓、小嘴、半閉雙眼及細長雙眉，皆為唐朝佛像之特徵。此一佛像所著係覆蓋雙肩之僧衣（Toga），為犍陀羅佛像特徵之一。雙手之姿態極為美妙寫實，線條清晰可見，又與唐朝敦煌壁畫及印度阿姜塔壁畫有連帶關係。阿彌陀佛之兩側左為觀音菩薩，右為大勢至菩薩；兩者之頭部略為傾斜，軀體亦稍彎曲，當源自印度阿姜塔再經中國而來，兩者之半閉雙眼、細長雙眉、小嘴及豐圓面部，均屬中國唐朝風格。

伎樂舞

東大寺之正倉院內，有日本國寶級之古物甚多，主因係聖武天皇於公元七五六年逝後，其妻即將其蒐藏之文物捐贈東大寺。眾多古物之中，用於佛教慶典時舞蹈所使用之面具，即有一百六十四個之多。此種佛教慶典時所跳之舞蹈稱之為「伎樂舞」，南北朝時多於寺前演出，《洛陽伽藍記》景樂寺條及宣忠寺條均有提及佛寺歌舞之事。唐朝必亦繼續。此種面具多為木製（圖65），有人面及鳥獸面者；人面者多為尖高之鼻，類似西域人或印度人；鳥獸面者如金翅鳥（Garuda）等。故知必源於印度，而後再至中國及日本。

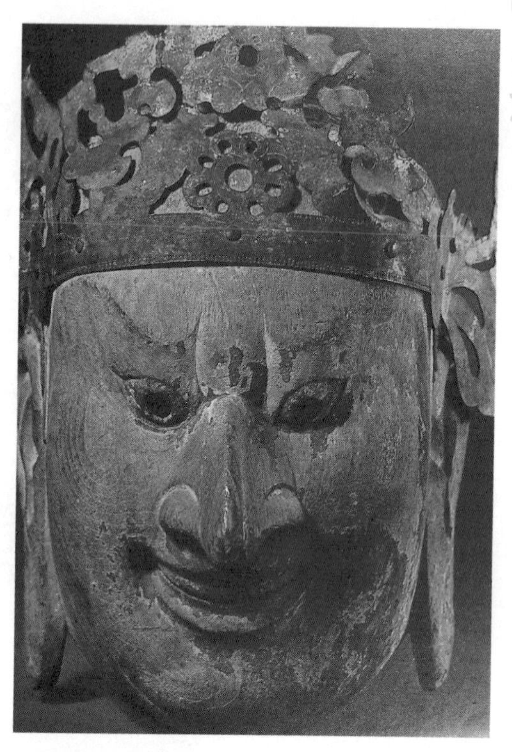

圖65*
伎樂舞面具
奈良東大寺

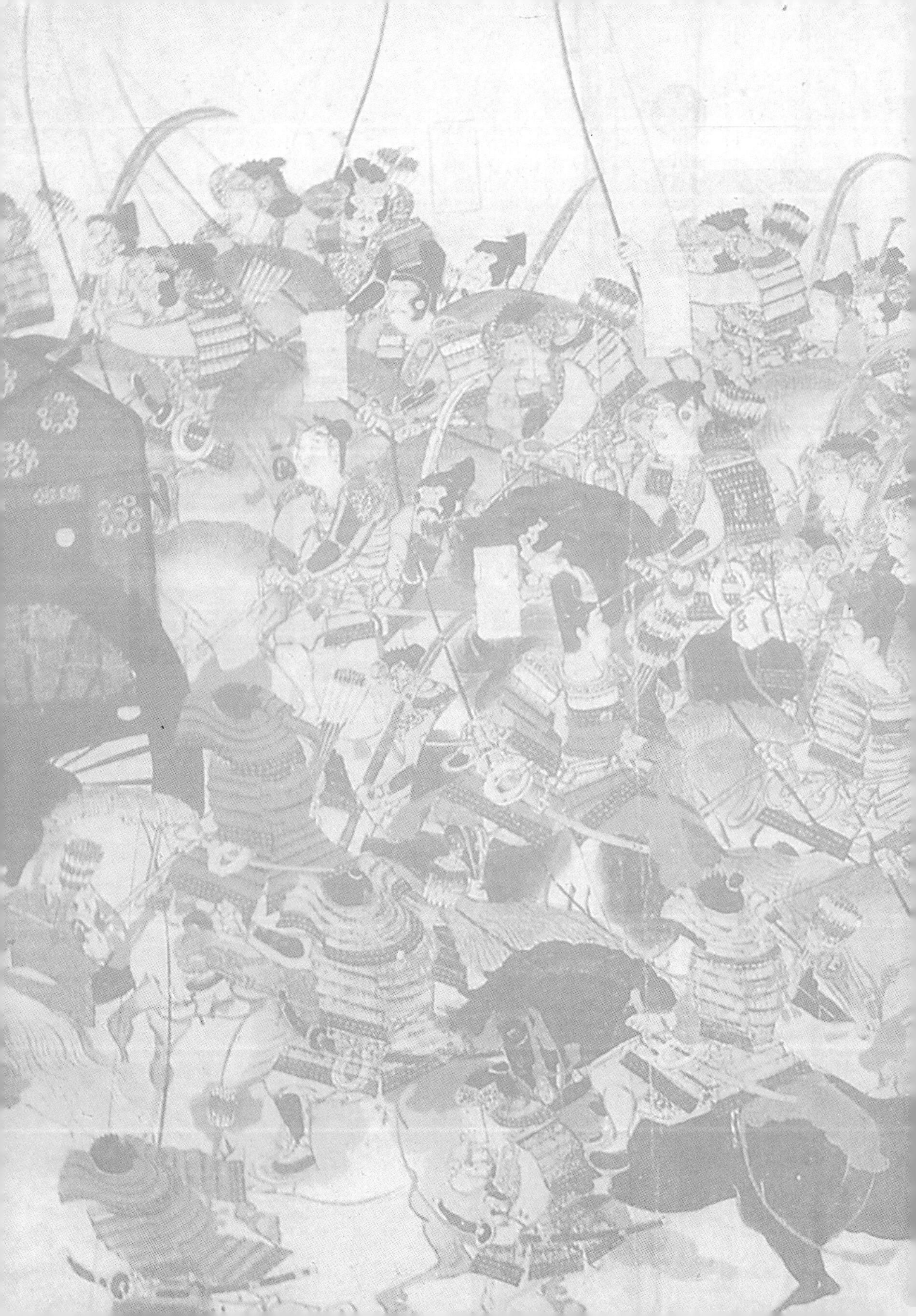

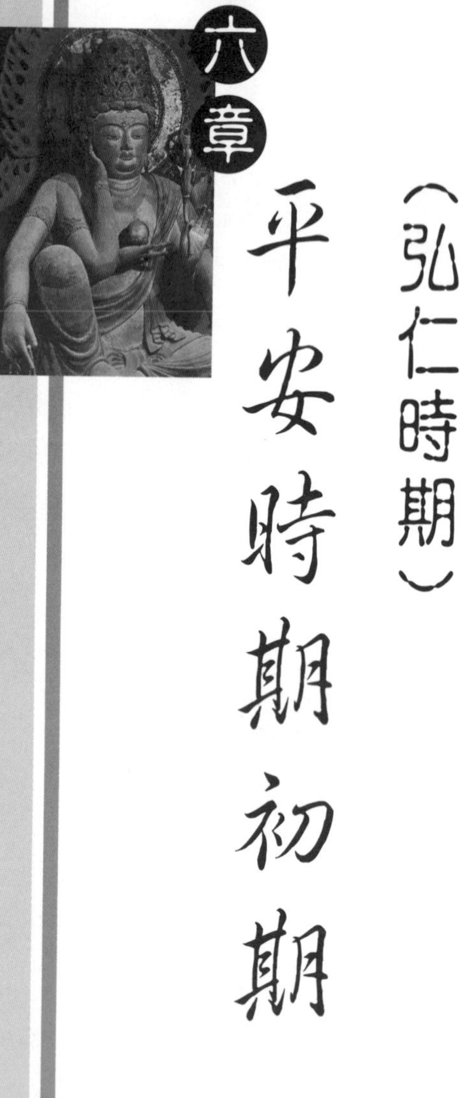

第六章 平安時期初期（弘仁時期）

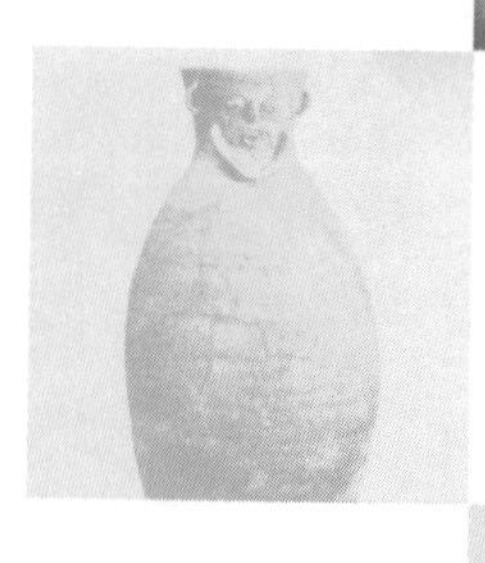

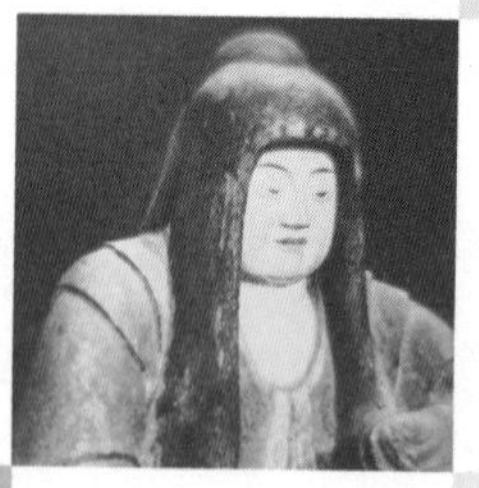

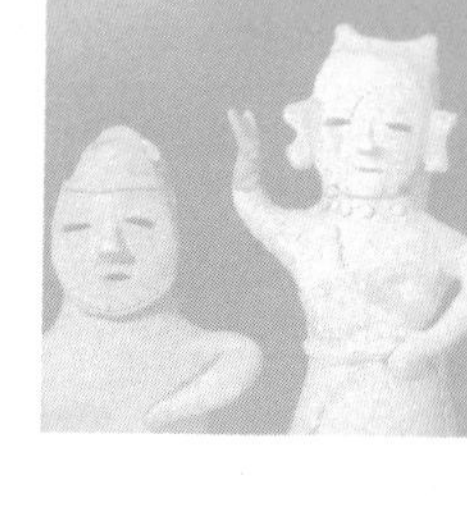

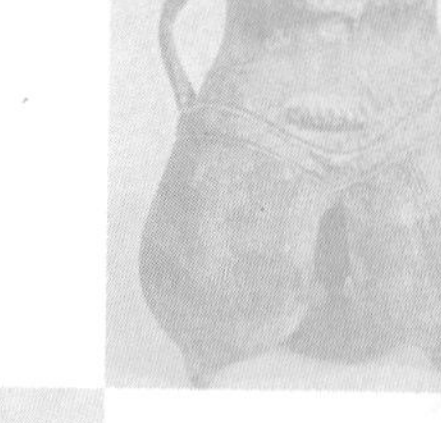

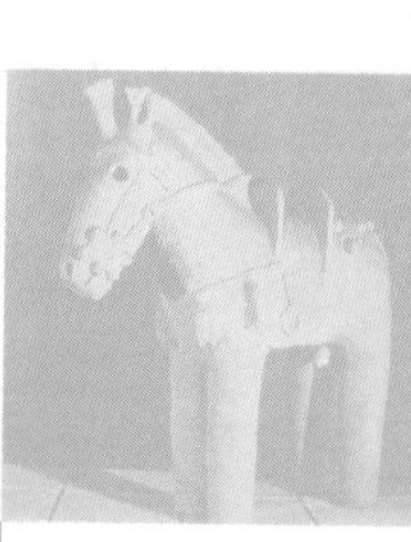

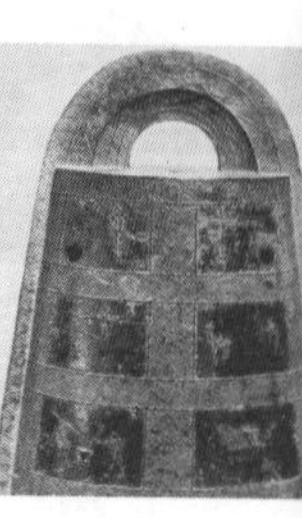

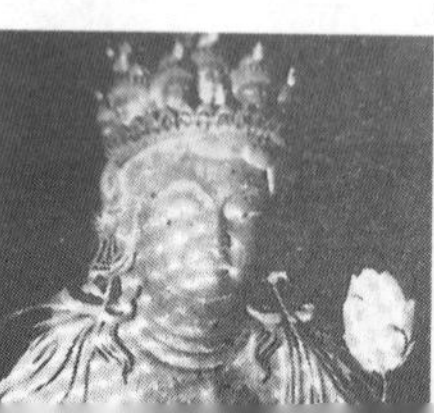

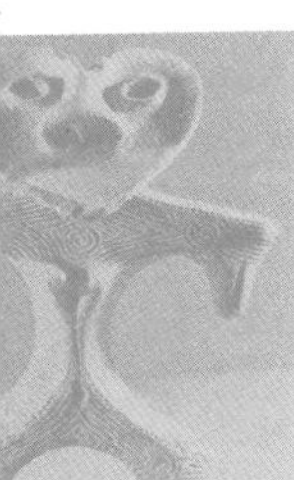

摘　要

日本的首都於公元七九四年由奈良遷至平安（今之京都），據說係欲脫離奈良佛教勢力的影響，但是遷都京都後，佛教的強大影響力並未能排除，卻被密宗所取代。日本密宗祖師空海及最澄，均在中國習密後返日，唐朝的密宗遂在東瀛盛極一時。密宗寺院多遠離市區，在荒郊深山築寺修行，因「法不傳六耳」及重視師徒間之傳授，故無論地理環境及傳授方法，皆使密宗寺院規模較小。密教興盛後，對造像之需求甚大，以木造像最為風行，大部分雕像仍襲唐風，並高度裝飾化，同時身軀肥重，表情詭秘，並施彩色。佛像及菩薩像皆多戴寶冠，並有部分以寶石鑲於雙眉之間，代表「白毫」。雕像或畫像中，除一般密宗之「曼陀羅」與神像外，尚有原屬印度教之西伐（Śiva）、維士紐（Viśhnu）及婆羅門（Brahma）等。密宗祖師像與「不動明王」畫像，在當時頗為流行。中、日及中、日、印混合式的建築，於平安初期已開始逐漸大量出現。

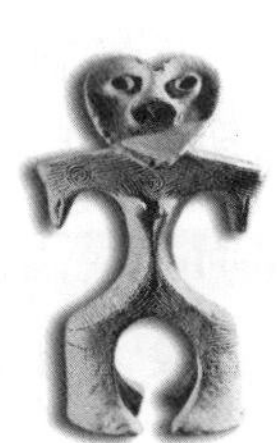

平安時期初期係指公元七九四年至八九四年，亦稱為弘仁時期。當時日本的首都由奈良遷至今日的京都，據說遷都主因之一係日本皇室欲脫離佛教的強烈影響力。由於中國唐朝文化的長遠影響，新都京都的都市計畫仍然模仿長安。這個新的都市不但吸引了至少五十萬的人口，同時也連帶地促進了建築物的發展；不同宗派的佛寺，陸續在首都內外出現，但是有的宗派卻與奈良的宗派大不相同，其中影響力最大者即密宗，日人稱為真言宗。

密　宗（真言宗）

密宗有東密、台密及藏密之分，上章中已述及。在日本平安時期所盛行者則為前兩者。密宗自唐末漸衰後，全部消失於中國境內，幸日本名僧空海及最澄，將在中國所習之密宗在日開宗發揚，即「東密」及「台密」也。故日本之密宗即中國唐朝之密宗，與唐朝以後再由西藏傳入之密宗並不相同。

空海（公元774～835年）於三十一歲時（804年），隨遣唐使赴唐，從長安青龍寺密宗高僧惠果學密，惠果為不空 (Amoghavajra)弟子、密宗第七代傳人❶。公元八〇六年，空海返日，隨同攜帶佛經二百一十六部五百六十一卷，以及佛教繪畫十幅。返日後，於高野山創建金剛峰寺，後又在京都東寺宣揚密宗，公元八三五年圓寂，享年六十二歲❷。後人稱之為弘法大師。

談到密宗，須先瞭解其特色及規範，現擇要說明如下：

一、師徒相授——密宗有如禪宗，說法或傳授心印並不公開，而在師徒兩人之間為之。傳何種法及教授內容為何，僅有師徒兩人知之，即所謂「法不傳六耳」，故師徒關係極為密切。由於此種密切關係，師父地位備受重視，故祖師畫像或塑像即應運而生。東寺所藏之龍智畫像及不空畫像，可為佳例。

二、藉曼荼羅（Maṇḍala）參悟修行——密宗認為曼荼羅所代表者

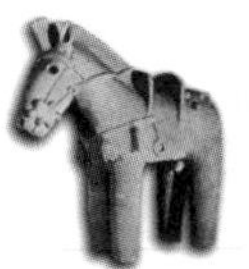

係宇宙萬物，而大日佛（Vairocana）本身即代表宇宙萬物，換言之，宇宙萬物現象皆顯現於大日佛身上。故唐代密宗流行之佛像雕刻中，大日佛的身上包羅萬象，其中包括山川、樹木、房屋、人類及動物等等。密教信徒相信：修行、定心時如面對曼荼羅，曼荼羅會給予修行者力量，協助修行者定心或悟道，故曼荼羅在密宗信徒中為不可缺少者。

三、諸佛、菩薩、眾神之形像不予公開——密教因受印度教之影響，神像甚多，除共同敬拜大日佛外，每人尚需擇一主神作為供奉參拜之對象，並不限定為佛或菩薩，但此一主神與供奉者之關係並非公開性者，故不容外人參觀或知悉。

四、咒語（Mantra）具有神秘力量——密教中的咒語係受印度教之影響而來，《心經》中之咒語為受密宗影響之例。密宗信徒相信咒語能產生神秘力量，亦能幫助修行。

五、灌頂儀式——灌頂(Abhiṣecani)一詞本非密宗所創，因印度國王即位時，係以四海之水從頭灌下，表示治權及於四海領域。後為密宗所採用，但不涉及俗世之權力，而以水表徵法水，代表清淨本性、智慧、慈悲及長流不斷之佛種❸，亦稱密印灌頂。密宗之法師稱為阿闍梨（Acarȳā），亦即軌範師，成為阿闍梨後，方能教授弟

❶空海於八〇五年五月拜惠果為師，十二月惠果即圓寂。在青龍寺期間，尚學梵文及書法，對王羲之、顏真卿、歐陽詢之書法均有研究，並擅篆、隸、楷、行、草，與橘逸勢、嵯峨天皇合稱為平安「三聖」或「三筆」。空海之「風信帖」為日本國寶之一。見王曉秋著《中日文化交流史話》(臺北，臺灣商務印書館，1994年)，第52～59頁。

❷同前註。

❸見《大日經疏》卷八及卷十五。

子，但須經灌頂儀式後，才能成為阿闍梨，故灌頂儀式在密宗中極為重要。

六、即身成佛──密宗認為三密相應即可肉身成佛，此三密即身密、語密及意密；身密即佛身、語密即密誦真言（咒語）、意密即菩提心法。三者相應即至佛地。此亦為密宗中甚多肉身佛或活佛之原因也。

綜言之，密宗之所以稱為「密」，係因其傳授、修行、禮儀等，均不為外人道也，與他宗之公開性不同，故後者通稱之為「顯宗」，為密宗之對。密宗尤重傳法之人，故「依人不依法」，可見師父在密宗中之重要地位❹。

在平安時期初期中，最重要的發展為：（一）密宗盛行。（二）日本本土風格之藝術開始萌芽。（三）銅、泥、漆繪所製作之雕像不如前期流行。（四）大部分仍沿襲唐朝風格。（五）雕像由一根完整木頭雕成，稱為「一木雕」或「一木造」（後期則演變為數根木頭合併）。（六）高度裝飾化。（七）佛教雕像題材繁多。（八）雕像寫實性不如奈良時期。（九）微笑於雕像中消失。（十）衣紋有如規則、生硬之波浪狀。（十一）密宗雕像身軀肥重，面部表情詭秘。（十二）阿彌陀佛像多由大日佛或密教神像所取代。

密宗因注重師徒傳授及秘密修行，故大部分寺院均遠離城市及鬧區，如空海於公元八一六年，在和歌山縣之高野山創建金剛峰寺，最澄於公元七八八年，在滋賀縣之比叡山建立延曆寺等。因受地形及面積的限制，寺院面積甚小，並且配置也不規則，甚多木柱或斗拱皆不施漆，保持其原木顏色。或許因受「就地取材」之影響，不少建於高山上之佛寺並未使用中國式之瓦面，而改以如伊勢神宮及神社屋頂所使用之自然建築材料，譬如樹皮、樹枝、稻草等，與中國式建築所使用之均衡配置及瓦當不同。此為日本佛寺受中國式建築影響後，因環境與實際之需要，加以變通所致，尤以密宗不舉行公開及團體宗教活動，規模大的建築亦無必要。

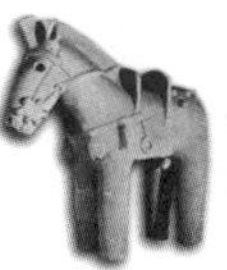

雕　塑

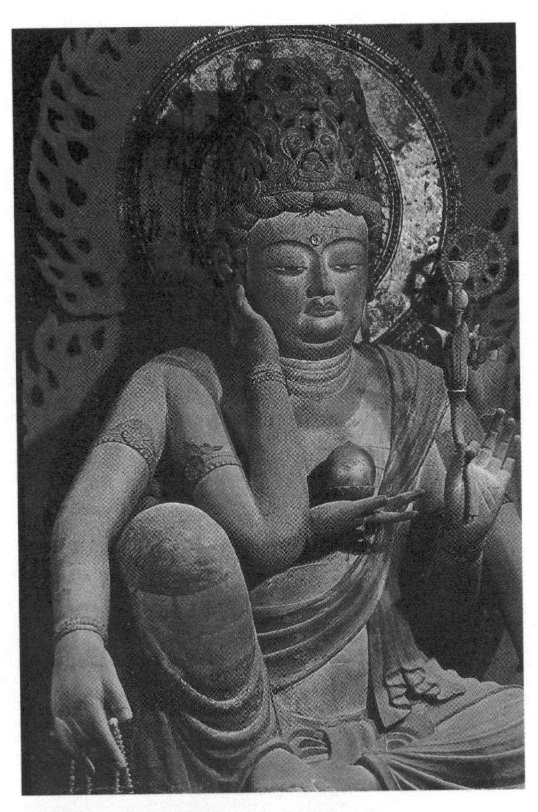

圖66*
如意輪觀音像　奈良觀心寺

在密教雕像中，較有代表性者為著名之如意輪觀音像(Cintāmanicakra)（圖66）。此一觀音像頭戴寶冠，為密宗佛像及菩薩像常見之裝飾。唯密宗佛像及菩薩像流行之寶冠，卻早見於公元一世紀之菩薩像及印度教之雕像，如西伐(Śiva)及維士紐(Viśhnu)，當係由印度經中國而來。中國唐朝之風格可見於豐滿之面形、細長之眉眼及小嘴等。雕像全身施以鮮艷彩色，光座及光環亦不例外。由於多彩之彩色，使觀音像之面部出現詭異神

❹中國唐朝密宗至日本而大盛。明、清時因政治關係，西藏密宗曾一度在中土弘揚，但清後即幾乎銷聲匿跡，甚至無人敢自承密宗信徒。及一九九〇年代左右，因佛教在臺、港等地興起，密宗亦再次出現宏法，吸引甚多信徒。蓮華生上人生前曾有一偈，即「鐵鳥昇空，無上密乘廣弘於世。」如將鐵鳥解釋為飛機或「現代」，則今日密宗之發展，似與其偈語相呼應。

秘之表情，與奈良流行之唐式佛教雕像大不相同。如意輪觀音又稱持寶金剛，共有六條金臂：右手第一臂觸頰，為思惟之相；第二臂手中為如意寶，能滿眾生意願；第三臂手持念珠，度眾生苦。左手第一臂按光明山（Potalaka），即觀音住處❺；第二臂持蓮花，可清淨諸垢；第三臂持輪，可轉無上佛法。六臂之數，表示能遊於六道也❻。其介於左腿及腰間之雲狀彎曲衣紋，似仍受飛鳥時期之影響，但頗為肥厚生硬之體形及鑲嵌寶石，卻為此一時期特色之一。

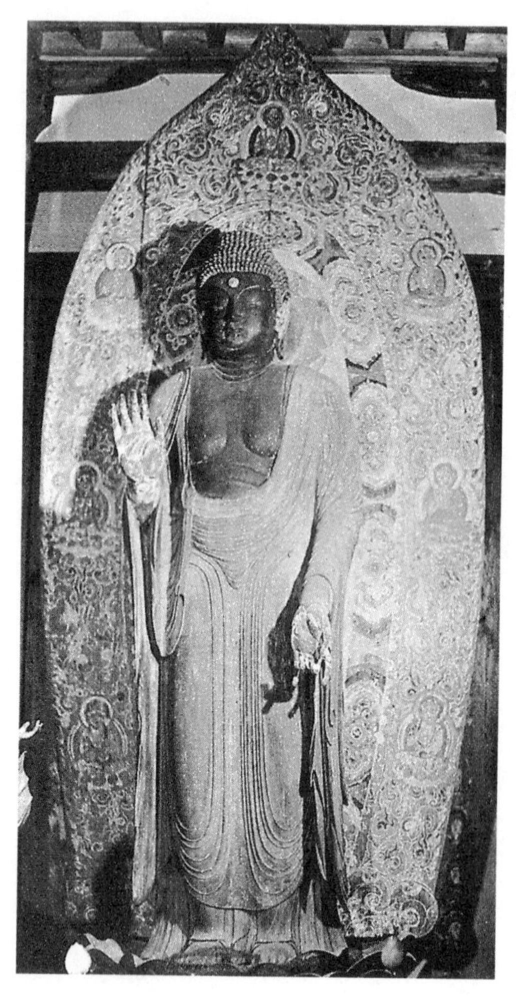

圖67*
釋迦牟尼佛
奈良寶生寺

密教興盛時期因對造像之需求較大，以銅、泥、漆繪為材料者不再盛行，改以較易之木材為之，經濟及人工均可節省。日本九世紀雕刻之釋迦佛木像（圖67）為其代表。

此一釋迦佛像之光座全為金色，配以紅色之長衣，予人耀眼及鮮麗之感覺。第三眼或白毫則以寶石鑲嵌，極令人注目。最突出者為佛像之波浪狀而又生硬之衣紋，雙腿上之衣紋則集聚於腿側兩邊，正面中央部分全無紋路。除令人覺得佛像身軀厚重外，尚使觀眾有種奇異、詭秘之感。據云此種處理衣紋之手法，係受中印度烏陀愆那王

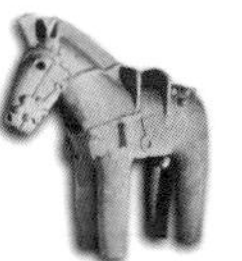

（Udayana）下令所刻之檀木佛像之影響，而烏陀慫那王又與釋迦牟尼屬於同時代者❼。唯佛像係自一世紀末葉方出現，故當為傳說也。再以現藏於京都神護寺之藥師佛為例（圖68、69），肥厚之身軀、詭異之面部表情及厚唇、生硬之波浪狀衣紋，以及當時流行之螺髮，均為反映此一時期佛教雕像之佳例。

圖68* 藥師佛
京都神護寺

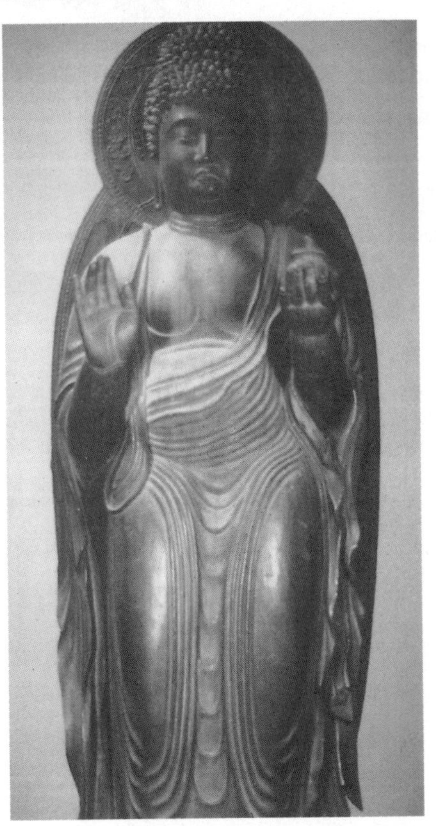

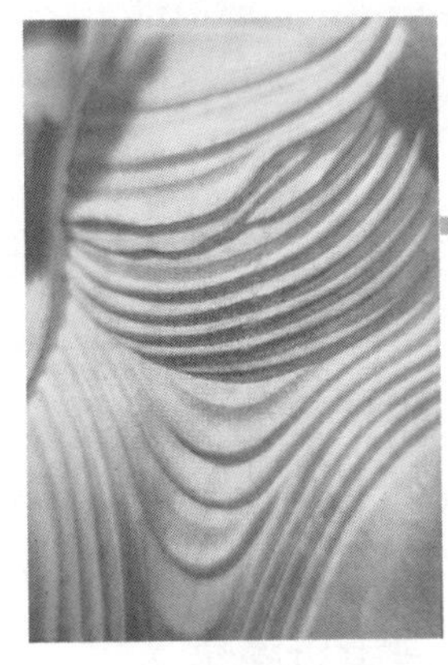

圖69
藥師佛（局部）
京都神護寺

祖師像

前曾言及，密宗特重師徒關係，故祖師像甚為重要，在空海所創建之東寺中，藏有據

❺《探玄記》十九曰：「光明山者，彼山樹華，常有光明，表大悲光明普門示現。此山在南印度南邊，天竺本名逋多羅山。」

❻六道者即地獄、餓鬼、畜生、阿修羅、人間、天上；為眾生輪迴之路，亦稱六趣。

❼William E. Soothill & Lewis Hodous, *A Dictionary of Chinese Buddhist Terms*（高雄佛教文化服務處印，1971年），第330頁。

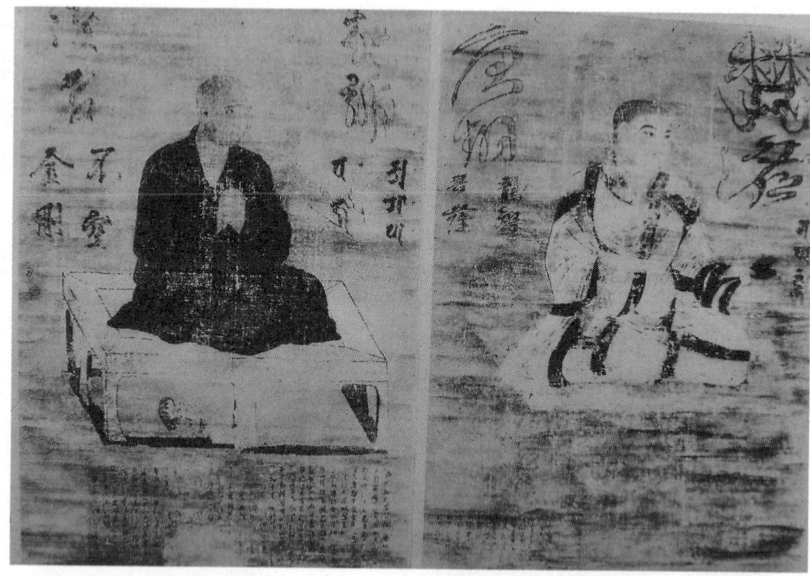

圖70
龍智及不空像
京都東寺

說係由空海由唐朝攜回之密宗祖師龍智及不空畫像（圖70），據云係由唐朝著名佛像畫家李真所繪。此兩幅畫上，各寫兩人之梵名或梵號，並無任何背景，彰顯人物之重要性，畫面極為古樸，甚有可能真為空海由唐攜來者。如確為空海由唐攜來，則此兩幅人物畫之風格及處理之方式，在中國唐朝必甚為風行。更重要者為畫像下方密集之題字，此種多量題字之手法，可能影響室町時期（公元1392～1573年）之部分禪畫。

賀滋縣之園城寺藏有善無畏（Subhākarasiṁha）畫像一幅（圖71）。善無畏與金剛智（Vagrabodhi）及不空（Amoghavajra），同為唐代密宗之大師；善無畏譯有《大日經》七卷，又由其口述，弟子一行編纂《大日經疏》二十卷，為密宗重要經典；不空則譯有經典一百四十三卷，以《金剛頂經》最為著名，與鳩摩羅什、真諦、玄奘並稱四大譯家。此一善無畏畫像亦無背景，除髮鬚及香爐外，均以線條構成，尤以衣紋之線條甚為流暢，其面部表情亦甚寫實，與前述不空畫像之最大不同處為：不空畫像之衣服紋路幾全由黑色僧袍所掩蓋，而善無畏之畫像則甚清晰寫實，以白描為主，後者或更能表現中國傳統人像

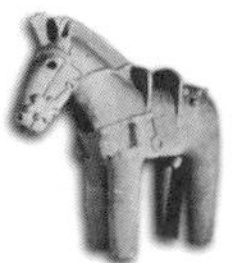

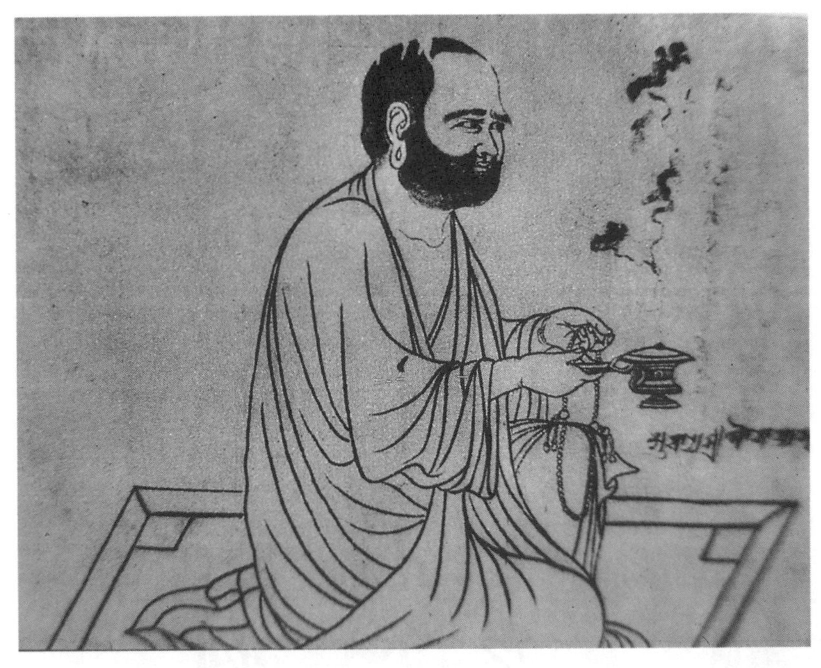

圖71
善無畏像
賀滋縣園城寺

流行之手法。

唐時由日本來華之「學問僧」約有百人左右，數目超過留學生之數目，且「學問僧」均為高級知識分子，在日本即已涉獵中日文化，與尚在學生階段之留學生不同。他們在唐所學者除佛法外，尚廣涉詩、書、畫、雕塑、建築、醫藥、農業等等。空海之書法，在中日之評價甚高，對王羲之書法尤有深研，所寫之「風信帖」（圖72），不但為日本國寶，其造詣亦為中國書家所推崇，見其書法，可知中國文化對日本知識分子影響之深，亦見日人對中國文化及書法之投入。名僧最澄所書之「久隔帖」（圖73），再證王羲之在日本書家心目中之崇高地位。

日本目前人口約在六千餘萬人左右，密宗（或稱真言宗）信徒約佔三分之一，可見其重要性，故對密宗有較深一層之瞭解，實有其必要。

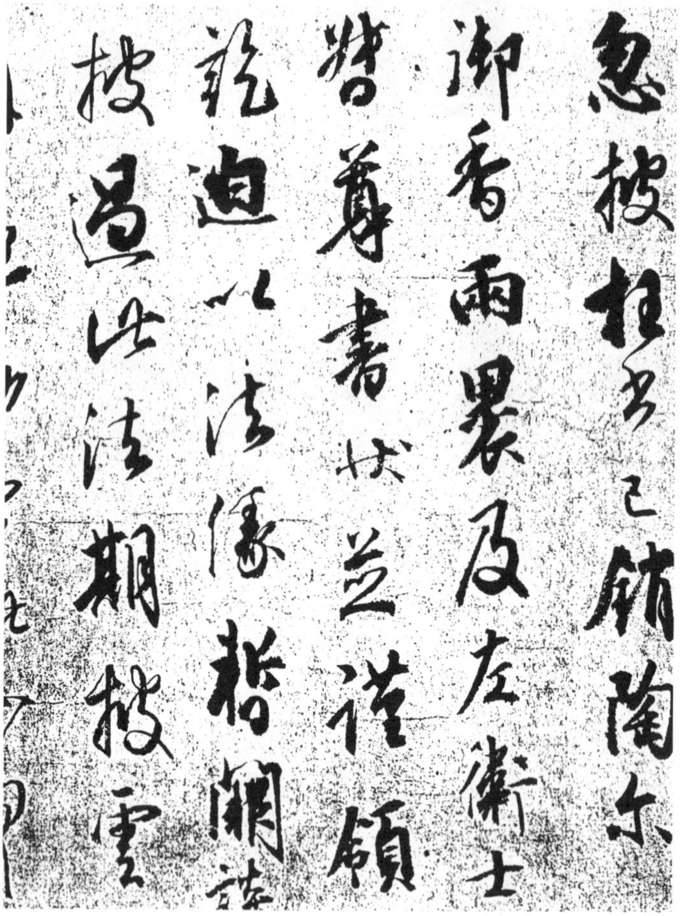

圖72
風信帖（局部）
空海　京都東寺

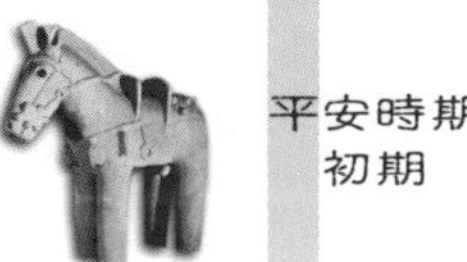

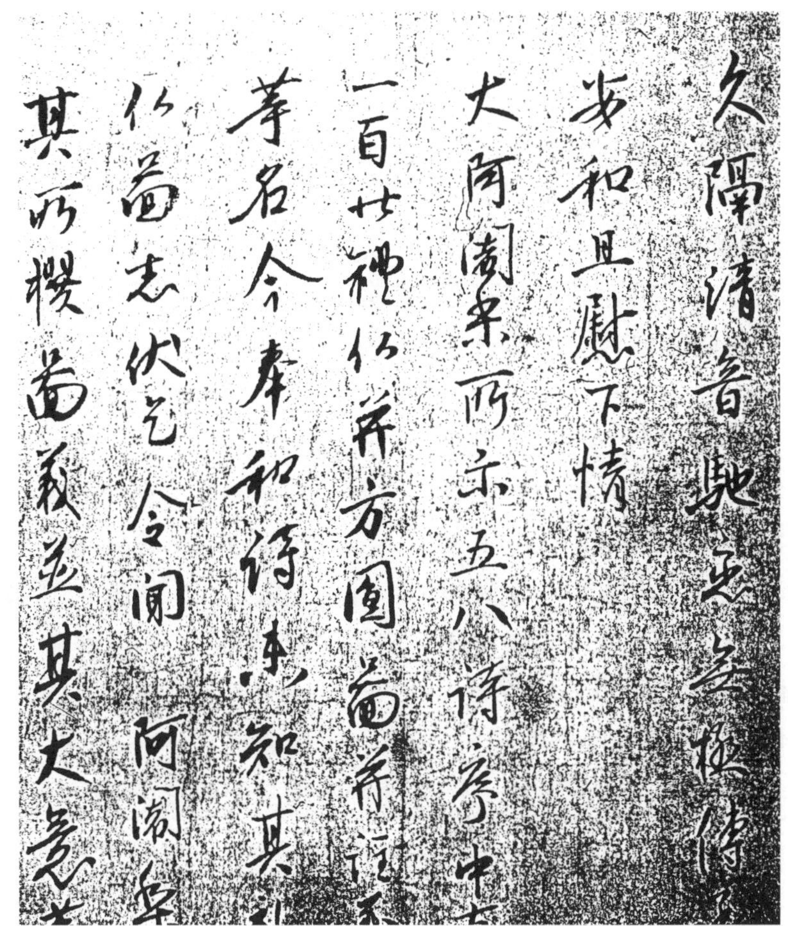

久隔清音馳戀無極伏
安和且慰下情
大阿闍梨所示五八詩序中
一百廿禮佛并方圓圖并註
等名今奉和詩未知其禮
佛圖義伏乞令聞阿闍梨
其所撰圖義并其大意

圖73
久隔帖（局部）
最澄　奈良博物館

灌　頂

密宗規定，每一信徒均應有其自己的神像，作為敬拜的對象，此一神像之選擇係採取「投華」方式，亦即一般所謂之「投華得佛」；投花者將花投在諸尊所坐之曼荼羅內，花墜於何尊，即以此尊作為本人之本尊。如欲成為正式的「阿闍梨」或法師，就必須經過灌頂儀式。欲取得灌頂之資格，在灌頂前須「加行」(即取得「阿闍梨」前所特別加緊修行之訓練）八百餘日或二、三百日。經灌頂儀式後，正式成為「阿闍梨」，方可入壇行道，直接與諸佛心心相印，隱密傳法。

曼荼羅

密宗之曼荼羅（Maṇḍala），本義為壇、道場或輪圓具足，即以方圓之壇安置佛及菩薩諸尊，予以供養。但一般所謂之曼荼羅係指懸掛於墻上之圖像。曼荼羅一般分為四種：

一、**大曼荼羅**（Maha Maṇḍala）：顯示宇宙萬象者。繪有佛、菩薩像等。

二、**三摩耶曼荼羅**（Samaya Maṇḍala）：佛、菩薩等所執之器杖印契，或所持之特殊標幟，如刀劍、輪寶、蓮花、器具、手印等。

三、**法曼荼羅**（Dharma Maṇḍala）：即真言曼荼羅，如語言、聲音、文字、名稱等。

四、**羯摩曼荼羅**（Karma Maṇḍala）：顯示佛、菩薩等之威儀、動作者。一切事物的活動及行、住、坐、臥等。

綜言之，宇宙之一切現象即上述四種曼荼羅之表現，而曼荼羅又可通三密（三大），而三大即圓滿具足之義也。

依密宗之理論，圓滿具足係以胎藏界曼荼羅及金剛界曼荼羅為代表；前者見於《大日經》，後者見於《金剛頂經》。同時此兩者各代表理與智；胎藏界係以地、水、風、空、火五大為內容，為宇宙萬象之

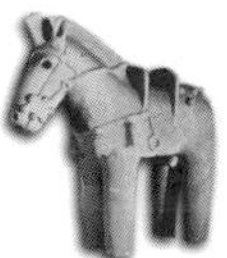

本，亦即表示大日如來胎內之眾生界，此一眾生界因大日如來之慈悲及協助，出生時皆有功德理性，有如母體內之胎兒，因母體之滋養護持而日益增長。簡言之，胎藏界代表眾生本具之理性，為本具之「因」。金剛界則以「識」或「智」為代表，此一「識」或「智」係經修行而來，堅如金剛，能破一切蓋障，結果得以成佛，為修持最後之結果，故稱之為「果」。胎藏界與金剛界係相互關係，不可各自獨立，即「理智不二」或因果不離也。密宗寺內安置曼荼羅時，胎藏界位於東方，代表萬物之始，有如旭日；金剛界則置於西方，有如終結；兩者亦代表因果關係及現象。在胎藏界曼荼羅中，佛、菩薩及諸尊共四千零十四尊像，金剛界曼荼羅則共有一千四百六十一尊像。

圖74
胎藏界曼荼羅
京都教王護國寺

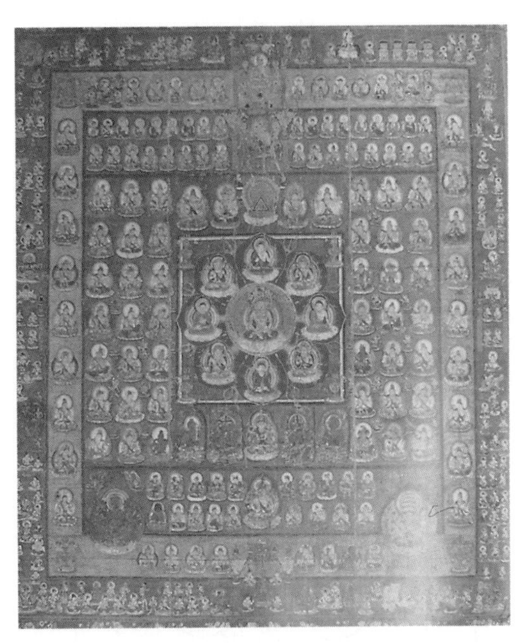

一般而言，胎藏界曼荼羅（圖74）之中央係一個八葉之蓮花；中為大日佛、西為無量壽佛、東為寶幢佛、北為天鼓雷音佛、南為華開敷佛；觀音像介於無量壽佛與天鼓雷音佛之間，文殊像介於無量壽佛與華開敷佛之間，普賢像介於寶幢佛與華開敷佛之間（圖75）。但不同之胎藏曼荼羅亦有部分差異，並非一成不變者。

金剛界曼荼羅與胎藏界曼荼羅圖形之最大不同處，在於其構圖；胎藏界之大日佛居於八葉蓮花之中，而此一蓮花又居於整個曼荼羅之中央。但在金剛曼荼羅中，大日佛居於上方之中央，並非居於正中

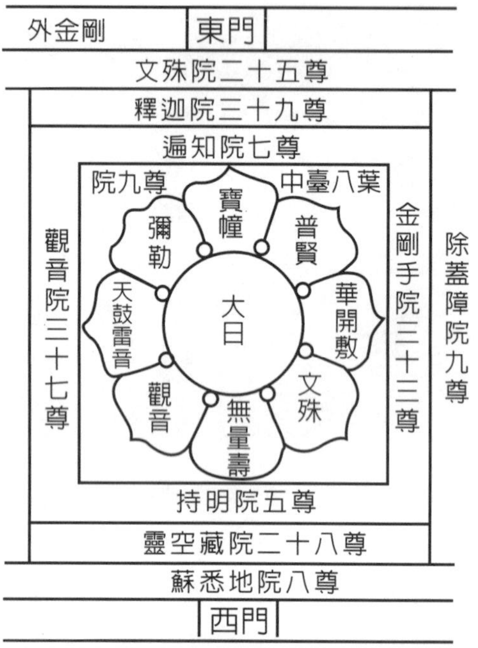

圖75
胎藏界曼荼羅說明圖

圖76
金剛界曼荼羅
京都教王護國寺

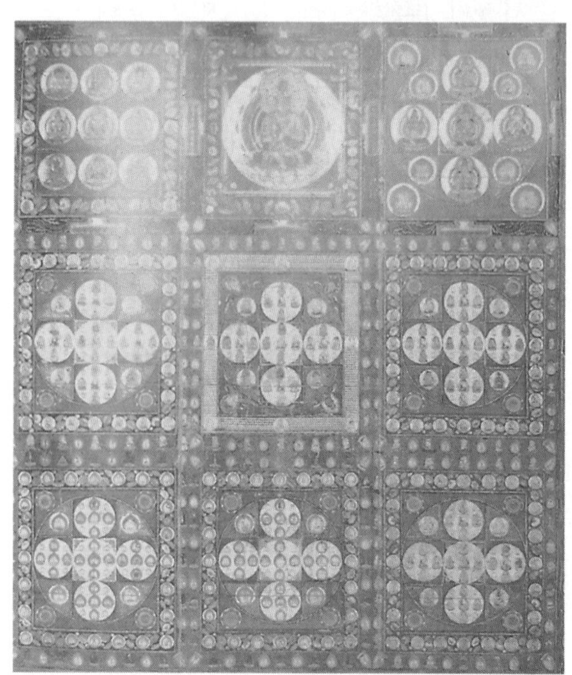

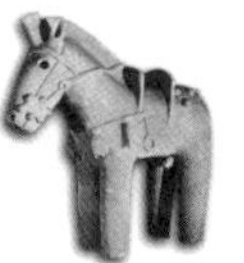

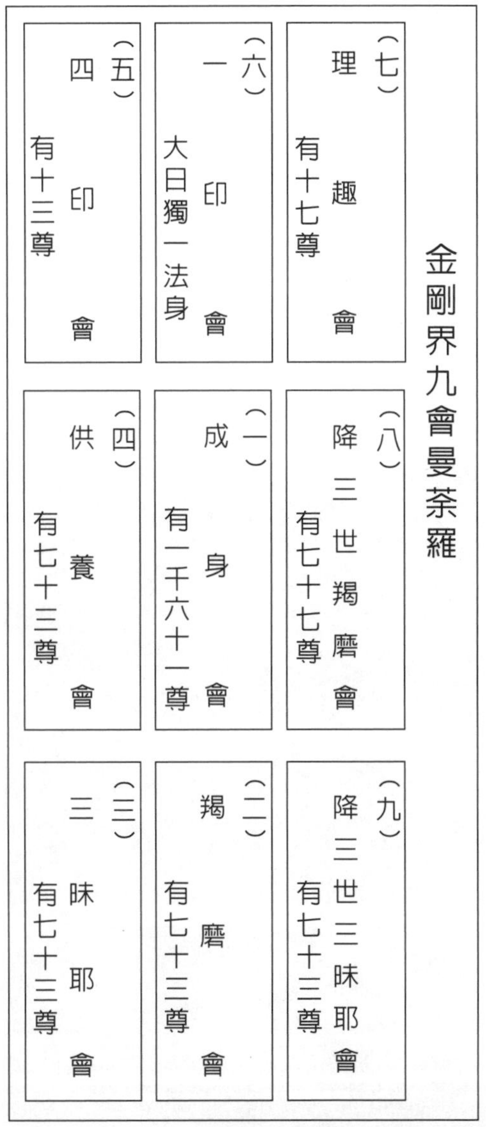

圖77
金剛界九會曼荼羅說明圖

位置（圖76），同時每一「會」係由正方形之方框構成，共有九會（圖77），故由曼荼羅之構圖及大日佛之位置，即可辨別此一曼荼羅為胎藏曼荼羅或金剛曼荼羅。

不動明王

由於密宗受印度教之影響甚深，故印度教有關之神像亦大量在此一時期出現，如在東寺之婆羅門天雕像，此一雕像之蓮花座下，前後各有一鵝，為婆羅門天之坐騎，背後為婆羅門之妻，兩者皆為多手。再如教王護國寺內之大威德明王雕像（圖78），其坐騎為牛，當為印度教西伐 (Śiva) 之化身，面目甚為猙獰，頭上亦冒火焰。西伐之背後為其妻之像，此種夫前妻後並連為一體之造像，在當時必甚流行，亦可能在中國流行時，由中國傳來者。由婆羅門天像及大威德明王像之造型看來，人物及動物頗為寫實，與當時佛像流行厚重之手法，

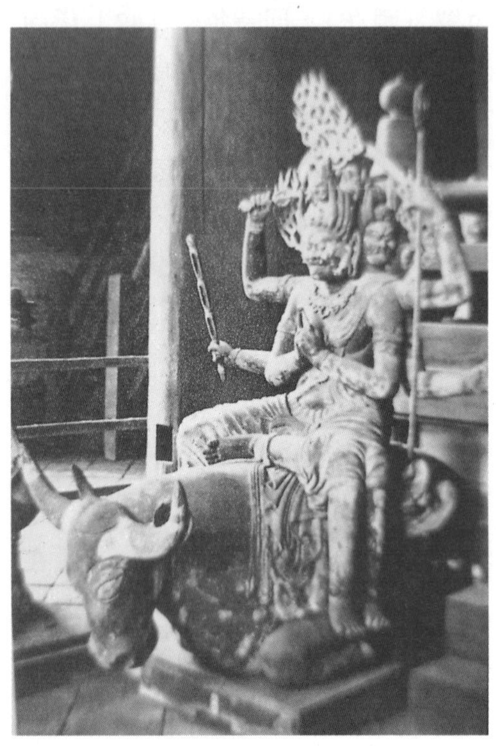

圖78
大威德明王
京都教王護國寺

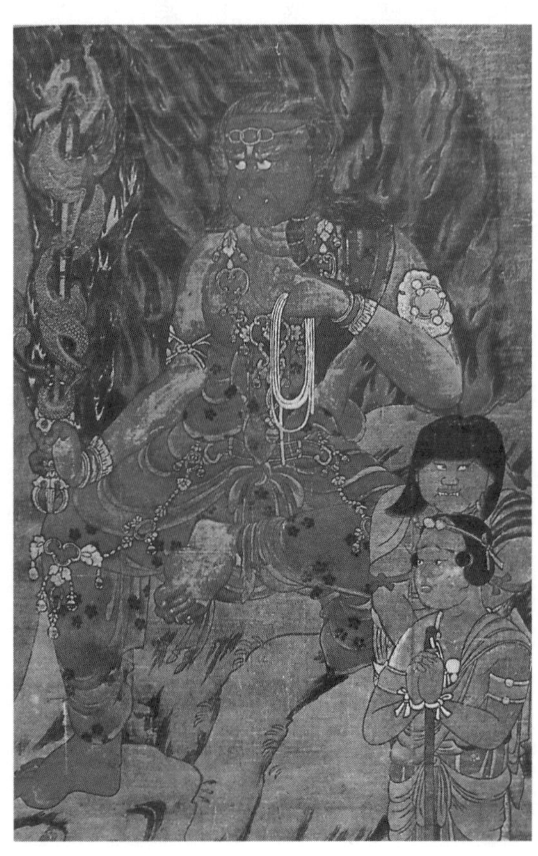

圖79*
紅不動明王
京都青蓮院

大有不同。

密宗另一流行之畫像為不動明王，共有紅、藍、黃三種，其中較著名者有高野山寺之紅不動明王（圖79）。不動明王原係妖魔，經伏服佛道後，即專門剷奸除惡，護法衛道，但其形狀仍極令人畏懼。不動明王身後多數均有熊熊烈火，左手持繩。紅不動明王係採一腳觸地，另一腳盤曲於石上之坐姿。此種坐姿最早見於印度笈多時期之印度教雕像，如婆羅門坐像及水神王（Naga King）坐像等。中國唐代佛像中，亦有類似之坐姿，故不動明王之坐姿，當自中國傳來。

圖80
十一面觀音
奈良法起寺

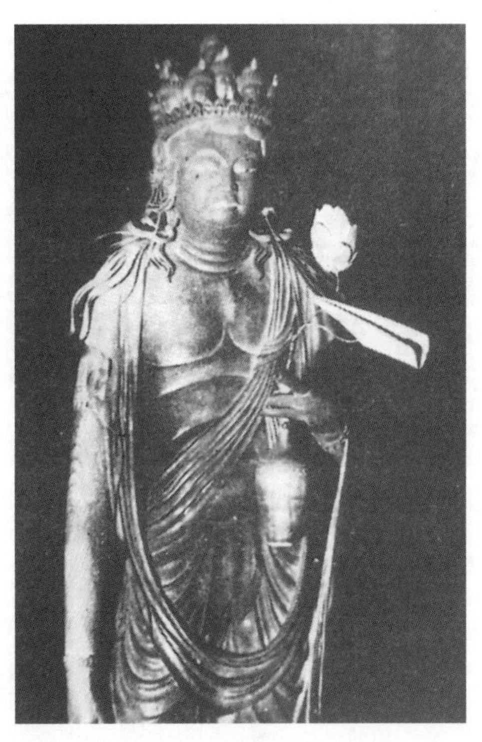

此一時期中國唐朝末期強烈之影響，可見於奈良法起寺中之十一面觀音像（圖80）。此一觀音像係由一根木頭雕成，亦稱「一木造」或「一木雕」，豐滿及彎曲之體形係受印度笈多及中國唐代末期佛像之影響。與前期觀音雕像最大之不同點為：除了手執淨瓶外，尚執一白色蓮花立於八葉蓮花上。同時雙眼係以寶石嵌入而成，唇部則塗以紅色。故此一觀音像係具中國唐末及平安初期佛教雕像之特徵。

自平安初期開始，日本神道教已逐漸開始發展。神社中多供死亡後予以神化之人像，如聖德太子及神功皇后（圖81）等。此種習俗一直流傳至今，即一平民或士兵，如予以神化，亦可供奉於神社內，唯早期多為較知名人物耳。

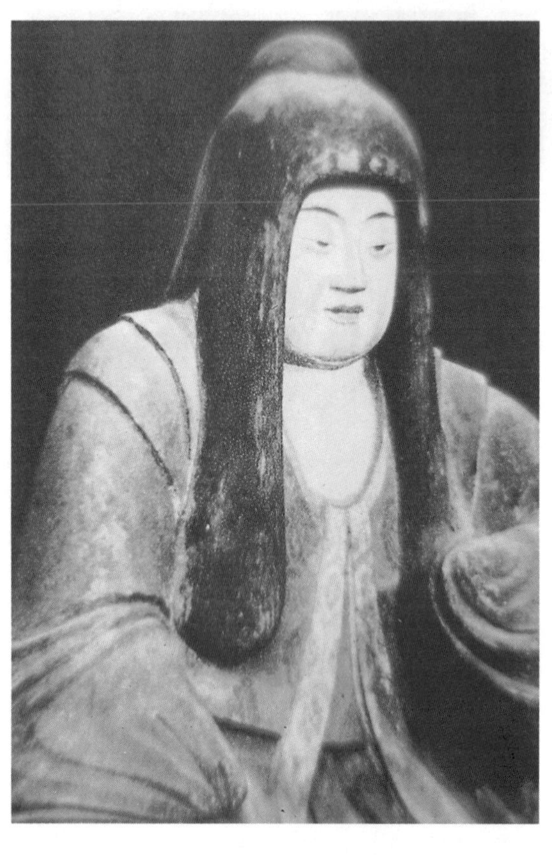

圖81
神功皇后
奈良藥師寺

建　築

在建築方面，中、日式或中、印式及中、印、日混合式之佛寺建築逐漸出現增多。最大之不同處為部分屋頂不施陶瓦，而改以樹枝茅草覆蓋，或房屋底層地板與地面之間，有顯著之空間距離，與伊勢神宮之設計相似。位於和歌山金剛峰寺之佛塔為一中、日、印混合式之例（圖82）。此一佛塔之第一層為五間方形之設計，由其四周無欄杆之高臺及粗短之木柱，可知受唐代風格影響甚深，但瓦面出簷甚深，屋頂之比例甚大，又為日本傳統建築如伊勢神宮之風格。塔頂上之相輪已在飛鳥時代法隆寺五層塔上見之，但至第二層轉為圓形之設計，則是模仿印度圓頂之士都柏（Stūpa）而來。

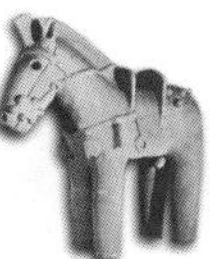

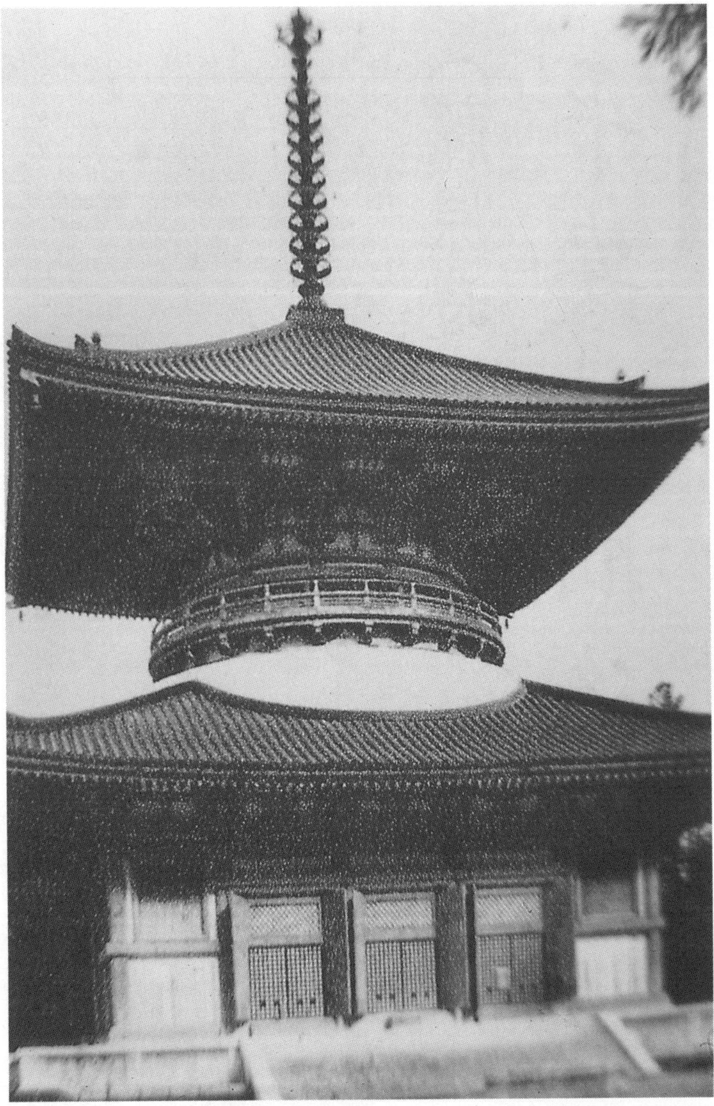

圖82 佛塔
和歌山金剛峰寺

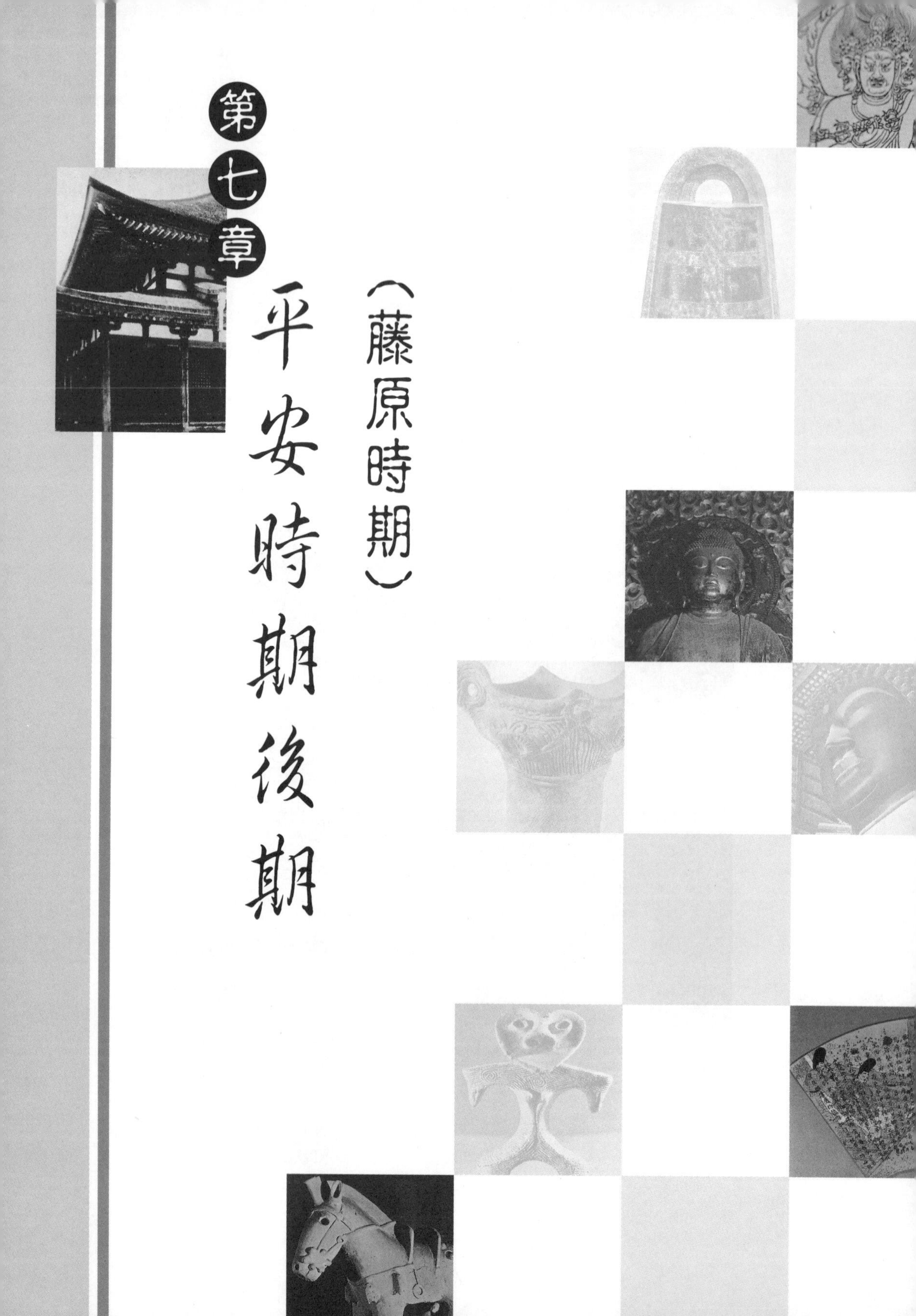

第七章 平安時期後期

（藤原時期）

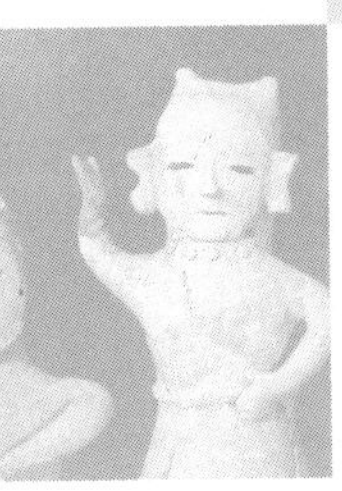

摘 要

平安時期後期正值中國唐末大亂時期，政府暫停派遣留學生及留學僧，遂使日本本土文化有較為長期的發展空間，日本的貴族宮廷文學、手卷式的「大和繪」（Yamato-e）與諷刺遊戲畫極為流行，均彰顯日本之特色。宗教方面淨土宗為當時之主流，平等院之鳳堂與《妙法蓮華經》之盛行，均為其例。淨土宗寺院內，裝飾華麗，以配合佛經中對西方淨土之敘述。中日混合式的建築與繪畫，亦在此一時期開始發展。由於淨土宗所傳揚的地獄觀念，描繪地獄情景的手卷，在此時期頗為流行。因外戚、貴族當權，極盡享樂荒淫之事，政治腐敗，民不聊生，畫家描繪人間地獄慘境之繪畫，亦在此時首度出現。

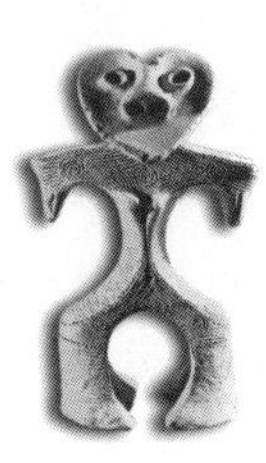

由於中國唐朝於九世紀戰亂頻繁，國運日衰，故日本政府於公元八九八年決定不再派「遣唐使」赴唐。停止官方正式交流後，日本本土文化遂取得較大的空間發展，故自公元八九八年至公元一一八五年遷都鎌倉為止，稱為平安時期後期。此一期間內日本著名世族平氏與源氏相互爭戰，但對朝廷及社會影響最大者則為另一世族藤原氏，故平安後期亦有稱為藤原時期者。藤原家族不但歷任宰相職位，同時數人並為皇后，對日本當時的政、經、文化影響極大，與平氏與源氏純以武力戰爭相爭大相迴異。日本文學史上著名之《源氏物語》即係於此一時期出現，大約於公元一〇〇〇年間寫成，為世界最早由女性撰寫之小說。另一著名之文學作品則為《枕草紙》，亦敘述宮廷中之生活事蹟，均以平假名撰寫，為日本本土文化日漸抬頭之佳例。

在宗教而言，神道教之地位雖較前提升，但仍無法與佛教抗衡，佛教仍為主流，但由平安初期風行之密宗，轉為信仰阿彌陀佛之淨土宗。

建　築

平安後期最著名之建築物為位於平等院之鳳堂（圖83），係於十一世紀由藤原氏家族所建。鳳堂名稱之由來是由於建築之設計平面，有如一鳳鳥；左右為鳥翼（圖84），屋頂兩側則各立一銅製鳳凰。佛殿正中則為一巨大之銅製阿彌陀佛像。此種以佛像置於佛殿中央之手法，見於中國唐代及日本奈良部分之佛寺，亦見於雲岡早期開鑿之石窟，唯雲岡石窟中，其中央位置多為中心塔柱，係受印度初期佛教石窟中之士都柏（Stūpa）位置之影響，但至唐代則轉為安置佛像之佛壇。

鳳堂前有水池。在平安後期之佛寺中，正殿前有水池者甚為流行，因在淨土三經中，曾描述西方淨土中之蓮池，而蓮池中之蓮花又為往生西方者靈魂所託❶，故在淨土思想極為流行之平安後期中，象

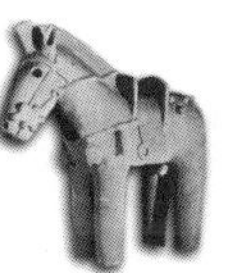

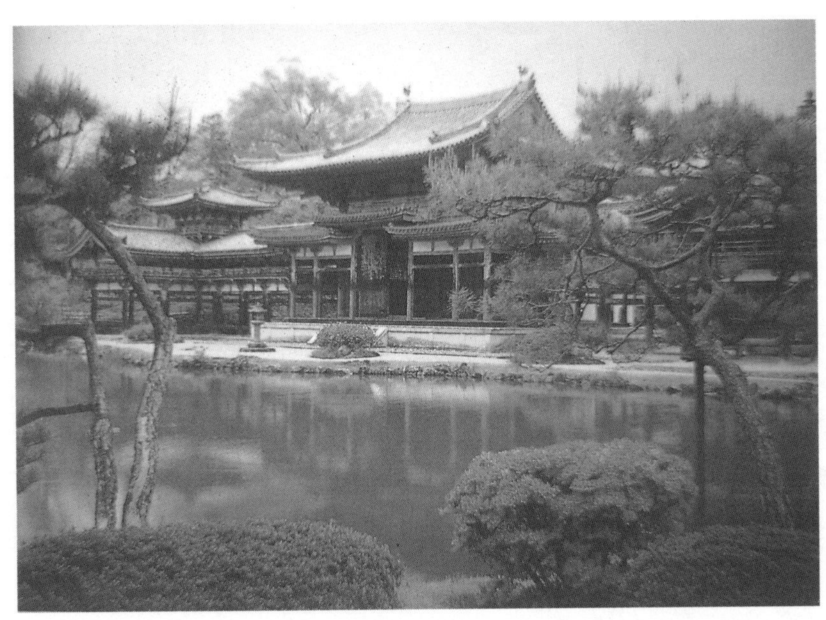

圖83* 鳳堂
京都平等院

徵蓮池之水池在佛寺中亦甚普遍。鳳堂兩側前端各有雙簷之亭閣，此兩座亭閣之位置，與奈良時期東大寺前原有之雙塔頗為類似。不同處為塔變為亭閣且較接近佛殿，同時鳳堂及雙閣之規模遠不如東大寺。此外，長廊連結雙閣及佛殿亦與東大寺相異。尤其開放無牆之長廊，在飛鳥時代及奈良時代之佛寺中似不多見。鳳堂之屋頂仍以瓦面為之，風格與南北朝及法隆寺之建築物屋頂頗為接近。佛殿前之石燈則自飛鳥時代流行至今。

位於京都法界寺之阿彌陀堂（**圖85**）為中日建築混合之佳例。阿彌陀堂之屋頂覆以日本傳統使用之

❶請閱本書第五章奈良時期法隆寺彌陀三尊像部分。

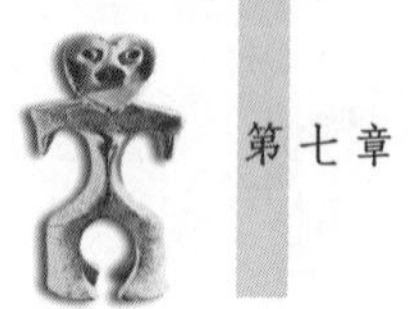

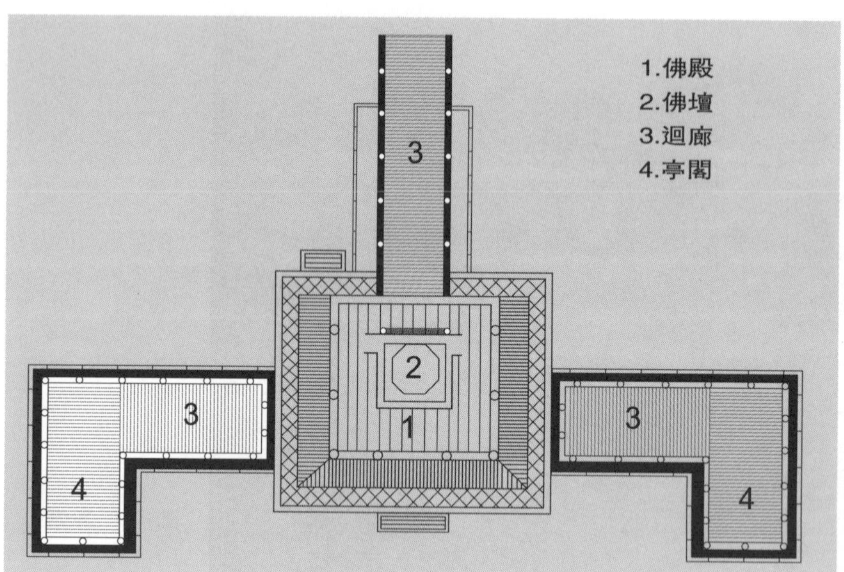

圖84
鳳堂平面圖
京都平等院

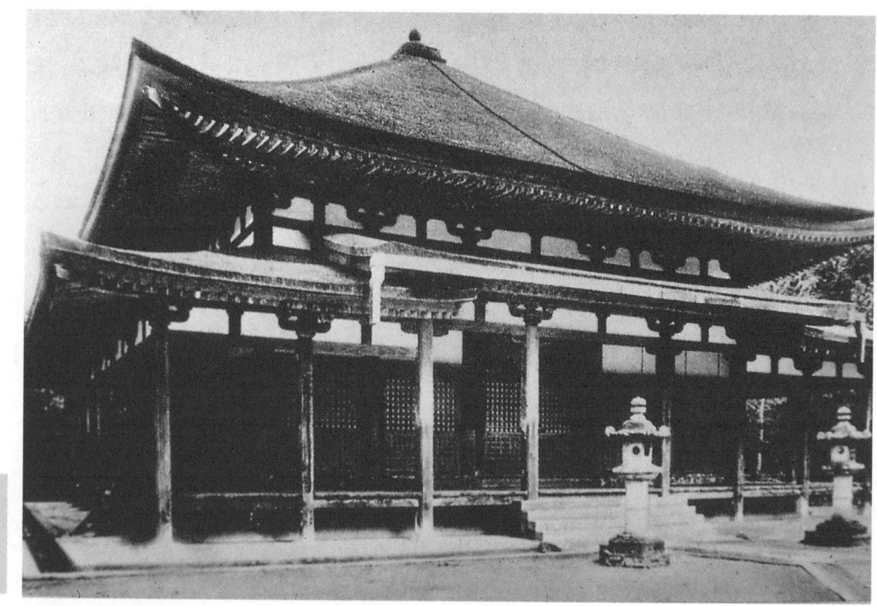

圖85 阿彌陀堂
京都法界寺

樹枝及稻草，而非中國式之瓦面，一樓地板與地面之空間，為日本傳統建築特徵之一，但椽木及南北朝與唐朝流行之「一斗三升」斗栱，則全為中國式矣。由阿彌陀堂之斗栱觀之，奈良唐式建築仍在平安後期具有影響性。

由於在淨土三經中，對於西方淨土描述得極為華麗輝煌，所以當時淨土宗寺院的內部，都裝飾得極為華麗，天花板、柱梁及內部均甚講究，尤喜用金色以顯金碧輝煌之意，部分且將鑲嵌方式應用於梁柱等處，可謂極盡奢華之能事，此一事實又證藝術確為時代及社會思潮之反映。

淨土三經描述之西方淨土，不但金碧輝煌，瑠璃、珠寶、瑪瑙等均滿掛樹上，同時也是鳥語花香、林園秀美之境，故當時之寺院對於庭院設計亦甚重視，此種對庭院之重視，影響了鎌倉及室町時代在此方面之發展。平安後期建築之另一特色為屋頂之比例增大，約佔房屋正面三分之二，出簷亦較深，當係受日本早期傳統木建築之影響。

雕　塑

平等院鳳堂內之阿彌陀佛雕像（圖86），高約九尺四寸，全為金色，身後之光座及背景極為精美細緻，阿彌陀佛之體形雖不若平安前期佛像之豐滿及表情詭異，但由其髮髻、圓臉、小嘴、長眉及寫實之軀體，均可看出仍受唐代或奈良造像之影響。

淨土宗對佛像之影響，亦可於京都淨瑠璃寺內見之。前所未見之九佛並坐雕像（圖87），各代表西方淨土中之九品，每一品中均有佛主其事。中坐者即為阿彌陀佛。此種九佛並坐之手法，在目前中國所知之佛像中，似並無相同者。

繪　畫

在平安後期中，繪畫佔一極重要之地位，傑出之繪畫不僅限於佛

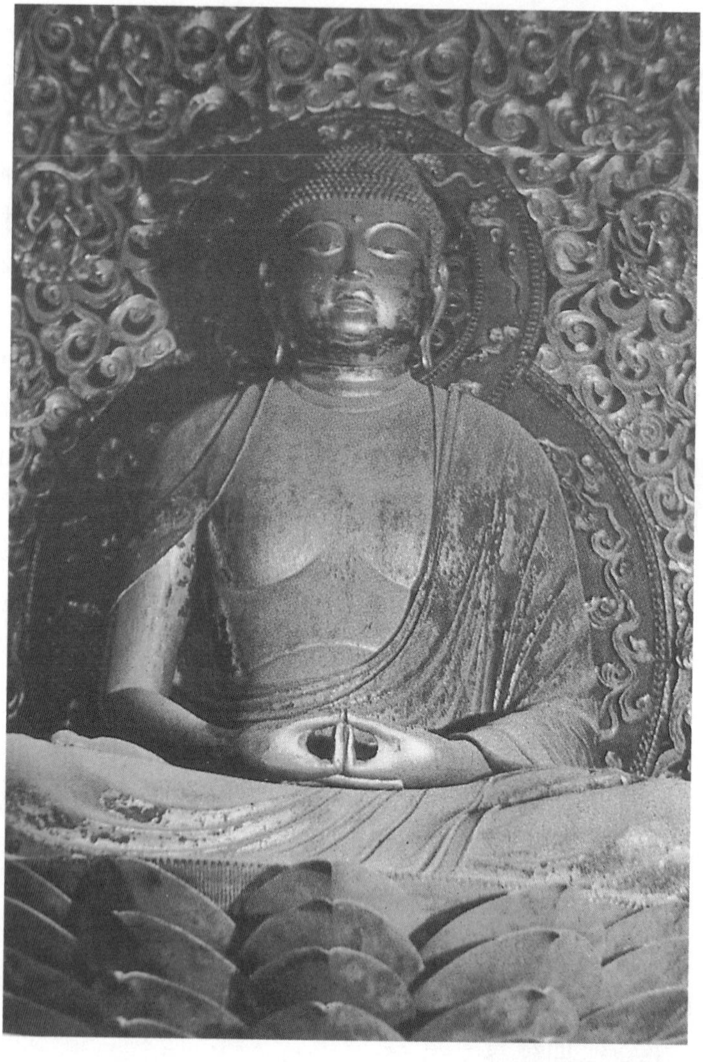

圖86*
阿彌陀佛像
京都平等院

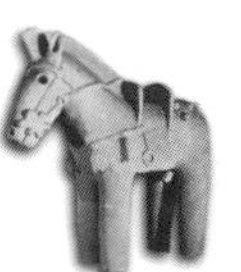

圖87
淨土九佛
京都淨瑠璃寺

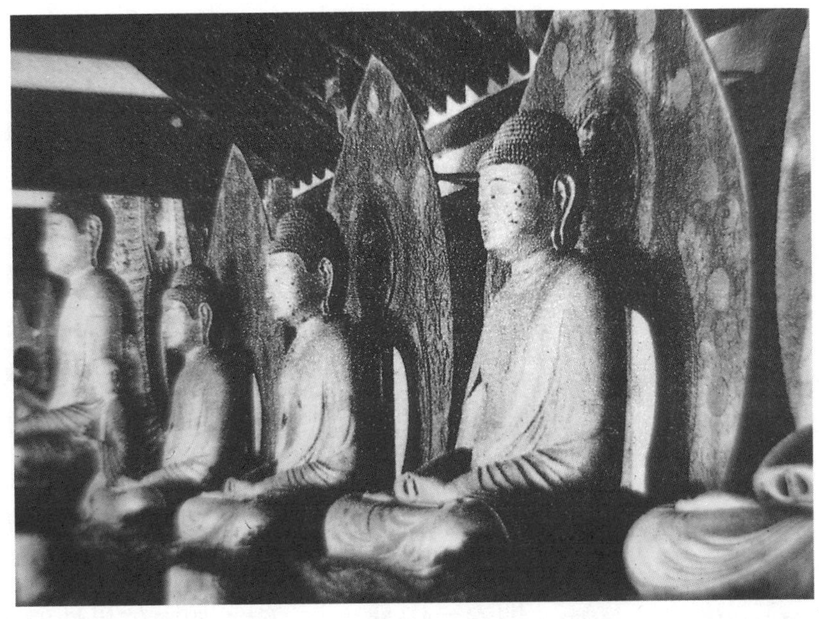

教繪畫，同時也包括平安後期以前，不為人所注意的非宗教性繪畫，在日本繪畫史上可謂一大轉變。在上述繪畫中，因風格之不同，又分為中國式繪畫（Kara-e）及日本式繪畫（Yamato-e）兩種，亦可稱為「唐繪」或「和繪」。後者在平安後期及鎌倉時期有極為迅速的發展，時至今日，已為日本繪畫主流之一。

最早具有日式繪畫特徵者，為原位於法隆寺畫堂墻壁上之聖德太子史蹟壁畫，據法隆寺之紀錄，此一壁畫係畫於公元一〇六九年，後利用技術轉移至五個對開之屏風上，並列為皇室寶藏，壁畫之風格已強調裝飾及日本化之生活情景。

日式繪畫不但應用於敘述日常生活之繪畫中，同時亦應用於與佛教有關之繪畫。後者之佳例可見於大阪四天王寺所收藏之《妙法蓮華經》扇面（圖88）。以扇面書寫文字或繪畫之習俗，自為中國所傳來。以圖配合佛經經文之方法，在中國南北朝及唐代均頗為盛行，日本飛鳥時代著名之《過去現在因果經》

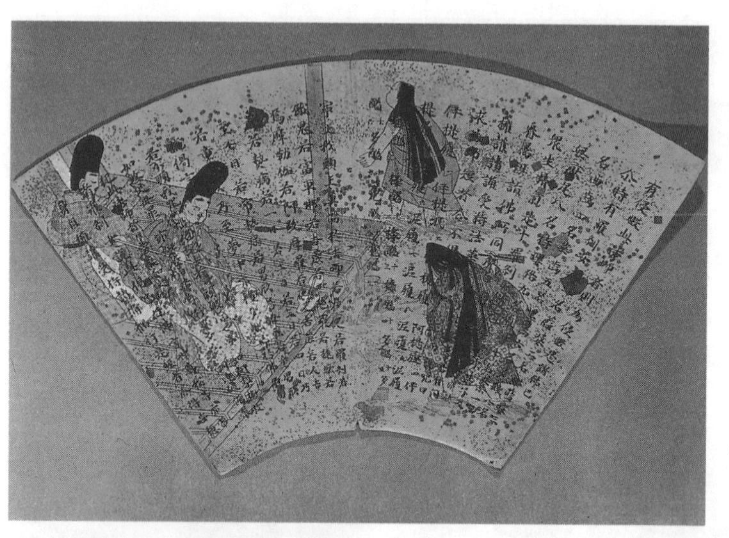

圖88*
《妙法蓮華經》扇面
平安後期

手卷上之繪畫即為一例❶。但是《過去現在因果經》手卷上之繪畫，均與經文有關，而此一《妙法蓮華經》扇面上之繪畫，卻與經文無關，可謂在處理方法上一大改變。扇面右側之兩位女性均以背面向外，頭披長長之黑髮；此種以背向外或以側身表現之方法，以及長披之黑髮，皆為日式繪畫中最普遍之表現手法。尤其重要者，下方女性及左側兩位男性衣服上之裝飾圖案，特別精緻細密寫實，與人物他處均以簡略手法處理之方式大不相同，故特重某一部分之精緻細密為日式繪畫特徵之一。再看左側之男性，其面部或以側面表示，或以四分之三臉孔表示，此種手法不僅應用於男性中，亦用於女性人物中，為日式繪畫另一特徵。再以構圖言，日式繪畫特重斜角線，如兩位男性所坐之地板，以及兩位男性之頭部及右下方女性之頭部可連成一斜角線均是。

另一日式繪畫之手卷，見於平氏家族所捐贈之《妙法蓮華經》（圖89），共有三十二卷，所繪之圖與前述之扇面相同，即與經文毫無關連，僅是非宗教性之事物。日式繪畫多採鮮艷之色彩，如紅、黃、綠、青、藍、白、金色等等，在此一繪畫中可見一斑。右下角為一約四十五度之斜角線，圖中之女性展示四分之三面孔，面部塗白色，衣紋及衣服上之裝飾圖案部分甚為簡

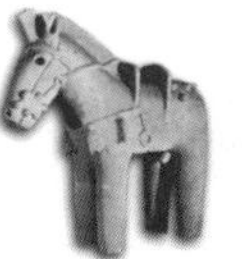

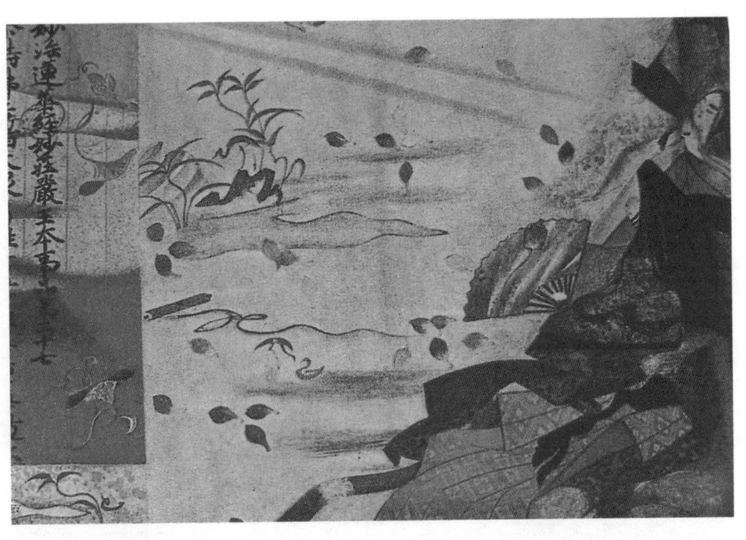

圖89*
《妙法蓮華經》插畫
平安後期

略，但其下方又有一白臉長髮之女性顯示一半面孔，其衣服下方之圖案衣紋則極為細緻，日式繪畫特徵之一又再次顯示。再從景深而言，日式繪畫一般均缺前景、中景及後景之立體感，多數均予人平坦及不立體之感覺。其高度裝飾化之結果，亦使多數日式繪畫具有人工化及僵硬之特性，故一般日式繪畫與中國繪畫相較，可極易分辨其差異。

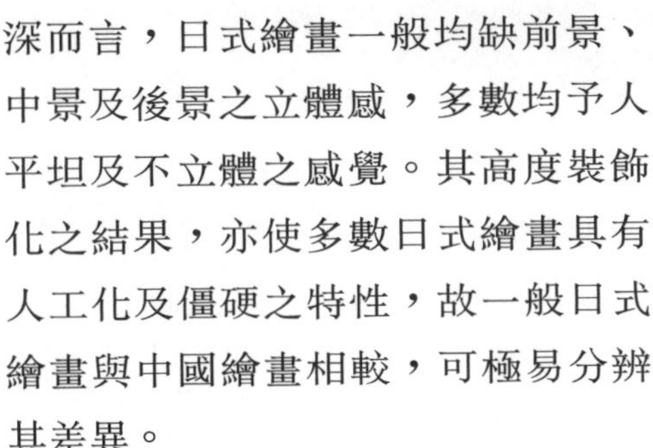

在平安後期之日式繪畫中，最為人所深知者當為《源氏物語》繪卷。部分學者相信全部應有五十四卷，即每章一卷，但今日僅有四卷留存；三卷存於名古屋博物館，另一卷則為私人所收藏。四卷中共有十五張圖畫，但均自繪卷中分出。

《源氏物語》繪卷繪畫（圖90），在構圖上多次使用斜角線手法，如位於前方正中之布帷及左側以三位女性為中心之斜角構圖。左上方及右下角之女性均顯露四分之三面孔，面型頗似葫蘆，面部皆塗

❷請閱本書第四章法隆寺繪畫部分。

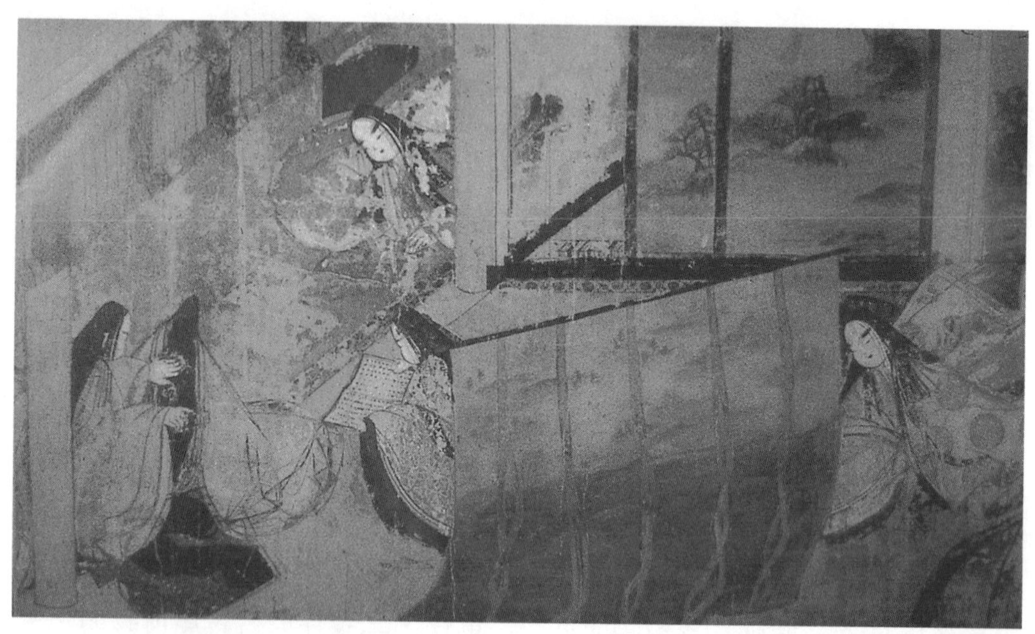

圖90*
《源氏物語》
繪卷（局部）
平安後期

白色，眉毛短粗，頭披長髮，衣服上之裝飾圖案特別細緻，整幅圖畫用色鮮艷，尤以青色、紅色、綠色及白色最引人注意。畫面予人平坦、細緻及高度人工化與不自然之感覺，中央上方之屏風使景深加深，但仍未能構成前、中、後之正確景深。日式繪畫另一特色為多數均從上方或側上方取景繪畫。綜言之，《源氏物語》繪卷為平安後期之代表作，同時亦顯示日本宮廷貴族生活之悠閑舒適及享樂。

在佛教寺院中，位於京都之東寺，藏有屬於十一世紀的「山水屏風」繪畫（圖91）。此一繪畫純為山水，惜年代較久，保藏不佳，致畫面不甚清晰，但仍可看出此幅繪畫已有較佳之景深，空間增大，主要物體均聚集於畫面三分之一處之下方，雖甚接近中國山水畫，但兩側及上方之細緻筆法，與中國繪畫仍有差異，應為日、中綜合之一種風格。在平安後期以前所見者，鮮有純山水之

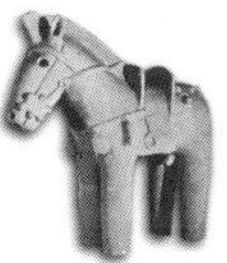

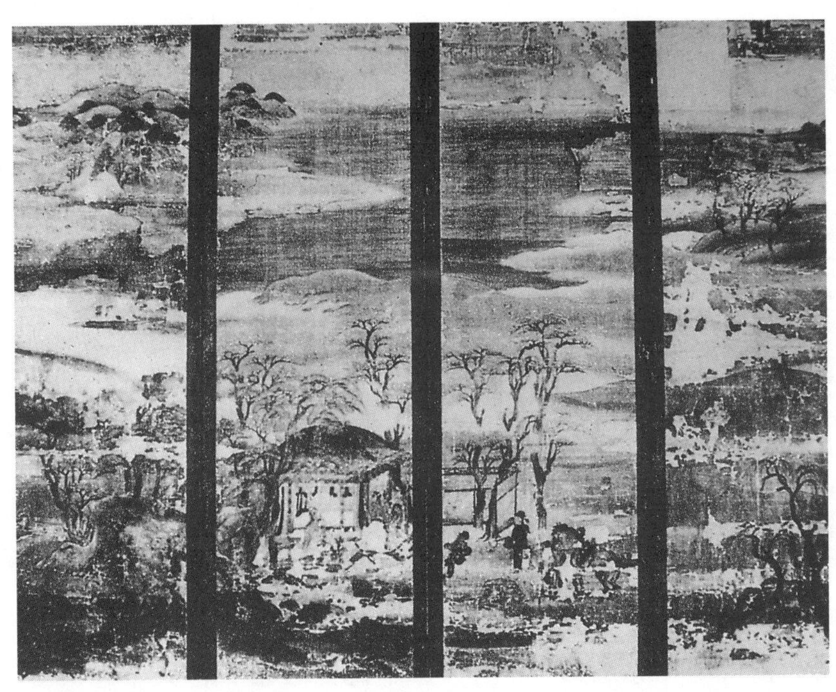

圖91
山水屏風
京都東寺

繪畫，由「山水屏風」之出現，可見日本已受中國宋代山水畫之影響，山水畫已逐漸開始發展了。

另一藏於和歌山金剛峰寺之「釋迦牟尼涅槃圖」（圖92），為日本佛教繪畫受中國唐代繪畫影響之例，但在此一繪畫中，亦顯現了日本繪畫之特殊風格，故實為日、中風格綜合之繪畫。

此一繪畫左方之題記，說明此原於一〇八六年完成，係畫於絲絹上，為日本涅槃像中之最早者。畫中描述釋迦牟尼涅槃時，諸弟子及菩薩環繞四周之情形。據佛經之記載：「釋迦牟尼說《大般涅槃經》畢，頭北面西，右脇而臥入滅，時二月十五日中夜。爾時四邊雙樹開白花，如白鶴群居，即以轉輪王之荼毘式移於金棺，諸大力士奉金棺……至荼毘所，過七日，時積大栴檀，投香燭，欲燒之，而火不燃……是待迦葉之至也。時迦葉與五百弟子在耆闍崛山，知如來涅槃，欲拜如來之最後，更經七日，詣荼毘

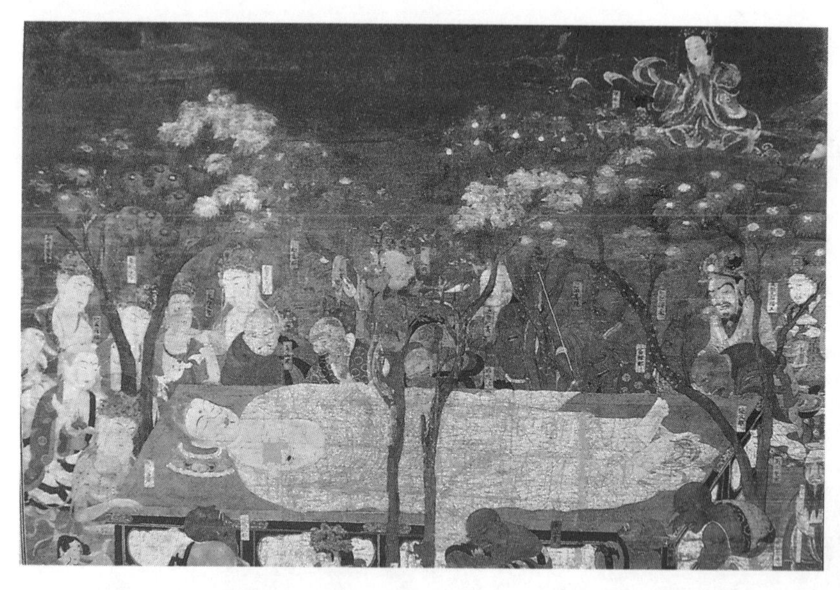

圖92*
釋迦牟尼涅槃圖
和歌山金剛峰寺

所，如來自金棺出雙足使見之，於是諸大力士投以七寶大炬，亦悉殄滅，迦葉言人天炬火，何得荼毘如來之寶棺，爾時如來以大悲力自入火光三昧，由心胸中大踊出棺外，漸漸荼毘，至七日，香樓寶樓焚盡。八國諸王競欲取舍利……既而徒盧那婆羅門以舍利分於諸王，各起塔供養之。」❸又說：「於涅槃夜，夢月落，日自地出，星宿雲雨，繽紛而隕，復有煙氣自地出，七彗星現於天上，復見天上有大火聚，遍空熾燃，而墮於地。」❹上文所言之「荼毘」係自梵文Jhāpita而來，即焚燒之意。當釋迦牟尼涅槃時「摩耶聞之哀慕，自天下趣於雙樹間也。」❺

在涅槃圖之右上方即釋迦牟尼之母摩耶夫人，四邊之樹皆開白花，圍繞於釋迦牟尼四周者有菩薩、羅漢、帝王等等，菩薩之旁皆有空白之長方形，上書菩薩之姓名，如「文殊大聖」等等。此種以空白長方形書寫名稱之方式，在中國敦煌唐代壁畫甚為盛行。所有菩薩之造型皆屬唐代風格；長眉、小嘴、細眼、臉部豐滿。諸羅漢旁亦有長方形空白書寫羅漢之名稱，但

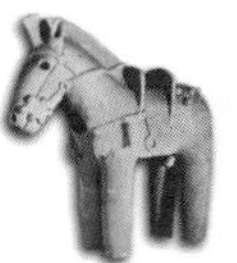

羅漢之面部卻甚瘦削，或者刻意表現羅漢之苦修。因菩薩已至佛之境界，故對釋迦之涅槃並不顯現悲哀。但羅漢及帝王等，因尚有執著，皆現悲哀痛哭之狀。此一涅槃圖係以釋迦牟尼為中心，布局均衡，為唐朝流行之手法。側臥之釋迦牟尼，其衣紋及躺臥之處皆簡單粗略，無細部裝飾，但其頭部所靠之蓮枕卻甚為細緻，一如畫中樹林皆不清晰細緻，但白花部分卻細微醒目之同樣手法。此種特重某一部分之日式手法，亦可見於哀悼者衣服上之精緻圖案。圖中俗人之服裝皆為中國式，則為中國將發生於印度之事予以「中國化」之另一佳例。此種「中國化」之手法，已見於飛鳥時代之佛教繪畫。

因為淨土宗之盛行，有關描述地獄情景之手卷亦應時而興，地獄草紙（圖93）即為其例。此一繪畫係描述各層地獄中之情形，用色以

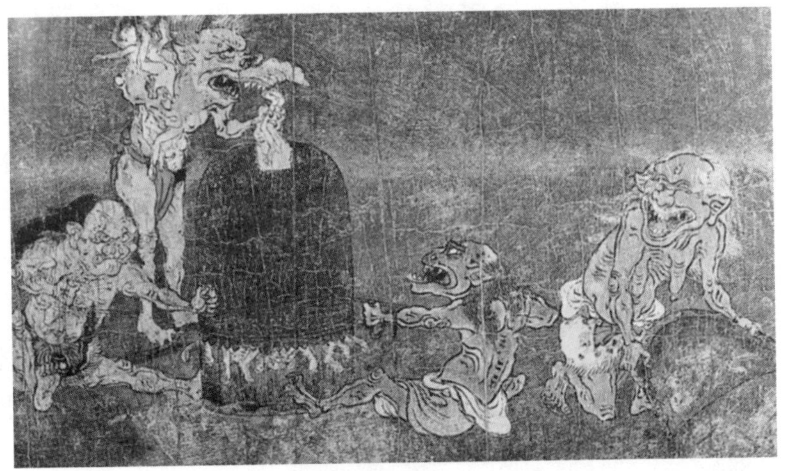

圖93*
地獄草紙（局部）
平安後期

❸修訂中華大藏經會印行《佛學大辭典》卷中（臺北，1984年），第1796頁。
❹同前註。
❺見《摩訶摩耶經》下。

單色為主，但線條卻清晰可見。此種重視線條，並用單色著色部分物體之手法，亦可見於「天狗草紙」手卷（圖94）。畫中係描述寺院之僧兵下山，觀賞藝人表演之情形。著色之處僅有小部分，其餘皆以線條表現之，此種處理方式在中國繪畫手卷中，似乎並無類似者。

以黑色線條描繪之繪卷有京都之「年中行事繪卷」（圖95）及京都高山寺收藏之「鳥獸戲畫」（圖96）。前者係以線條勾勒之手法畫出造型，塗染之處極少，前面一排人物及後面一排房屋，皆以斜角線為之。故無論日式繪畫或近似中國人所畫之唐式繪畫，強調斜角線在日本極為流行，但以斜角線構圖之方式，在北宋馬遠、夏珪之畫中，已常見之。後者據稱係一僧人所畫，全係以線條水墨為之，作者對筆法之應用已有頗高造詣。圖中係描述兔、猴等動物在水中嬉戲鬧耍之情形，但其真正含意乃在諷刺社會上之亂象，以及佛教界部分不肖分子隨意作為之腐化情景。作者所畫之另一幅畫中，竟將青蛙置於佛壇之上，當作佛像燒香禮拜，可謂極盡諷刺之能事。藝術是社會文化及人心的反映，在日本繪畫中又得一例證。惟此種諷刺性之繪畫，在中國繪畫中似乎極難一見，或許與中國受儒家思想束縛及士大夫優越感有關，致使此類繪畫無法發展或流傳於世。在此一圖畫中，左下角之花草部分特別細緻工筆，與其他

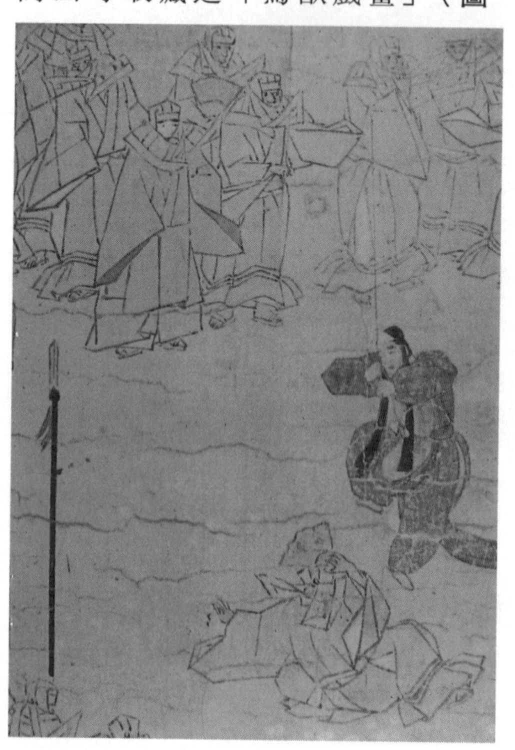

圖94*
天狗草紙（局部）
平安後期

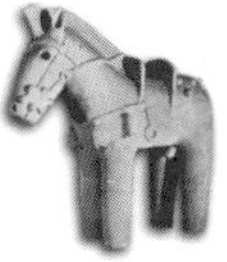

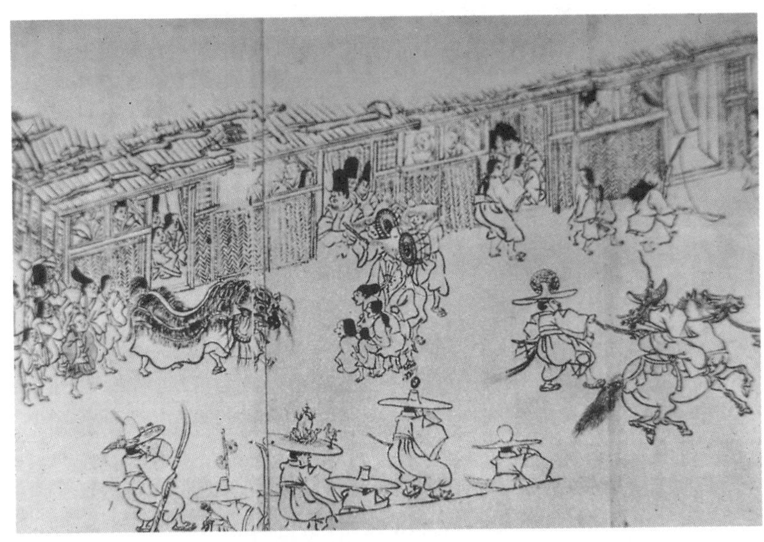

圖95
京都年中行事繪卷
平安後期

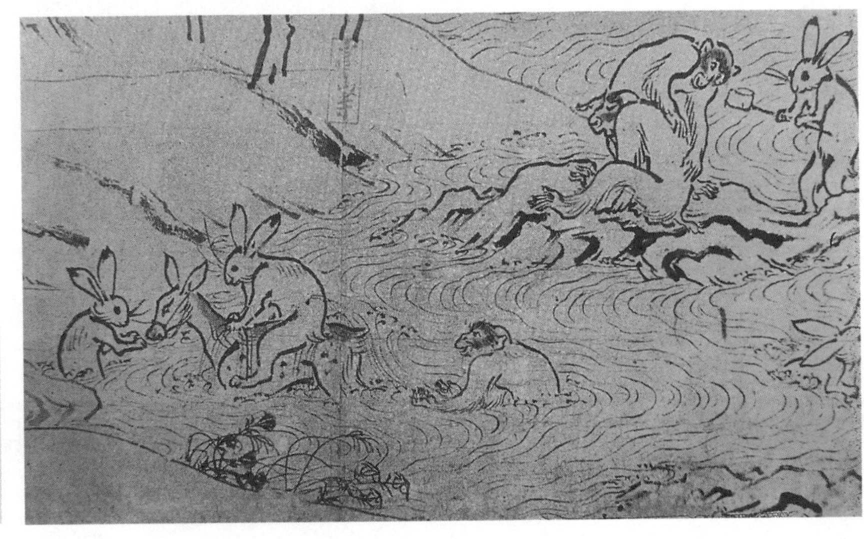

圖96
鳥獸戲畫
（局部）
平安後期

部分用乾筆或粗略帶過不同，為日本特具之風格。

密教在平安前期的重要地位，在此一時期已為淨土宗所取代，但密教敬拜的神像仍在社會繼續流傳。早期的「紅不動明王」已逐漸發展出不同的顏色，如「黃不動明王」、「藍不動明王」等，但是「不動明王」本身在圖中所佔的空間，已較前縮小，其他空間及陪襯物體相對地增大。此種主體人物縮小，陪襯景物增大之情形，亦見於佛教其他繪畫中，導致以後山水風景畫的發展。完成於一一八四年的「金剛夜叉」像（圖97），線條頗為優美，其彎曲的雙腿已予人一種動感，或許係鎌倉時期有名的「奔跑不動明王」畫像的發軔。

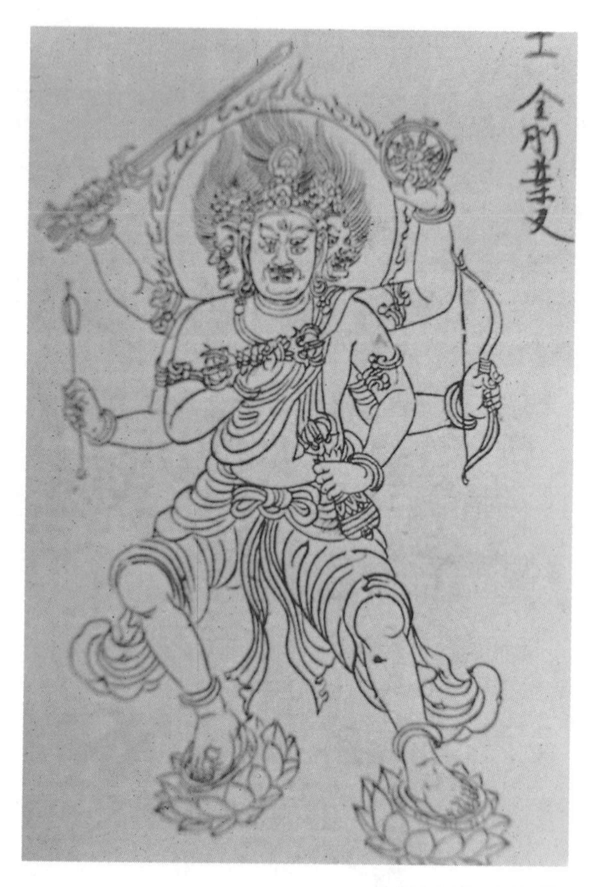

圖97
金剛夜叉
平安後期

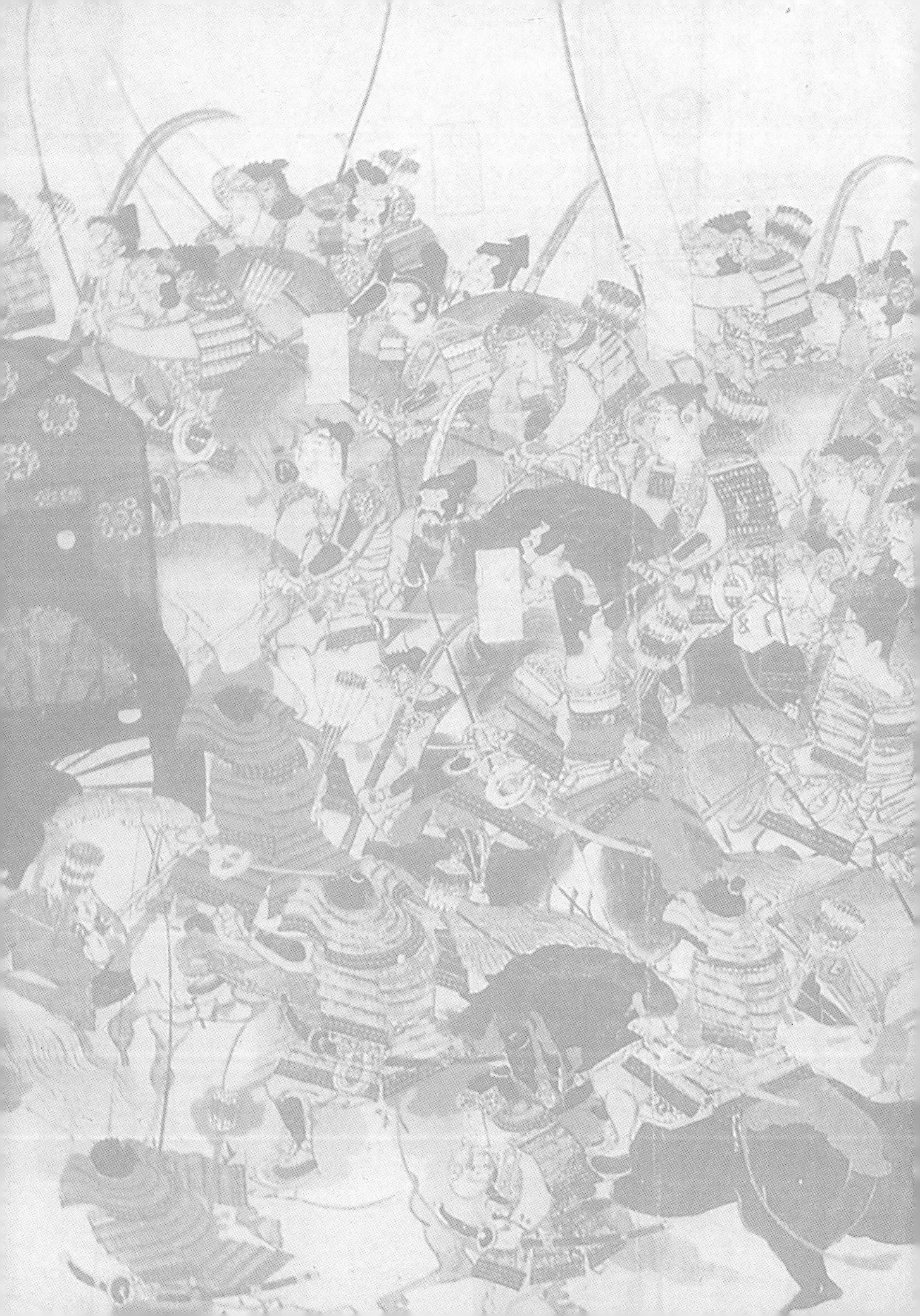

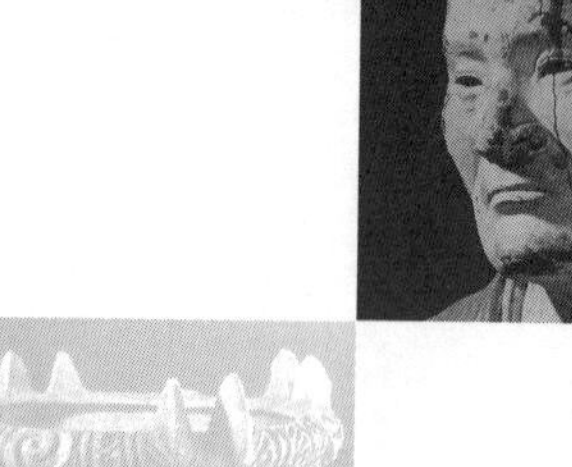

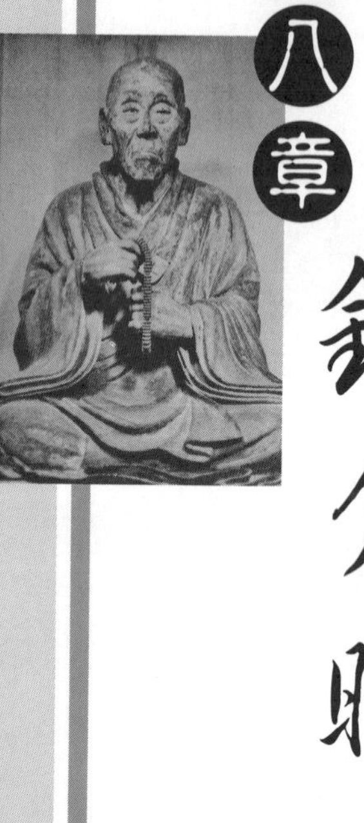

第八章 鎌倉時期

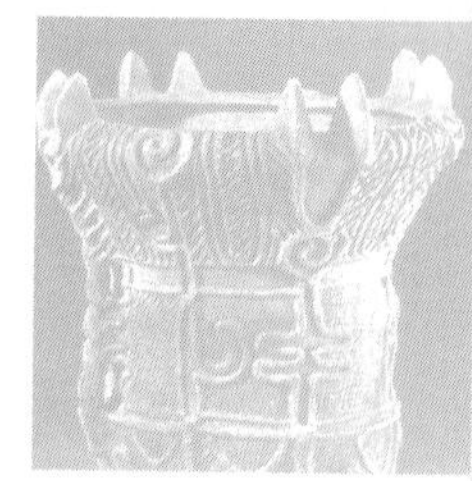

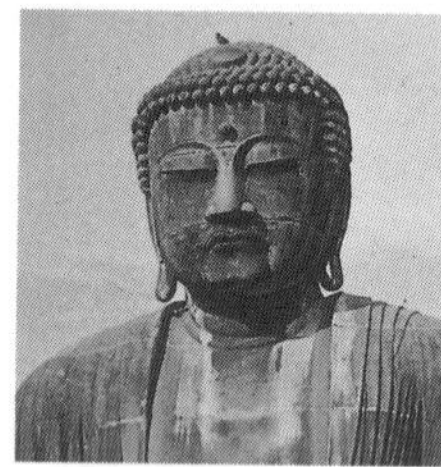

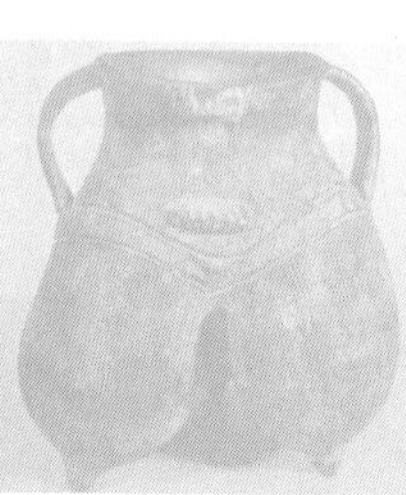

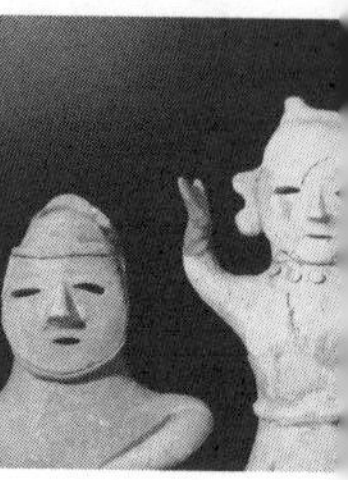

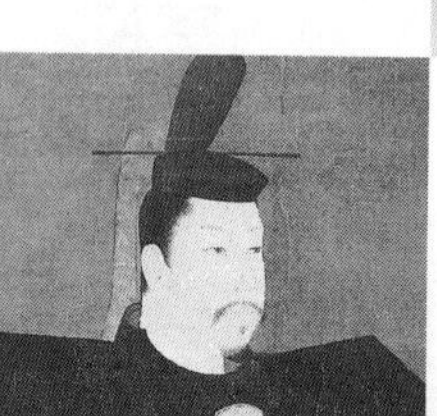

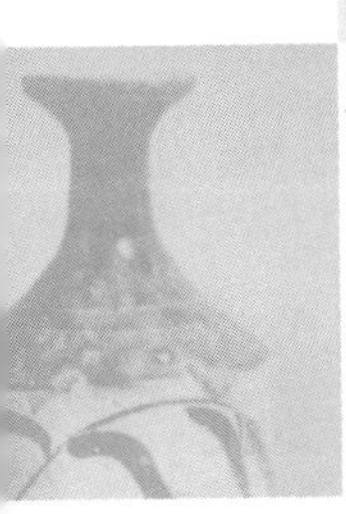

摘　要

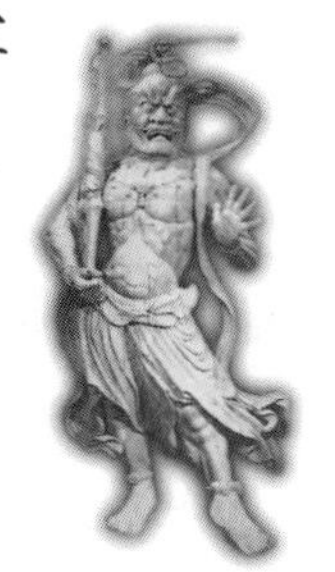

鎌倉時期為日本武士掌握全國軍政大權之始，因其總部設於鎌倉，故亦稱為鎌倉幕府，領導者日皇則封為大將軍。鎌倉時期為日本禪宗之開始發展期，主要係日僧赴中國宋朝學習禪宗教義及文化，然後返國傳揚，故建築、雕塑、繪畫受宋代影響甚深，但仍有部分隱若為唐代之遺風。此一時期雕塑多用木材，甚為寫實逼真。繪畫則為山水畫之發軔期，山水景物之比例日漸增大，手卷極為盛行，題材多以戰爭為主，甚為細緻、逼真與寫實，為「大和繪」人物歷史畫之顛峰時期。「大和繪」式的肖像畫開始出現。佛教繪畫題材中，除祖師像外，阿彌陀佛來迎圖與描繪日本高僧生平事蹟之手卷(繪物卷)，亦風行一時。神道與佛教混合之繪畫，在神道教中開始流行，此即所謂「二元神道」。平安後期盛行的密教，在鎌倉時期仍見其痕跡。

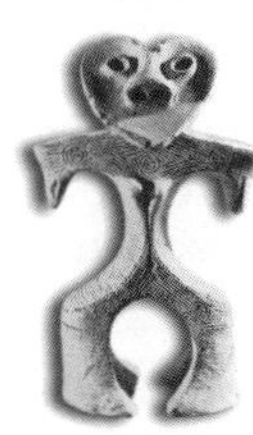

幕府與禪宗

在日本歷史上，鎌倉時期係武人或軍人主政之始，日本天皇成為傀儡，亦即所謂之「幕府時期」。

前章曾提及，平安後期兩大具有軍事強權之世族係平氏與源氏，皆為天皇之族裔，並分封領土，後來發生政爭奪權，平氏及藤原氏兩大家族失敗，源賴朝獲勝，遂挾天皇以令諸侯，正式成為日本的軍事及政治統治者，其將軍府位於今之鎌倉，稱為幕府（Bakufu），亦自稱將軍（Shogun）。將軍之名係於一一九二年由後鳥羽天皇所任命者，稱為「征夷大將軍」，為全國最高行政首長，天皇僅發佈詔書，為名義上的元首❶。

談及鎌倉時期的文化宗教，必須對源賴朝大將軍作一瞭解。源賴氏（Minamoto Yoritomo）於十三歲時即參加戰爭，為職業武士，在某次戰爭中，一位屬於禪宗的女尼曾救其一命，故源賴氏在位時，支持佛教不遺餘力，如建立佛寺及修繕佛寺等等。此為禪宗在鎌倉時期漸受歡迎之原因之一。惟當時之文化重心仍在京都，皇室並未遷移，甚至有天皇出家為僧者，但仍介入政治事務。廣受歡迎的淨土宗逐漸轉變為新淨土宗，與禪宗尤其是臨濟宗，成為鎌倉時期及室町時期的宗教主流。公元一二〇〇年後，禪宗已極受歡迎。鎌倉時期係自公元一一八五年至一三三三年，約有一百五十年在鎌倉幕府武士文化影響之下。

在武士文化及禪宗思想之影響下，此一時期的建築是由華麗宏大轉向玲瓏簡樸，此種風格之變換，為日後日本傳統住宅立一規範，亦為建築、雕刻、繪畫反映社會文化思想之另一佳例。

圓覺寺

鎌倉幕府時期較著名之建築，為位於鎌倉之圓覺寺舍利堂（圖

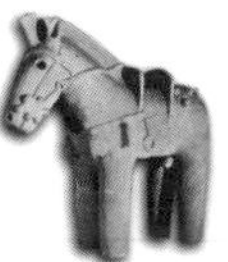

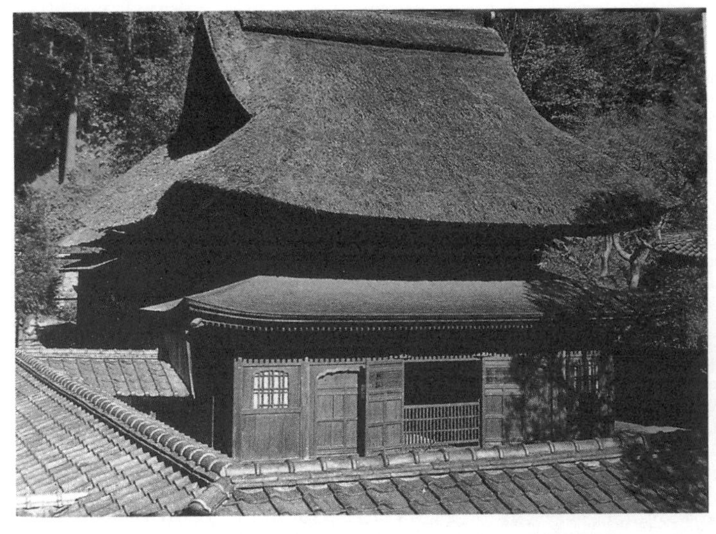

圖98*
舍利堂
鎌倉圓覺寺

98），大約建於十三世紀。據知當時日人不但邀請中國僧人來日從事禪宗寺院之興建，同時亦派遣僧人至中國學習禪院建築設計 ❷。此一建築位於石製高臺上，甚為窄小；雙簷屋頂之設計雖受中國影響，但其茅草屋頂卻為日本風格。再從木結構而言，正面為五間，細長之木柱及拱形之門窗，為中國宋代建築特徵之一。流行於平安後期之寬廣屋頂，在此一建築仍可見之。從文化交流言，此一時期之建築頗受中國宋代影響，包括禪院之庭園設計在內。

雕　塑

位於鎌倉之阿彌陀銅佛（圖99），在世界上頗負盛名。此一銅佛高三十七尺三寸，應係仿摹中國唐代之佛像而成；螺髮、豐滿面部及

❶袁昌堯、張國仁著《日本簡史》（香港開明書局，1993年），第17～18頁。
❷吉河功著《禪寺の庭》（東京錦明印刷株式會社，1991年），第122頁。

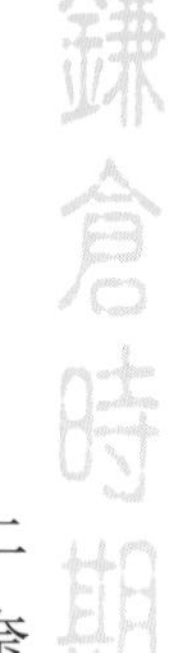

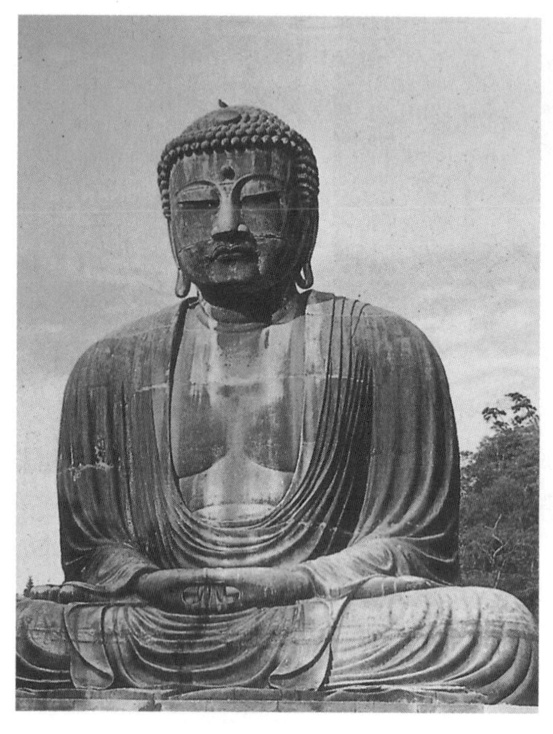

圖99*
阿彌陀銅佛
鎌倉

軀體、小嘴、長眉及衣紋等均具唐風，其雙腳交界處位於中央部位之衣紋，不但常見於唐代佛像，且最早見於印度受希臘羅馬影響之犍陀羅（Gandhara）佛像。

一般而言，此一時期之佛教雕像亦深受宋代雕刻之影響，如使用木材料及重視寫實、動感等，其中著名者有據說係由當時名雕刻家所雕之力士像（圖100）。這兩位名雕刻家為運慶及快慶。此兩人曾於一一八〇年至一二一二年間，至奈良有名之興福國寺及東大寺修繕佛像，他們於觀摩眾多傑出作品後，再融匯本身的技巧，創造出極為寫實及突出的雕塑。據東大寺紀錄所載，這兩座位於東大寺南大門兩側的木雕力士像，係於一二〇三年由運慶、快慶與兩位雕刻家，以及十六位助手所完成，各高二十六尺，日人稱之為金剛力士，係由數根木材併雕而成，稱為「寄木造」。

此兩座金剛力士像皆各執金剛杵，為戰爭制敵之利器。身上之肌肉及骨骼甚為逼真。彎曲之軀體與飄動之下裳，均予人一種動感。身後轉至前身之飄帶，在印度原為鮮花編成之花帶，為威士紐(Vishnu)勝利之象徵❸。傳入中國後，先後出現於飛天、門神、天王、力士或將軍身上，此兩座金剛力士之飄帶，當係來自中國之範本。

因為禪宗之盛行，對祖師及師父之尊敬亦相對提升，於是祖師或

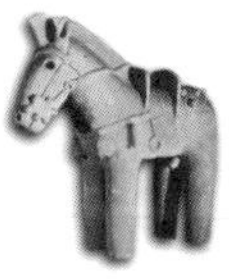

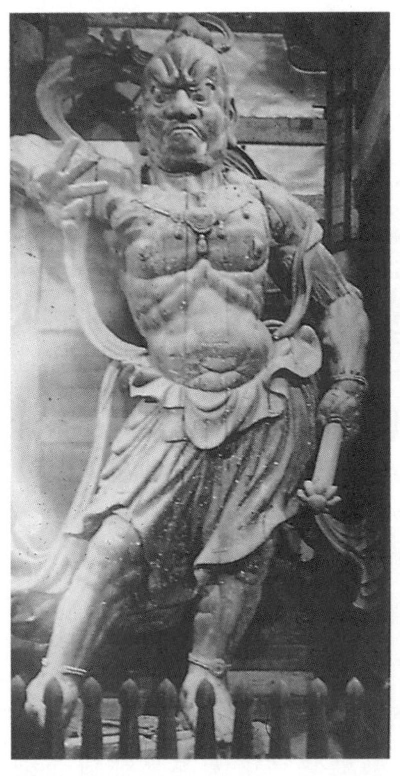

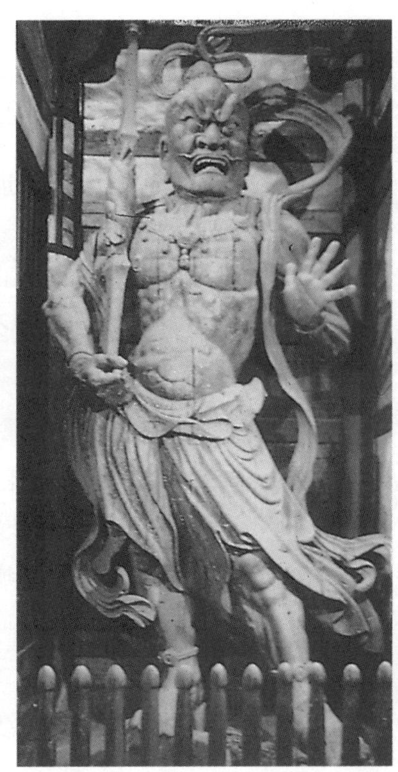

圖100*
力士
奈良東大寺

師父之雕像及畫像，遂大批出現。其中較著名者有：

一、無著像（Asanga）

無著為法相宗之祖，亦稱無著菩薩，大約為公元四百年左右之印度宗師。此宗強調心之重要及特重禪坐修行，中國之玄奘即屬此宗，後來在中國流行之禪宗亦以禪坐心法為首要，故奉無著為師。此一由

❸ Benjamin Rowland, *The Art and Architecture of India* (Baltimore, 1967), pp. 238, 239.

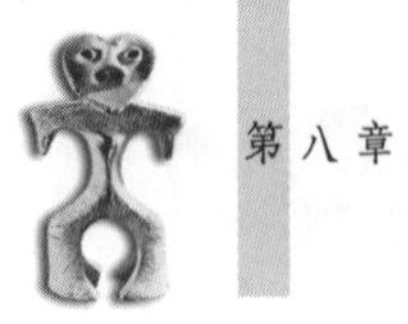

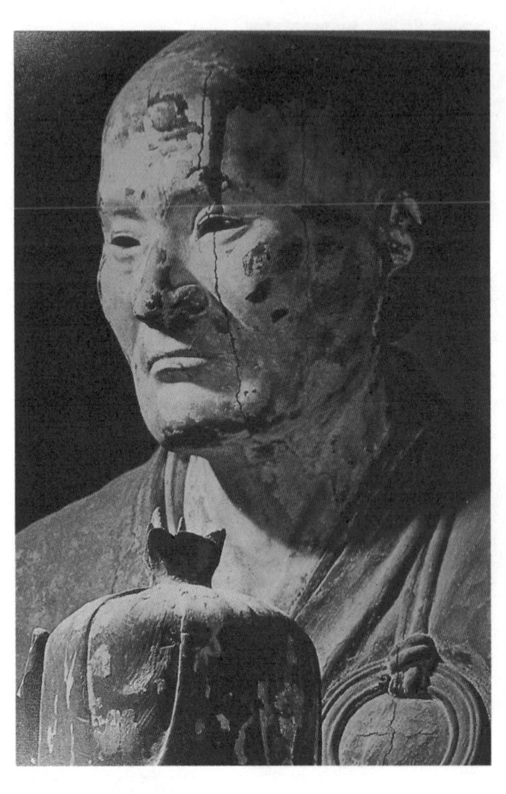

圖101*
無著（局部）
鎌倉時期

一根木頭所雕之無著祖師像（圖101），係於公元一二〇八年由運慶所雕，較常人略大，原有顏色，並用石英裝飾雙眼，其面容及衣紋均極為逼真，此亦為鎌倉時期雕刻之特色。無著手中捧一用錦布包裹之方形印信，此一印信象徵禪宗之「心印相傳」，亦即禪宗中師徒心法之相傳，具象徵意義。

二、弘法大師像

弘法大師即空海，為日本密宗之祖，其事蹟已於第六章平安時期初期中述及。據稱此像係長快所雕(圖102)，容貌、衣服及衣紋均極為真實，有如真人之照像，手中則持一金剛杵，為密宗象徵之一，亦代表破心魔煩惱，無堅不摧也。弘法大師像之出現，亦示禪宗無門戶之見，傑出之宗師皆可為師也。

三、俊乘上人像

俊乘上人曾為著名東大寺之住持，為勸募修繕東大寺之經費而遍歷日本，甚為朝野人士所尊敬，面部之表現極為逼真寫實，似將其辛勞及愁苦皆顯示無遺，可謂傑出之作品(圖103)也。

繪　畫

至於繪畫方面，可分下列三類

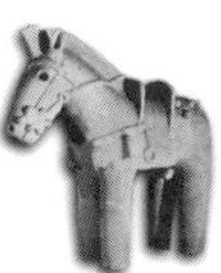

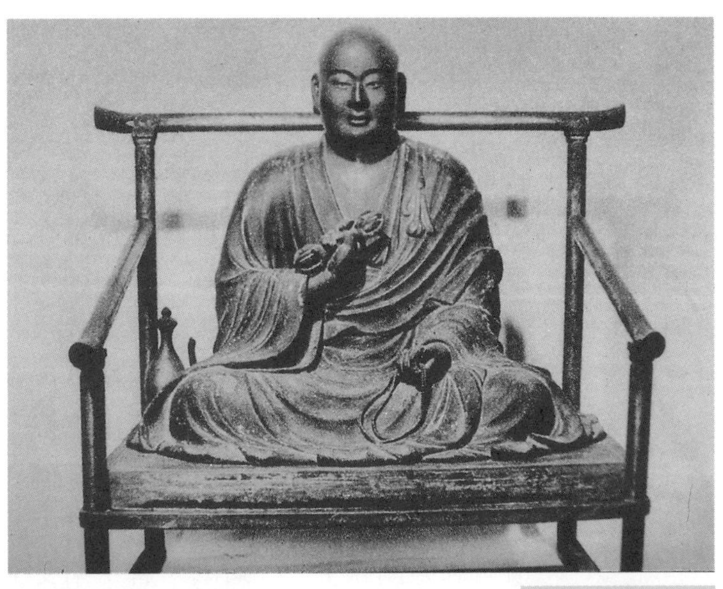

圖102
弘法大師
鎌倉時期

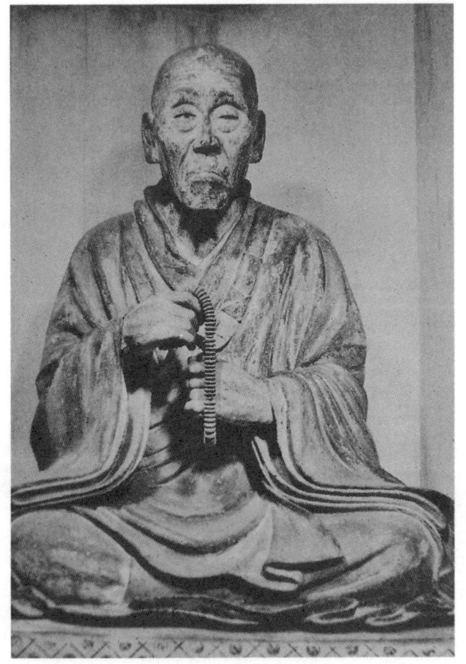

圖103
俊乘上人
奈良東大寺

略述之：

一、社會歷史繪畫

鎌倉時期為大將軍執政時代，其地位遠較天皇為重要，大將軍肖像首次出現。其中最著名者為大將軍源賴朝之肖像（圖104）。由此一肖像可見寫實亦為鎌倉時期繪畫特徵之一，尤其源賴朝之細密頭髮與鬍鬚均顯露無遺，其餘劍柄上之飾紋及下角正中之紋飾亦清晰可見。此種手法亦為日式繪畫特徵之一。但是其所穿之衣服，除部分圖案細緻外，其餘卻極為簡略，缺乏寫實感，背景亦全無裝飾，缺乏立體感。源賴朝所持者係中國之圭，所戴之帽子式樣，與中國湖南長沙馬王堆西漢軑侯妻之墓中，所發現之木俑所戴之帽子形式甚為類似（圖105），以中國漢、唐、宋文

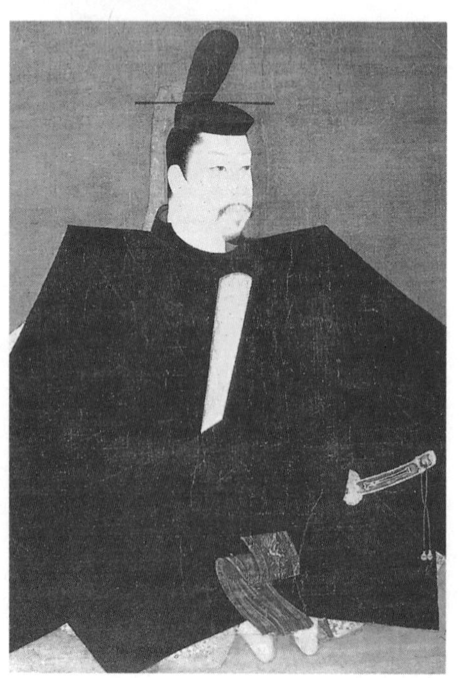

圖104*
源賴朝大將軍
鎌倉時期

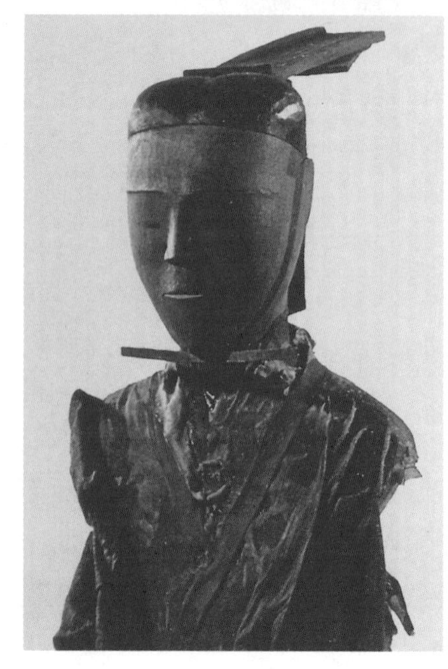

圖105
馬王堆木俑
中國西漢
湖南長沙

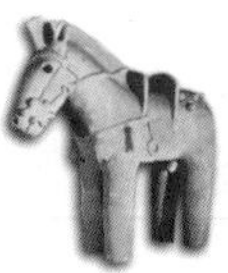

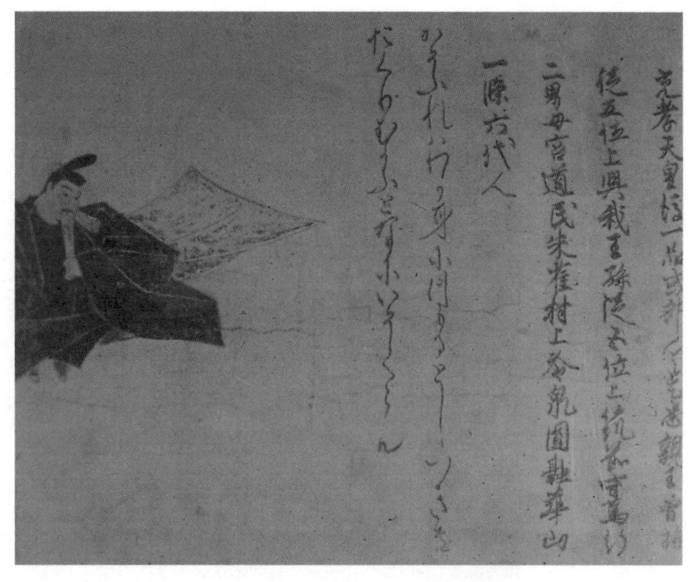

圖106*
名詩人繪卷（局部）
鎌倉時期

化對日本之影響言，仿摹中國者自有可能。

由於中國文化仍為日本高層人士及知識分子所仰慕，故在鎌倉時期作詩比賽繼續盛行，獲獎者之肖像及詩可書畫於繪卷上（圖106）。此一繪卷即有三十六位飲譽於當時之詩人及所寫之詩，但是部分書寫已非全用漢字了。

鎌倉幕府時期另一大事為蒙古人於公元一二八一年的入侵失敗。當時蒙古人自韓國及中國南部海岸出發，攻擊日本九州，但正逢大風暴，損害無數，登陸後，殘餘之蒙古人與日人激戰五十回，最後終被逐退。此為日人立國後，第一次受外人侵略，甚受當時社會之重視，當時畫家或受政府之助，將戰事及名武士繪成繪卷。在繪卷中有描述蒙古人失敗撤退之情景（圖107），亦有描述日本武士殉國之情形（圖108）。此種繪畫皆以日本式繪畫手法為之；除鮮艷之色彩及部分細緻之方式外，亦強調斜角線之布局；蒙古人手中之長矛，以及傾斜約四十五度之戰馬，皆為甚佳之例。

在鎌倉時期以前，敘述歷史性的繪畫極不易見，但在此一時期卻頗流行，蒙古入侵及描述源氏及平氏戰爭之繪卷等，均一一在此時期出現。更有進者，有關佛教之繪畫中，敘述高僧行誼之繪卷亦甚流

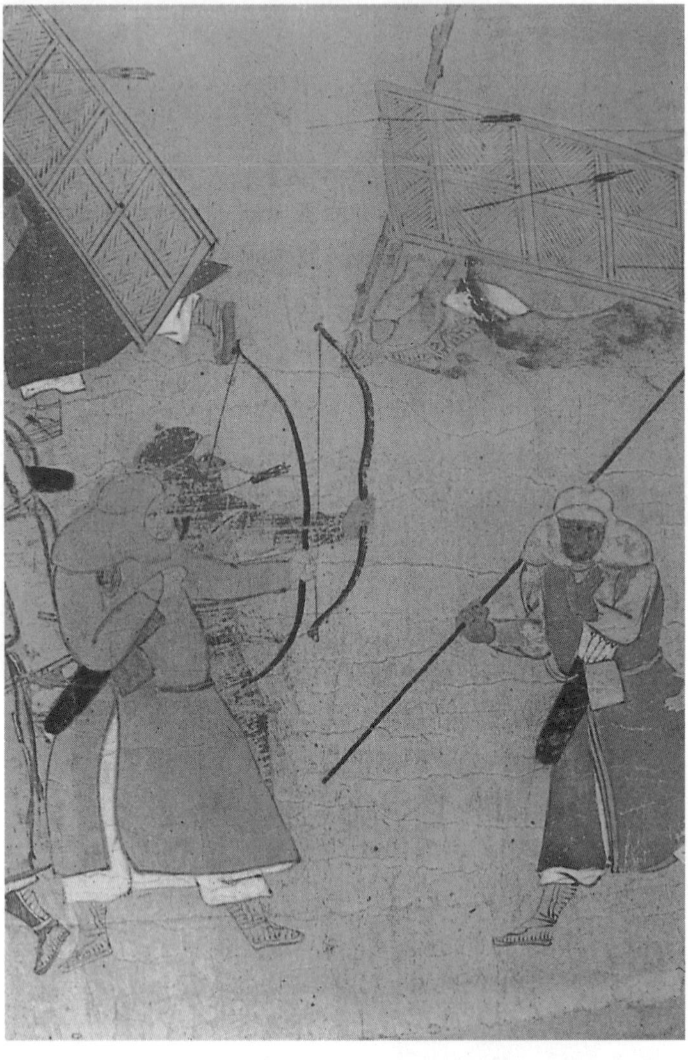

圖107*
元兵入侵繪卷（局部）
鎌倉時期

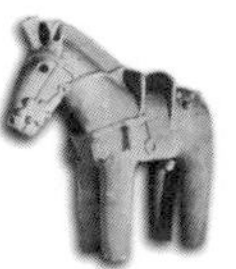

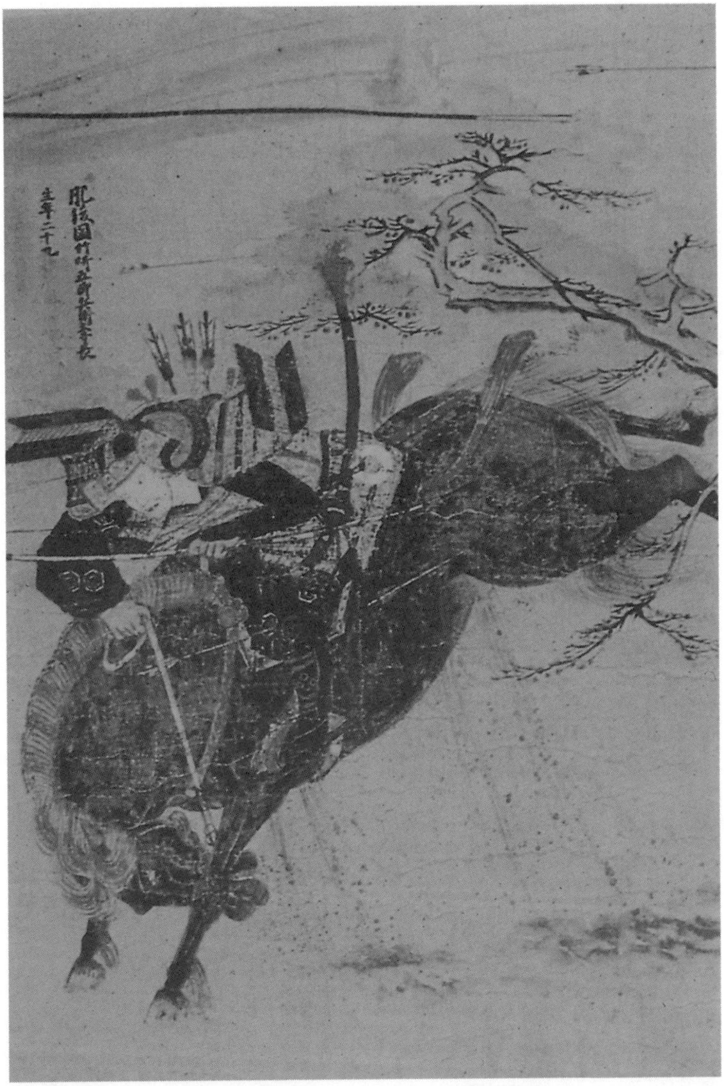

圖108*
元兵入侵繪卷（局部）
鎌倉時期

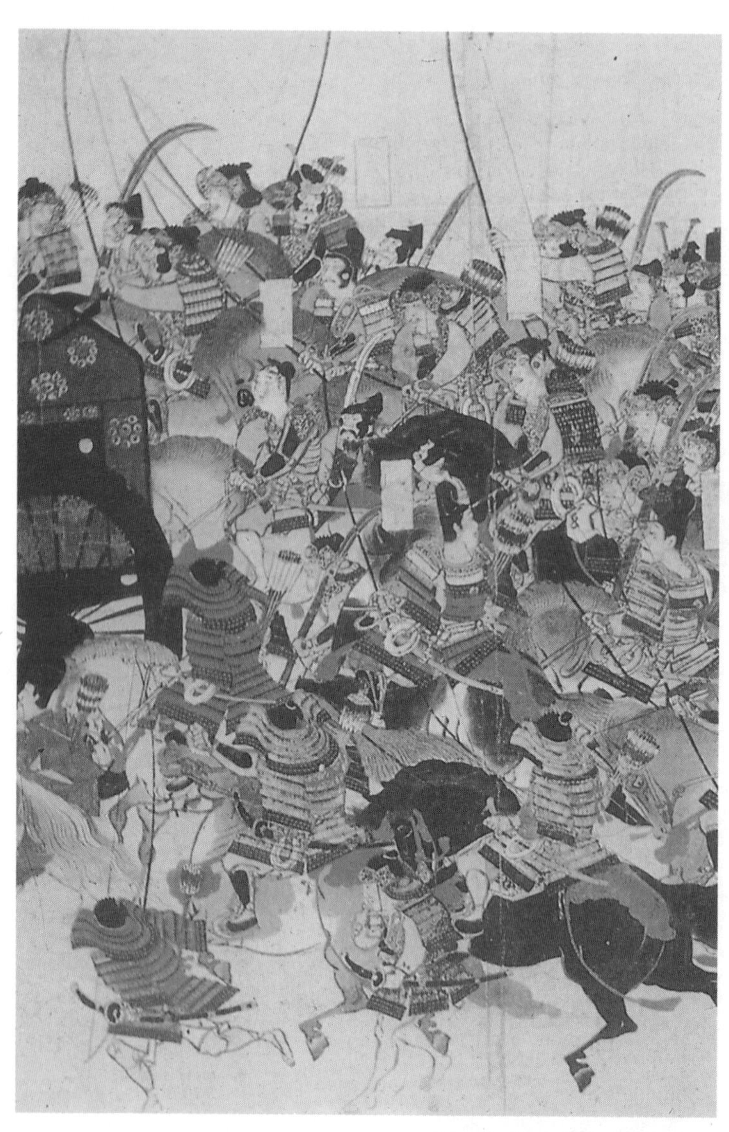

圖109*
平治物語繪卷（局部）
鎌倉時期

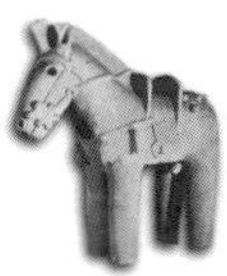

行，可謂日本畫家專注本國歷史文化之一個新時代。

在描述源氏及平氏戰爭之繪卷中，可知日式繪畫至此時期已達到水準之最高峰（圖109）；不但精緻細密，而且柔和寫實，不易見到粗略之處及敗筆。另一新的發展為將一大堆人物混合在一個小範圍中，且各個皆有動作及不同的姿態，但卻不易分辨其互相關係與位置。此種手法及布局，頗與以後西方十七世紀流行之巴洛克（Baroque）繪畫近似。日式繪畫強調之斜角線，仍在此一時期繼續流行（圖110）。

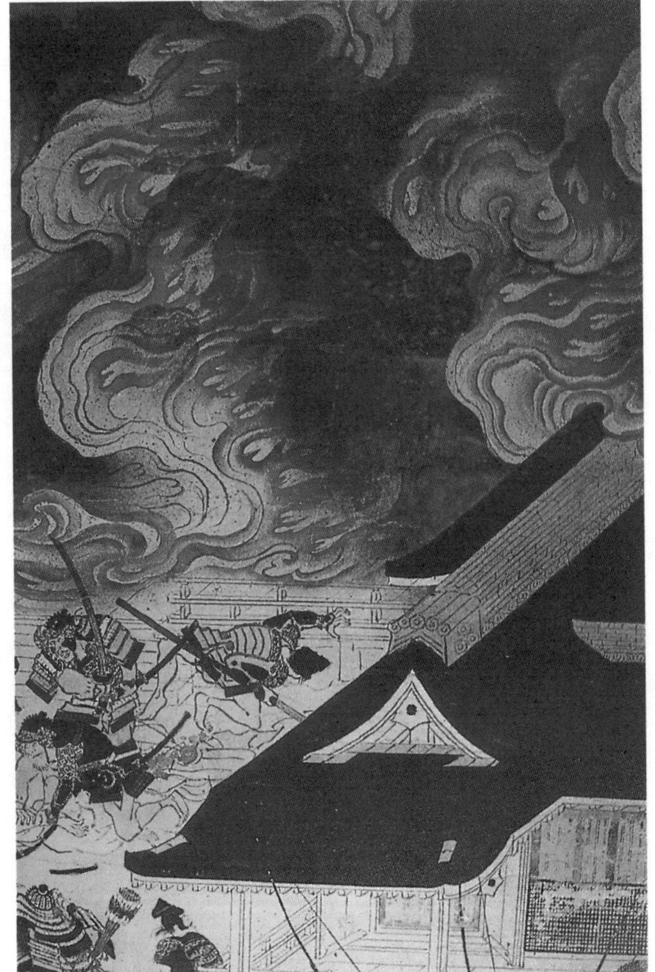

圖110*
平治物語繪卷
（局部）
鎌倉時期

二、佛教繪畫

一如佛教雕刻之注重祖師像，佛教繪畫中之祖師畫像，亦甚為流行；其中有坐於中式木椅上之禪師肖像，亦有坐於樹林中禪修之禪僧。此一坐禪之禪僧為明惠上人（圖111）。據畫上題記，明惠上人係在高山寺楞伽山中之繩床樹上打坐，並以此圖贈其弟子。此一繪畫以粗略線條為主，非屬日式繪畫，與早期繪畫最大的不同處為以大自然之林木為背景，而非如傳統之繪於室內，同時人物之比例縮小，風景襯托部分增大，此為佛教以人物為主之繪畫一大創新與突破，亦為此一時期佛教繪畫之特色。

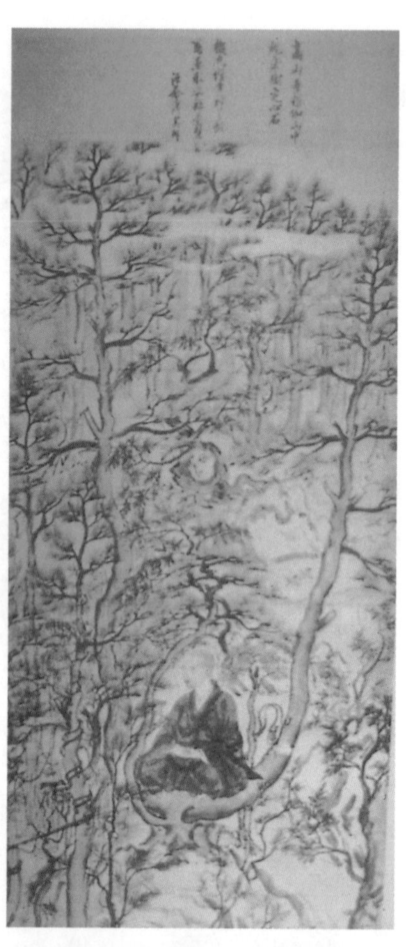

圖111*
明惠上人
京都高山寺

具有上述特色之佛教繪畫有「阿彌陀佛來迎圖」(圖112) 及「山越阿彌陀圖」(圖113)。前者係一手卷，上繪二十五位菩薩像，此二十五位菩薩隨伴阿彌陀佛至世間，迎接往生者之靈魂至西方淨土。所示僅為其中一部分。其布局仍為斜角線式，右上角及左下角均有空間，部分且有花草樹木。右前方彎曲流動狀之浮雲，配合斜角線之布局，予人一種強烈之動感。金色之大量運用，反映平安後期及淨土宗風行之用色。左上角生硬而人工化的光座，甚為突出，為日式繪畫特徵之一。「山越阿彌陀圖」中之三尊，上身顯露於佔據三分之一畫面之山川林木之上。如將此幅畫與前述之「明惠上人像」與「阿彌陀佛來迎圖」相較，可知山水風景之比例及分量，已逐漸較鎌倉期前之繪畫增大，故此一時期可稱之為日本山水風景畫之萌芽期。三尊頭後之光環，甚為生硬人工化，日本繪畫之特色又再次顯現。

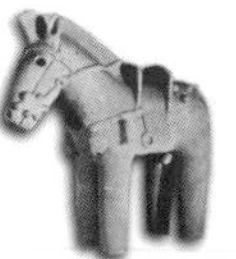

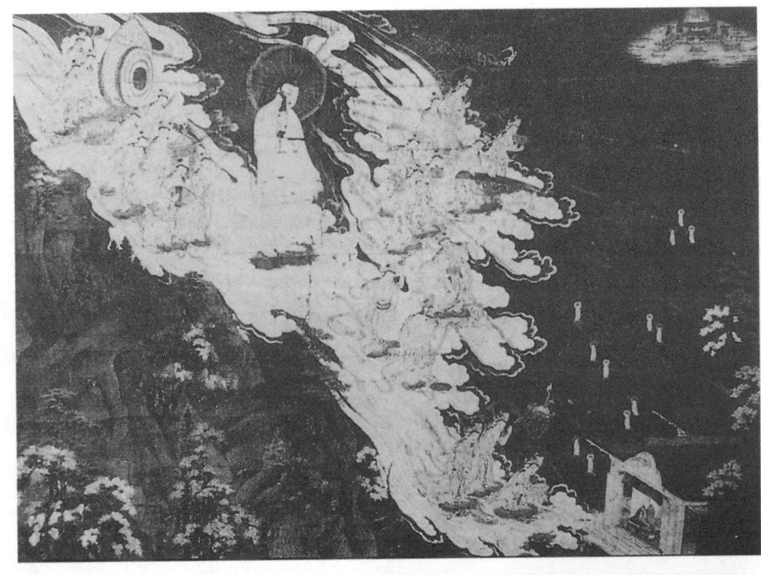

圖112*
阿彌陀佛來迎圖
鎌倉時期

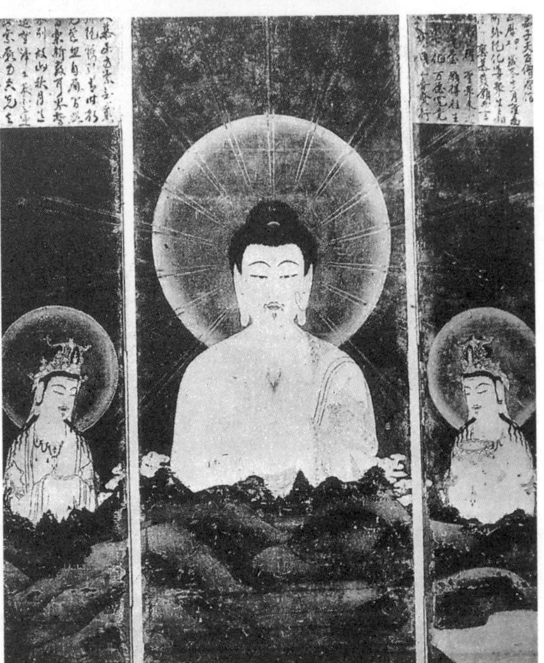

圖113
山越阿彌陀圖
金戒光明寺

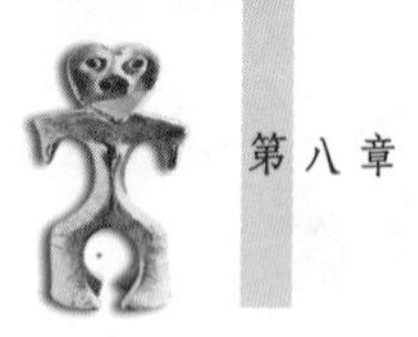

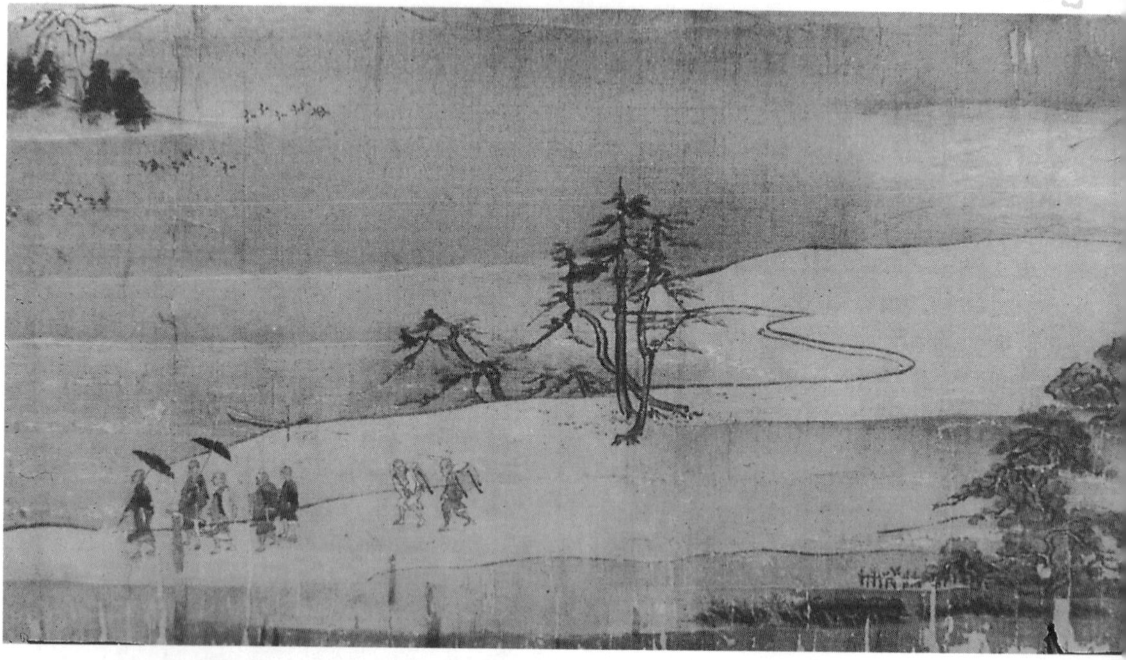

圖114
一遍上人繪卷（局部）
鎌倉時期

描述淨土宗一遍上人一生事跡的繪卷，共有十二卷，係由淨土宗僧人於一二九九年所繪，是年即一遍上人圓寂之年，此一繪卷主要描述一遍上人遍歷日本，宣揚佛教淨土教義之情景（圖114）。如與前述之佛教繪畫相較，一遍上人繪卷中之人物，其體積更為細小，整個畫面幾乎全以山水風景為主，人物不過為一襯托而已。自風格言，山水構圖及畫中之松樹與雲霧，受中國宋代山水畫影響甚深。但是，日式繪畫之特徵，亦在此一繪卷中顯現（圖115）。譬如畫面上方之雲霧，基本上是受中國宋代流行之「雲山」渲染方式之影響，可是與圖中生硬而規則的雲霧卻有差異。再如強烈的斜角線與極為細緻寫實的人物與馬匹，皆與中國繪畫有異，可稱之為與中國畫有同亦有不同也。

在鎌倉時期，佛教流行之繪卷

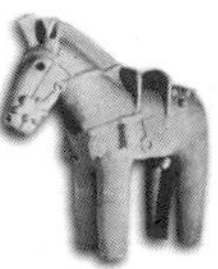

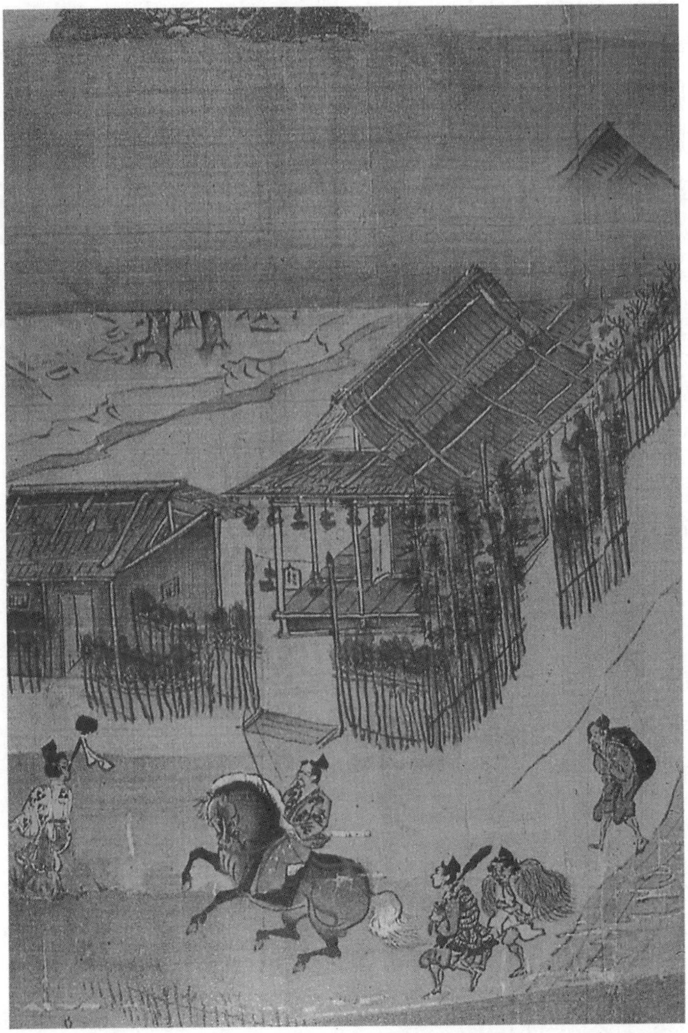

圖115*
一遍上人繪卷（局部）
鎌倉時期

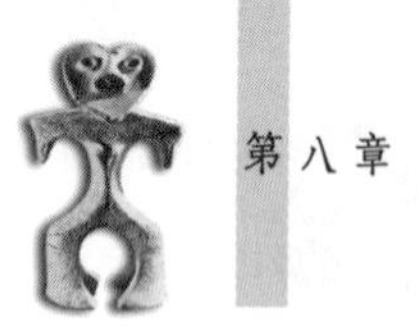

中，不但有上述一遍上人在日本生平事跡之繪卷，亦有描述其他高僧至印度及其他國家旅遊參訪之繪卷，可見圖畫繪卷在當時極為流行，題材亦甚為廣闊，甚至包括小說中之故事。羅漢像亦在此一期間大量出現。

密宗雖已過了興盛期，但部分日人仍供奉密宗之神像，如當時之日皇即在宮中供奉「奔跑不動明王」畫像（圖116），其主因或為相信此等神像有不可思議之神奇力量。「奔跑不動明王」之所以奉為國寶，是因為蒙古人入侵時，日皇焦慮不已，遂祈求於畫前，期望退敵，過後果然應驗。如將此一不動明王與前期之不動明王相較，可知其姿態已由坐而跑，軀體亦較小，空間增大，火焰亦較生動寫實，更重要者為整幅圖畫予人一種活潑、生動之感覺，同時傳統不動明王手中所持之短式金剛杵，已由長式放在肩上之金剛杵所替代，可說是一種新的改變。

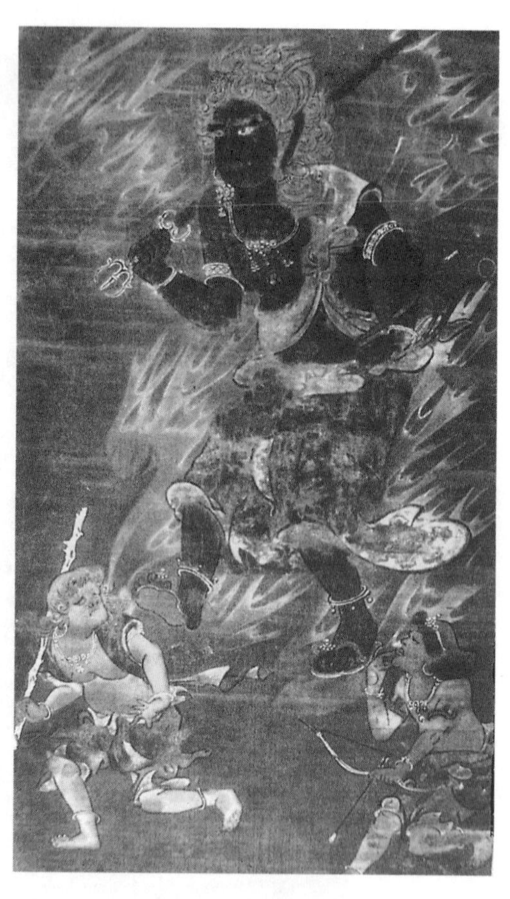

圖116
奔跑不動明王
鎌倉時期

三、神道教繪畫

日本之神道教，自飛鳥時期以來，一直因佛教之興旺，而無法有超越佛教之大發展，故必須在不與佛教敵對下求生存擴展。在鎌倉時期，所謂「二元神道」開始盛行。

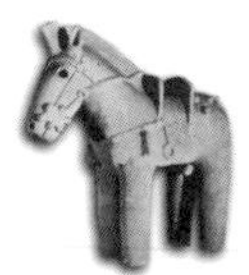

「二元神道」即在神道教中同時供奉佛教之神佛，並行不悖，並稱佛教中之大日佛即天照大神之化身。此種「二元神道」早在奈良及平安前後期已有立論，但真正發展及有代表性之圖像出現，則自鎌倉時期開始。

神道教繪畫中，有以神道教之神社，配合佛教中之主佛，如阿彌陀佛或大日佛等而成者，亦有以山川河流等自然現象而成者，但上述兩種在神道教中，皆稱之為「曼荼羅」，其名稱可能自密教之「曼荼羅」轉借而來，但其圖像卻與密宗曼荼羅不同。

神社與佛像配合之曼荼羅，多繪於絲絹上（圖117）。基本上而言，神道曼荼羅中，多有斜角線的神社建築，通常為某一神社的本身建築，同時亦有高山、林木、太陽及佛教中的主佛和菩薩。或許受

圖117*
神道曼荼羅
（局部）
鎌倉時期

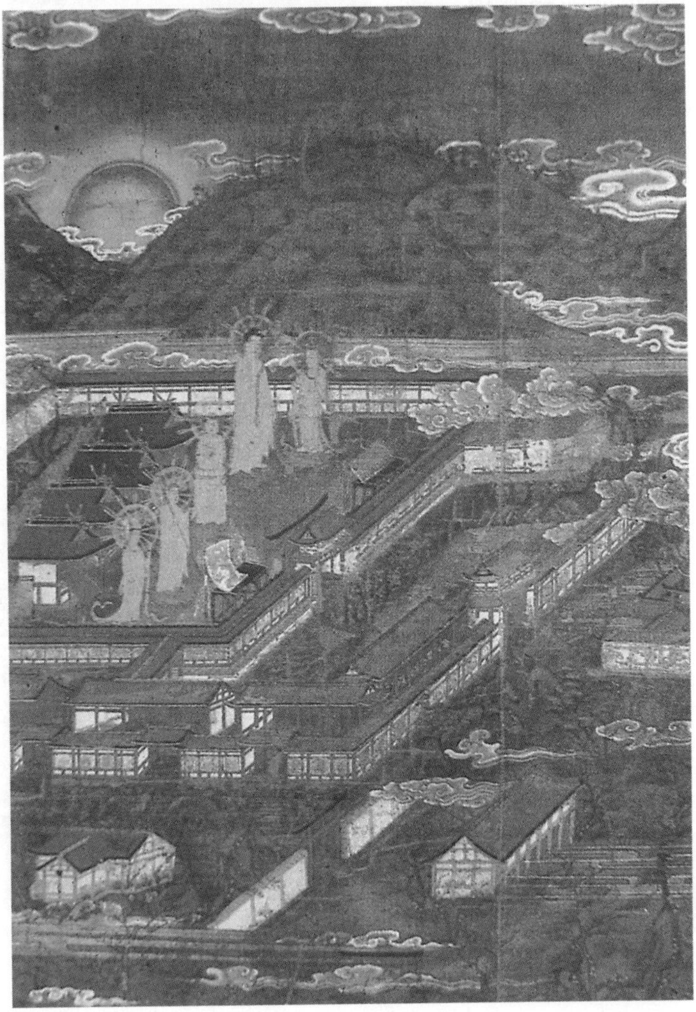

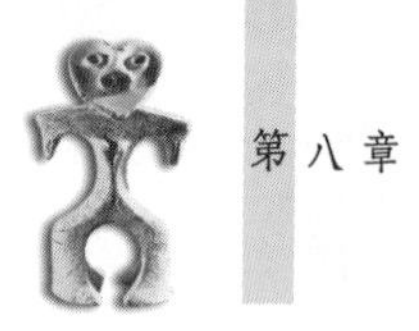

淨土宗之影響，佛、菩薩及太陽多用金色，天上之雲亦極度人工裝飾化，毫無自然與真實感，此種特徵亦可大致應用於神道教神社與佛像配合之曼荼羅中。同時，此類曼荼羅多似從空中四十五度角度描繪，可能係受中國宋代繪畫之影響。

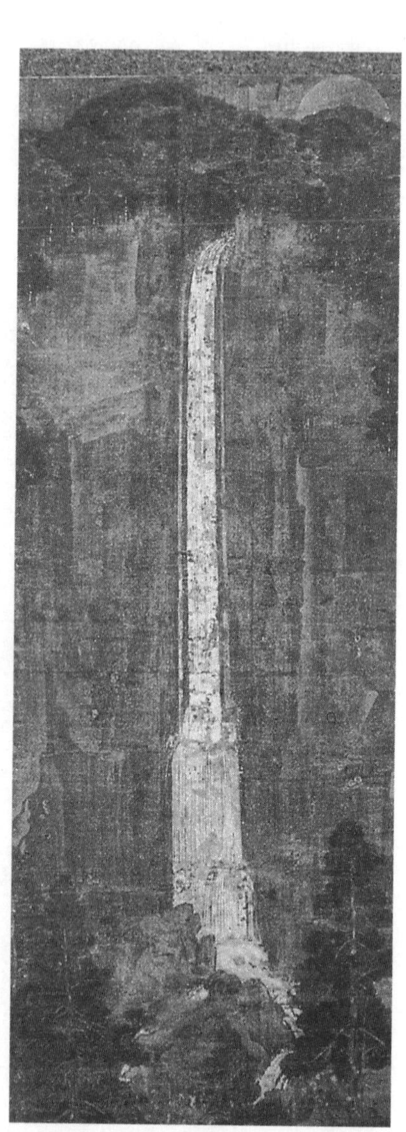

圖118*
瀑布曼荼羅
鎌倉時期

日本神道教所崇拜之對象甚廣，包括逝去者之靈魂，以及各種自然現象與物體，如山川河流、林木、日月星辰，甚至岩石等。佳例之一為以瀑布為崇敬對象之曼荼羅（圖118）。此一曼荼羅以瀑布高山為主體，如與宋代李成所繪之「雪山行旅圖」相較，可見有甚多近似之處，極可能係受北宋山水畫之影響。鎌倉時期正值中國之宋、元時代，由日本與宋朝之交通及文化交流情形觀之，宋代繪畫之影響，應無甚大疑義。

綜言之，日本鎌倉時期為日式繪畫之成熟期，山水畫開始逐漸發展，導致室町時期山水畫之極盛。肖像、祖師像、羅漢像、神道曼荼羅，以及有關歷史文化與日常生活的繪卷大批湧現，均顯示繪畫為此一時期之主流。寫實成為雕塑與繪畫的共同特徵，日本與中國風格的混合亦廣見於繪畫及建築中，並成為日本文化特徵之一。

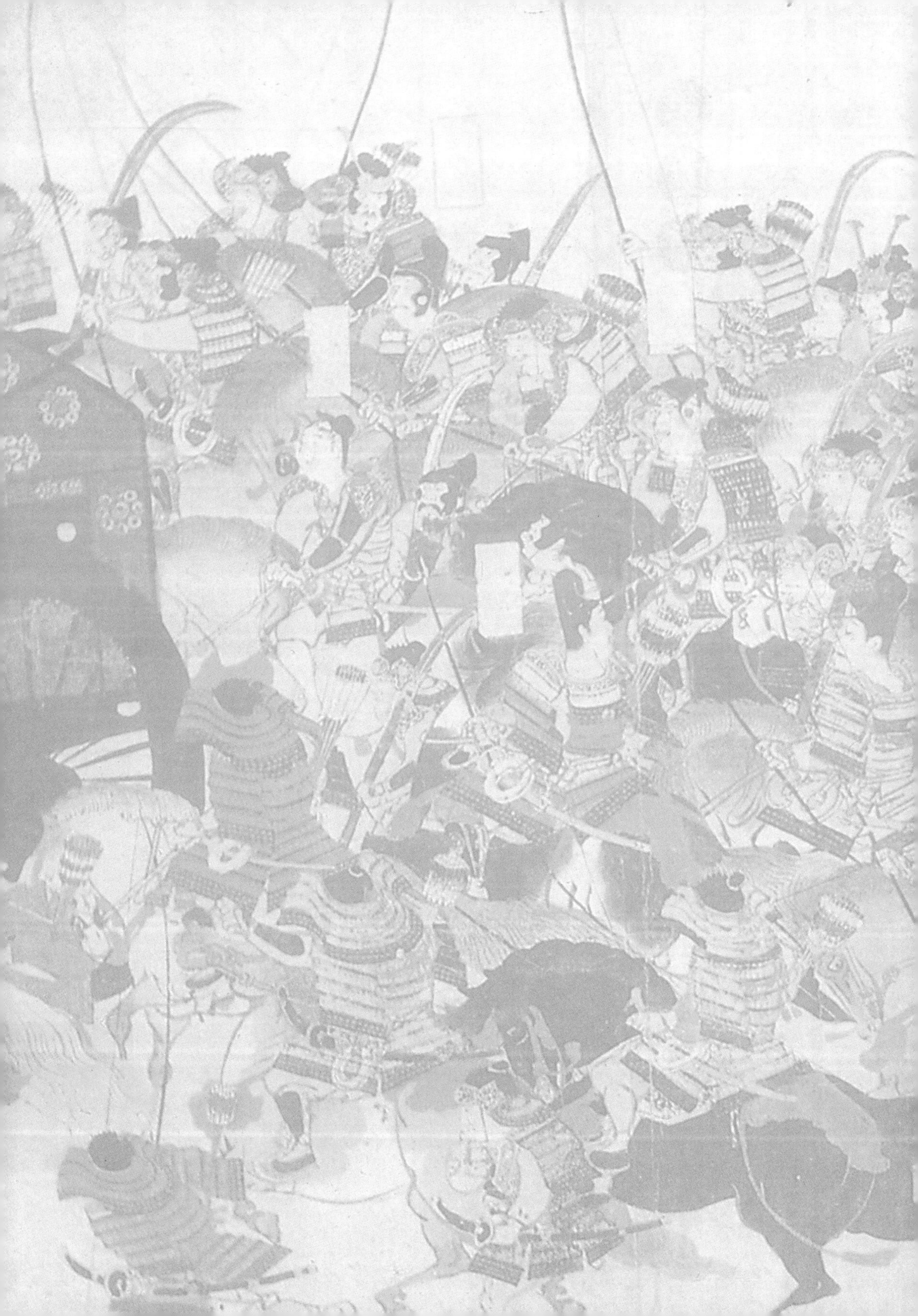

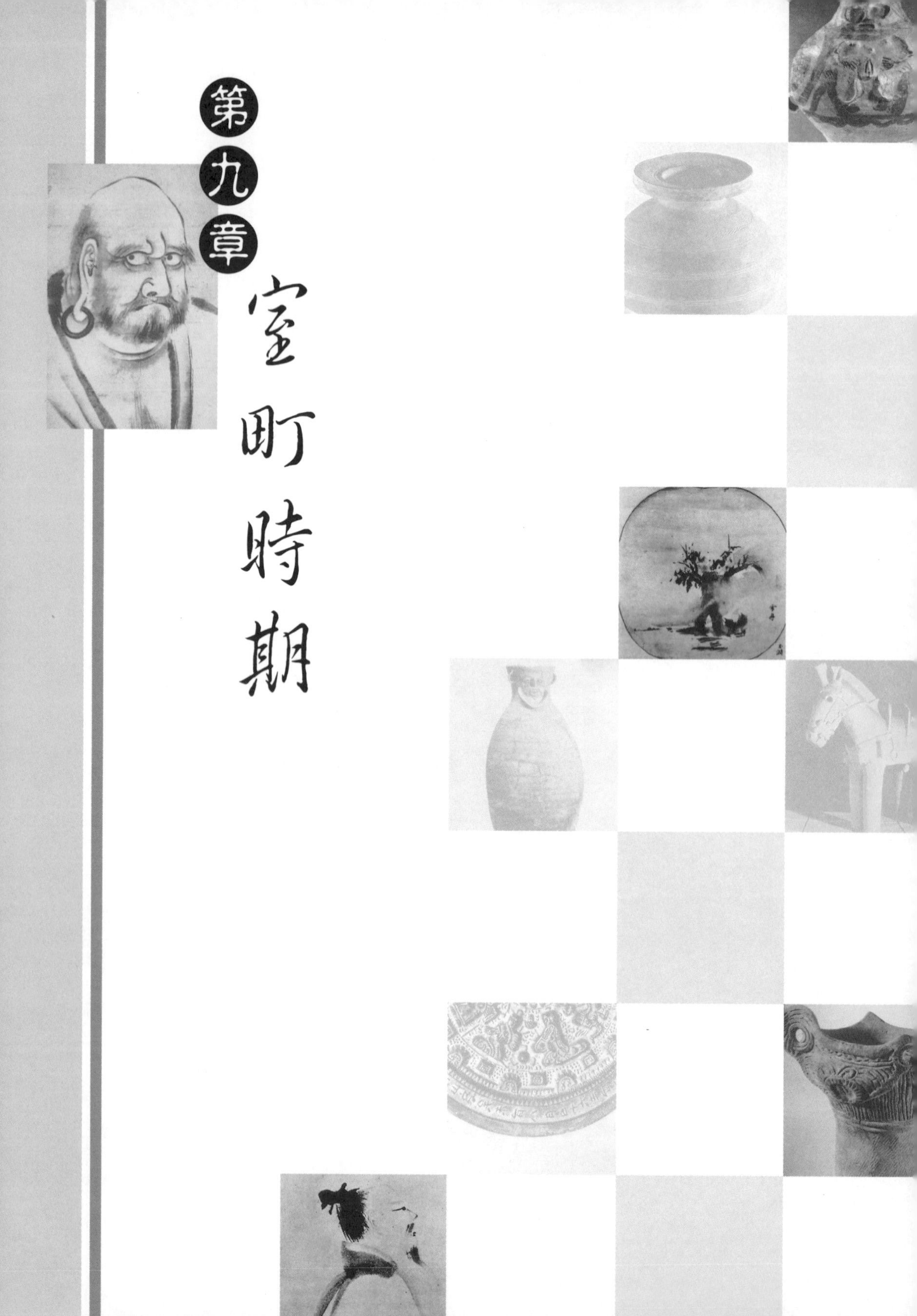

第九章 室町時期

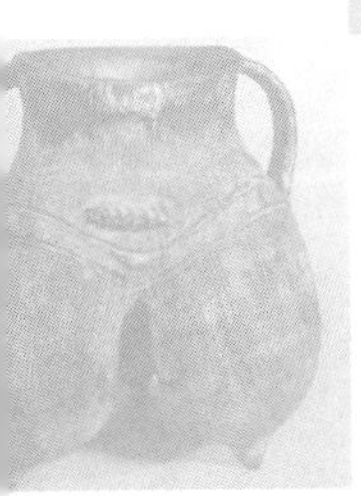

摘 要

室町時期共約二百四十年左右，為日本禪宗之最盛期，甚多著名之禪僧不但留學中國，且專擅中國之詩、書、畫。大量輸入日本的宋、元、明繪畫與其他藝術品，對日本社會及文化影響甚大，禪宗藝術與中國畫，包括禪畫、山水畫、花鳥畫等，在此期間大發異彩，默庵靈淵、周文、祥啟、藝阿彌、雪舟等揚、如拙等著名畫家，即為其例。此外禪宗祖師頂相與庭園，在禪寺中亦甚流行。幕府大將軍足利義滿及足利義政所建之金閣寺與銀閣寺，為室町時期建築之佼佼者。

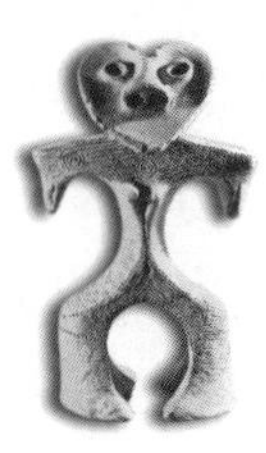

室町時期係自公元一三三三年至一五七三年。在一三三三年至一三九二年間，日本又稱為南北朝時代，因在此一時期出現了兩位對立的日皇：一在京都，一在奈良之南。同時諸家武士藩鎮相互爭權奪地，陷於混戰時期。後來北朝天皇後醍醐獲勝，武士中則足利尊氏勢蓋群雄，故天皇於一三三八年任命足利尊氏（Ashikaga）為征夷大將軍，開幕府於室町，故稱室町幕府，但至十五世紀中葉，群雄併起，稱為戰國，織田信長成為領袖，仍擁足利尊氏為幕府大將軍，直至一五七三年幕府結束為止。

中國之蒙古王朝於一三六八年正式宣告崩潰，繼起之明朝又與日本發生密切關係。在中國繪畫史上，宋、元、明名家輩出，極一時之盛，但在十三世紀初期，因元人入侵關係，日本即與中土斷絕來往，故宋代文化藝術未能源源大量輸入，共中斷約一百五十年之久，一直至十四世紀末期明朝建國後，又與中國文化藝術再次直接接觸，而十四世紀末期正為日本南北朝戰爭結束之時，日人遂有餘力及機會大量吸收宋、元、明之藝術。

禪宗與禪畫

如上章所述，禪宗因源賴氏之大力推動，在鎌倉時期即開始發展，但在約六十年的南北朝戰爭中，禪宗及方興未艾的山水畫，因戰爭而阻滯。一旦戰爭結束及與中國的再次接觸，禪宗藝術與山水畫頓放異彩；禪寺不但是當時的文化中心，禪僧亦是當代的傑出藝術家，而且名家輩出。更有甚者，即禪宗成為國家宗教，禪師受聘為大將軍之顧問，派往中國之使節亦有禪師在內。由於一百五十年與中國大陸斷絕往來，故接觸後，不但大量進口中國書籍，而且也輸入大批中國繪畫、瓷器、紡織品及其他物品，而日本亦出口生鐵等原料至中國。日人所引為自豪的茶道、插花、水墨畫及庭園設計等，均在此一時期由中國傳來❶。

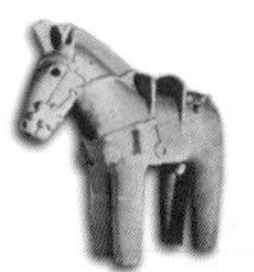

因為禪宗之興盛，以及禪僧之高水準文化素養，室町早期的繪畫名家及開路先鋒，皆是出家的僧人。談到室町著名之禪畫，首需瞭解何謂禪畫。「一般言之，山水畫多具詩意，而禪畫則多具般若味（Prajnā）；詩、山水畫之感情昇華，可至禪之境界，而禪宗亦可到達詩及山水畫之精神解脫境界，故兩者於感情上，實為相通者……禪畫之本質，實際上是禪。而禪與詩、畫之最高境界，卻是相通容的。其不同處惟在禪與詩之分量比例，以及是否經過思量。因禪畫之特徵為『不落第一義諦』，亦即隨手拈來，不加思索，一氣呵成之意。如一加思索，一有遲疑，則心中必有物，必有染，亦必有障。有此三物，則禪去矣。故禪畫並無一定之儀軌定法，全看其是否為『當前一念』而定。大概言之，其作品多為水墨之草畫，具有清心脫俗之氣息。」❷

由上可知，禪畫必須為「不落第一義諦」，並且要草草簡筆，不加思索、一氣呵成。

室町時期在日本有名之禪畫，有中國宋人之作，亦有日本禪僧所作。宋人禪畫家中，以梁楷、牧溪及瑩玉澗等最著名，皆名揚於日本後，方為中國及國際所重視，一如禪宗思想係經日本學者鈴木大拙，以英文書籍介紹後，方為西方人士所注意。

梁楷之李白像（圖119），可為禪畫典範之一，其特徵為空間甚多，予人一種舒暢之感覺，人物則水墨簡簡數筆，一氣連貫，不事裝飾，疾筆而成。作畫時之心境，亦必無「染」、無「障」及無物。

在日本及中國的著名禪畫家中，多數均為禪僧，惟梁楷係例外

❶茶葉與茶道係由禪僧於十三世紀介紹至日本。
❷邢福泉著《中國佛教藝術思想探原》（臺北，臺灣商務印書館，1997年再版），第134～137頁。

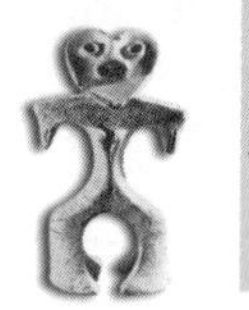

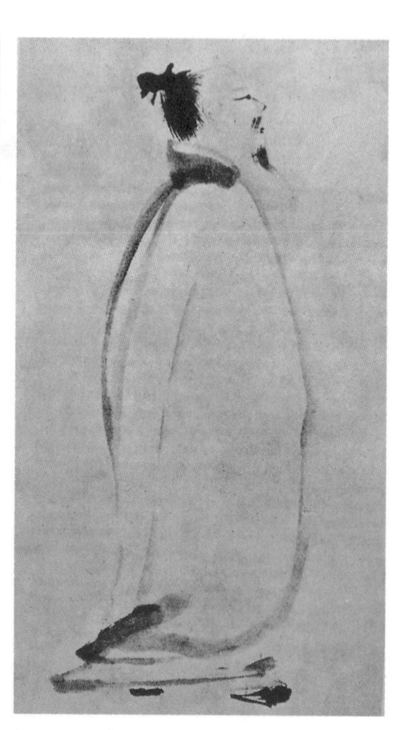

圖119
李白像
梁楷

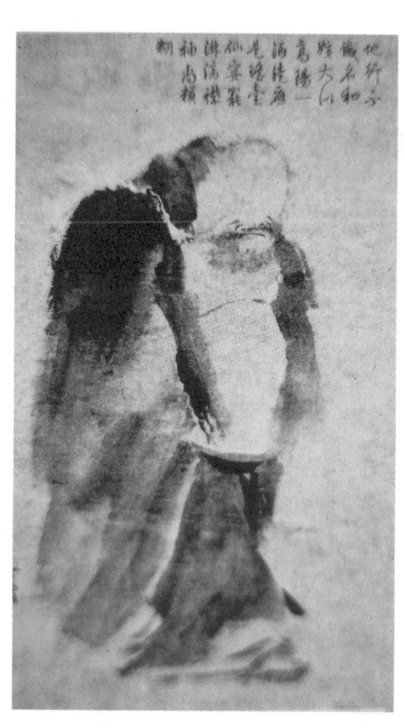

圖120
潑墨仙人
梁楷

之一，其綽號為梁瘋子，南宋寧宗時（公元1195～1229年），曾任畫院待詔，善畫山水人物，曾以賈師古為師，學白描。宋帝以其善畫，以金帶賜之，不受，掛於畫院內。由上可知，梁楷係一極度瀟灑，不羈世俗禮儀的藝術家。因其內心無染、無障，方能產生禪畫之作品也。

梁楷之另一名作「潑墨仙人」（圖120），現藏於臺北故宮博物院，雖非日本所藏，但仍予介紹，以見其潑墨之功力。此畫係作於紙上，寬不過近尺，高約尺半，但氣勢磅礴，墨筆灑脫有力，尤以右肩由上而下之一筆，筆力雄勁渾厚，實為此畫之靈魂及支柱。禪畫簡單、疾筆之特色，在潑墨畫中亦可見之。

談及禪畫之研究，部分學者曾說過：「一般人總是認為禪畫和禪宗哲學一樣不可言傳。」❸「禪畫

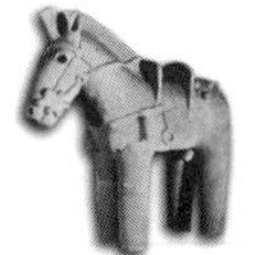

家……所傳達的真理不能在轉譯成一般交談的知性概念之後，仍會使聽者再還原其原有的力量。」❹又說：「禪畫只是一種神秘的魔術表演，不容觀者作進一步的研究或分析，甚至連風格分析也是不可能，更遑論理論的探索。在這個領域裡的學者，迄今也只能在文獻徵引上有些成就，至於作品形式結構的分析，以及其與禪宗教義的關係，都無法在現有的研究成果上找到令人滿意的答案。」❺

其實，要瞭解禪畫或禪畫之意義，佛學素養是基本的條件，也是最重要的。就如要懂禪宗教義及心法，必須先對佛教各宗有深刻的瞭解方可。如果佛學基本的知識不夠充實，欲瞭解禪宗就如一步登天，是絕對不可能的，更遑論去瞭解禪畫？

世界有名的東方學學者亞瑟威理（Arthur Waley）提及另一有名禪畫家牧溪時說：「牧溪的畫有時是糾纏不清和暴亂的；有時，譬如其著名的『六柿圖』卻是將其熱情凝煉在寧謐之中。」❻事實上，日本大德寺所藏牧溪的「六柿圖」（圖121），絕不能從圖像學，或以研究一般中國繪畫的觀點和方式去著手。

日本密宗的曼荼羅（Mandala）圖像，大盛於平安前期，至鎌倉時期已極衰微，神道教所繪，以山水風景為主要景色的曼荼羅，已脫密宗曼荼羅的規範，而密宗圖像向以規範儀軌為其遵循原則，故神道教

❸高木森作〈禪畫的格法——牧溪的畫裡乾坤〉，《故宮文物月刊》第四卷第八期（臺北國立故宮博物院，1986年），第111頁。

❹同前註，第111～112頁。此段係高木森引高居翰博士所言而翻譯者。

❺同❸，第112頁。

❻此係高木森翻譯威理之言，見❸，第112頁。威理係美國研究東方文學的有名學者，對於中國繪畫的見解，係以文學家的角度和訓練去解說，而非以藝術史學者的方式研究觀察。

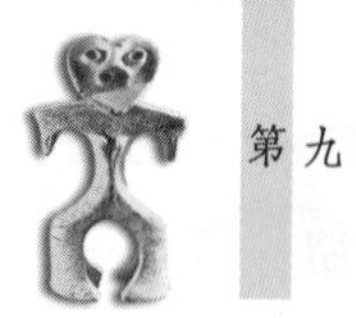
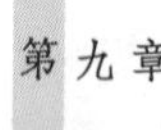

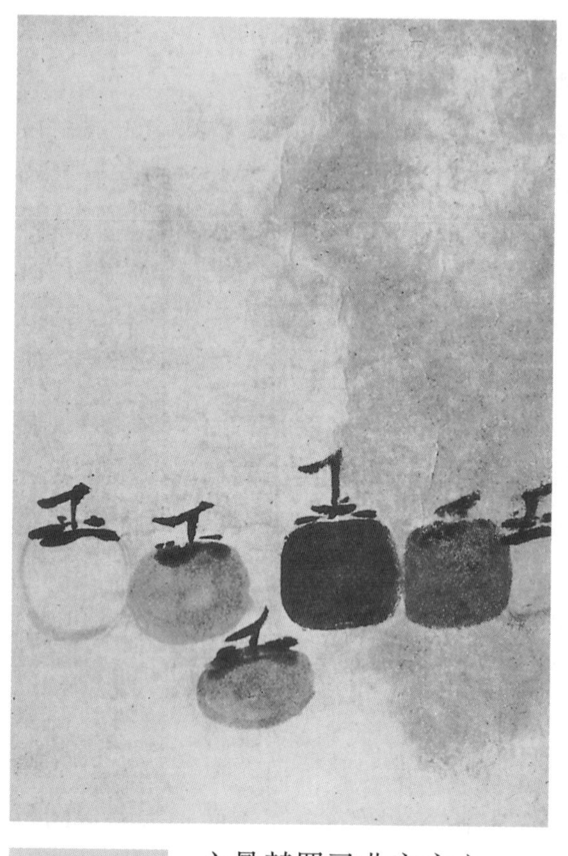

圖121
六柿圖
牧溪

之曼荼羅已非密宗之曼荼羅，不過借其名稱而已。而且，在室町時期以及前期的鎌倉時期，禪宗大盛，中國由唐入宋的禪宗，亦因水墨及山水畫的興起，而被文人與禪師摻入畫中，故研究禪畫，必須從禪宗思想與佛教藝術思想著手，因為禪畫通常隱示一種思想或禪機 ❼。不瞭解佛教與佛教思想，是不會瞭解禪畫的。

牧溪的「六柿圖」具禪畫的空間與簡筆❽，亦具一氣呵成、無障、無礙的要件。由技法觀之，第一個所畫者當為中央體積最大與顏色最深的柿子，其次右側者，再其次為左側者，然後最前方者，最後則為最右側及最左側者。由上述之順序，亦顯示各個柿子的先後與重要性。如前所言，禪畫係隨手拈來，不加思索，但卻具有禪機。如無禪機，何必謂禪畫？稱之為水墨畫或靜物畫即可矣。故牧溪之「六柿圖」實係代表佛教中之六度波羅蜜(Pāramitā)❾。此六度波羅蜜即布施(Dānapāramitā)、持戒(Śilapāramitā)、忍辱(Kṣāntipāramitā)、精進(Viryapāramitā)、靜慮(Dhyānapāramitā)及般若(Prajnaparamita)。在佛教中，波羅蜜即到彼岸之意，因梵文之Pāra即「岸」或「彼岸」，Mitā即「到」，連貫起來即到彼岸之意，而般若即修

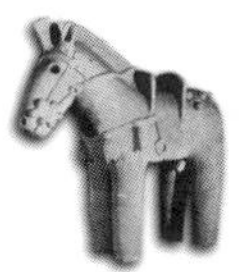

行之最高境界，亦可稱之為悟之境界。故上述之六度波羅蜜係逐一漸進者，有如六柿子中的先後程序，牧溪以深淺表示即係此意。

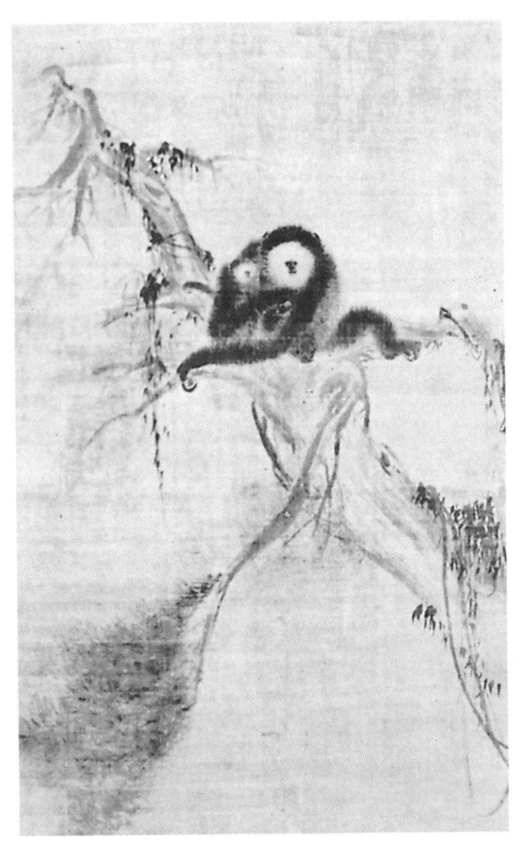

圖122
雙猴圖 牧溪

至於禪僧所畫之畫，是否皆是禪畫？其答案也是否定的，而應視其所畫者為準，同時畫禪畫者並不一定是禪僧，梁楷即是一例，如果禪師所畫的圖畫一定要從禪畫方面來解釋，是絕對不可行的，但是他們所畫的圖畫，卻是都有宗教上的意義，這點應是可以確定的。

譬如，牧溪所畫的「雙猴圖」（圖122），絕非禪畫，但卻有宗教上的意義，因為在《大日經・住心

❼曉雲法師說：「文人畫所寫的是文人之氣質，而禪畫所表達，充滿禪機。」見曉雲法師著《佛教藝術論集》（臺北原泉出版社，1992年），第244頁。
❽非減筆。
❾波羅蜜一詞，見於《智度論》卷十二、《大乘義章》卷十二及《法華經・次第品》等。《唯識論》卷九又有十波羅蜜之說，即六波羅蜜外，加方便波羅蜜、願波羅蜜、力波羅蜜及智波羅蜜四種。波羅蜜亦有譯為波羅蜜多者。

品》中，曾提及人有六十種不同的心性，其中之一即心性散亂不住一處之心也，稱之為猿猴心。雙猴擁抱一起則更多一心，即愛慾心，而愛慾心在《大日經・住心品》中，即第十九心的女心，亦即隨順欲情之意，絕不能作為美好的解釋，認為係代表人類的愛⑩。再如牧溪的「白鶴圖」（圖123），也絕不能以世俗觀念認為鶴為長壽或長生不老的象徵⑪。在中國儒佛思想中，對於生命的長久與否，並不在意亦不列為重點，重要的是對於人類社會的貢獻，以及體認生命的真正意義。富貴長壽是俗世社會所追求者，但禪僧絕不會對此重視，並以之為題材，就如禪僧甚至一般僧人，不會以象徵富貴的牡丹花為繪畫對象同一道理。對佛學或佛教藝術有研究的人皆知，涅槃在佛教藝術中，為一極為重要之題材，遠在公元一世紀時，印度犍陀羅（Gandhara）之雕刻中，即有甚多以釋迦牟尼涅槃像，作為雕刻之題材，唐朝敦煌雕塑中亦有見之。但白鶴與佛教及涅槃又有何關係？為求解答，非求佛經不可，據《涅槃經》卷一曰：「爾時，拘尸那城娑羅樹林，其林變白，猶如白鶴。」故牧溪所繪之白鶴，係象徵釋迦之涅槃，白鶴後方之竹林即與白鶴相互呼應也⑫。

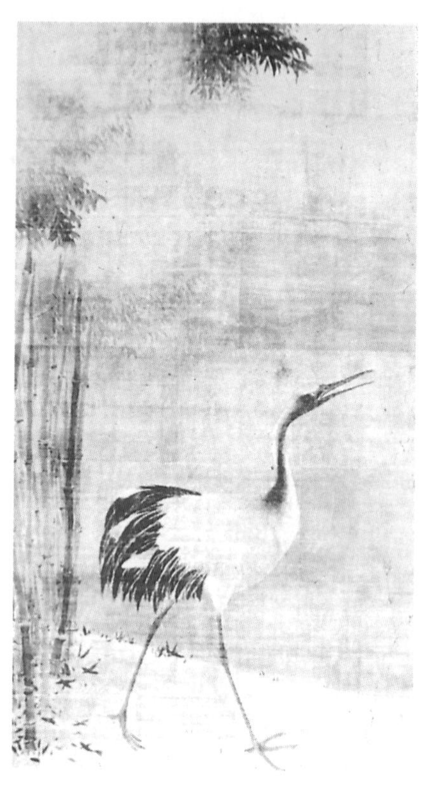

圖123
白鶴圖　牧溪

瑩玉澗為一禪僧，居杭州西湖，在南宋時已頗有聲譽，所畫之精品皆在日本收藏，以其著名之「山市晴巒圖」為例（**圖124**），係以潑墨渲染手法為之，題詩及空間

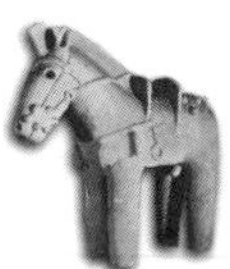

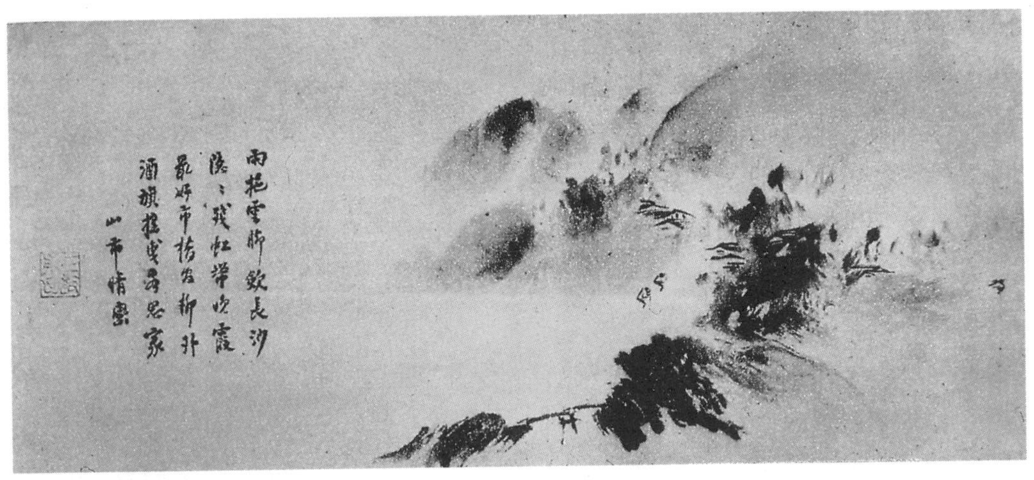

圖124*
山市晴巒圖
瑩玉澗

約占畫面一半以上，前後兩排山巒均以斜角線布局排列，自馬遠及夏珪之繪畫觀之，此種布局在南宋必甚為流行。畫面最前方之濃墨，係代表茂密之林木，草草數筆而已，如放大觀之，水墨紋路濃淡，均頗為清晰，可謂整幅畫之靈魂所在。可是，如無左下方細筆的木橋，頂上及右側的屋頂，以及中間的兩個行人，整幅風景畫面則極難辨認，故在結構辨認而言，上述之三部分，又為關鍵之所在。所題之詩如下：「雨拖雲腳斂長沙，隱隱殘虹帶晚霞。最好市場官柳外，酒旗搖曳客思家。」日本水墨畫大家雪舟所作之畫，部分頗受玉澗之影響。

⑩見❸，第118頁。

⑪高木森認為牧溪之鶴係象徵長生不老。見❸，第118頁。

⑫牧溪所畫之「雙猴」、「六柿」及「白鶴」，早已廣為世界研究東方文化藝術之學者，尤其是西方學者所深知，惟其真正意義及象徵者為何，迄無學者自佛教藝術觀點解釋之。

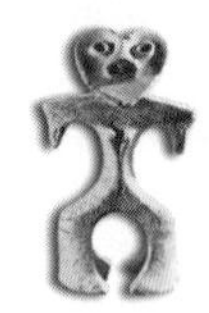

日本禪畫家中，有十四世紀中葉的禪僧默庵靈淵，後赴中國，並未再回日本，可見唐宋以降，日人學禪、學畫，仍以中國為師也。他所繪的禪畫，不但簡略疾筆，而且筆法生動活潑，畫帶禪機（圖125）。據其題記，所畫者為彌勒佛(Maitreya)，但日人均以布袋和尚稱之，主因是畫中人物的肩上挑有一巨大圓形布袋，此一巨大沉重之布袋即代表人心的染障，故挑之而行必沉重艱辛，如能放下，身心輕鬆愉快矣⓭。默庵又繪有「四睡圖」（圖126），係水墨夾乾筆所畫，描繪豐干禪師與寒山、拾得手倚虎背而修行之情景。此處之惡虎有兩種意義：一代表人心如虎，隨時可暴跳傷人；二表示如透禪心，雖暴虎在側，亦馴服無害。

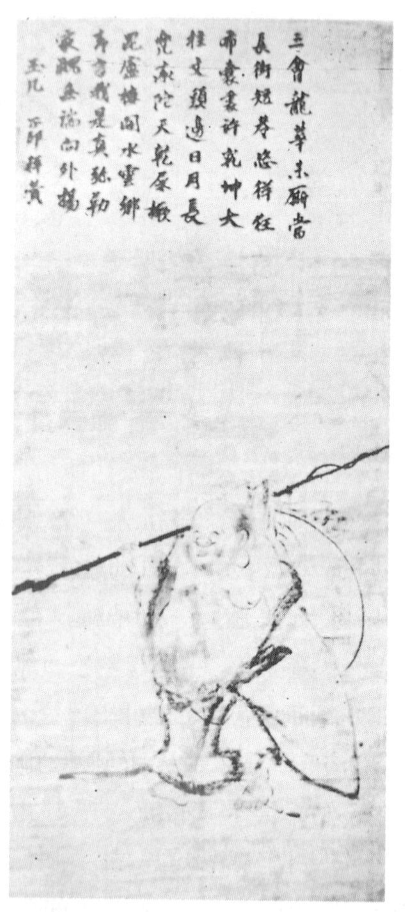

圖125
布袋和尚
默庵靈淵

室町之足利尊氏為與鄰近國家促進文化交流，曾派遣當時著名之禪僧如拙之弟子，同時亦是雕刻家與畫家之周文赴韓國攜佛教經典返國，其後，又仿宋制，設立畫院，周文即擔任畫院之院長，故對當時文化藝術界影響甚大。他的山水畫多仿宋、元大家，其中以宋畫之影響最大，以其所畫之山水畫為例（圖127），係以宋代夏珪為師，如畫中下方巨石之形狀，與夏珪畫中之巨石極為相似（圖128），亦同用斧劈皴，而斧劈皴則為宋代畫家如李唐等常用之皴法。又如正中松樹頂端樹枝之布局，與夏珪畫中右側之松樹甚為接近，尤其兩根

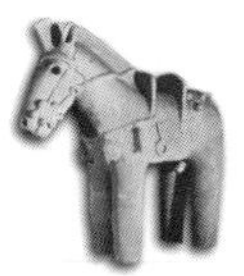

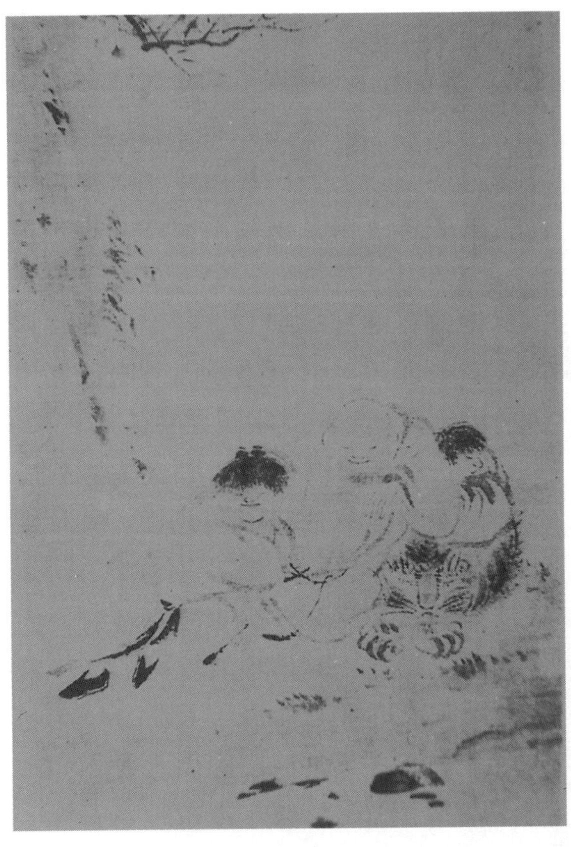

圖126
四睡圖
默庵靈淵

向左彎曲之松枝，可謂與夏珪所畫者係同一形態，山水集中於一邊則為南宋慣用之布局，如將周文之畫移至中國，一般中國人亦難辨認此係日人之作。

部分日本禪僧中，有同時作山水畫及禪畫者，且均傑出，其中之一即祥啟，祥啟曾從當時名家藝阿彌習畫，他所畫之達摩像（圖129）甚為簡潔傳神，達摩之雙目及性格均似躍躍如生。他所畫之山水畫

⑬ 據《佛學大辭典》引明朝如惺龍華懺法所附之布袋和尚傳曰：「五代梁時明州奉化布袋和尚，自稱契此，又號長汀子……蹙額皤腹，出語無定……常荷布袋……如見物則乞。一日有僧在前行，師拊其背，僧回首，師曰：乞我一文錢，曰：道得即與，師放下布袋，叉手而立。保福和尚問，如何是佛法大意，師放下布袋……梁貞元三年，端坐岳林寺盤石，說偈曰：彌勒真彌勒，分身千百億，時時示時人，時人自不識。遂入滅，後現於他州，亦負布袋而行。」見修訂中華大藏經會印行《佛學大辭典》上卷（臺北，1984年），第861頁。日人之布袋和尚或係以此為本。

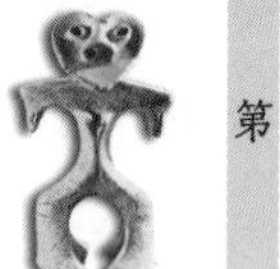

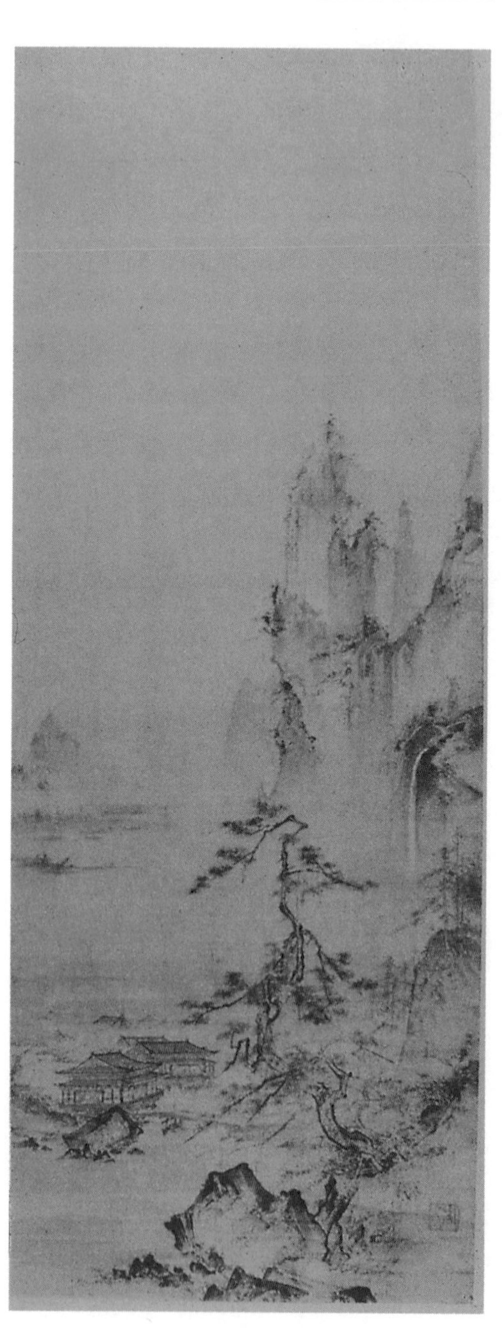

圖127
山水
周文

（圖130）仍受宋畫影響甚大，如聚集於右側的林木岩石、松樹及正前方的巨石等，背後山巒的腰部，則是模糊不清的雲霧，為宋畫之「雲山」特色。可是，日式繪畫專注花草細部之特徵，卻在巨石上顯現，部分畫家已將吸收之中國繪畫，加上其本國之特色矣。

在室町時期，阿彌氏家族對於山水畫之日式化或和式化，甚具貢獻。阿彌氏中，最著名者為能阿彌與其子藝阿彌，兩者均在幕府為大將軍鑑賞中國繪畫及庭園設計。藝阿彌之「觀瀑布圖」（圖131），基本上而言，甚似中國山水畫，如布局、雲山、松樹、瀑布、巨石等，但如詳細觀察，則此幅繪畫予人一種生硬及人工化的感覺，如由上而下之瀑布，幾乎粗細一律，小湖中的水紋亦是人工化，右側之房屋則過度裝飾化，但如觀察右側之巨石，其形狀近似前述夏珪山水畫中之巨石。故此幅「觀瀑布圖」，實為日本畫家試圖極力走向本土化的例證。

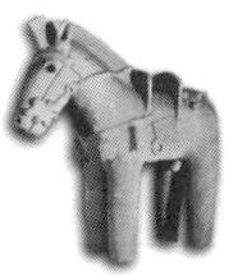

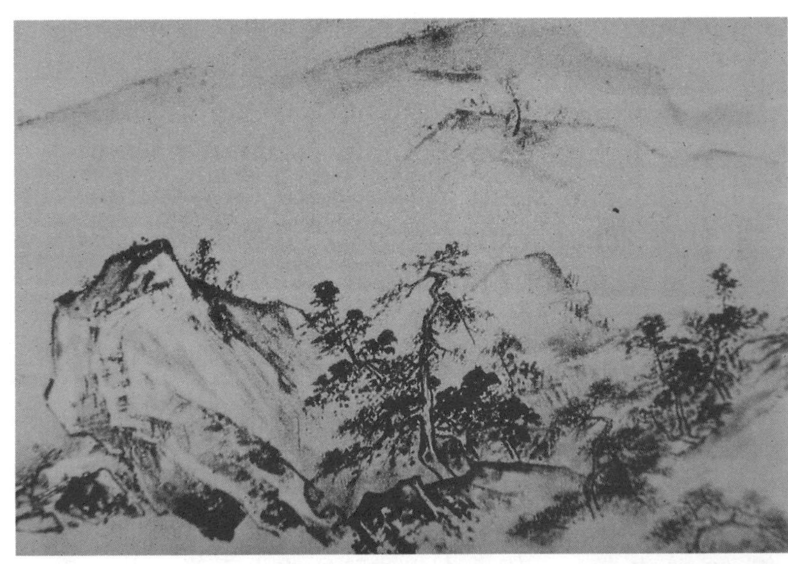

圖128
山水（局部）
夏珪

圖130*
山水 祥啓

圖129
達摩
祥啓

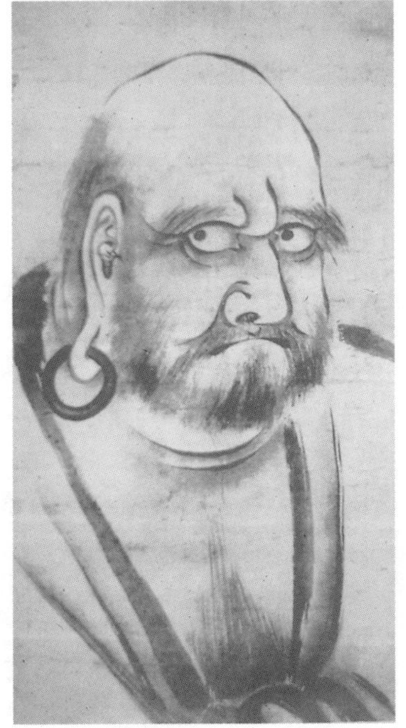

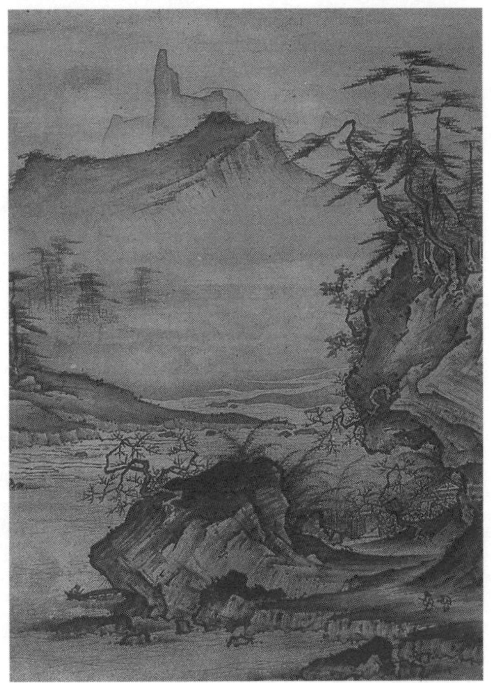

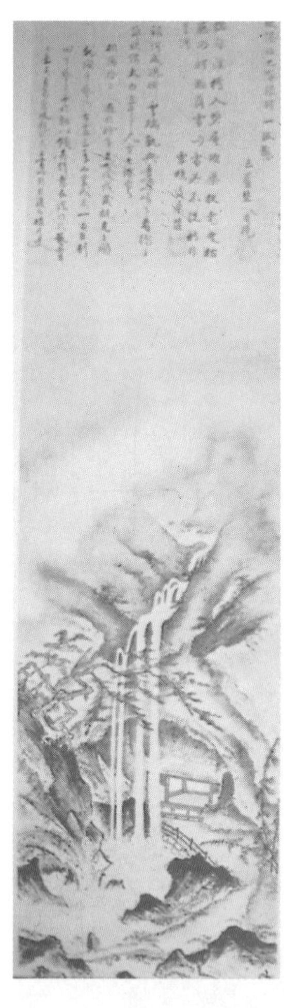

圖131 觀瀑布圖
藝阿彌

雪舟等揚

談到室町時期的繪畫大師，日本及外國學者均首推禪僧雪舟等揚。雪舟早期如其他畫家，以宋代畫家為師。他是周文的學生，曾赴中國學畫，並且應邀為北京皇宮作設計裝飾工作，生前即享譽國內，學生門徒甚眾。他早期以宋代畫家為師之例，可見於仿李唐、夏珪（圖132）、瑩玉澗（圖133）等之扇畫。以仿瑩玉澗為例，他的水墨濃淡及渲染技巧，可謂與玉澗之畫極為近似（圖134），但玉澗多畫橫幅並多用斜角線布局，而雪舟則多畫直幅且多用垂直縱線布局 ⓮ 。畫面上端近半之空間，皆為雪舟所寫之題記，此種在圖畫上端書寫長篇文字之方式，在室町禪僧畫家中，甚為流行，當係受元、明繪畫題跋之影響，惟畫作者在畫上書寫如此長篇之文字，在元、明繪畫中卻難得一見。

雪舟之著名繪畫係於一四八六年六十六歲時所繪之手卷，此一手卷名為「四季圖山水」，長約六

圖132
仿夏珪山水　雪舟

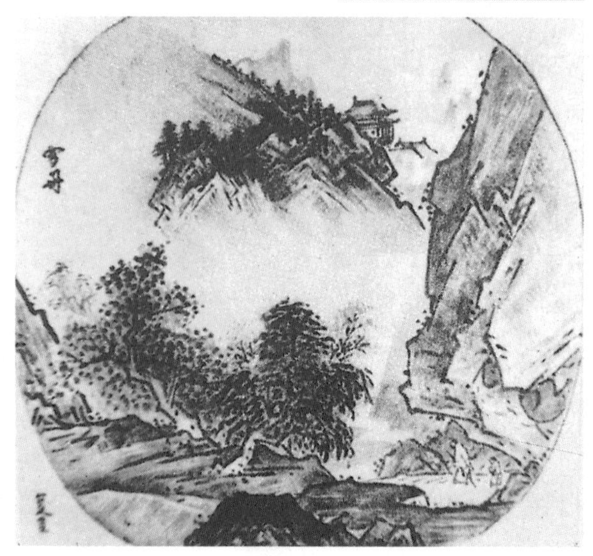

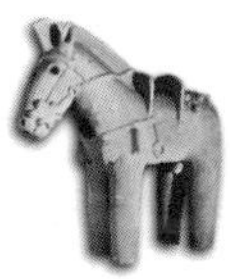

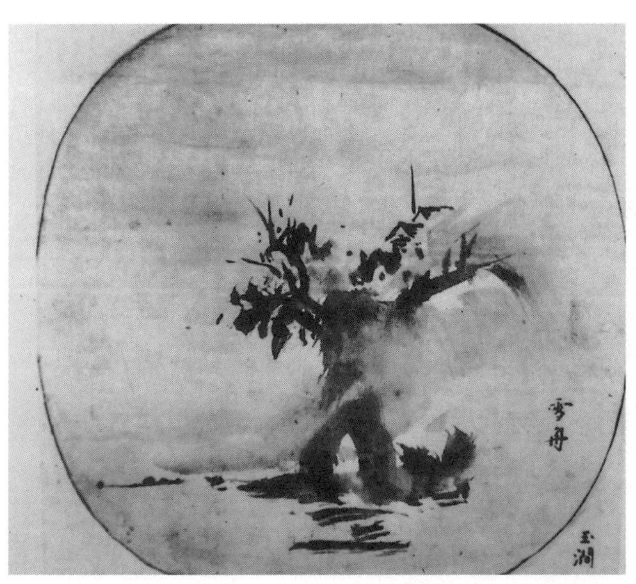

圖133
仿瑩玉澗山水
雪舟

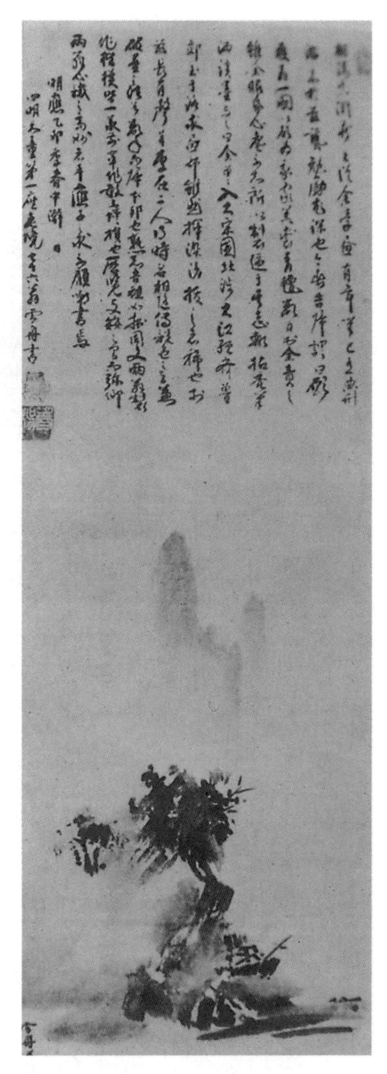

圖134
水墨山水
雪舟

十尺，共分十三部分，自春季開始，結束於冬季。由雪舟之手卷中，可看出此係雪舟綜合宋代繪畫及其本身個人風格成熟之作，如春景中（圖135），其用筆已粗而有力，線條亦較寬粗，與宋畫用筆較為柔細不同，尤其近

⓮ 玉澗之其他作品如「遠浦歸帆」及「洞庭秋月」等，皆為橫幅，並採斜角線布局。

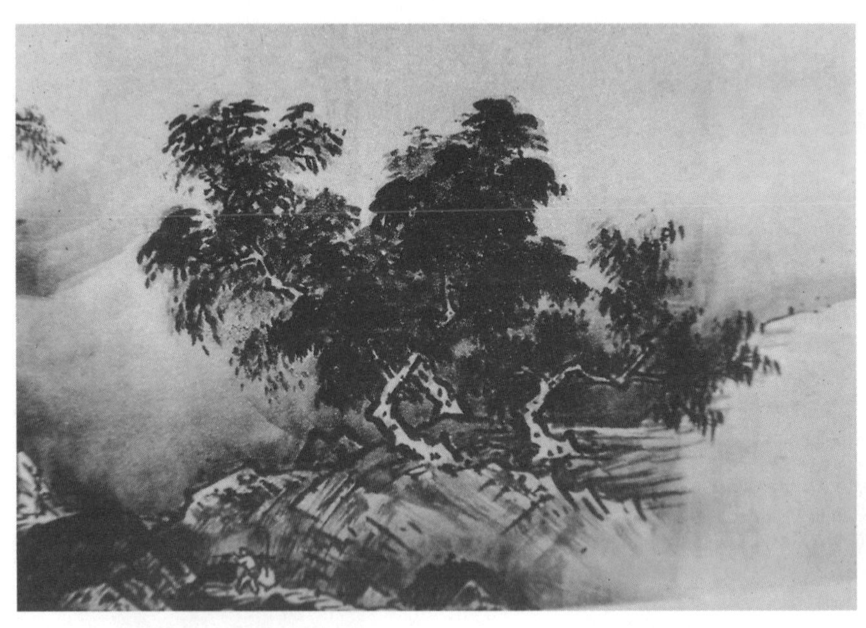

圖135
四季山水圖
（局部）
雪舟

右側樹根部位之線條，及巨石上所用之大斧劈皴，更為明顯，但是，右側木林中靠左兩棵樹之形狀，卻與夏珪所繪樹木近似（圖136），可見受中國繪畫影響之深。再以其繪卷第十一部分（圖137）與夏珪之扇畫相較（圖138），其右側之林木臺石布局，亦甚近似。

雪舟亦繪人物、花鳥畫，由其後期所繪之風格觀之，其個人特具之風格更為突顯，且將日式繪畫風格摻和其中。以「慧可求法圖」為例（圖139），不但岩石線條粗黑，且有生硬裝飾化之感，所繪之達摩衣服線條，更是粗細一致，極為生硬，但是達摩之眉鬚，卻是細心描繪，根毛一一可見，此為日式繪畫之傳統手法，但是雪舟與鎌倉時期之日式繪畫家不同，即鎌倉時期日式繪畫之線條多為細柔，有粗細變化，不似雪舟之用筆係以粗黑為主。雪舟之被公認為大師，具有創意亦為原因之一。

花鳥、屏風畫，亦為雪舟專長之一，雪舟畫於紙上之「屏風花鳥畫」（圖140），極具日式繪畫之特

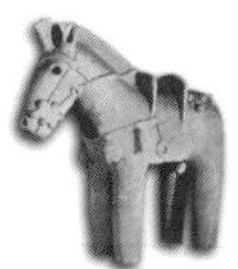

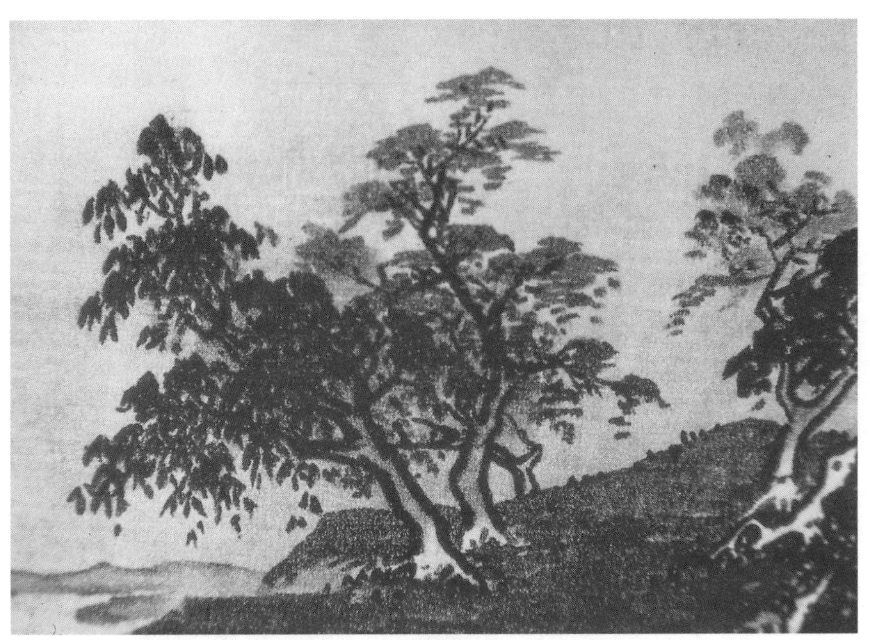

圖136
山水（局部）
夏珪

圖137*
山水　雪舟

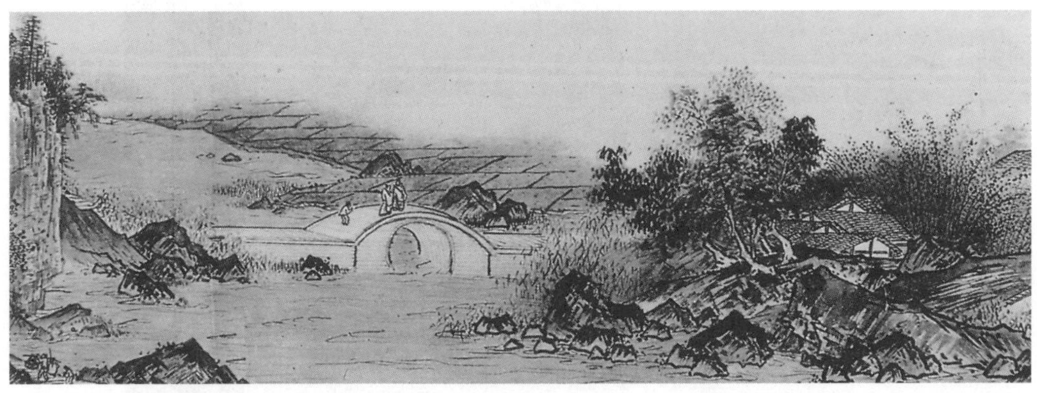

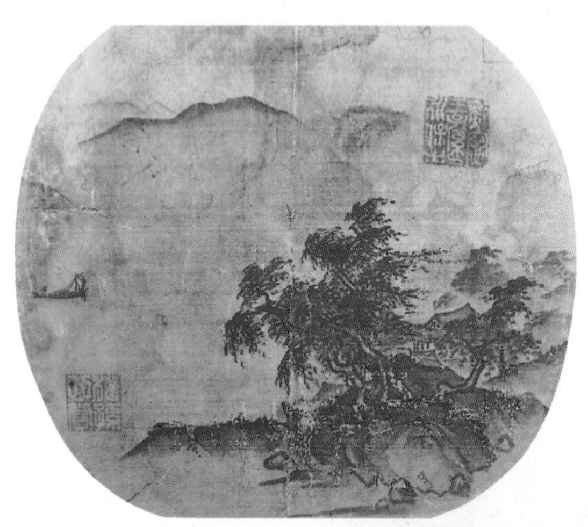

圖138
山水扇面
夏珪

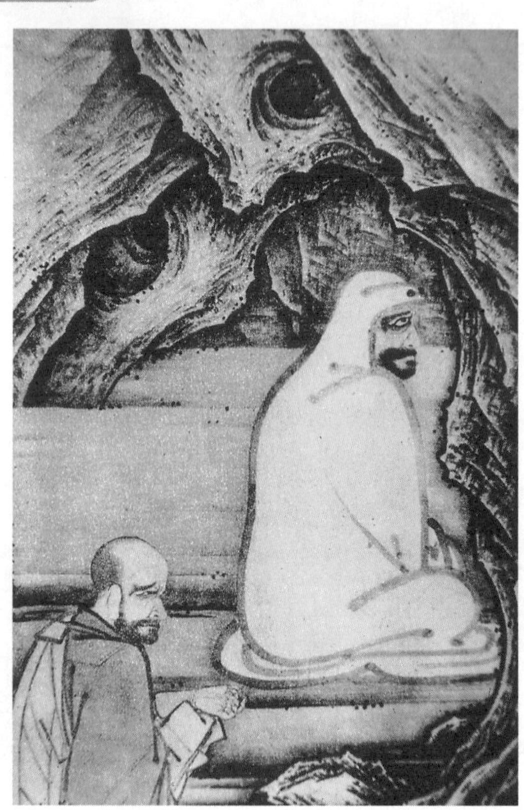

圖139
慧可求法圖
雪舟

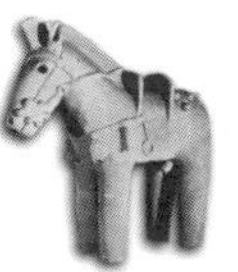

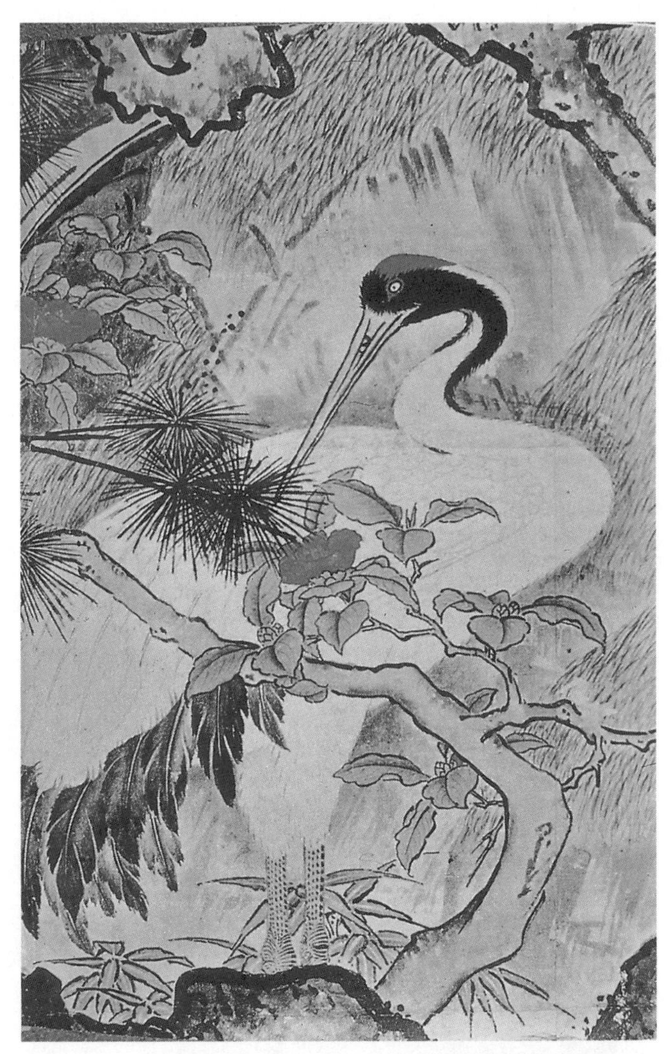

圖140*
屏風花鳥畫（局部）
雪舟

色，如極為鮮艷之顏色，近似平面之景深，不自然的人工化裝飾，部分細部精密的描繪等，但是其獨特的粗黑線條，亦可見於松幹及岩石上。

在禪僧之繪畫中，最多見之題材為頂相、公案及山水。日人所稱之頂相即祖師像，公案即帶有禪機之繪畫（如如拙之「葫蘆捉魚圖」)，山水畫則為移情修養之作，以上均有述及。中國士人愛好之蘭花，禪僧玉畹梵芳為其佼佼者，其畫法則師法元、明。

由於自鎌倉時期開始，武士地位日形重要，武士在社會中成為中產階級，且武士不計出身，憑本領可成一方之雄，或貴為藩主，故與民間較為接近，與平安後期前多由貴族統領不同。因為此種原因，畫家之部分題材，亦有轉而描述社會一般生活情形者（圖141)。在此幅圖中，主題是讚揚農民之貢獻，勿浪費糧食，圖中人物分別為貴族、武士、僧侶及農人。此外，尚有甚多描述農人種田或市集之社會生活繪畫，對江戶時期發展之「浮世繪」

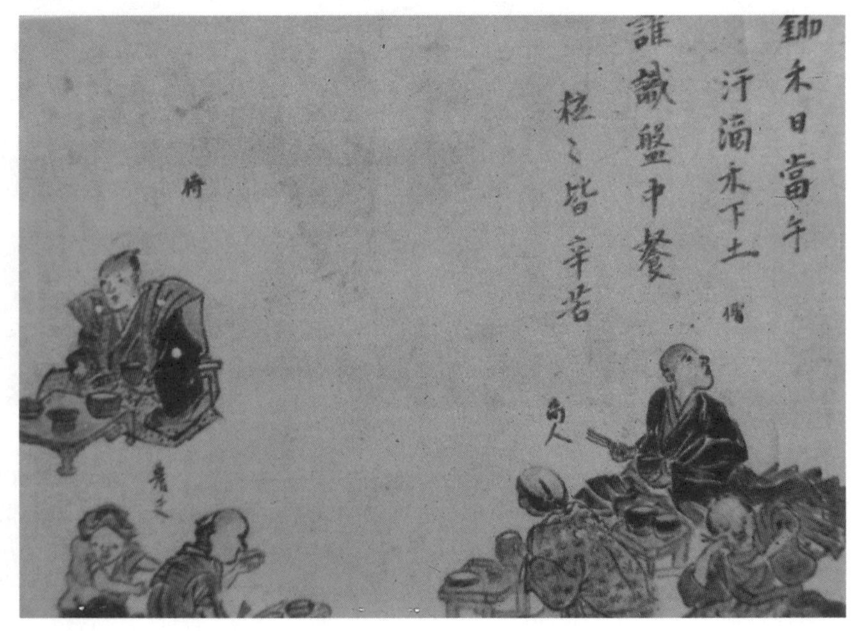

圖141*
社會生活繪卷
作者不詳

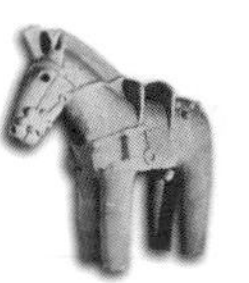

影響甚大，故社會文化發生變化，亦相對地影響藝術家之題材，中外各國皆然。

金閣寺

在建築方面，因為十五世紀中葉的戰國時代，使京都之建築泰半被毀，規模較大建築多已無存，留存下來較著名者為金閣寺及銀閣寺。金閣寺（圖142）為足利義滿大將軍退休後之別墅，死後捐贈為佛寺，足利尊氏家族第三位大將軍曾予修建，但後來或毀於火，或部分建築被移至他處，僅金閣留存。一九五〇年，金閣又被一神智失常之僧人放火焚毀，後又重建，現為禪宗佛寺。金閣寺屋頂有一銅製鳳凰，此種以鳳凰置於屋頂之方式，在日本早見於平安後期之鳳堂，但最早卻流行於中國漢代。現存之屋頂係以樹枝蘆草覆蓋，為日式建築常用之材料，但是原來卻係覆以金葉。此一建築共分三層，面積不大，但景色卻極優美，此種佈置自與禪宗不重巨大，而重園林心靈之

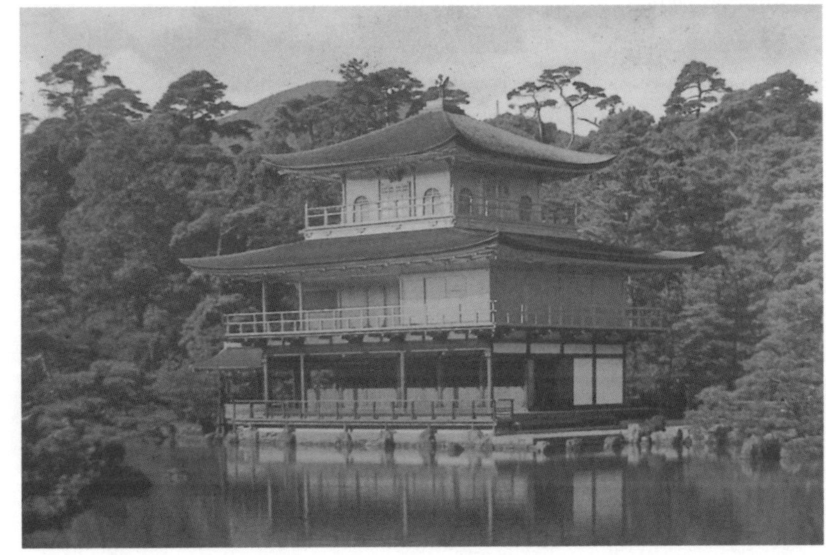

圖142*
金閣寺
京都

陶冶有關。前已述及，在室町時期，日本吸取中國及禪宗文化，但是後來逐漸將其本土文化及特色滲入其中，建築方面自亦不例外，此一建築之一樓係日本式，由其日式紙拉門即可見之，為大將軍之居所；二樓亦為日本式，為吟詩聚會之所；三樓則為中國式，為大將軍禮佛修行之所。三樓中國式建築之特徵，可見於具有宋代建築風格的拱形門窗，及纖細之木條與木柱。整體而言，其寬闊而開放的走廊，以及居於林中與湖上的整幢建築，皆與大自然環境融會為一，實為禪修靜養之佳地。

庭　園

室町時期亦為日本庭園設計發展之時代。庭園設計之所以在此一時期受到重視，係基於下列原因：

（一）禪宗對園林及環境之重視。

（二）山水風景畫之普受歡迎，進而誘發社會對優美庭園之喜愛。

（三）日本小型住宅式建築的發展，促使日人注意環境之美化。

日本之庭園設計，係受中國山水畫及中國宋代庭園設計之影響，部分日本山水畫家亦是庭園設計家，譬如阿彌家族中的善阿彌，當時就以庭園設計聞名。禪僧畫家中，既能善繪意境高逸的山水畫，自亦能依其心意設計優美脫俗的庭園，此亦為甚多傑出的庭園設計，出現於禪宗寺院之原因。詳情請閱本書第十四章庭園部分。

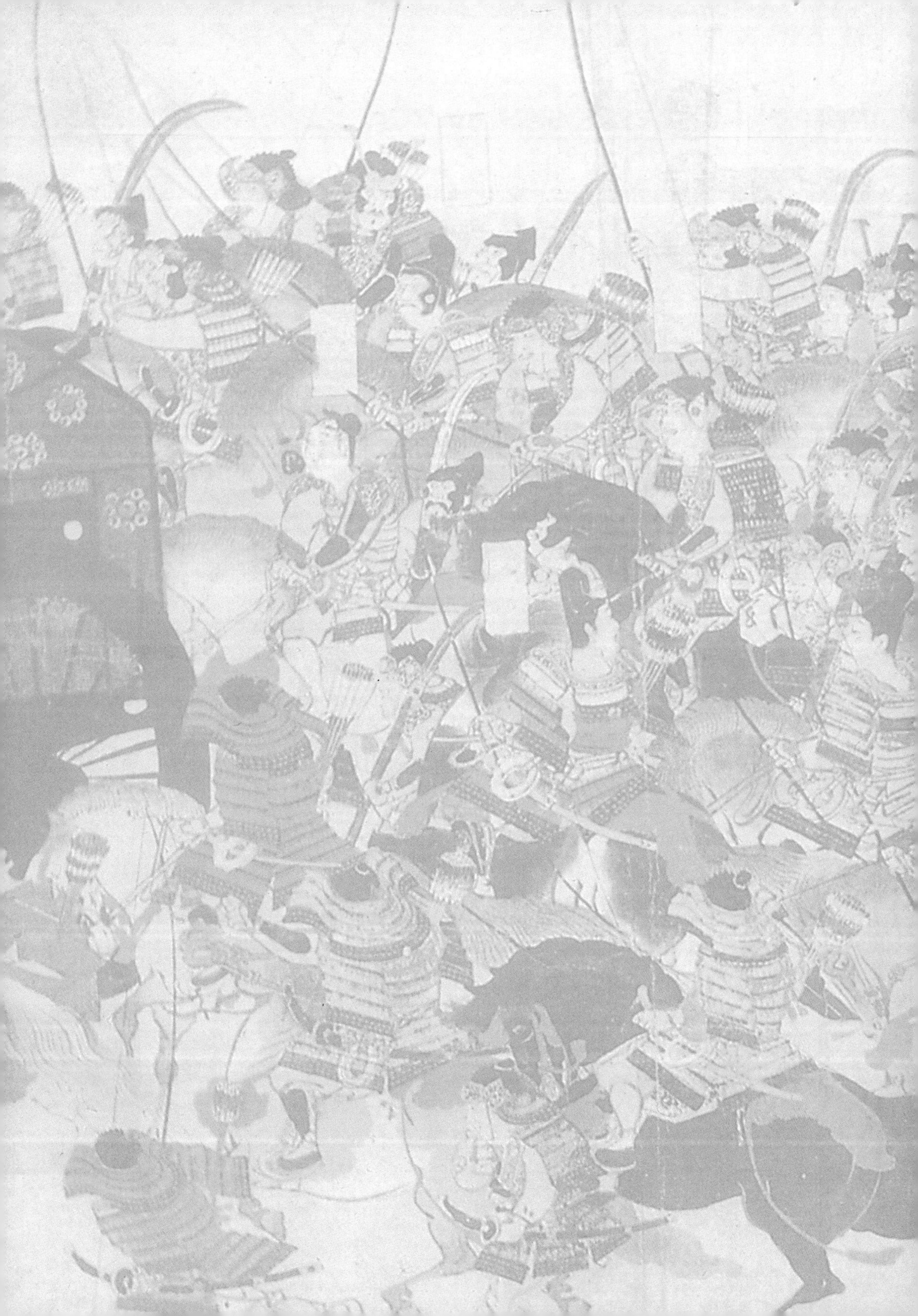

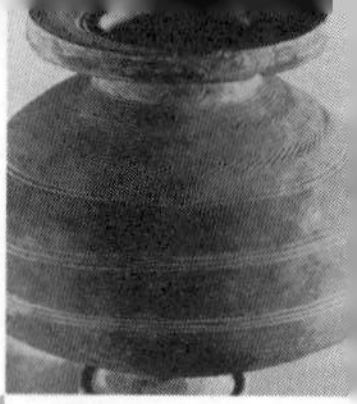

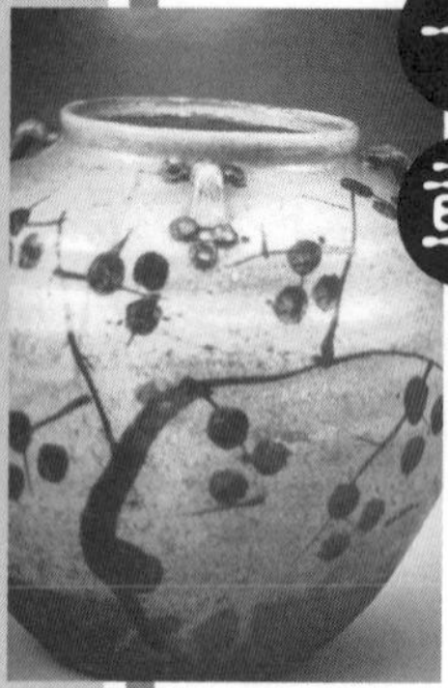

第十章 桃山時期

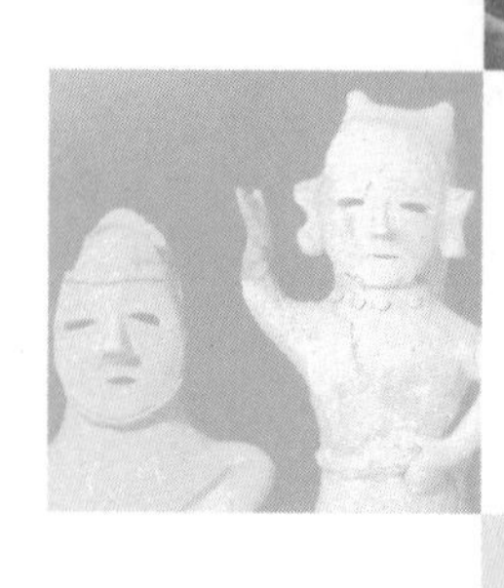

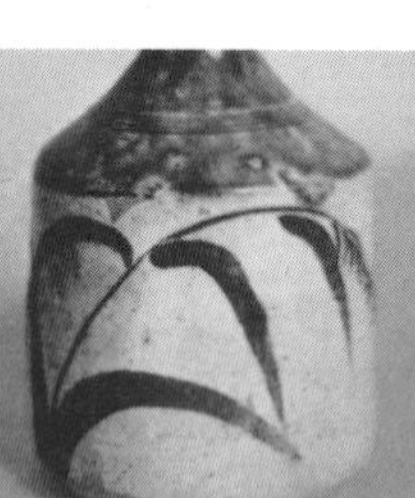

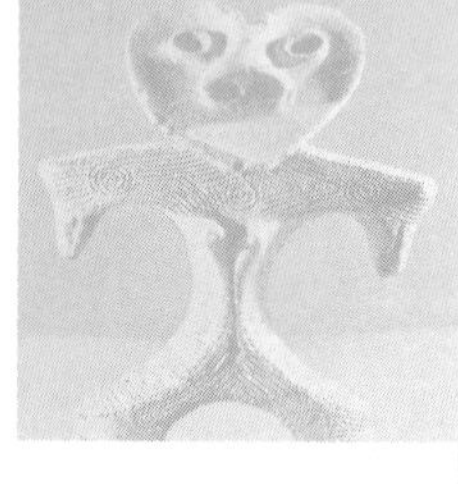

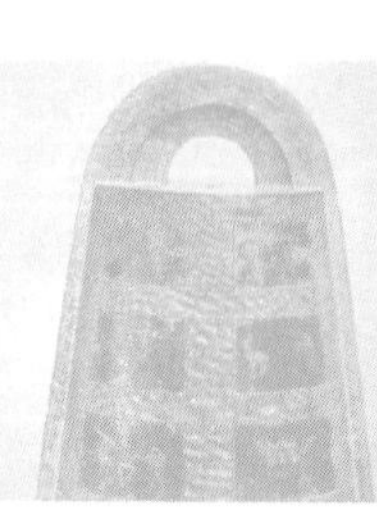

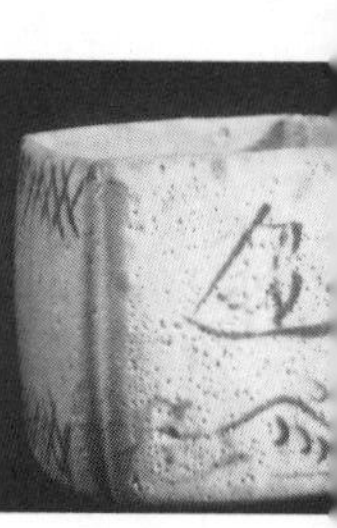

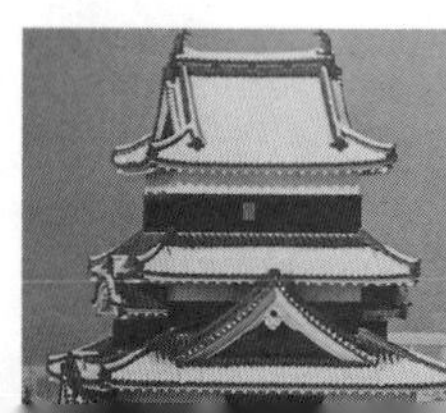

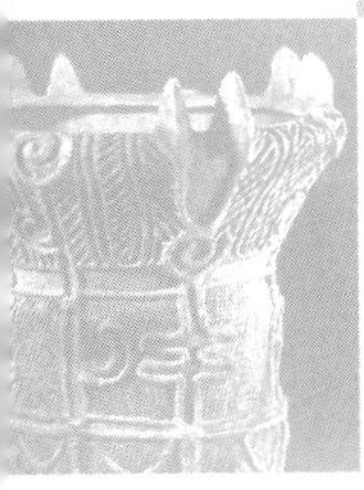

摘　要

桃山時期是一個變動、混亂和多彩多姿的時代，不但西方文化與文明開始入侵，同時國內戰爭頻繁，最後方由德川家康統一全國，開府江戶。西方宗教畫及與西人有關之「南蠻繪」，隨著社會的變化而出現，但主流仍是土佐派的大和繪、狩野派及長谷川派。後兩派之畫家亦精中國繪畫。此外，因茶道逐漸流行，品茶者所用的陶製茶具，亦製造得甚為高雅脫俗，品質亦佳，為日後聞名國際的日本陶藝，奠定深厚基礎。

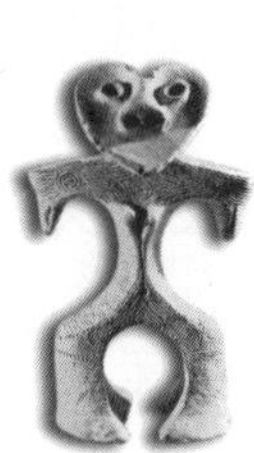

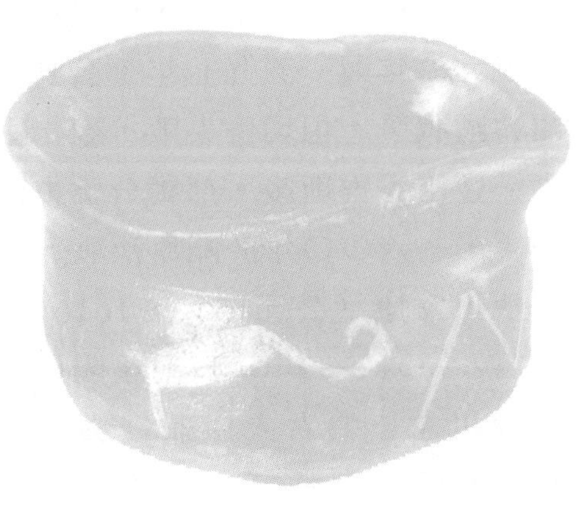

桃山時期是從一五七三年至一六一五年，雖然僅有短短四十二年，但是在日本歷史上，卻是一個變動、混亂和多彩多姿的時代，對於日本以後的現代化，影響甚大。現分下列兩方面敘述之：

一、政治社會：在十六世紀後期，織田信長（公元1534～1582年）已為日本軍事強人，最後足利尊幕府終於結束，於是織田信長即著手統一全國，但在戰爭中因部下叛變，被迫自殺身亡，時為一五八二年。故織田信長自幕府結束後，在日本僅稱雄九年，享年四十八歲。織田信長逝後，著名之豐臣秀吉（公元1536～1598年）繼起，並統一全國。他於統一日本後，即先後於一五九二年與一五九七年，發動侵略韓國戰爭，但均告失敗，翌年去逝。豐臣秀吉逝後，部屬分為東西兩軍，一六〇〇年於關原決戰，東軍德川家康（公元1542～1616年）獲勝。一六〇三年，日皇後陽成任命德川家康為右大臣兼征夷大將軍，直至一六一五年剷平佔據大阪的豐臣秀吉之子後，方正式結束日本之桃山時期❶。

桃山時期最大的社會變化，是在西方文化的入侵，葡萄牙商人及傳教士，在十六世紀中葉即至日本活動，對於日本社會文化造成甚大的影響，其中最重要者即槍械的輸入和使用。

二、宗教：如前所述，葡萄牙人於室町末期已來日本從事宗教貿易活動。據統計，自一五四〇年代至一六四〇年代，日人信仰天主教者已有百分之二。在一五八二年左右，即有十五萬人為天主教徒，多數在九州，但在一六一二年至一六四〇年間，卻迫害天主教徒，當時人數最多者為耶穌會之信徒。

在佛教方面，由於佛寺僧侶反對織田信長之崛起，故織田信長掌權後，即大肆殘害佛教僧侶及佛寺，唯一的例外是禪宗寺院，因為禪宗為當時武士們所信奉的宗派。

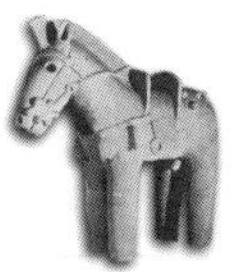

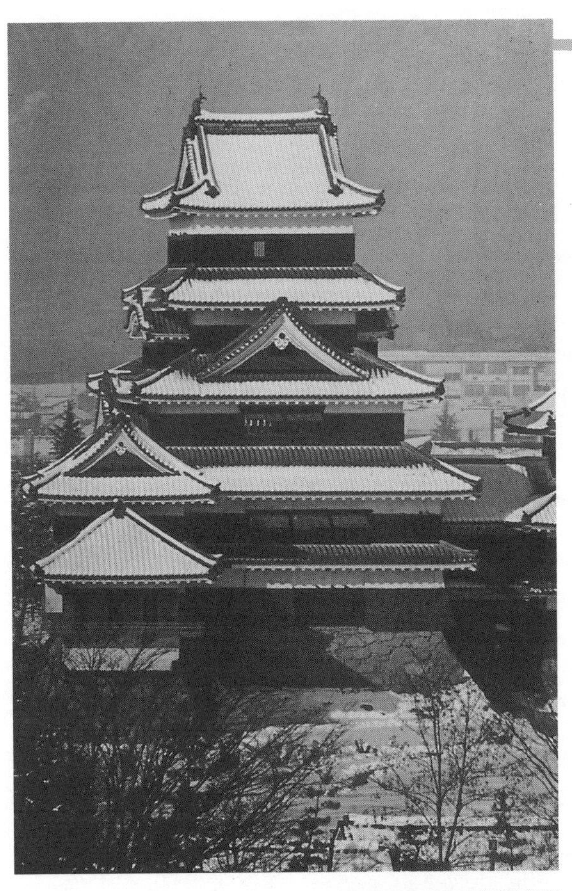

圖143*
松本城堡 松本市

城堡與西方影響

桃山時期的戰爭和西方知識的輸入，使城堡和槍砲在日本出現，較著名之城堡有位於松本市的松本城堡（圖143）。此一城堡係建於一五九四年至一五九七年間，為東西式綜合的建築；瓦面為中國式且有鴟吻，城堡之下層則為巨石砌成的城基，城基以上均為木材建築。由於日人從未以巨石應用於建築上，故應用石塊建築之方法，當為西方所傳入。當時之城堡，除了防禦瞭望外，尚有多種功能，即在平時為藩主之居所，市集及小城均以城堡為中心，形成一個經濟政治體

❶袁昌堯、張國仁著《日本簡史》(香港開明書局，1993年)，第18、19頁。

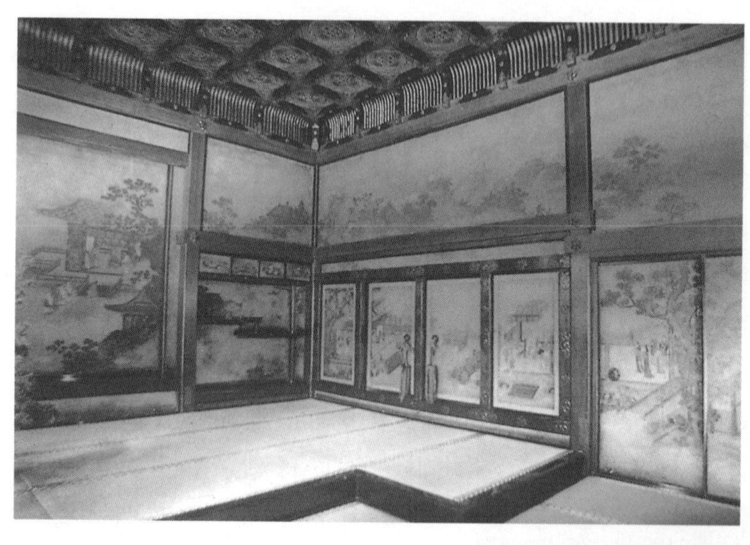

圖144*
二條城堡內景
京都

系，戰時則為發號司令之總部，部分大型城堡如大阪者，甚至有五、六十尺之護城河，圍繞城堡四周。

因為城堡係作防禦之用，故窗戶不多，亦甚窄小，以致內部光線欠佳，為了使內部較為明亮起見，使用亮度高的金色甚為普遍，此種金色不但應用於天花板上（圖144），亦用於室內巨型的繪畫，桃山時期巨型繪畫，尤其是帶有鮮艷彩色的巨型繪畫受到歡迎，即係因此種實際需要而來。

在桃山時期，因為歐洲人日益增多，其中多為傳教士或商人，故以歐洲人為描繪題材的各式繪畫亦開始出現（圖145）。此幅繪畫係日式風格；極度裝飾化及缺乏景深、使用大量金色、松樹及房屋均甚人工化，將點點紅色置於金色中尤其刺目。日式繪畫在此時期已具重要地位，因為各城堡中，已有甚多日式繪畫陳設於重要廳堂。

由於西風東漸及傳教士之影響，以西方油畫方式描繪有關宗教性的繪畫，亦在日本出現（圖146）。此幅油畫係描繪葡萄牙傳教士與兩位日本孩童之情形，可能為真人真事，亦有可能係作宣傳之用，故自桃山時期開始，油畫已在日本逐漸流行。在此期間，中國風格的山水畫、花鳥畫及潑墨畫，仍在部分畫家中流行，尤其在禪寺之中，但已不若室町時期之興盛。

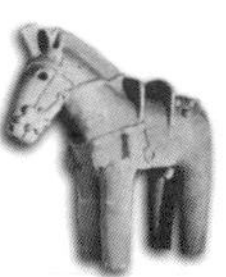

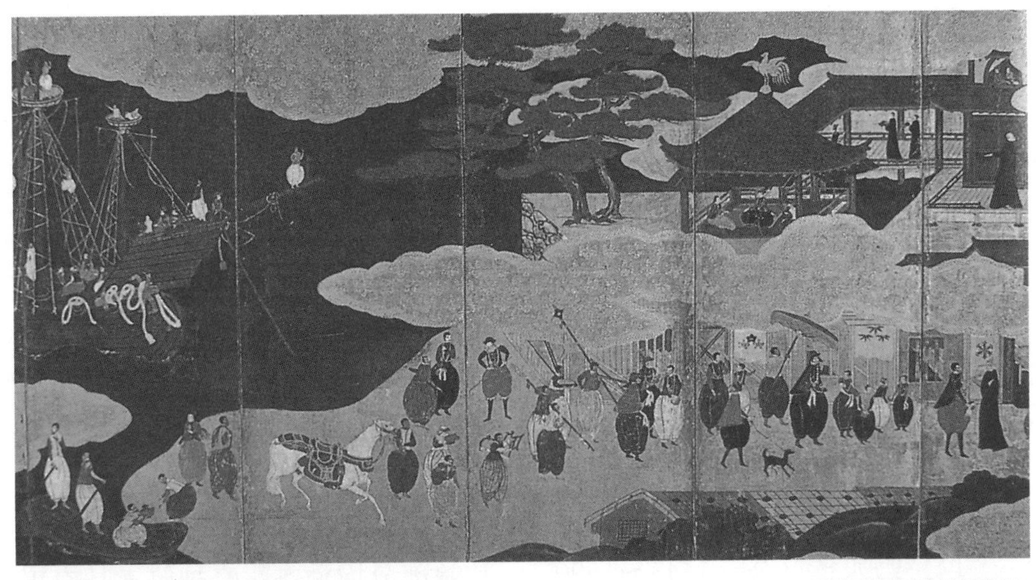

圖145* 南蠻畫
桃山時期

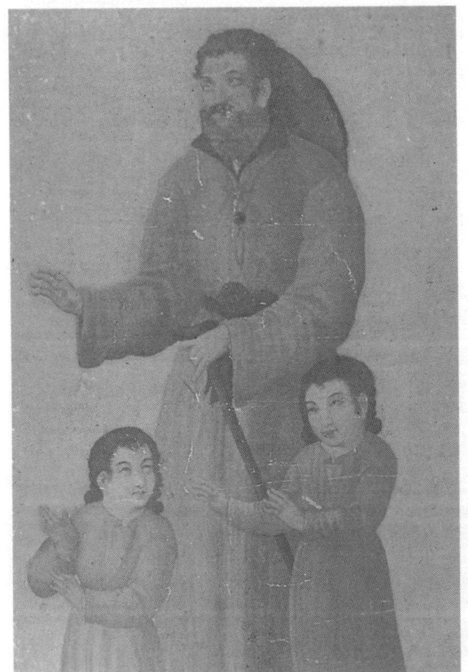

圖146*
葡籍神父與日童
桃山時期

繪　畫

綜言之，桃山時期的主要畫家多從事下列繪畫：

一、土佐繪畫

土佐（Tosa）繪畫係繼承前期之大和繪畫（Yamato-e）而來，其特色為畫面平坦，缺乏景深，同時具有鮮艷的顏色與抽象意味。此類繪畫當時多見於遠離政經文化中心的次要地區，如鄰近大阪之堺市等。

二、中國水墨畫及和式繪畫

此時期之重要畫家多兼習兩者，為桃山時期繪畫之主流。重要者有兩派：

(一) 狩野派：

以狩野永德（公元1543～1590年）為代表，他亦被公認為此派之創始人。他成名之機係肇自織田信長大將軍請他至幕府之總部安土城從事裝飾美化工作。織田信長逝後，豐臣秀吉又請他至大阪幕府繼續上述工作。歷經兩任大將軍之器重，其名聲自易顯著於世。據云大阪城堡內之巨形繪畫多出於其手，範圍涵蓋牆、屏風及紙拉門，惜今已所見不多，或因戰爭之關係。

狩野永德之和式繪畫遺作，可以其「鷹與松」屏風畫為代表（圖147）。這幅畫缺乏景深，表現亦極生硬，如樹幹、石頭、松樹及雲等等，可謂極為裝飾化。除了鷹、石頭、山頂及樹幹較為注重細部外，其餘部分均極為粗略抽象。甚為規則化的松葉及浮雲即為一例。顏色使用大綠、大藍及大金色自為和式繪畫的特徵，但日本畫家對鮮艷色彩與金色之喜好，卻淵源自中國唐朝金碧輝煌之山水。

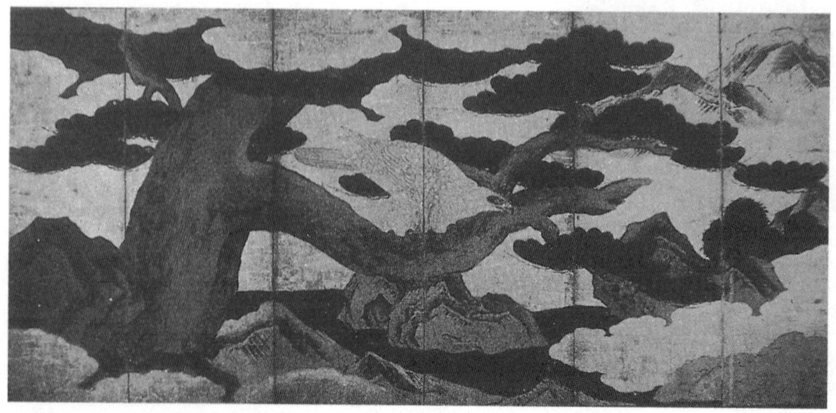

圖147
鷹與松
狩野永德

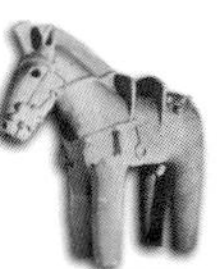

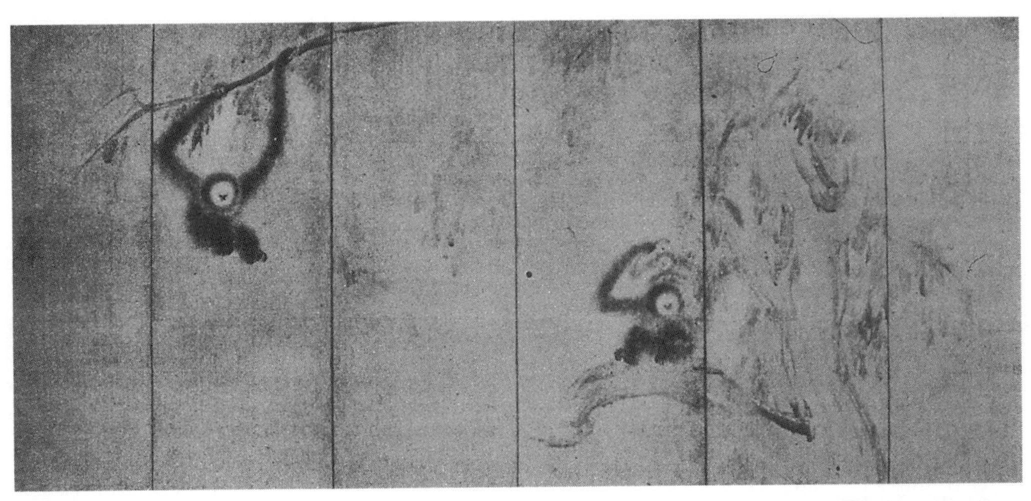

圖148
雙猴圖　長谷川等伯

（二）長谷川派：

長谷川等伯所作之畫，一直不為人所注意，至近代方為人重視。他生於公元一五三九至一六一〇年間，擅長水墨畫及和式畫。在水墨畫方面，他於開始時師法雪舟，後法中國禪僧及禪畫家牧溪。他的雙猴屏風畫（**圖148**）為其水墨畫代表作。

長谷川等伯在雙猴屏風畫中所畫的雙猴，其造型及表現手法，與牧溪所畫之猴子（**圖149**）極為相似。再看其用粗淡墨線條及中間空白方式所表現出來的樹幹，亦與牧溪表現的手法類

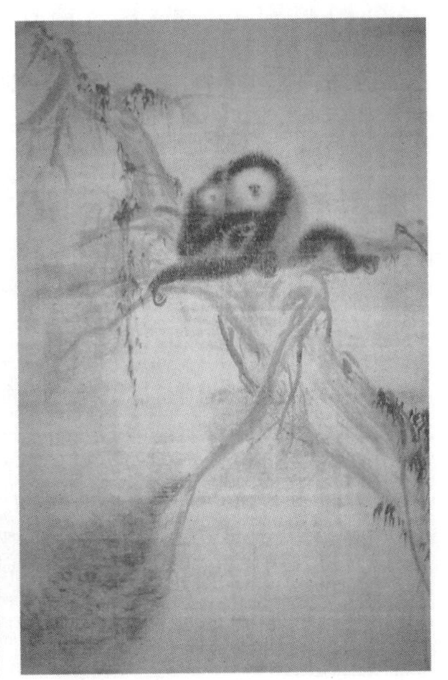

圖149
雙猴圖　牧溪

似，可見牧溪對其影響之深。再看兩幅畫中所留之空間及對背景之疏略，亦屬同一風格。

再看雙猴屏風畫中之V型樹幹形態，與狩野永德所繪「鷹與松」繪畫中的樹幹形態，甚為近似。以狩野永德在當時之地位及名氣，應以長谷川等伯仿摹狩野永德之可能性較大。

被認為係屬於長谷川等伯所繪的和式繪畫中，以「松樹花草」屏風畫最為人注意（圖150）。據說此幅係長谷川等伯與其弟子所作，為其屏風畫中之一部分。畫中強烈之金色及鮮艷之色彩為和式繪畫特色之一。再看其僵硬而人工化的雲彩及松葉，以及對背景之忽略，均表現出和式繪畫之特色。

由狩野永德及長谷川等伯兼精中國水墨及和式繪畫之情形看來，當時之日本畫家正夾處於吸取兩方文化及優點之中，對於本國的依戀成分，當較室町時代的重要畫家為高。

三、西洋繪畫

日本桃山時期所遺之西式繪畫不多，主要的原因有二：一為基督

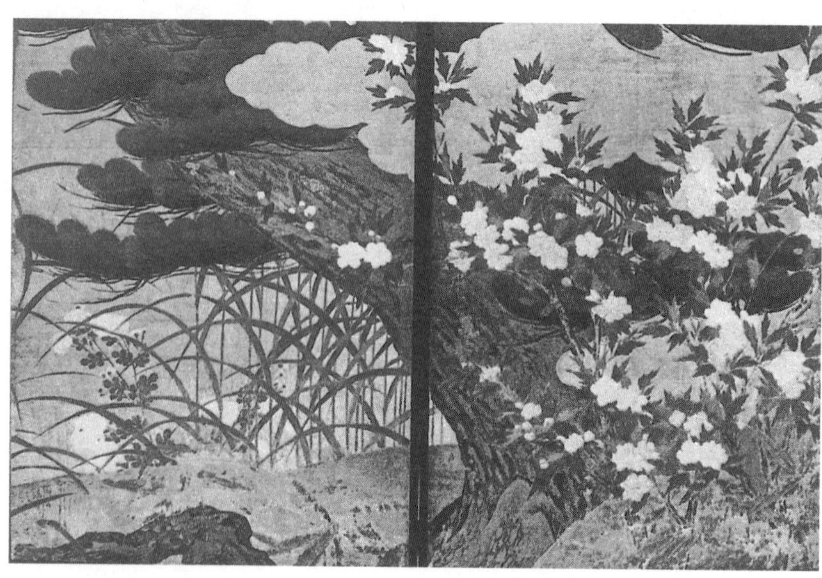

圖150*
松樹花草
長谷川等伯

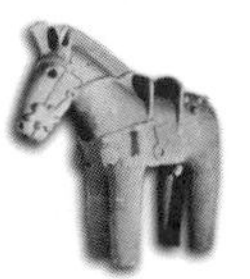

教傳入後，日人對基督教之迫害；二為十七世紀初期禁止西方傳教士在日本之活動。其他的原因為：西方人士當時在日本之人數並不算多，西洋繪畫之題材亦多與宗教有關，故在外流傳不廣。禁教後，所見者更少，遺存者亦以非宗教性者佔較大比例。

四、世俗畫

桃山時期之商業日趨發達，而知識水準較低之一般商人，對於較高級的繪畫或單純的風景山水繪畫等，並無多大興趣，於是與日常生活有關的世俗畫，開始在大阪及港口都市發展，所畫之題材係以節慶、娛樂及一般市民之活動為主，遂奠定了在江戶時期高度發展的「浮世繪」。

陶器與漆器

日本的工藝品在近代頗為世界部分人士所喜愛。一般而言，在江戶時期所發展的工藝品高峰期，實肇因於桃山時期。在桃山時期日漸重要的商人，加上日本對外交通的擴展，使工藝品的地位漸居重要。以陶器言，甚多人都認為桃山時期是日本陶器的黃金時代。

桃山時期陶器之重要及流行，與當時茶道之盛行有關。在茶道尚未盛行時，因社會需求量不大，故多自中國及韓國進口。當時日本僅能自製較粗糙之陶器，帶釉而精美的陶器則非自上述兩地進口不可。後來由於茶道大盛，進口者不足以應大量及急速之需求，方力求自製。初期自製而品質佳者，多位於美濃地區，其中最著名者為志野陶及織部陶。

志野陶在當時為評價最高者（圖151），品質極佳，

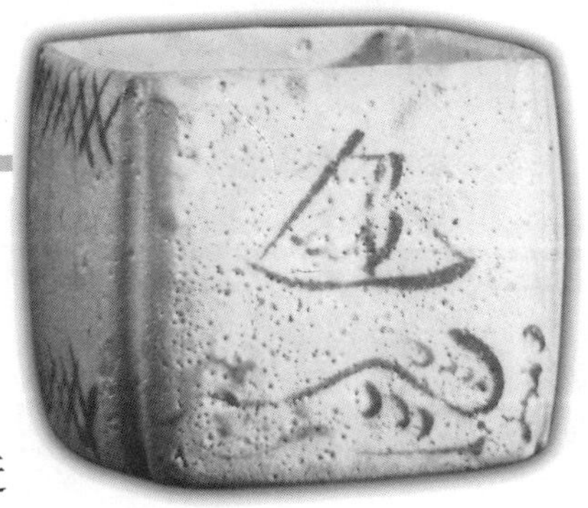

圖151*
志野陶器
桃山時期

故一直至江戶時期仍繼續製造。志野陶的特徵是其白色厚重而不均勻的半透明彩釉，所繪的圖案簡潔抽象。繪圖的原料則以氧化鐵（Iron Oxide）為之。此種含有氧化鐵成份的材料，可使顯出之圖案更為明麗。以此種方法繪製出來的陶器稱之為繪志野或畫志野。至於用其他彩釉燒製者，則隨其色彩而稱之為綠志野、紅志野或灰志野等等。產品多為品茶用之茶具及平底盤。

織部陶的器皿形式較志野陶為多（圖152），裝飾亦變化多端，自由發展性甚高。由於甚受歡迎，故至江戶時期亦繼續製造至今。其最大的特徵是青色彩釉僅施於陶器之一部分，圖飾部分則無彩釉，並以淺色為背景以彰顯所繪之圖形。

另一種亦享有盛名，但專門製造茶具的是樂家陶，亦稱樂燒陶。樂氏家族居於京都已十數代之久，為家傳事業。一些特殊的茶具甚至還加以特別的名稱，以示與一般者不同。大致言之，樂燒陶以黑色為大宗（圖153），但亦有他色者，如白色、紅色等。以黑樂燒陶為例，此一茶碗看似甚為原始化，即形狀及彩釉均甚不規則，如碗口周緣之線條即不均勻。雖然志野陶亦有參差不平的碗口線條，但其凹凸不平的程度，則較志野陶尤有過之。

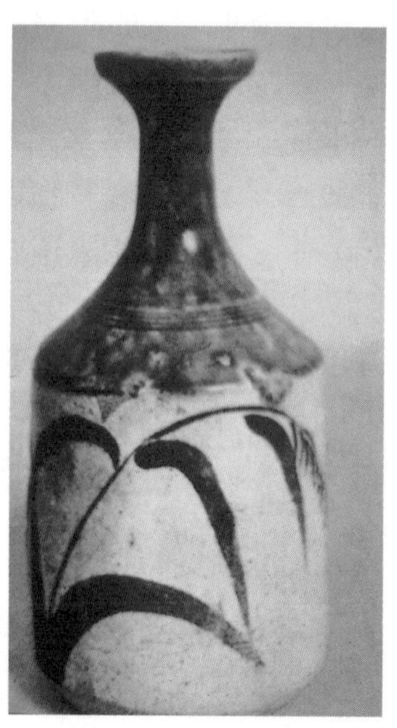

圖152
織部陶器
桃山時期

除了上述之陶器外，尚有一種受韓國影響極深之日本陶器，稱為「唐津矢來文陶」（圖154），此種陶器製造地點在九州北部之肥前。剛開始時，日本陶工直接將韓國之陶器作為範本。其特色為彩釉呈多種混合顏色，如灰色、咖啡色、白色、黑色等等，而且表面

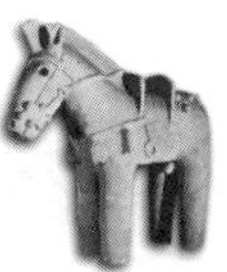

圖153*
樂燒陶
桃山時期

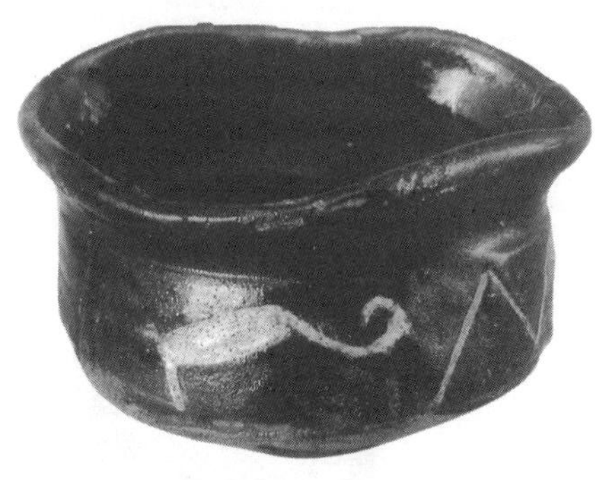

上之釉，部分呈破裂狀。圖案則較前述之兩種陶器複雜，但仍為一種明快簡捷的筆法。

漆器在桃山時期極受歡迎，一直延續至江戶時期。當時最流行的手法是將金粉置於漆器之表面，合成圖案或畫面，漆器之底色則是黑色。較流行之圖案多為菊花、花草、輪軸等。由於漆器之流行，漆屏風亦隨之再興，除了日本傳統之花卉樹木題材外，尚將所謂「南蠻」(歐洲人) 在日本的起居情形，施之於漆屏風上。可見當時日本部分藝工之求新、求變及好奇。當然，中國明朝之漆器亦為日本倣摹對象之一，中國式的漆箱及漆櫃即為其例。

圖154
唐津矢來文陶
桃山時期

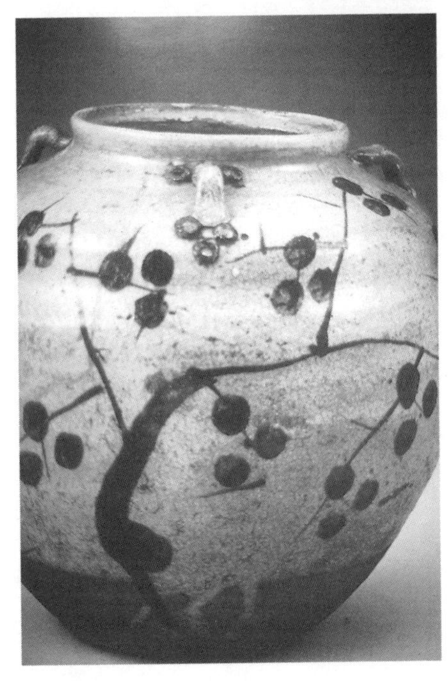

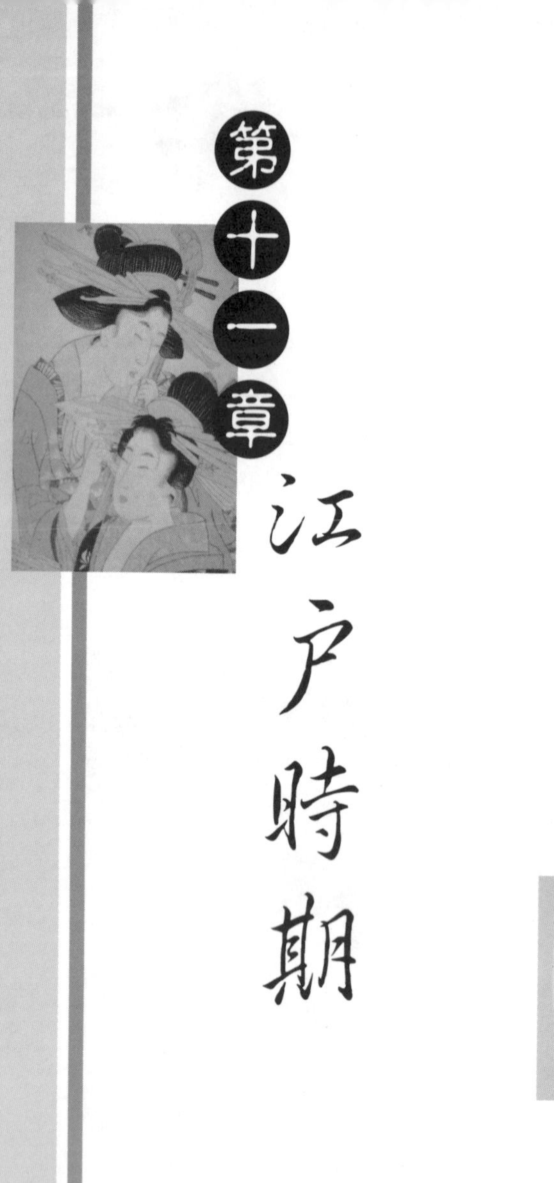

第十一章 江戶時期

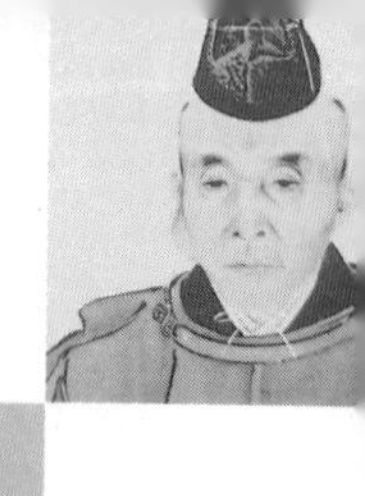
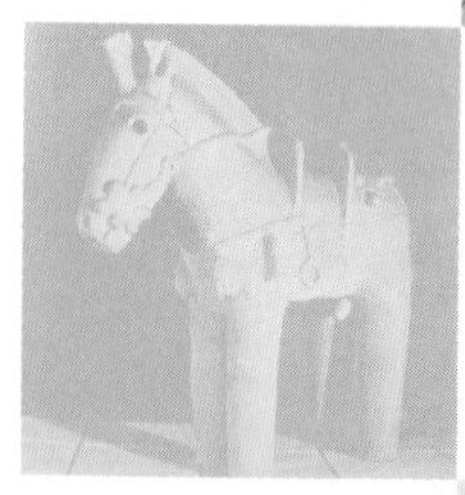
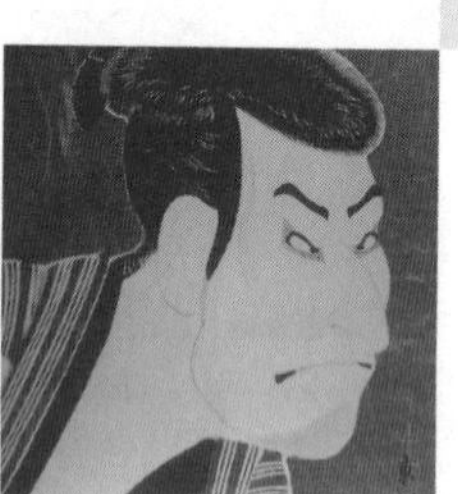
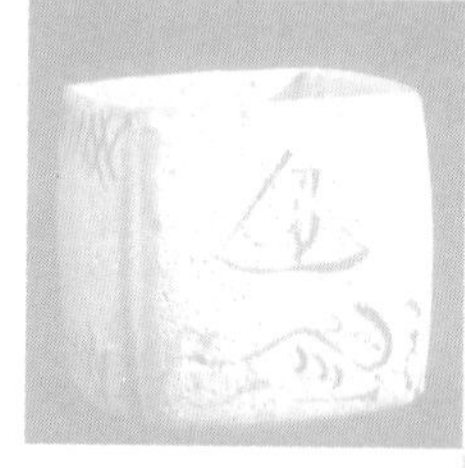
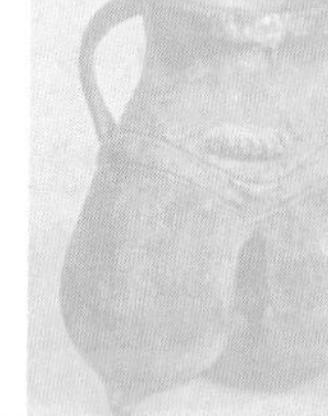
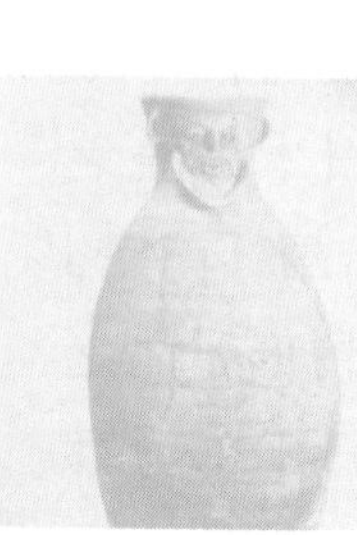
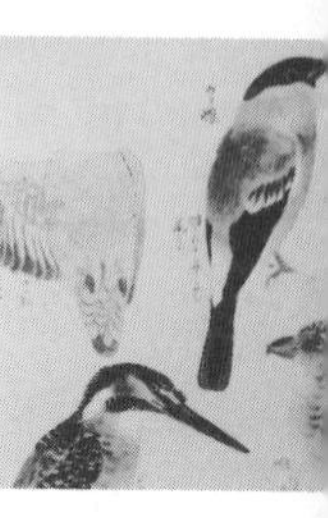
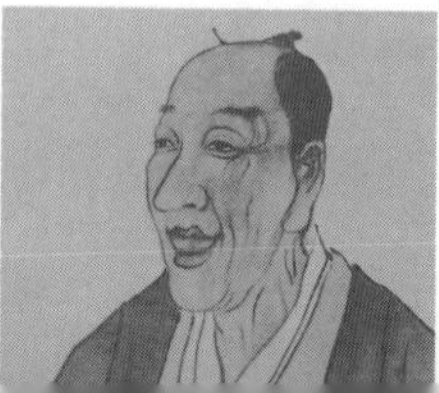

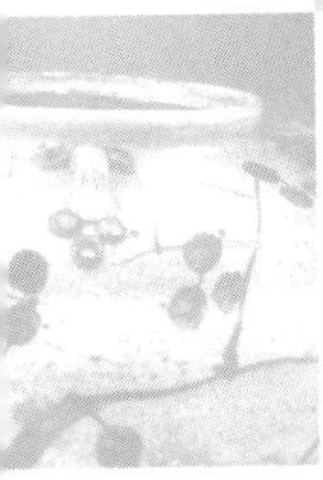

摘 要

日本傳統文化及社會，在江戶時期受到極大的衝擊，統治日本約有二百五十餘年的德川幕府，由盛轉衰，終告還政於天皇。又由於西方列強的強開貿易門戶與社會政治經濟的變遷，商人階級興起，武士、農人地位衰落，適合一般社會大眾的「浮世繪」廣受歡迎，但傳統之「大和繪」、中國畫與綜合兩者之「狩野派」，仍在中產以上階級受到歡迎。在中國畫中，「南畫」居於重要地位，「南畫」之畫家中，多數均為高級知識分子、官吏或武士，與中國文人畫家之成分類似。肖像畫在此期間甚為流行，寫意之山水人物畫亦為常見之題材。因受西方之影響，部分畫家已將西方寫實、透視及明暗對比之手法，融入畫中，亦有全以西方寫實手法作畫者。

在建築方面，依其性質之不同，可分三種：一為混合神道思想與佛教的神社，可以東照宮為代表。二為遠離城市，作為休閒遊憩的別莊，可以桂離宮為代表。三為品茶靜心的茶室，可以散處各地之小型茶屋為代表。

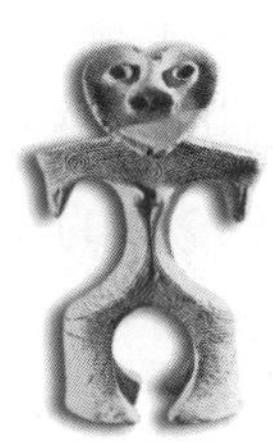

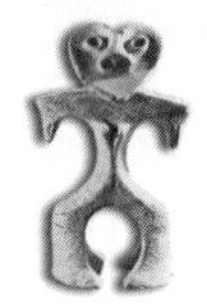

江戶時期大約自一六一六年至一八六七年德川幕府退位時止。當時的江戶即今日之東京，亦為德川幕府之所在地。德川家康因為目睹織田信長及豐臣秀吉皆未能將其事業傳之家人，故決定加強控制，規定藩主（大名）只准留一個城池，其餘均需拆毀，並削減天皇權力，嚴密在全國實行專制政治。

由於時代的進步及外來之接觸，促進了水利、商業及生產業的發達，耕地面積由一六三萬町增至二九七萬町，城市商業亦大量的發展。在江戶時期以前，日本之城市多在數千人至一萬人左右，但因為工商農業的發展，使江戶人口多達一百萬人，為世界人口最多都市之一。又因工商業的發達，造就了甚多巨賈商人，這批新興階級挾其錢勢，成為社會舉足輕重的影響人物，武士、農人地位下降，社會亦日趨浮華。

天主教在日本的發展，亦使德川幕府憂心戚戚，遂於一六一二年下令禁教。又因畏懼外來影響對專制所產生的副作用，幕府於一六三三年禁止日本船隻駛往外國。一六三九年禁止與葡萄牙貿易。一六四一年將荷蘭商館遷至長崎，作為與荷蘭及中國的唯一貿易港，全面實行對外隔絕的鎖國政策。但由於工業及社會的需要，後來德川幕府不得不准許荷蘭人傳入科技知識，第一部日荷辭典亦於一七四五年完成。明朝遺臣朱舜水等的東渡，又使中國的儒家思想在日本廣受歡迎。

日本的鎖國政策對於十九世紀的歐洲列強，無異是一種重商主義的反抗；先是美國艦隊的要求開港、簽約，後是英、法、俄、荷等國的援例，最後日本不得不開放商港，進行自由貿易，並設外人永久居留地及承認領事裁判權等。加上進口激增，生活所需物質大量出口，使國內物價劇烈上揚，又因黃金外流及貧富不均，經濟、社會均發生混亂，遂有「尊王攘夷」之議，計畫推翻德川幕府。後來這批反對勢力，得到各方的支持，包括各地的農民起義與商賈財力的支援，終於迫德川慶喜獻江戶城投

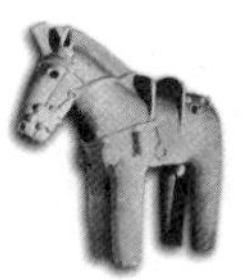

降，明治天皇於一八六八年獲得政權。

浮世繪

江戶時期最為世人所知者，當為著名之浮世繪。浮世繪係表虛浮之世界，主題在描繪俗世中的人生百態及社會現象，產生的原因與商人及江戶城有莫大的關係。其實，在十七世紀的時候，本是一個專以描繪日常生活為主的畫派，後來因需求關係，才轉用木板雕刻印行。浮世繪改以木刻印行的原因，是因為江戶城內商業極為發達，為了傳遞各種消息，遂有木刻印刷之印行，久之覺得僅為文字頗為單調，故將原為繪畫之浮世繪題材，刻印於木板上，再印刷銷行。先是黑白，後來才加各種顏色。銷行後，此種圖畫甚受讀者歡迎，所以才專刻圖畫於印刷後出售。

事實上，木板刻圖印刷的方式，至少於中國隋唐間已盛行，主要是為佛經的流傳，並刻有圖像❶。故日本以木刻繪圖印行之方式，必來自中國應無疑義。一般而言，日本浮世繪之製造過程，至少牽涉四人，即（一）繪圖者——主要任務是繪圖，並指示顏色及書寫文字。（二）木刻者——依繪圖者之指示，將圖及文字刻於木板上。（三）印刷者——按繪圖者所示之顏色印刷。（四）發行者——負責銷售業務。故浮世繪之源起，實是一種商業傳銷行為，再逐漸轉變為藝術品者。

❶孫毓修提及書籍之雕版肇自隋時行於唐。見孫毓修著《中國雕版源流考》（臺北，臺灣商務印書館，1974年），第1頁。惜未提及圖像，著者後來發現敦煌木刻所印之唐代《金剛經》遺卷中，即有釋迦牟尼及諸菩薩之圖像，可證至少於唐代已流行。見 Tama Talbot Rice, *Ancient Arts of Central Asia*, (N.Y., 1965) p. 195.

菱川師宣

在江戶時期，被公認為浮世繪之祖的是菱川師宣（公元 1618～1694年）。他是將世俗畫應用於木刻畫，而成「浮世繪」之第一人。

談及菱川師宣的題材，必須要瞭解在江戶時期的社會狀況。如前所述，江戶時期是一個工商業發達及發展極速的時代，在此種情形下，人們的精神壓力極重，極需在繁忙的工作及不斷的精神壓力下，覓得一暫時紓解之處，而當時最佳紓解之處就是娛樂場所與風化區，以及能輕鬆聊天無所拘束之處。於是戲院、風化區及茶室成了最佳的去處，而三者在江戶時期則常聚集同一地區。在上述的場所，不但可與各式人等相遇，且可交友與談天。中國舊式的戲院及茶館，西洋的咖啡廳及酒吧，均具類似之作用。菱川師宣的題材，多半自上述處所而來。

菱川師宣所作之浮世繪，均為黑白色，亦為最早期浮世繪之特徵，惜菱川師宣所作之浮世繪存世不多。

鈴木春信

鈴木春信（公元1725～1770年）對於「浮世繪」最大的貢獻，是色彩的改進、布局的創新與「錦繪」手法的發明。

黑白「浮世繪」問世後不久，以手著色的「浮世繪」接著出現，然後再加木板套成紅、綠兩色的印刷方法隨之流行。鈴木春信為了改進「浮世繪」的品質，首先使用較多的木板印刷出十種不同的顏色，甚至還可以調配不同的色彩。這在當時是一種新的發現。由於在印刷上可以調色，鈴木春信的「浮世繪」，一反以前其他畫家使用強烈色彩的手法，而大量使用較為柔和的顏色，這是他與其他「浮世繪」畫家不同點之一。

其次，一般的「浮世繪」多以畫中之主要人物為主，人物之體積亦佔重要份量，同時亦無背景。但在鈴木春信的「浮世繪」中，人物之配置及造型則較生動活潑，室內或室外所佔之比例亦較寬廣。以其

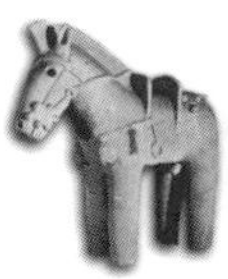

題為「女戲圖」（圖155）之「浮世繪」為例，所用之色彩除了主色外，尚有其他經調配而成之彩色，而呈多元化之表現。整幅畫中，雖然以兩位少女為主，但是兩女所佔之空間，最多在二分之一左右，其餘之空間則以室內布置及陳設而代替。由於重視背景，亦相對地產生「和繪」及其他「浮世繪」畫家欠缺表現的景深。在細緻方面，兩女背後的屏風畫、拉門上的工整圖案、線裝書上的字跡、平臺前方木板所繪的木紋、兩女和服上的複雜多色的圖案，以及平臺上的插花，無一不表現鈴木春信的細緻手法。

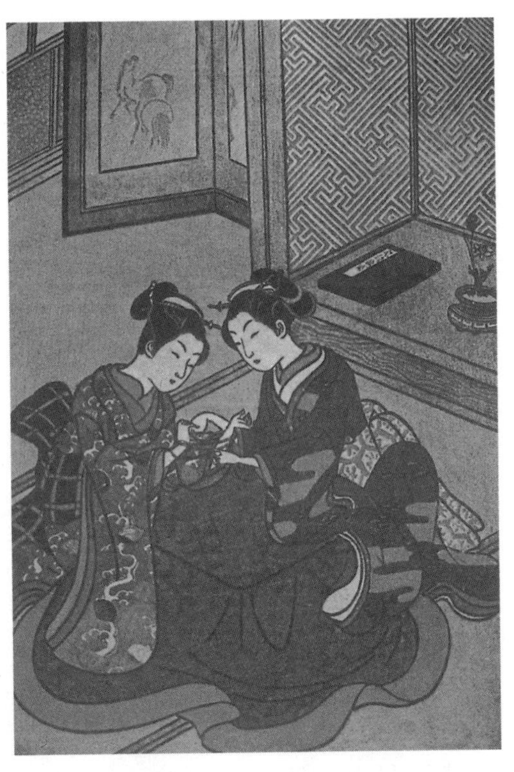

圖155*
女戲圖
鈴木春信

再以布局而言，強烈的斜角線及曲折的線條，均顯示受日本「和繪」的影響甚深，尤以拉門及屏風，頗似「源氏物語」繪畫中的布幔替代品。鈴木春信「浮世繪」的風格，甚受日本「和繪」之影響，應無疑義，惟其對線條的重視，又必回到中國傳統的鐵線描及人物白描了。

在題材方面，鈴木春信亦將其範圍擴展至鬧市、娛樂及風化區之外，如少女、家庭主婦及一般之生活題材等等。

至於所謂「錦繪」，則係以套印之方法，不但使色彩與線條清晰調和，而且出現多種顏色及濃淡對比，細部亦因而較易表現，美如錦繡，故稱之為「錦繪」。雖然近代有人指出，部分歸屬於鈴木春信之

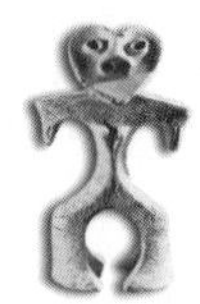

「浮世繪」，並非其本人所作，但是鈴木春信對於「浮世繪」的許多創新，卻是無法磨滅的。

最早的「錦繪」係鈴木春信於一七六五年所作，此種「錦繪」式的「浮世繪」，在鈴木春信生前盛極一時，並為當時之主流。但自鈴木春信逝後，部分「浮世繪」畫家，對於此種風格之「浮世繪」並不滿意，認為與寫實有相當距離。於是日本之「浮世繪」風格又為之一變。

清　長

清長（公元1752～1788年）的全盛期是在天明年間（公元1781～1788年），他的繪畫本能係出自家傳，但是家傳的是專精於男戲子的肖像畫，而非清長專長的婦女「浮世繪」。清長所畫的婦女多出自風化區（圖156），面貌為成熟的婦女，與鈴木春信喜繪少女面貌不同，同時清長所繪的婦女身材較瘦長，所繪之線條亦不如鈴木春信工整規則。以最右之婦人為例，衣服線條較粗重，非鐵線描而近蘭葉描或蓴菜描。人物在畫面所佔之比例亦較大。三人雖成一組，但每人之姿態各異；有半臥、坐及立身三種不同之姿勢，服裝亦各不相同，可見清長的配置係經過思考而來。但是前方的斜角線，仍是日本「浮世繪」特色之一。墻上一片空白，則是以人物為主，不重背景的傳統手法之一。

圖156*
眾女圖
清長

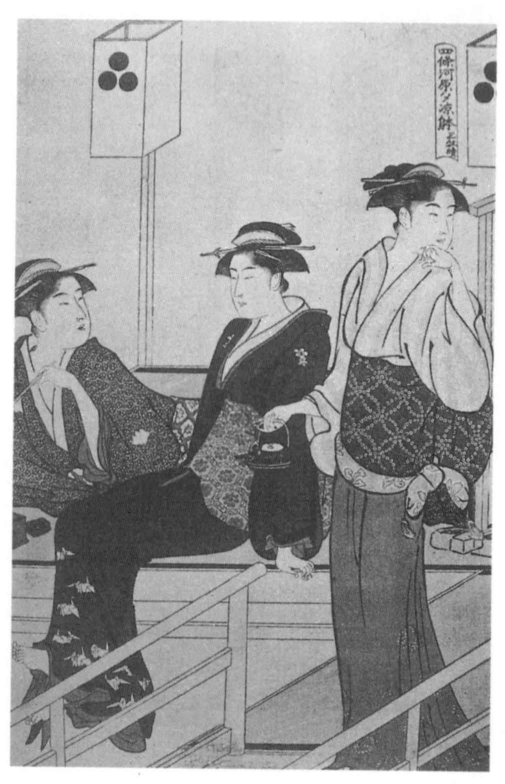

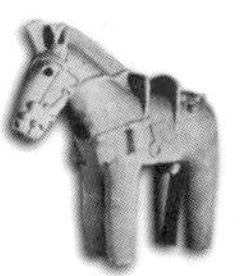

清長的婦女畫，在天明年間，為當時的主流，極受歡迎。

喜多川歌麿

喜多川歌麿（公元1753～1806年）在寬政年間（公元1789～1801年）為當時之主流。他本受清長之影響，但清長退休後，清長之地位遂由喜多川歌麿代之。

喜多川歌麿最大的貢獻，是將所要描繪的人物加以特寫放大（圖157）。因為近描的關係，許多細節必須強調，最明顯的部分是細密的頭髮，及和服上精緻之圖案。由於近距離因素，面部的表情亦較能顯示，與較遠距離的人像相比，歌麿的肖像畫當更吸引人對畫中人物的注視。

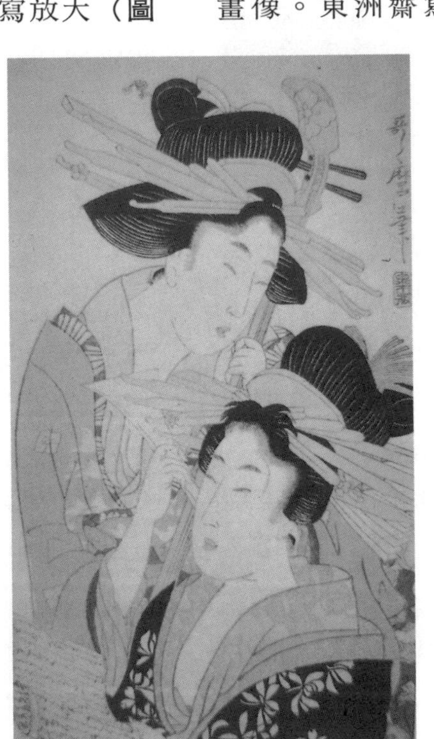

圖157*
仕女
喜多川歌麿

在喜多川歌麿的婦女像中，婦女的雙眉均較鈴木春信及清長所畫婦女的雙眉粗短。此種粗短之雙眉當係受「和繪」，如「源氏物語」繪卷等之影響。

東洲齋寫樂

據說東洲齋寫樂曾為能劇演員，他曾於十個月內（1794年5月至1795年2月）完成一百四十幅男演員畫像。東洲齋寫樂所繪的男演員像，最大的特點是高度的傳神，即將人物的表情顯著的表現出來。鈴木春信及清長均未對此強調。喜多川歌麿亦僅是將觀賞者與畫中人物的距離縮短，人物表情方面，仍無強烈的表現。

在東洲齋寫樂的男演員繪畫中（圖158），此

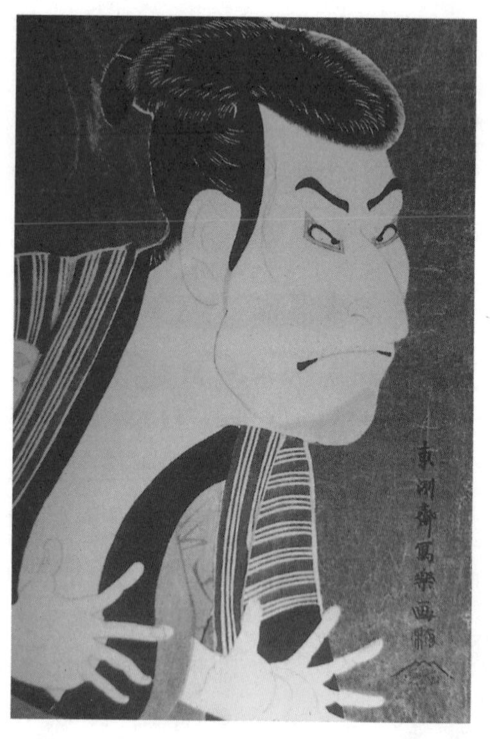

圖158
演員
東洲齋寫樂

一男演員的表情，藉由彎曲上翹的雙眉、上吊的雙眼、緊閉下垂的嘴唇，以及手指分叉的姿勢，而強烈顯現出來。此種手法在東洲齋寫樂以前的「浮世繪」畫家中，並無先例。

再看畫中男演員的頭髮，其頂部邊緣部分皆為白色，表示光線自頭部上方而下，經過反射而產生的結果。此種手法在其他畫家中，亦未有相同者。東洲齋寫樂對於頭髮細部之描繪，應受喜多川歌麿之影響，但男演員髮鬢部分卻未見細緻，而是一片涵蓋之，此種手法又與喜多川歌麿略有不同。

東洲齋寫樂另一創意為對於男演員嘴部所用的筆法。一般言之，「浮世繪」畫家對人物所用的線條，多以鐵線描或蘭葉描等較細緻筆法為之，難見較粗略之筆法，而東洲齋寫樂卻在原來描繪嘴部的均勻線條的兩端，各加一較濃粗的筆劃，與其他部分之規則、均勻及細緻不同，此亦為其與其他畫家之相異處。

前曾言及，喜多川歌麿的特色之一，是將人物放大特寫，但東洲齋寫樂除了將人物放大特寫外，尚且將人物之數目提升，但仍保持放大特寫之特色，如他所繪之「瀨川富三郎與中村萬世」（圖159）即為一例。

或許受中國戲劇之影響，日本戲劇中男扮女裝之風氣頗盛，但由其服裝、雙眼及特濃之雙眉可知，

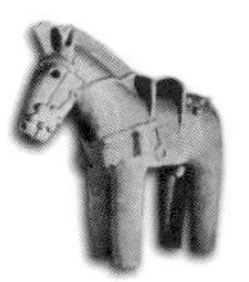

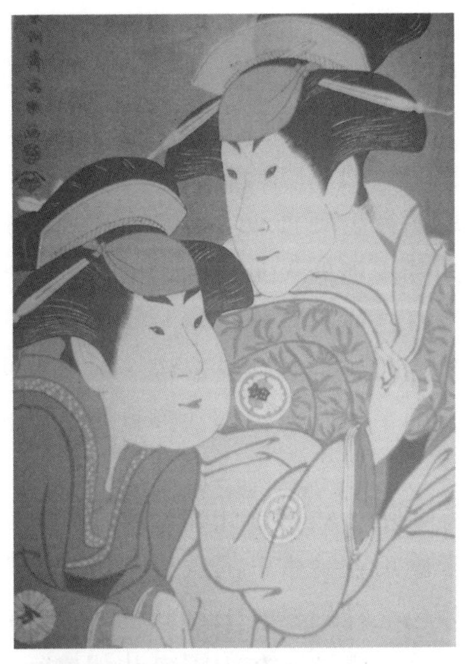

圖159*
瀨川富三郎與中村萬世
東洲齋寫樂

畫中主角係男扮女裝之男性；有「富」字者係瀨川富三郎，有「萬」字者則是中村萬世。在此幅「浮世繪」中，東洲齋寫樂將兩位演員不作平行並頭之排列，而藉中村萬世雙手倚靠之姿勢，將其頭部位置降低，而與瀨川富三郎之頭部形成斜角線，而此一斜角線即日本「和繪」特徵之一，亦廣用於「浮世繪」。

至於對頭髮的處理方式，此幅「浮世繪」與前幅略有不同，即東洲齋寫樂並未將光線顯現於頭髮頂部及四周，與其常用之手法不同，如在其另一幅由三代目坂田半五郎所飾的「惡棍藤川右衛門」「浮世繪」中，主角頭髮的頂端及四周，亦出現光線的反射效果，與前幅「浮世繪」類似，故此種手法應為東洲齋寫樂常用者。可是，在此幅畫中，並未見作者使用同一手法，當有可能因所飾演的男女性別不同，而有所差異。

葛飾北齋

葛飾北齋（公元1760～1849年）是一位多產「浮世繪」畫家， 據估計他的設計作品約有三萬五千張之多。他去世時已高齡八十九歲，但是他自稱，他是在七十歲後才真正成熟。在他的作品中，最有名者為「富嶽三十六景」，係於一八二九年問世。

他以富士山為題材，描繪不同之三十六景，其構思當係源自中國山水畫而盛於室町時期之水墨山水

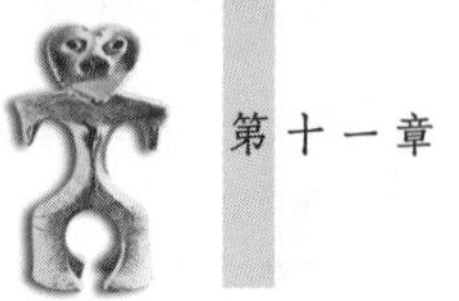

畫。在「富嶽三十六景」中，其中最有名者為「凱風快晴，富嶽三十六景」（圖160），西方人士則稱之為「紅富士」。

葛飾北齋可能在當時為唯一跳出戲院、娛樂圈、風化區及茶室範圍的畫家。他認為有關日常生活的一切，如起居生活及雙目所見等，均可作為題材，自然風景亦不例外。由於此種觀念，遂使他的題材為之一新，進而引起西方人士的興趣。日本「浮世繪」之受西方人士喜愛，葛飾北齋之功甚大。

以「凱風快晴，富嶽三十六景」為例，此幅畫以富士山為主題，但其位置不在正中，而在右角，予人一種較為活潑而非呆板的感覺。再看山後的白雲及富士山紅色部分，均顯得生硬抽象，因天空不可能有如此規則似人工化的白雲，而山上的紅色亦不可能千篇一律，毫無深淺明暗。由於缺乏景深，故覺得畫面扁平，此為日本「浮世繪」特色之一。富士山頂之四周則以黑細線條顯示，故葛飾北齋又將日本畫家常應用在繪畫上的線條，用於簡單顏色之純風景畫上。此種單色混合線條之畫法，在中國南北朝盛行一

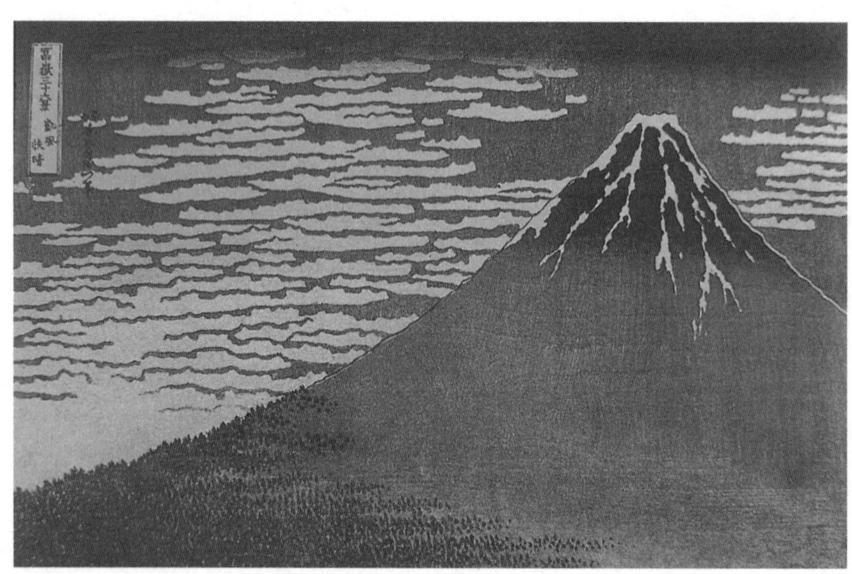

圖160
凱風快晴
葛飾北齋

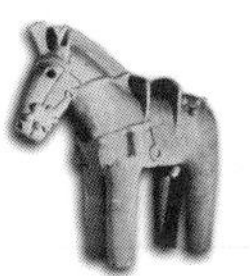

時，再影響日本飛鳥時期的佛教繪畫，故葛飾北齋之畫法，係淵源於飛鳥時期之繪畫，而非其獨創，但葛飾北齋將此一畫風，移用於純粹之風景畫中，卻是一種新鮮而大膽之嘗試。

「凱風快晴，富嶽三十六景」之畫面，予人一種鮮艷、抽象、簡明、粗獷、原始及生硬之感覺，對於十九世紀後期的法國而言，類似風格的「浮世繪」，是一種從未見過並且具有強烈吸引力的繪畫，故當時在法國藝術界甚受歡迎；聖尚、蒙奈、梵高、高更等在線條及單一色彩的運用上，即深受日本「浮世繪」的影響，故葛飾北齋所創導的風格，對於日本文化藝術的傳揚，以及東西方文化藝術的交流，是極具意義的。

安藤廣重

安藤廣重（公元1797～1858年）繪畫的題材，係跟隨葛飾北齋者，即以風景及日常生活所見者為主。其最有名者為完成於一八三二年的「東海道五十三次」。東海道者，即日本靠近太平洋海岸的公路。安藤廣重取其五十三景描繪之。

以「由井，東海道五十三次」（圖161）為例，安藤廣重的風景畫已遠較葛飾北齋的風景畫細緻寫實，與後者之抽象、粗獷及原始之作風不同，同時色彩之運用亦較柔和。從山水風景畫之角度而言，安

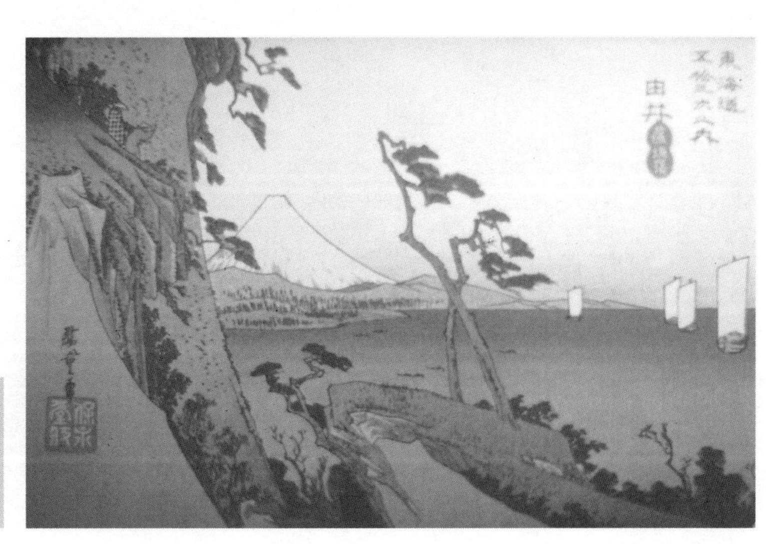

圖161*
由井，東海道五十三次
安藤廣重

藤廣重之風景畫自較逼真，亦可見景色之細部，如單獨的古松、樹木、矮草及岩石等等，與葛飾北齋所繪近似「大而化之」的「紅富士」相較，安藤廣重的風景畫當更接近真實，及使人如置身優美景色中的感覺。

更有趣者，安藤廣重在左上角懸崖的綠草上，畫有兩個頭戴斗笠的人在觀賞風景。這種把人畫在山水畫中欣賞風景的手法，在中國明清之文人畫中，甚為常見，必直接或間接淵源於中國，但將之應用於「浮世繪」中，安藤廣重恐為第一人。

安藤廣重之另一佳作，為「祇園社雪中」（圖162），此幅「浮世繪」現存於東京國立博物館。這幅圖畫以祇園神社之前門為主題，描述四位婦女正在雪中進出神社之情景。由此幅「浮世繪」可知，安藤廣重不但將題材由室內移至室外之自然美景，而且也兼及甚少人描繪之冬景，而此一冬景並非正正

圖162
祇園社雪中
安藤廣重

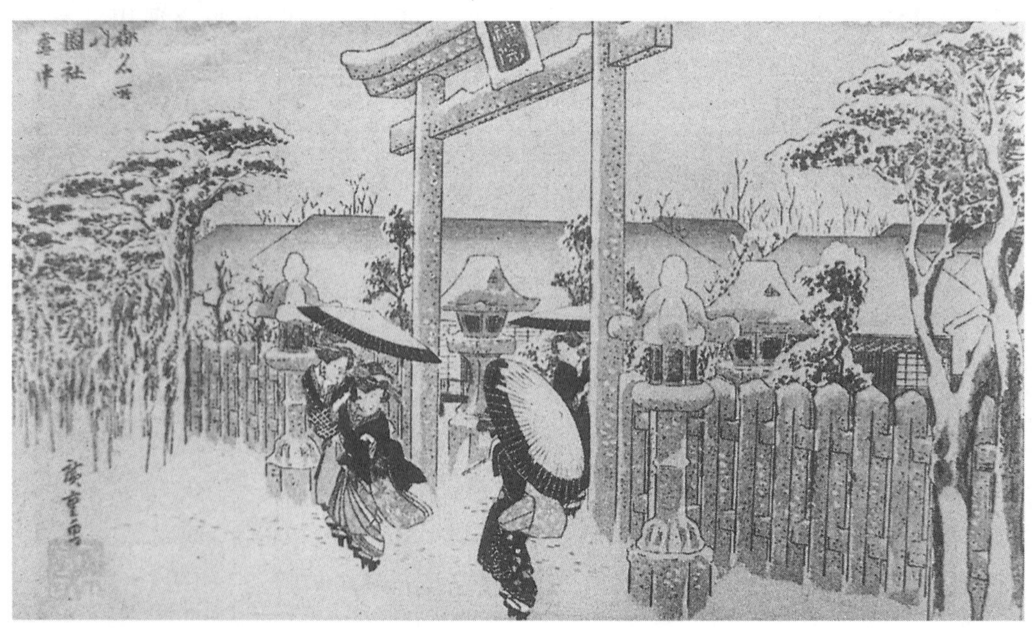

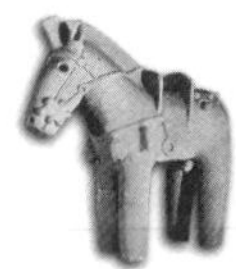

式式之神社建築，而是捕捉參拜者進出神社門口之一剎那，屬於即時即興之景，而非經過長期構思或態度嚴肅之作。在這幅畫中，安藤廣重細緻寫實之風格又再次顯現，在整幅畫中，無論婦人、欄柵、樹木、石燈等，均細心描繪。堆雪之屋頂及屋頂後之枯枝，亦使此幅畫產生立體感；前景、中景、後景均極為分明。故安藤廣重實為風景「浮世繪」畫家中，極為傑出及重要之畫家。

以上為江戶時期具有重要影響性的「浮世繪」畫家。另外亦有畫家受「屏風畫」或「南蠻繪」之喜用金色之影響，亦將金色大量用於「浮世繪」，如一明齋之「相撲」（圖163）。此幅「浮世繪」之主題，在描述一肥壯身軀的相撲手，在市街上將西洋士兵摔倒地上，而其他士兵則大驚懼怕欲圖逃走之情形。此一「浮世繪」之背景顏色，全是清一色的金色。西洋士兵白色長褲之摺紋，全用線條表現之，而相撲手之軀體外形，則以較細線條顯示。但最可注意者，是作者以濃淡不同程度之金色，表示相撲手身軀凹凸不平之肌肉，此種明暗對比之手法，自然係受西方繪畫之影響。故隨著時代社會的變動，日本的「浮世繪」最後亦將西方繪畫的手法，滲入原來屬於本土性的「日本浮世繪」之中。

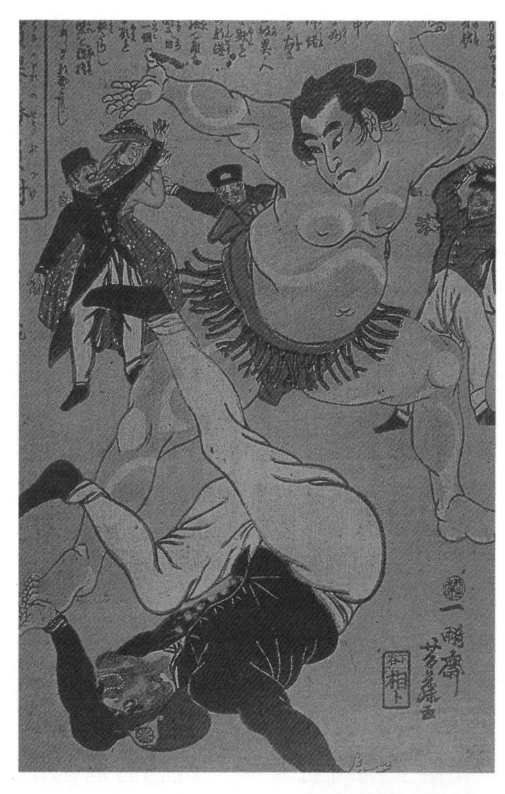

圖163*
相撲　一明齋

水墨畫與和繪

在江戶時期，由於工商業發達及對外接觸頻繁，德川幕府對於政權之鞏固不遺餘力；維護傳統及弘揚儒家忠心之思想，為大將軍主要政策之一，中國名儒朱舜水之赴日，即與此一政策有關。

狩野探幽

狩野派在桃山時期即與幕府過從甚密，後代亦多繼之，在德川幕府維護傳統及弘揚儒家思想之政策下，傳統性甚濃而又兼長水墨畫和「和繪」的狩野家族，成為幕府的最佳選擇。

在上述之情形下，狩野派創始人狩野正德的孫子狩野探幽（公元1602～1674年），遂被聘為幕府畫家，為政府服務。狩野探幽的特色是：他能描繪各類形式的繪畫，且表現甚佳。他最著名的繪畫應是在二條城（近京都）二之丸大廳內所繪的巨松壁畫系列。

狩野探幽的年齡橫跨桃山時期及江戶時期，故有人把他歸屬於桃山時期，亦有人歸屬於江戶時期。前已提及狩野探幽是一位多才多藝的畫家，他不但能吸收前輩名家之大成，且對各種繪畫均有涉獵。部分藝術史學者多研討他所繪的「和繪」或具有中國特色的山水花鳥畫，其實他所繪的動物畫亦極逼真。

以狩野探幽所繪的「黃鼠狼」（圖164）為例，黃鼠狼之身軀幾乎全部用濕墨表現，僅在爪毛及作為背景的矮草部分見其筆劃。除了黃

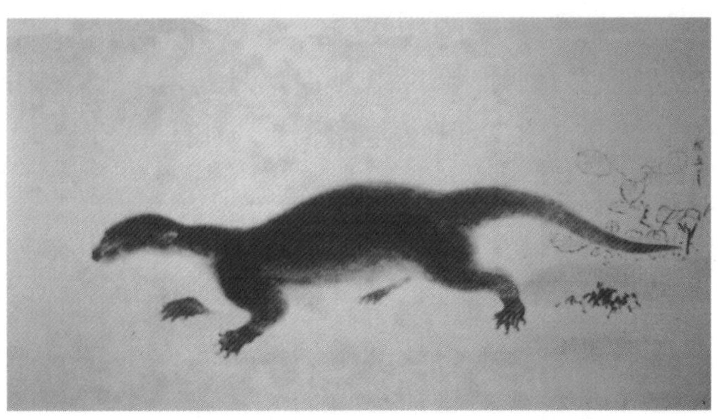

圖164
黃鼠狼　狩野探幽

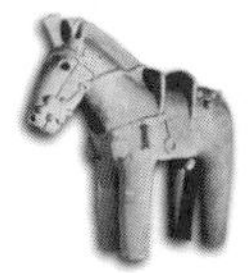

鼠狼尾部後及尾部下有矮草外，其餘體軀之周圍均是一片空白。不強調背景並使背景空白，在日本人物畫及動物畫中，為一種常見的手法。

狩野探幽以水墨作畫時，暈染及線條並用之方式，亦可見於他的花卉草稿畫（圖165）。在此圖中，可見主要的莖葉均以暈染為之，不見線條，僅在右下方及頂上之花朵部分，使用清晰之線條。由於狩野探幽、尾形光琳、尾形乾山及圓山應舉等人部分草稿的留存，亦可見日人對於文化財產的重視。

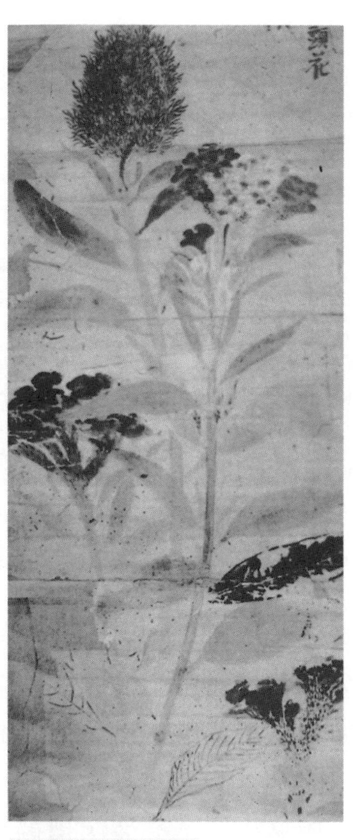

圖165
花卉草稿
狩野探幽

京都的大德寺，原為鎌倉時期禪宗之重要寺院，甚多著名禪僧皆出於該寺。在大德寺的紙拉門上，繪有狩野探幽的水墨畫（圖166）。此幅畫的特徵為其廣大的空間，背景朦朧，部分以淡墨渲染。這種手法在室町、桃山時期的水墨畫家中，甚為流行。產生的效果是令人覺得舒暢，並具朦朧詩意之美。在三個紙拉門上，真實清晰的部分，均集中在左面及中間之門上，而右面的拉門則幾乎全是朦朧的空白，僅隱若顯出山水的形象，空間之大至少佔全畫面五分之三，在一般之水墨畫中，似乎並不多見。再看其中間的古松，筆墨厚重，枝幹彎曲度甚大，部分呈現九十度轉角，此種手法，在雪舟及中國山水畫，如李唐等之繪畫中，為常見之手法。左下角曲折之小徑，在夏珪及雪舟之畫中，亦有類似者，由此可見狩野派之傳統性。由大德寺所遺之狩野探幽之山水畫得知，自奈良時期開始的佛寺，對於「和繪」興趣不高，鮮有聘請名家至寺

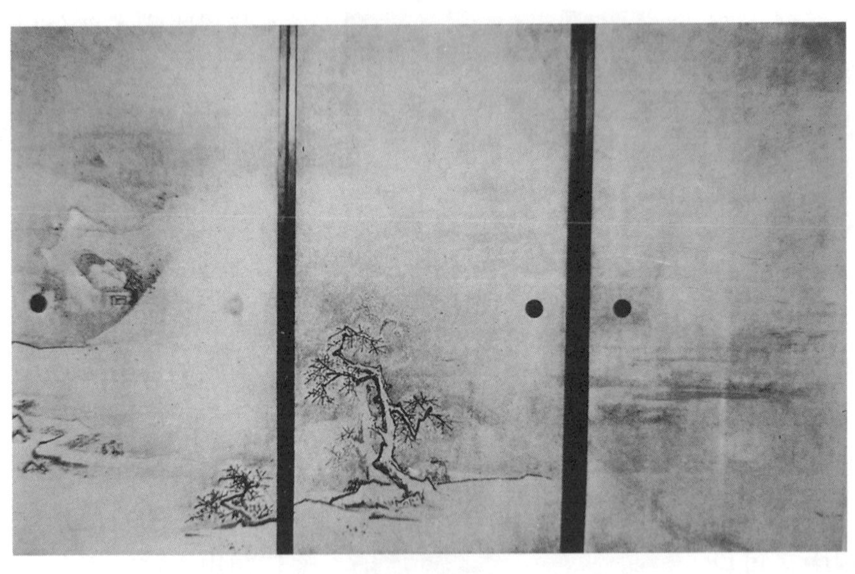

圖166
山水
狩野探幽

中作「和繪」者，這是由於日本佛寺一向是甚多高級知識分子的活動中心和來源地，對於較適合一般品味的「和繪」，並不完全認同。

狩野探幽的「和繪」作品中，較著名者有「鵜飼圖」（圖167）。此圖係六片屏風中之一部分。由此幅圖畫中，可見作者係一位兼精日本畫及中國畫的畫家；上下方的松樹及山巒均左斜而下，此種斜角線的構圖在「和繪」中為一普遍的手法。青綠顏色的廣泛應用、右下角近似水平彎曲樹上的細緻樹葉，以及最右方寫實而裝飾化的古松幹，均為「和繪」所表現的特徵。畫中廣闊的空間、若隱若現的雲彩或迷霧，亦是狩野探幽常應用之手法。再看夾於兩山中間的河流，難見其波，但船隻之線條及人物均清晰可見；人物姿態各異，皆各有動作。此種泛舟水上，人、船清晰之排置及畫法，在中國明代繪畫中，頗為多見，如戴進之繪畫等。故嚴格言之，「鵜飼圖」實係一日、中混合之屏風畫，但綜合言之，日本之風味極濃，且為主導，濃麗的金色及耀目的青綠為其主因。

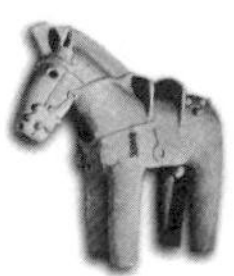

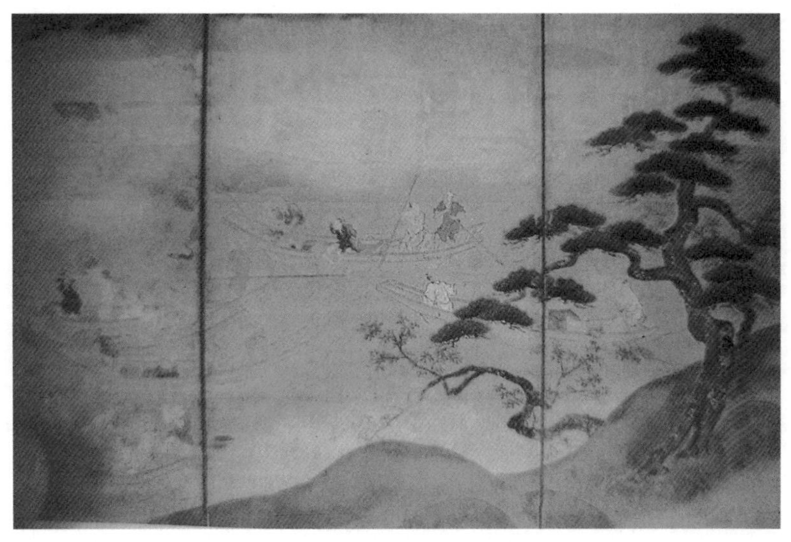

圖167*
鵜飼圖（局部）
狩野探幽

俵屋宗達

俵屋宗達的生平事蹟，不如狩野家族之廣為人知，據稱，他曾經補修過大批屬於平安時期及鎌倉時期的繪畫。一六四三年逝世。或許由於此種原因，他觀摩甚多名家之作，對他後來的作品應有甚大之影響。

我們目前僅知他在一六一五年至一六三五年的二十年間，居住於京都及堺市，並從事繪畫方面的創作。傳世的佳作多繪於屏風上。

他的傑作之一為「源氏物語」（圖168）。「源氏物語」在「和繪」中，雖然是平安時期的舊題材，但是俵屋宗達卻以另一種手法翻新修改。在這幅畫中，他的作品與以前其他畫家的作品的最大不同處，是將主題中的人物縮小，而將風景部分增大至約三分之二的空間。畫中風景部分，包括了古松、圓形拱橋、神社大門、船隻及河水等，而且均在室外。再看畫中複雜的布局，俵屋宗達將畫中的布局分為五個主要部分：

（一）由右上方車輿的木輪開始，向左上方靠近畫邊的巨松聯

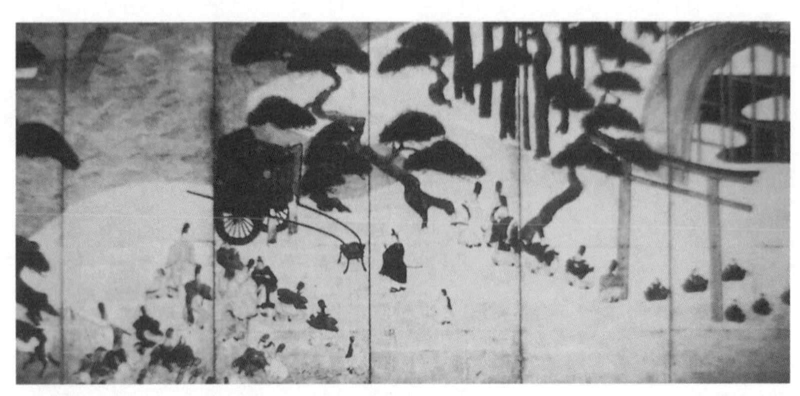

圖168
源氏物語（局部）
俵屋宗達

結，然後再聯結圓形拱橋右側的松樹，再隨著巨松樹幹而下，繼續聯結位於車輿把手前的武士，最後再從武士之位置聯結木輪，形成一個橢圓形布局。此為全幅圖畫之中心區域。

（二）由上述橢圓布局左右兩側斜線而下，則為兩分之隨從人員，左右對稱。

（三）左側之圓形拱橋及神社大門，與右側之船隻及巨松均衡對比。

（四）右上方之斜角河岸，突顯「和繪」以斜線為主之布局。

（五）左上方密集之巨松樹幹，與右下角密集之隨從人員成均衡狀態。

由此可知，俵屋宗達在「源氏物語」「和繪」中的構圖，是別出心裁，頗具匠心的。至於筆法方面，由右上角的波紋觀察，及人物所表現的線條觀察，當為細緻精心之作。

俵屋宗達對於均衡布局之喜愛，又可見於他的「松島圖」（圖169）。

「松島圖」是畫於一對各為六面的屏風上，圖中所示係右側六面屏風上所畫。此一部分描繪位於驚濤駭浪中的小島，屹立在水中之情景。俵屋宗達將兩個小島左右均分，形成一平衡布局。因左側之小島下方另有一突出之岩石，故作者又在右側小島下方，添加一小型突出的岩石。此外，俵屋宗達為了達到另一均衡布局的目的，他在左右

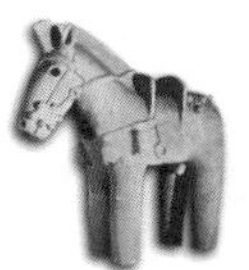

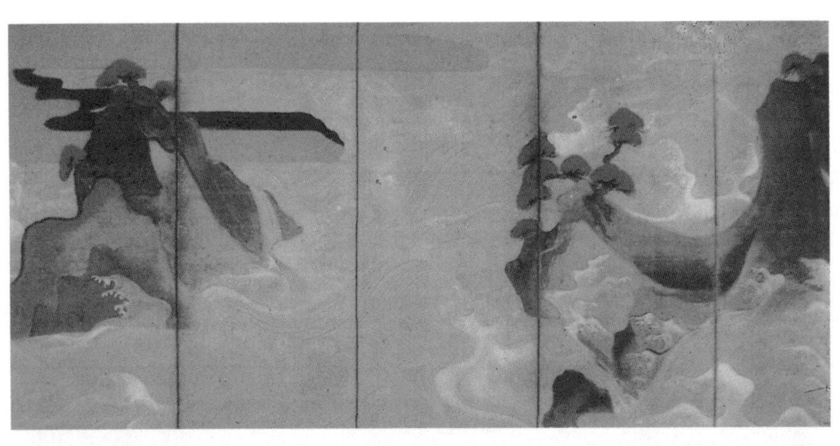

圖169*
松島圖（局部）
俵屋宗達

以圖中兩個海島及突出的岩石為例，他使用的顏色有深綠、淺綠、深褐色、淺褐色、黃色、淺黃色及褚紅色等。又如左方雲邊以深褐色加以描繪的粗線條，在其他「和繪」畫中亦難得一見。俵屋宗達用筆的細緻，自其畫中波浪及水波紋中，即可見其端倪。

兩側的小島四周，各以細緻之筆法，配合顯示波浪之白色，形成兩股顯著之波濤區域。

至於用色及筆法方面，俵屋宗達的最大變化，在於他已逐漸改變一般「和繪」畫家大量使用耀眼金色的方法。在此幅畫中，金色仍為主色，但是由於純金色的範圍不大，已使金色在畫中的地位減弱，主要的原因是部分原為純金色的區域，已被加上的白浪或代表波紋的線條所掩蓋，同時兩個小島面積的比例亦約佔畫面一半的關係。俵屋宗達在「松島圖」中用色之多，在其他「和繪」畫家中，亦是少見。

尾形光琳

尾形光琳（公元1658～1716年）與尾形乾山（公元1663～1743年）為兄弟關係。前者不但是畫家，同時也是陶器家、織物設計師、漆器製作者。他對俵屋宗達甚為仰慕，部分俵屋宗達畫過的題材，他都自己再次嘗試，如俵屋宗達的「松島圖」及「風雷之神」等。他最為人注意的是一對各有六面的「鳶尾花」屏風畫（圖170）。

圖170*
鳶尾花（局部）
尾形光琳

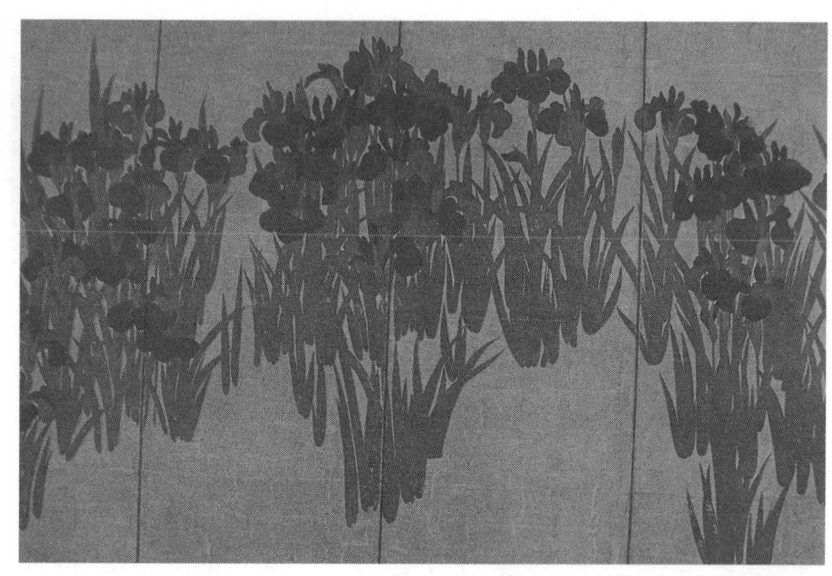

「鳶尾花」的創作動機，是基於平安時期問世的《伊勢物語》而來。在《伊勢物語》的小說中，有一個小的插曲，這個插曲敘述一個英雄人物，在古代三河國的八橋上，看見怒放的鳶尾花，豪情大發，遂吟詩一首。這是一般日人皆知的故事。尾形光琳遂根據此一插曲，在屏風上將鳶尾花作為主題表現出來。

在這幅畫中，尾形光琳採用一種象徵之手法，而此種手法在過去的「和繪」畫家中，卻是首創。就是以金色背景象徵河水。另一特色是他拋棄了傳統細緻及線條的筆法，不作鉤勒，而將主題及顏色直接繪於紙上。此種手法與西方水彩畫或油畫頗為接近，甚有可能係受西洋畫風之影響。如觀察其用筆，無論花葉均甚活潑熟練，馳譽於世，自有其因由也。

尾形光琳對於鳥類亦極擅長，由他的「長尾雄鴨」（圖171）草稿，可見當時名畫家用力之勤。他的另一名畫「紅白梅圖」，顯示布局及構圖受俵屋宗達之影響甚大。

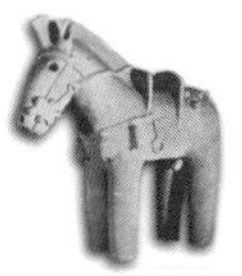

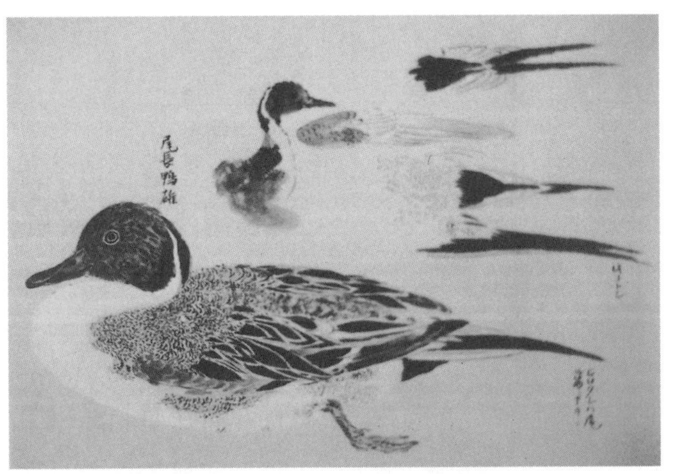

圖171
長尾雄鴨
尾形光琳

圓山應舉

圓山應舉（公元1733～1795年）在日本畫壇上佔據極為重要之地位，因為他的畫風自十八世紀至十九世紀，甚至近代都是日本畫壇的主流。

圓山應舉是農家子弟出身，曾至京都學狩野派繪畫，後來自創寫實風格之繪畫，他這種寫實主義的繪畫，甚受日本中產階級的歡迎。

圓山應舉之傾向寫實主義，係受西方文化及中國明、清兩代寫實畫風之影響。日本於十八世紀進口甚多荷蘭有關科學並附有圖片解說的書籍，對於日本畫家影響甚大，圓山應舉即為其中之一。他的「蟲鳥花卉草稿」（圖172），對於鳥的細部繪解頗詳，畫中之鳥亦極逼真寫實，顯然受西方

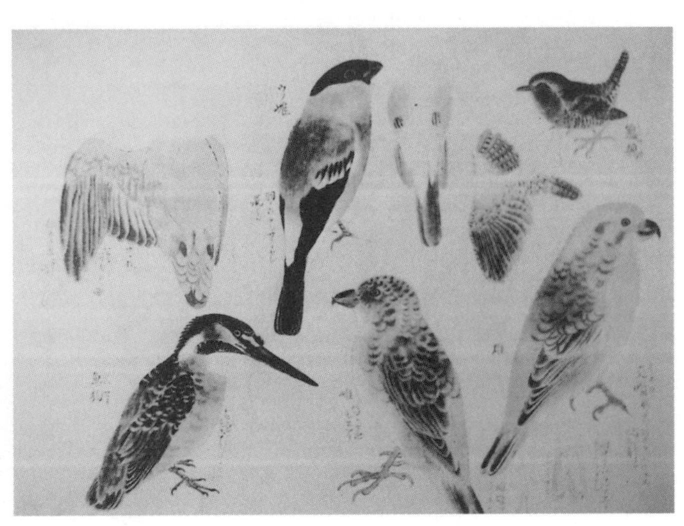

圖172
蟲鳥花卉草稿
圓山應舉

動物解說科學書籍之影響。他的另一幅寫實水墨畫為「猴畫草稿」（圖173），有學者認為屬於日式繪畫，但其風格顯然與牧溪及長谷川等伯所繪之猴子相似，應為中國水墨畫風格較為合理。

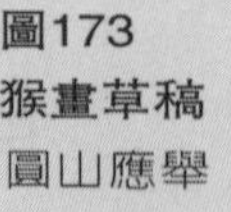

圖173
猴畫草稿
圓山應舉

圓山應舉繪畫的題材甚廣，除了上述之蟲鳥花草動物外，尚有山水及人物（圖174）。綜合言之，圓山應舉目前存留的繪畫中，以草稿佔大多數，完成並正式簽名者則並不多。

在他所繪的「和繪」方面，以其所繪的「雪松屏風」（圖175）最為著名。一棵巨形松樹的幹枝，聳立於欠缺背景的畫面，是日本「和繪」常見的手法，隨之則為大量的使用金色作為背景。圓山應舉在此幅畫中亦不例外。但是他對於松葉的細緻寫實，遠較純粹「和繪」的僵硬人工化的手法不同。松樹的巨幹亦較一般「和繪」自然寫實，頗近西方及明清繪畫自然寫實的風格，故整體言之，這幅屏風畫雖然屬於「和繪」，但是卻強烈的摻雜了外來的風格。

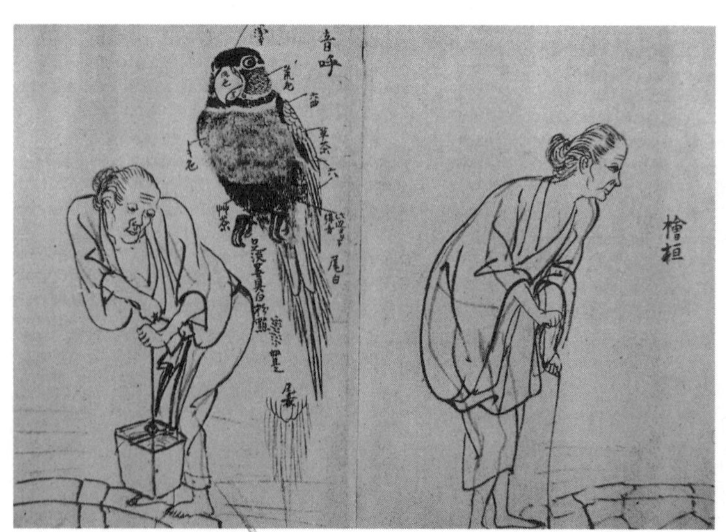

圖174
人物草稿
圓山應舉

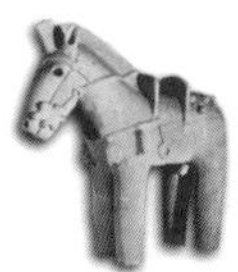

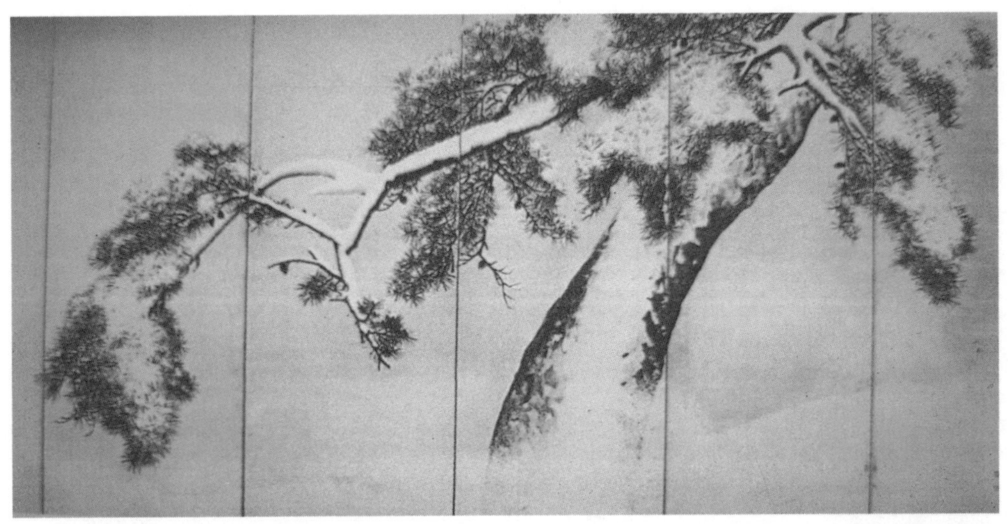

圖175
雪松
圓山應舉

圓山應舉在當時為大家，故從之學畫者不計其數，其中較著名者有長澤蘆雪及松村吳春。

長澤蘆雪

長澤蘆雪（公元1754～1799年）與圓山應舉年齡相差二十餘歲，他原為武士，後改業繪畫。他的繪畫受其師及狩野派水墨畫影響甚大。以其巨幅之「狗、雀、菊」掛軸為例（圖176），他幾乎以水墨為主，除菊花之菊瓣外，難見線條，畫中主題皆自然寫實生動，但他仍用「和繪」常用之斜角線構圖，空間甚大，予人一種清新舒爽之感覺，唯一帶有強烈日本色彩之處，應為左角近中間部位之太陽。此一太陽與右邊之狗、雀、菊等相較，並無自然寫實之感覺，頗近不自然而生硬之「和繪」作風。此一時期之畫家似以綜合各種風格為其特色。

南畫

日本之南畫，係仿照中國山水畫之南北宗而來。南畫即中國南宗

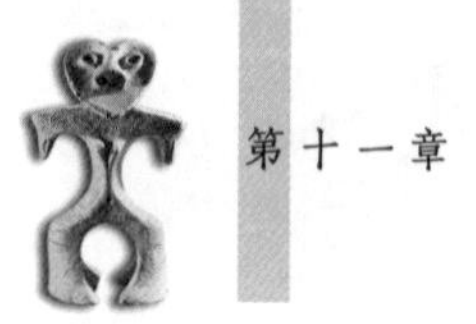

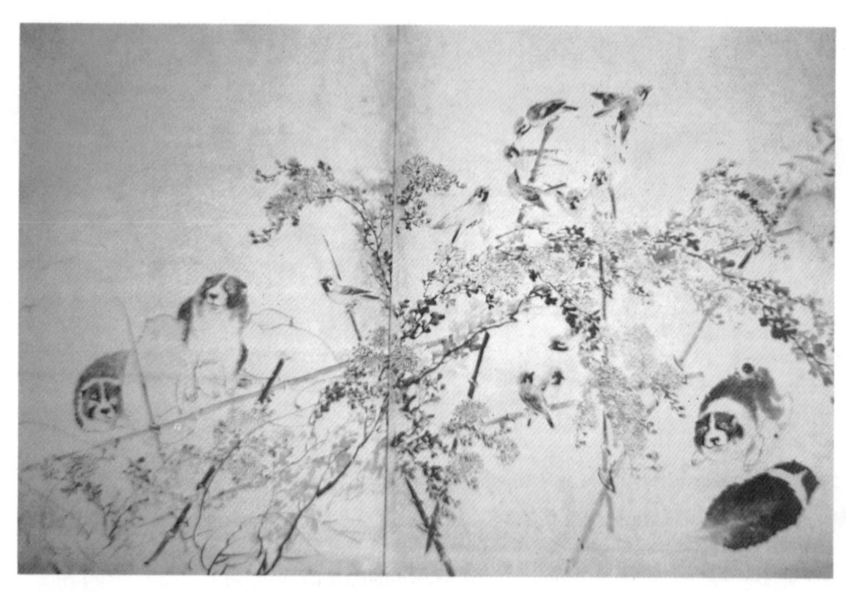

圖176
狗、雀、菊
長澤蘆雪

之風格。在中國所謂南宗者，即文人畫也，與以繪畫為職業之北宗不同，日本亦仿此，以示不以賣畫維生的畫家，不以技巧金錢為重，而在感情及意境之表現。此種文人畫家或業餘畫家，在京都地區甚受歡迎，但在江戶及大阪則並非如此。

池大雅

池大雅（公元1723～1776年）具備所謂文人畫家的主要條件，即詩、書、畫皆精，他的「三山之旅」（圖177）是以線條筆法為主。此種筆法係活潑、有力及較為奔放的筆法，與其他工筆畫之線條不同，而此種較不受拘束之筆法，即中國文人畫中多見的筆法。由其所繪之山巒所用之筆法可知，池大雅之用筆已頗為自在自如了。

他的「釣便圖」（圖178）是他「村居十便十喜」畫冊中的一頁。在他的這本畫冊中，他以繪畫的方式描繪村居十種方便的地方，以及十種喜樂之處。十種方便之中就包括了垂釣的方便，故稱之為「釣便圖」。

這幅「釣便圖」的用筆，較其「狗、雀、菊」之用筆更為隨意奔

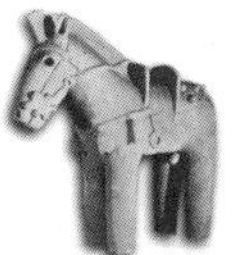

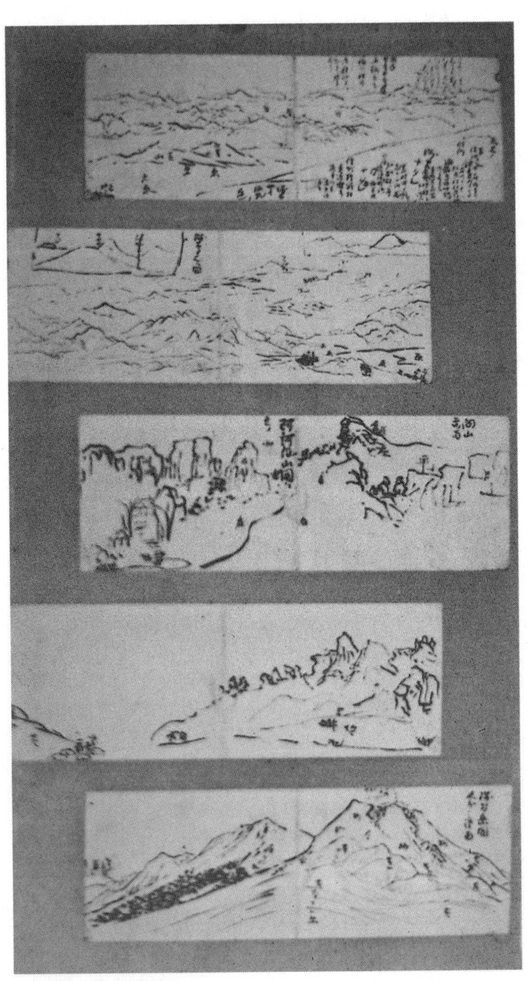

圖177
三山之旅
池大雅

圖178
釣便圖
池大雅

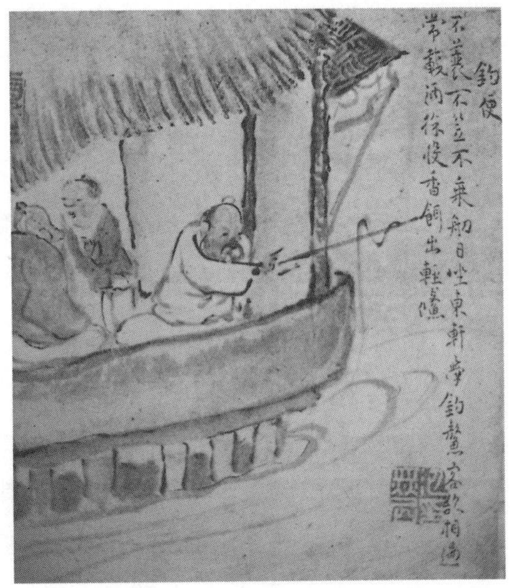

放，茅屋頂部、欄杆及水中木柱均以渲染為主，輔以捷促之線條，甚為灑脫。由欄杆部分之線條可見，池大雅繪作此畫時，「意」及情感之奔發為其首要，如線條之粗細，是否連貫及規直，均不在其首要考慮之內。此或可為中國文人畫強調的「意在筆先」作一註腳。由池大雅的「釣便圖」，或知部分日本「南畫」畫家，已體驗到中國文人畫(Bunjinga)的要義所在。

此幅畫的七言詩，進一步將他居所釣魚方便的地方作較為詳細的敘述；他說去釣魚時，可在水上茅亭中坐釣， 免去乘船及穿著斗笠與簑衣之苦，同時因場所較為寬敞，故可在亭內略備酒食，作為休憩時小酌之用。據詩所載，所釣者為鰲而非魚，中國畫中釣魚圖有之，釣鰲則似未見也。

池大雅不但精於詩、書、畫，同時亦習禪，過從者均文人雅士及畫家，由此可見，室町、桃山時期習禪之風，在重商的江戶時期，應在日本知識分子或文人雅士中，亦頗受歡迎。

「南畫」之在日本興起，自然與接觸中國明朝（公元1368～1628年）文化有關，因中國畫南北宗說之興起，係由明代之董其昌所力倡，明以上未有南北之分也。董其昌說：「禪家有南北二宗，唐時始分；畫之南北二宗，亦唐時分也，但其人非南北耳。北宗則李思訓父子之著色山水，流傳而為宋之趙幹、趙伯駒、伯驌，以至馬夏輩；南宗則王摩詰始用渲淡，一變拗斫之法，其傳如張璪、荊、關、董、巨、郭忠恕、米家父子，以至元之四大家。」由此可見，董其昌力倡南北宗之說後，日人亦應之，遂有「南畫」之出現，故日人與中國歷代文化的密切關係，以及跟隨模仿力之強，在此又可得一明證了。

池大雅除了作水墨的寫意畫外，亦繪工筆畫。 在他繪於四面紙門上的「山水人物」畫中（圖179），見其施於松針、花草及岩石之皴法，以及所繪之線條均極細緻工整，與「釣便圖」可謂大異其趣，但在左側紙門畫面上的茅草亭及人物，卻遠不如其他部分之工

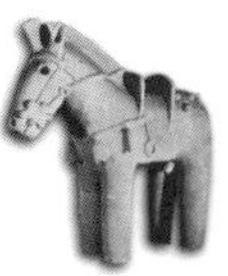

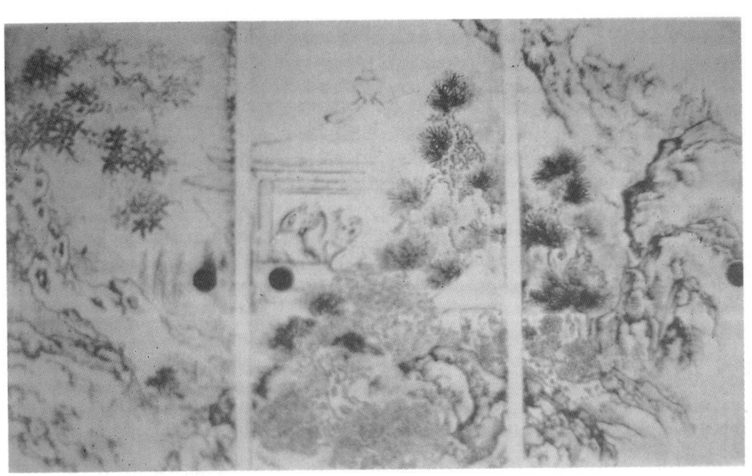

圖179
山水人物（局部）
池大雅

整；茅亭頂部及橫梁部分之線條粗細不一，人物之衣著部分用淡墨並略加渲染為之。如與其他部分相較，顯然對於此一部分似刻意不求細緻，而非不能也。在整幅畫而言，此種手法易予人一種不甚調和之感，在中國畫中似不常見，或許仍沿襲部分日本畫家傳統之風格，即特重某一部分，而不面面俱到也。由此亦可見部分日本畫家雖受中國繪畫之影響，但仍有與中國繪畫有所差異的本土風格。

与謝蕪村

与謝蕪村（公元1716～1783年）本名谷口長庚，幼年孤苦無依，被其居於与謝郡的外祖父家收養，故改姓与謝，又稱謝寅。在日本文學史上，他是著名的「俳句」詩人。所謂「俳句」就是以最少的字數將情韻描述出來，當時上自知識分子，下至販夫走卒，皆多能吟詠「俳句」。初期的「俳句」內容多帶詼諧，著重於文句技巧及作者之才智，後來方發展到吟抒感懷和心境❷。

❷余我編著《日本古典文學評介》(臺北，臺灣商務印書館，1992年)，第67~83頁。

与謝蕪村不但是日本天明時代「俳句」的領袖人物，同時也是日本「南畫」的著名畫家，但是他於四十歲時方開始作畫❸。由於他對中國之文人畫極感興趣，故對中國文物頗多潛研，曾偶得文徵明之作，即刻意臨摹，至為傾心。他的繪畫題材甚多均與中國有關，如「蕭何月下追韓信」、「蜀棧道圖」、「三顧茅廬」等❹。他的「俳句」意境甚高，如：

秋風歌酒肆，詩情話漁樵。
落日垂大荒，塊壘石蕭索。

江雲渺無際，秋風吹釣竿。
欲墜頭上月，四五人圜舞。
柳落泉流涸，砂乾見群石。
雲橫甲斐腰，錯認堆梨花。
雪地焚落葉，銀白映火紅。
草上籠晚霞，夕陽波無聲。
青葉積叢起，富士山更高。

蒼涼葉落後，夜聽寒斫遠。
春來情緒漫，終朝潮水平。
市聲破重霧，晨興千家村。
手中提草履，涉水澈骨寒。
夜坐小閣內，遠聽蛙鳴聲。
漫然飄鐘音，夏日人覺爽。
易水流残葉，清涼感淒切。
手擷青草汁，愛染團扇絹。

船頭洗葉女，波上禽鷗飛。

圖180
峨眉露頂（局部）
与謝蕪村

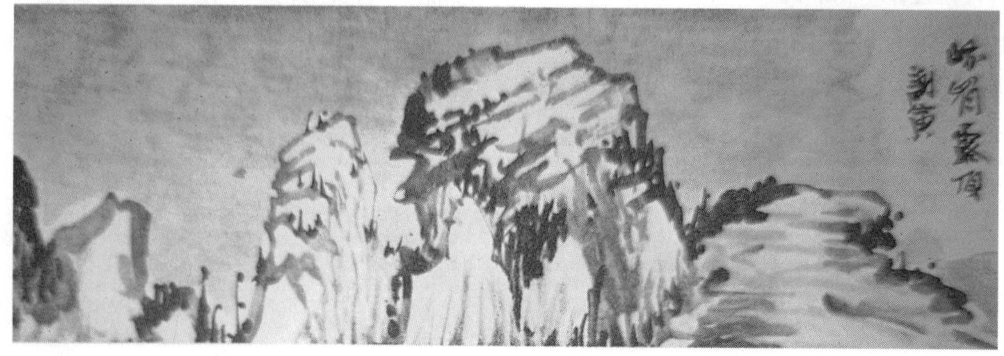

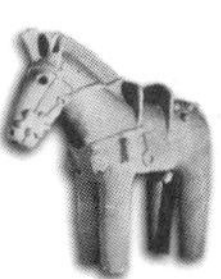

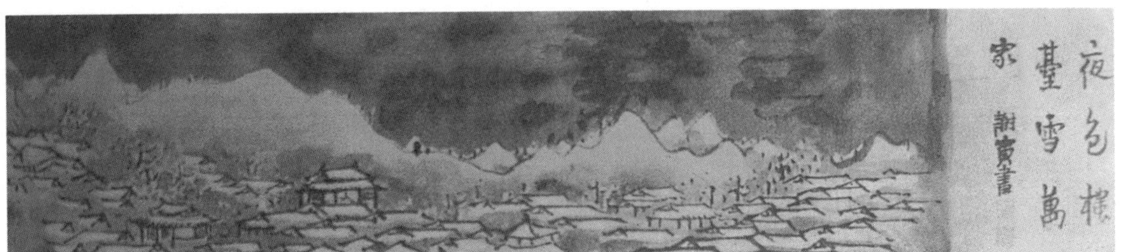

圖181
夜色樓臺雪萬家
（局部）
与謝蕪村

海棠玉粉片，偶滴胭脂珠。

《春泥集》是与謝蕪村的佳作之一，在序文中曾說：「而詩當以李杜為貴。」對於中國文化的傾心可見一斑❺。他的「峨眉露頂」手卷❻（圖180）係以中國四川的峨眉山為題材，但並無資料顯示他曾赴中國，當非實景寫生之作。

在這幅畫中，他自題謝寅，應是他畫山水畫時慣用之名， 因他在「夜色樓臺雪萬家」之畫中，亦以謝寅署名。由与謝蕪村的「峨眉露頂」畫中，可見他喜用濕墨重筆及渲染，未見工筆細緻之跡，自係以寫意為要，且全畫中未見日本本土風格出現，是否因醉心中國詩畫，而未予摻加，頗值研究也。

「夜色樓臺雪萬家」❼（圖181）之名係取自中國繪畫，一如其所繪之「峨眉露頂」，与謝蕪村係在日本以有關中國之題材作畫。他於五十

❸ Seiroku Noma (Translated by Glenn T. Webb), *The Arts of Japan* (Kodansha International, Tokyo, 1978), p. 171.
❹ 同❶。
❺ 同❶。
❻ 此一手卷高 28.96 公分，長 241 公分。
❼ 此一手卷高 27.17 公分，長 128.8 公分。

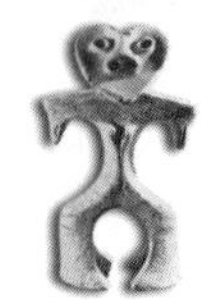

餘歲後在東京（江戶）長期居住，就其觀察雪景所得，繪作此畫。他仍以濕墨重筆及渲染之手法為之，自是意在筆先，與池大雅之「釣便圖」頗有近似之處，惟在此幅畫中，線條為其主力，再以渲染為輔，而「釣便圖」中，則較以渲染為主，線條為輔。但兩者均境界高逸，毫無匠氣，運筆自在，應可與中國之文人畫媲美。再看兩人之背景，詩、書、畫俱佳，個性超逸，可為「南畫」中寫意之代表者。

浦上玉堂

浦上玉堂（公元1745～1820年）為武士出身，因不滿其主子之政策，而攜其古琴（Koto）浪跡天涯❽。浦上玉堂喜作垂直如高山之構圖，如「東雲篩雪」（圖182）及「青山紅林」（圖183）均為其例。前者之構圖頗與王蒙之繪畫類似，如層層之密林山崖、幾無空隙之畫面，以及直達畫面頂端之高山等。但是其最大之不同在於工筆極少，局部性渲染之處極多，尤其將山頂天空部分全部渲染之手法，在中國傳統繪畫中難得一見，但在西式油畫或水彩畫中，卻是一種常見的方式。

查浦上玉堂較与謝蕪村年輕二十九歲，以与謝蕪村在日本文學及繪畫方面的成就及名氣，後者之繪畫必廣為流傳於日本社會與畫壇中，故浦上玉堂受其影響自不無可能。如以其「東雲篩雪」及与謝蕪村之「峨眉露頂」與「夜色樓臺雪萬家」之天空部分相較，可見均係以渲染手法為之，唯一的不同是与謝蕪村係用含水分極多的濕筆渲

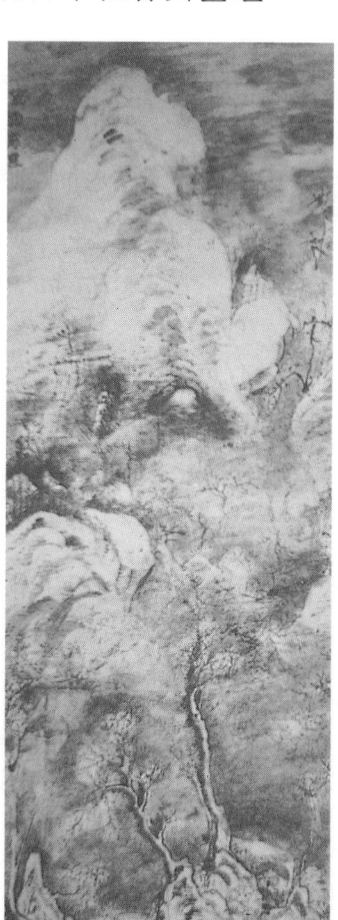

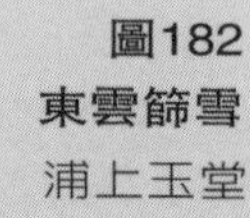

圖182
東雲篩雪
浦上玉堂

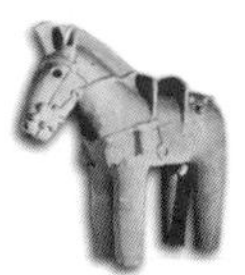

染，而浦上玉堂則局部性為之，筆之含水量亦較少。

再以浦上玉堂之「青山紅林」圖觀之，其構圖仍以高山為主，兩側山巒及樹木組成一左右均衡並彰顯中央高山之配置，全圖以線條及較乾之筆渲染擦抹為之，風格與池大雅所繪之工筆畫「山水人物」圖迥異，或曰其風格與清代畫僧道濟（約在公元1641～1717年間）之繪畫近似❾，但以當時中日文化交流之情況及道濟生前所享之聲譽而言，是否有所影響，似值深研。

浦上玉堂之由武士轉為畫家，應有其近因及遠因；近因即前所述之對主子之不滿，遠因則必須分析江戶時期之社會背景。

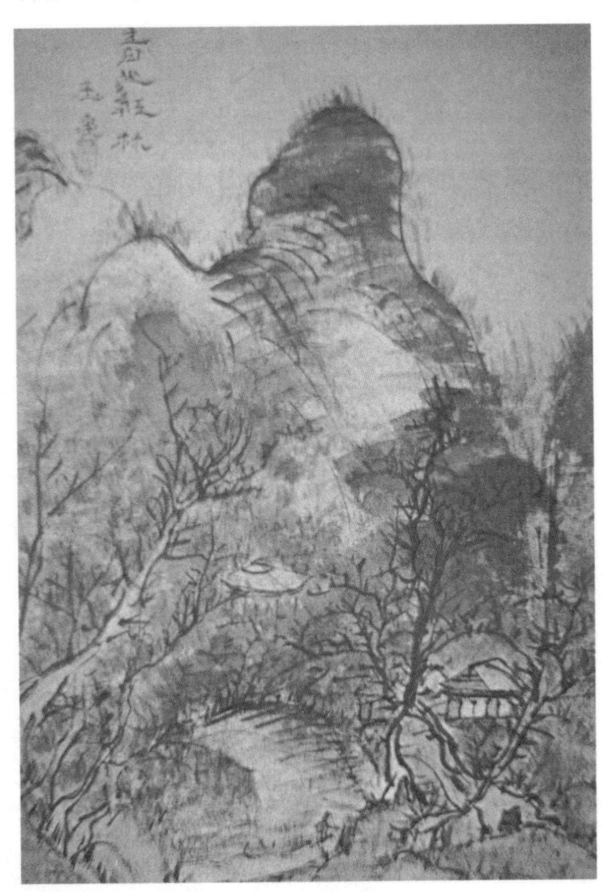

圖183*
青山紅林　浦上玉堂

❽同❷，第149頁。
❾同❷，第173頁。

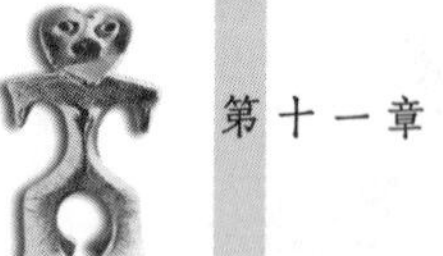

如前所述，江戶時期之經濟變化，使商人階級興起，武士地位衰微，又因德川幕府為鞏固政權，倡導中國儒家忠君愛國之思想，以及儒家之禮儀規範，遂使武士階級之生活及行為再受束縛，情緒之不穩定可以想像。此種情形一如中國之知識分子受亡國之痛，或有志難伸之憂鬱心情相同，故極易轉至文學或藝術方面之鑽研，以使心志有所發洩及寄託。但社會各階級中，均有原因不同之失意者，包括了政府官吏及商人等。長崎港口之對外開放，引進了大批中國貨物與文物，此批文物自然湧向當時日本重要的都市東京及神戶，再加上神戶外港堺市的興起⑩，使神戶及周圍地區成為當時文人雅士及畫家的最大聚集地，同時亦在此一地區成以中國明清畫家為師的畫家首次自稱為「文人」(Bunjin)，以後遂在全國散播。但據可考實物得知，當時似仍以明代繪畫為主，清代者較少。浦上玉堂之轉而致力繪畫，亦受整個社會大環境之影響，應該是沒有疑問的。

青木木米

青木木米（公元1767～1833年）原為一陶瓷家，從事明清風格之研製，遂使其對中國繪畫發生興趣。他的父親在京都從事餐館業，青木木米中年失聰，故有時自稱「啞米」。他的「兔道

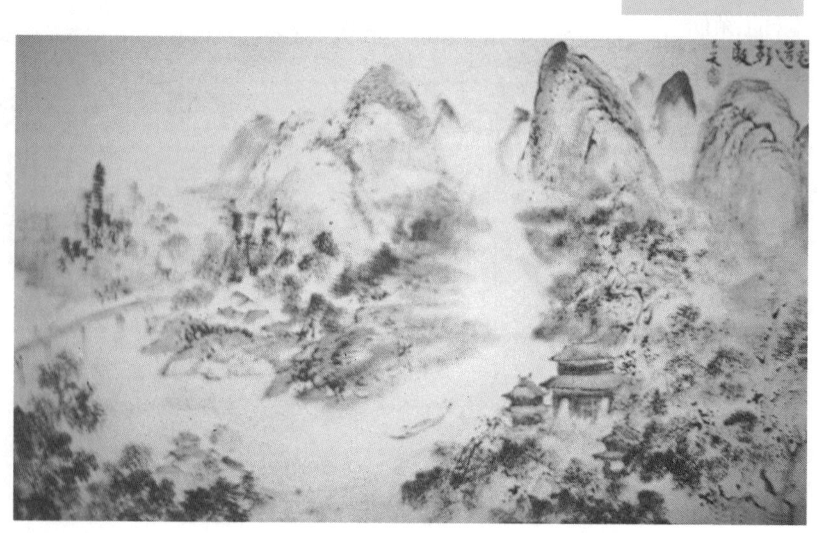

圖184
兔道朝潡
青木木米

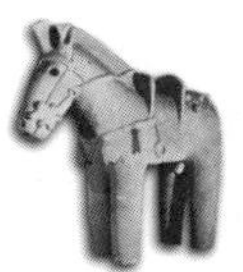

朝瀲」（圖184）英文譯為“Morning at Uji”，為近寫景之作，但在畫中仍稍作更易，右下角之建築即為有名佛寺平等院，即鳳堂之所在地；左下方則為宇治（Uji）橋。此幅畫採左右均衡之布局，除高山外，兩側各以佛寺平等院及宇治橋為重點，其高山之形態，與浦上玉堂所繪之高山頗為近似。畫中工筆渲染並用；前者見於樹木及皴法，後者則見於雲霧及遠景。如與浦上玉堂之繪畫相較，青木木米之繪畫自較工整細緻。他這幅畫中，山、水、橋、舟、人物、樹木、房屋及雲霧均一一含括在內，可謂將中國山水畫之題材幾乎網羅畫至。但最值得注意者為在右側部分代表林木之無數短促之平行筆劃。

上述之短促平行筆劃，在繪畫中最早見於北宋之山水畫中，如米氏父子之山水畫，其後遂散見於後代部分畫中，明清兩代之山水畫，均有類似之筆法，明代董其昌之畫中，尤常見之，故此種畫法應以受明代畫家之影響可能性最大。而此種短促而平行之筆法於十九世紀末期及二十世紀初期，又見於西洋諸位大家之畫中，如聖尚、蒙奈、梵高等，真可謂源遠流長、中西融流了。

青木木米的另一「萬壽南壘圖」

圖185*
萬壽南壘圖
青木木米

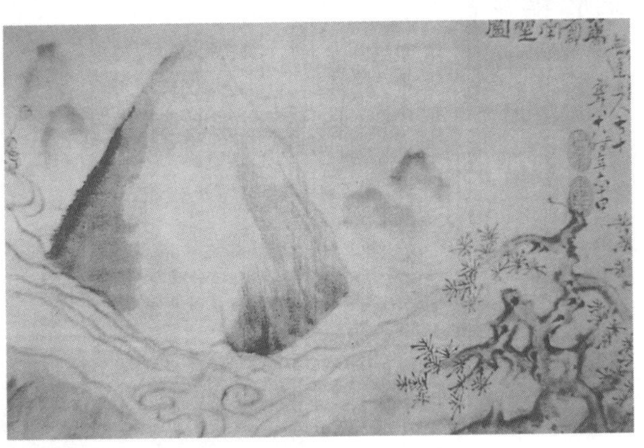

❿ 堺(Sakai)為神戶之外港。

（圖185），為其六十四歲時為友人「無達上人」七十歲壽辰而作。此幅畫以淡墨渲染為主，寫意重於寫實，僅在老松枝幹及松針部分，作較為細緻的描繪，中間高山右側底部亦可見乾筆擦抹之痕跡。照理而言，此幅畫既然是祝壽之作，為何代表壽星之壽星公僅出現在左上側，且形體極小，而中間高山及右下側之松樹卻佔主要位置？就此問題而言，吾人需知在中國傳統之觀念，壽星公之上額頭部必大而長，而松樹及高山均代表長壽，故有「松鶴遐齡」及「壽比南山」之句，如瞭解此種情形，對於為何在畫中將松樹及高山作為主題之意念自可明矣，此亦為此幅圖畫為何題為「萬壽南壘圖」之原因。

谷文晁

谷文晁（公元1763～1840年）的父親是一位詩人，自小對文學藝術接觸較多，幼時曾送其至狩野派畫家處學畫，後來又習土佐派和繪、「浮世繪」及西洋繪畫，最後方習中國畫，為一擅長各種不同繪畫之多才畫家。在人像畫中，他在六十九歲時作了一次驚人之舉，就是在一幅長達九百八十一點七公分、高二十七點二公分的絹本手卷上，描繪了四十二位當時有名人物的畫像。由於谷文晁兼擅各家，故在五十五歲時即享有盛名，求畫者甚多，其中一幅則為友人木村兼葭所繪的肖像（圖186）。

谷文晁於一八〇二年三月二十五日為木村兼葭繪此畫像。木村兼葭（公元1736～1802年）為一有名的米酒商人，但亦是一位畫家及篆刻家，他師事狩野派畫家及池大雅，對藝術鑑賞品味甚高，書

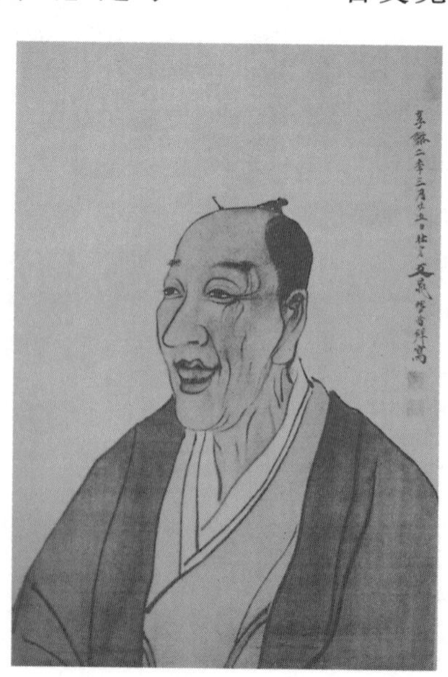

圖186
木村兼葭
谷文晁

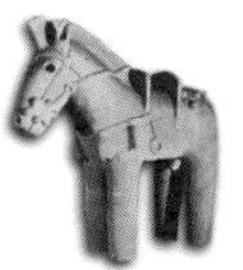

畫亦收藏甚多。他曾一度因政府控告其觸犯米酒(Sake)釀造法而出走，後又重返神戶從事文具業，極為成功。由於經商所累積之財富，他在日本是知名的藝術贊助者，故家中經常有藝術家造訪，谷文晁是其中之一，同時亦在木村兼葭的家中，與其他藝術家相互談論觀摩，對他本身知識及繪畫技能之增進，極有助益。

木村兼葭於谷文晁完成此畫後之二個月，即告去世。在木村兼葭的日記中，他亦曾記載谷文晁為其作肖像畫之事，對照作畫之日期，兩相符合。

谷文晁因曾習西畫，故在肖像畫中，難免將西畫中之明暗表現手法，應用於肖像畫上。如在木村兼葭的左側臉部、頸部、耳部及衣紋部分，均有表示明暗之陰影，而且顯示皺紋之線條，亦在面部與頸部出現。此兩者在傳統之中國風格之人像畫中，極少表現，但整體而言，線條仍為畫中主力。

谷文晁另一新的嘗試就是在人像畫四周加以方框，有如西方之鏡框，前述之四十二位名人肖像手卷，即係採此種方式。他以西方手法表現於繪畫上之例子，以他所繪之風景畫最為顯著。一幅題為「相州高麗寺」的風景畫（圖187）即為一例。

「相州高麗寺」係於一七九三年所繪，當時日本與俄國處於極為緊張狀態，日人唯恐俄人襲擊，故對海岸防禦甚為重視。

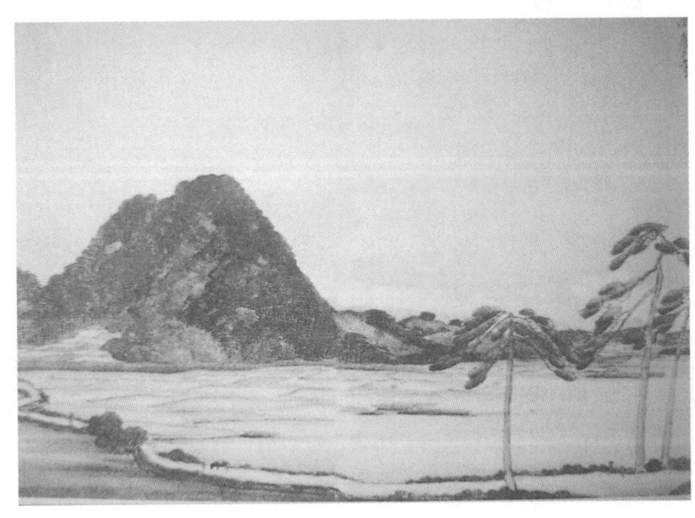

圖187
相州高麗寺
谷文晁

此畫係谷文晁投效幕府服務時，因巡視海岸線而繪。圖中右側之樹木，為西方油畫之畫法，聖尚之風景畫中，類似者頗多；左側之小山亦是以油畫之手法為之，唯一的例外是最左側短促垂直平行的整齊線條，此種筆法亦見於青木木米之「兔道朝瞰」中。另一顯現西方繪畫特徵的是前、中、後景深分明的立體感，以及海面波浪的表現方式，因中國及日本傳統的方法，是以較為規則性的細描線條代表波濤海浪。

總言之，由谷文晁的繪畫可知，其所具之不同風格之畫風，亦代表日本社會及文化，在受不同外來文化衝擊或影響後，所自然形成之結果。

渡邊華山

渡邊華山（公元1793～1841年）曾學畫於谷文晁，在世僅四十八年， 但是他的一生，卻是同時代畫家中最特殊的一位，不但充滿了可歌可泣的親情，而且也滿懷悲壯事蹟。他可說是一位將本身親身苦痛經歷，以畫筆表現出來的一位時代畫家，故特詳為介紹：

(一) 出身：

渡邊華山的父親渡邊巴洲（公元1765～1824年）原為一領邑武士之三子，於十五歲時為尚無子嗣之渡邊家族收為子息，並與渡邊家之養女結婚，以渡邊為姓，故渡邊華山的七位兄弟姊妹，皆與渡邊家族並無直接血緣關係。結婚後未久，即遷至江戶，為渡邊家駐幕府之代表。一七九二年繼承渡邊家族的官位。渡邊巴洲對儒家思想曾加研習，其子華山亦然。據逸史記載，父子之間之關係極為親近。

(二) 生平：

渡邊華山於三十歲（公元1823年）時方結婚，未久其父即病重，長期需人照顧，渡邊華山即以照顧病榻之父為先，領邑事務其次，係一孝子。在他看顧父病中，渡邊華山即不時為其父作畫，甚至包括其父臨終時，以膝跪地，為其父之遺容作最後之描繪（圖188）。此種情景不但極為感人，且在世界各國畫家中，亦是獨特稀有之例。中國儒

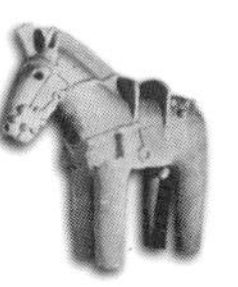

圖188
巴洲先生畫像稿
渡邊華山

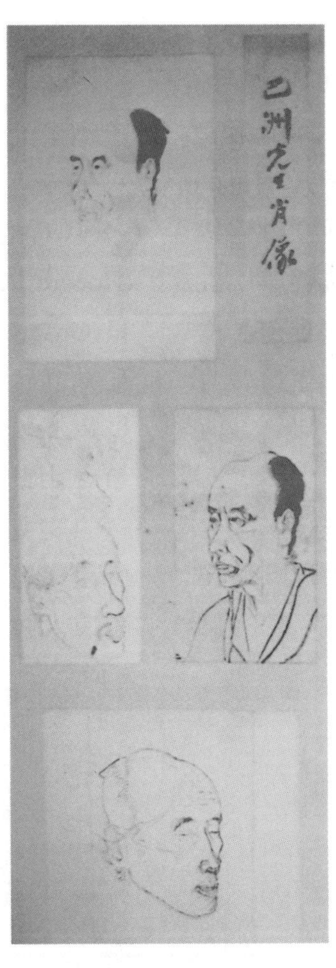

家提倡「孝悌」，渡邊華山的表現，應是儒家精神深植日本知識分子及武士階級之證，但接受儒家思想卻又能如渡邊華山者，實難得一見也。

江戶時期的重要畫家，如谷文晁及渡邊華山均亦擅肖像畫，可知肖像人物畫在江戶時期必甚流行，但日本肖像畫源起於鎌倉時期禪宗盛行的祖師像，故當時日本的知識分子及武士階級，對於禪宗文化有相當之接觸，應該是沒有多大問題的。

公元一八三二年，渡邊華山被任命為所屬領邑的首席顧問，主要的任務是設計海防及制定紓解饑荒的政策，因當時幕府腐敗，饑荒常在日本各地蔓延。在此一時期，他結識了許多接觸西洋思想及政經科技的愛國分子，並且結合成一個研究團體，主要在研究當時稱為「蘭學」(Rangaku)的西方思想及科技工藝等。他們並不時對幕府的國內外政策加以批評。一八三七年，一次神戶地區的大饑荒，令民不聊生，社會混亂，而政府卻未能作適當之處置，遂有篤信儒家之學者領導起義，但隨後被平定，於是幕府決定對不滿者採取高壓政策，以防類似之事件再次發生。

一八三九年，日本政府決定將靠近日本領海的美艦「摩里遜號」驅逐，渡邊華山及其同伴公開表示對政府決策之不滿，於是幕府決定於五月十五日將主要人物加以拘捕，其中一人因自知不能忍受獄中痛苦，自殺身死。渡邊華山被捕後，他的學生盡力搶救之，其中一個學生甚至願意以己身作為人質，以換取渡邊華山自獄中釋放。由於此種原因，繫獄六個月的渡邊華山，終於獲釋返回家鄉繼續看管。被軟禁後年餘，渡邊華山在沈默無法發言及死亡之間，作了一個選擇，終於在一八四一年自裁身亡。

(三) 繪畫及傳承：

渡邊華山自獄中返鄉後未久，即以當時獄中親身經歷，以圖繪出可稱之為「獄中」的草稿畫（圖189）。圖中顯示渡邊華山在獄中跪地被縛之情景，他這種對現實生活與遭遇的描述，與哥耶的「一八〇八年五月三日」、戴衛(Jacques Louis David)的「馬諾之死」、德米爾(Honore Daumier)的「三等車廂」、柯貝(Gustave Courbet)的「碎石者」以及梵高的「吃馬鈴薯的人」等，都是對社會現況的「寫實主義」者⓫。由此我們亦可以看出，因為社會的變遷、都市的興起、工商業的發達與民主自由思想的逐漸散佈，而使人與人間、人與社會間之關係

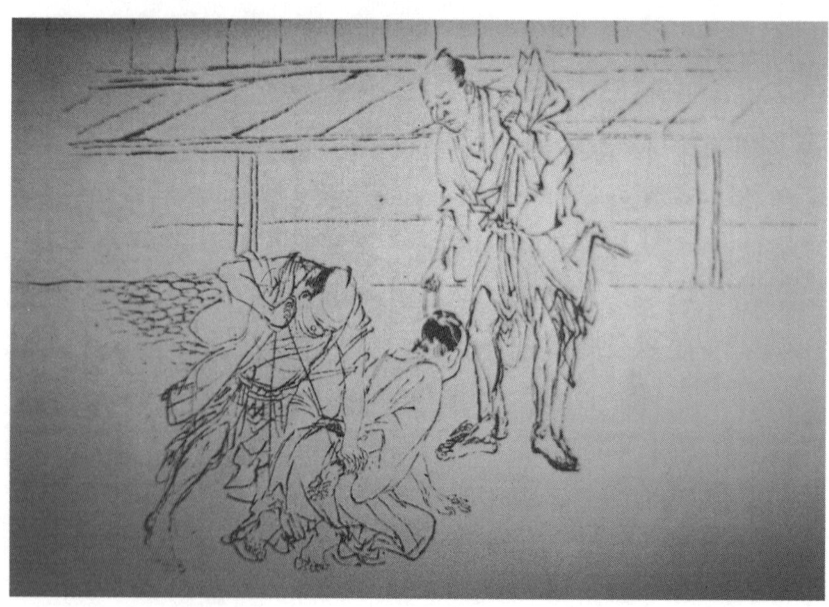

圖189
獄中草稿
渡邊華山

更為密切；有思想的藝術家不但關懷本身外的人群，亦積極介入自身所處的社會事務，並以自己的專長用各種方法表現出來。故東西方文化雖有不同，但某些方面並不會因文化之不同而有差異，如東西方畫家都會以自己所見、所聞與自身的感受，以繪畫表現出來，渡邊華山就是日本江戶時代的一個佳例。

渡邊華山的「獄中」係一紙上草稿，主要用乾筆畫成，頗為生動寫實，三個人物的姿態表情，亦自然逼真，尤其所有頭部部分，均未再作修繕，可見其功力。

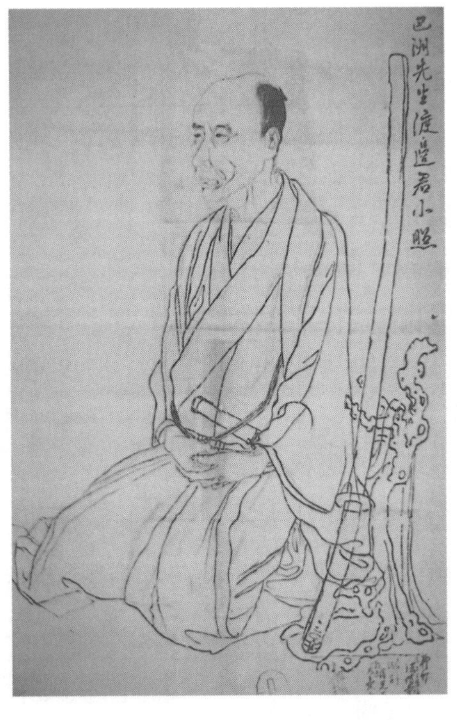

圖190
巴洲先生渡邊君小照
渡邊華山

前曾言及，渡邊華山與其父感情甚篤，所繪之「巴洲先生渡邊君小照」（圖190），是渡邊華山為其父生前描繪的掛軸跪坐像。他自谷文晁所學的明暗對比西洋畫法，在其父面部以及眉、眼、鼻、嘴、耳、頸部分，均明顯示出。此外，在衣紋部分係以白描手法表示線條，但仍以淡墨代表陰暗部分。額角頭髮與皮膚之間，髮根清晰可見，為日人描繪肖像畫特徵之一，鎌倉時期源賴朝將軍之畫像，為較

⓫邢福泉著《藝術概論與欣賞》（臺北，臺灣商務印書館，1993年），第181~211頁。

早之先例。

谷文晁之人像畫有加外框者，但未見有配景在畫像中，渡邊華山則在其父畫像之左側加一武士刀匣及支架，使畫像顯得較為生動而不呆板，但刀匣之線條似為其敗筆。

渡邊華山於十二歲正式從名師研習儒家思想，十六歲前雖曾從親友學畫，但卻非正式者，直至十六歲時方接受學院式的訓練，最後師承谷文晁。如前所述，渡邊華山是一位寫實主義的畫家，除致力肖像畫外，也描繪日常生活景象與風景畫，現分別簡介如下：

（一）「人生百態」（圖191、192、193）

此三幅描繪社會百態之繪畫，係五十一幅圖畫冊中之一部分，據渡邊華山自稱，此一畫冊係在一天兩晚中完成；前十幅以十三世紀至十八世紀之事物為題材，後面四十一幅則是他在都市中所見而畫的。由圖中可見他的筆法流暢，運筆快捷無礙，特色是無背景，空間甚多，常作上、中、下三層排列，以凸顯景深，斜角線構圖頗多，並多以中心部位為重點。但最大的特色是在同時應用濃淡不同的線條，以及用濃淡表示陰影之強弱。

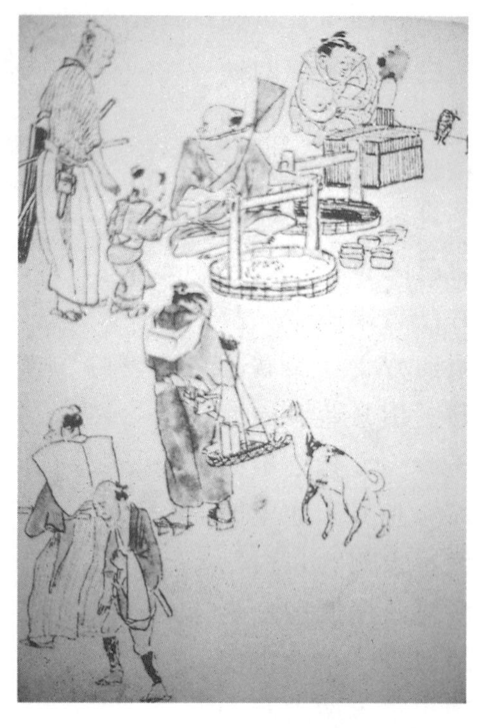

圖191
人生百態之一
（局部）
渡邊華山

（二）「于公高門圖」（圖194）

此幅畫為渡邊華山傳統風景畫之代表作，亦是他生前最後一幅遺作。這幅畫完成於一八四一年末期，為贈送江戶縣令之禮物，以感謝這位縣令在審理對他政治迫害案

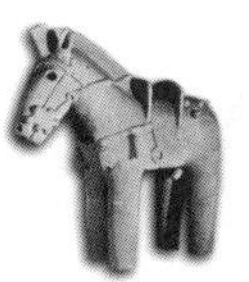

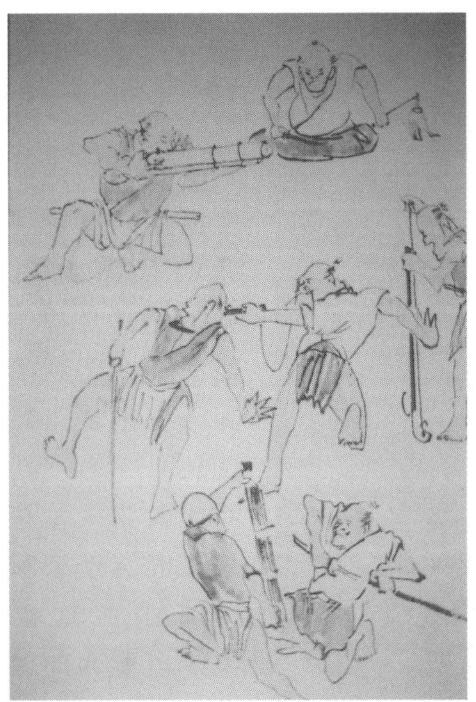

圖192
人生百態之二（局部）
渡邊華山

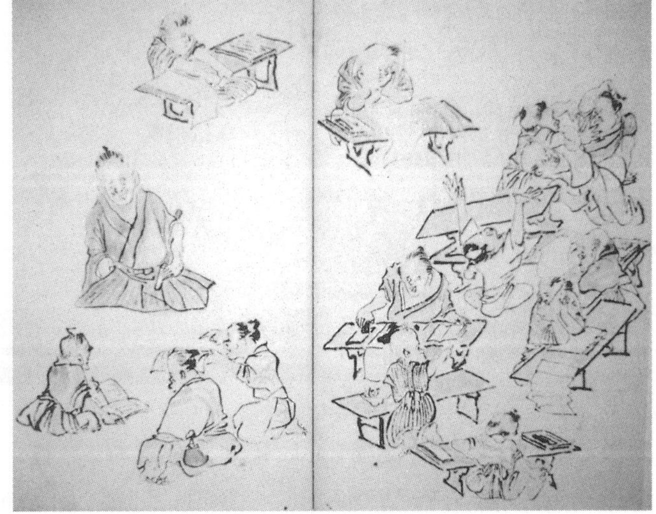

圖193
人生百態之三（局部）
渡邊華山

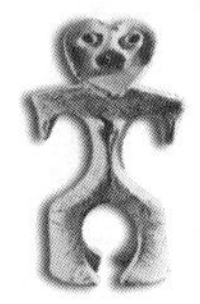

件時的公正處置。同年十月十一日，渡邊華山潛至住家不遠的小屋，以武士刀切腹自殺，年僅四十八歲。

在渡邊華山正式完成這幅畫前，他先作草稿（圖195、196），在草稿左下方處，以正楷書寫「于公高門圖」，但至正式完成時，他卻用篆書書寫，筆法甚佳，亦可見他對中國書法亦有頗深研習。

「于公高門圖」係取材自中國民間傳說，大意是說于公為一操守廉潔，愛民如子而又德高望重的人，他為了使後代要以他為榜樣，故特建高門，使後代見到此一高門，即想起了他，藉資激勵。這幅畫分前、中、後景，中景為重心部分，全幅畫皆為工筆細緻之作，每一部分皆清晰可見，為明代繪畫特徵之一，但逼真的寫實，卻非明代繪畫所易見，尤其是撐竿的船夫及大門前的獵狗，已至幾可亂真之地步。右下角中間之人物，當係監督工匠之于公。渡邊華山在這幅畫中，自然亦將明暗表現之手法應用在內；或用淡墨，或用濃墨。在屋頂下的大門，右下方人物的衣紋，高架上的木板，以及船隻兩側的淡墨等處，皆可見到以濃墨及淡墨表示明暗之手法。此在中國繪畫中，實難以見之。這幅畫無論筆墨、技巧及表現，均為上乘一流之

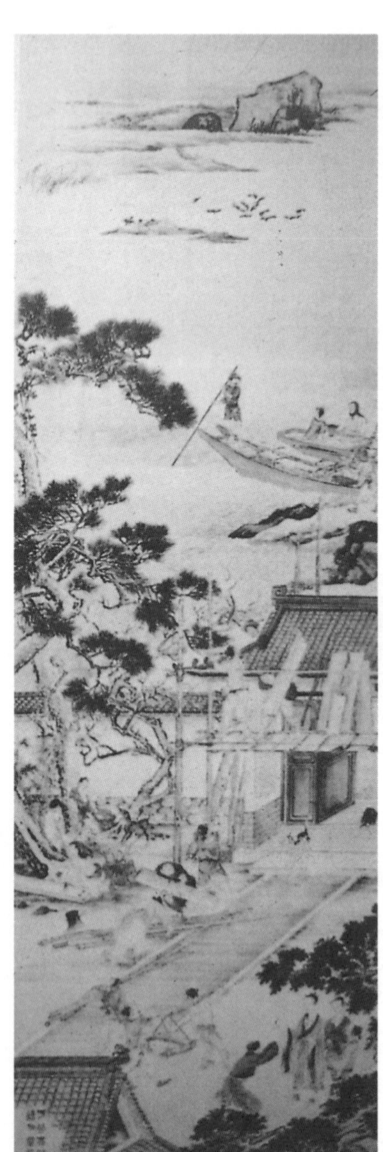

圖194
于公高門圖　渡邊華山

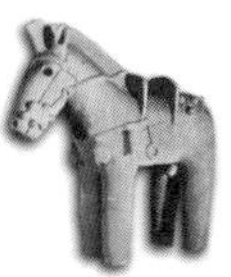

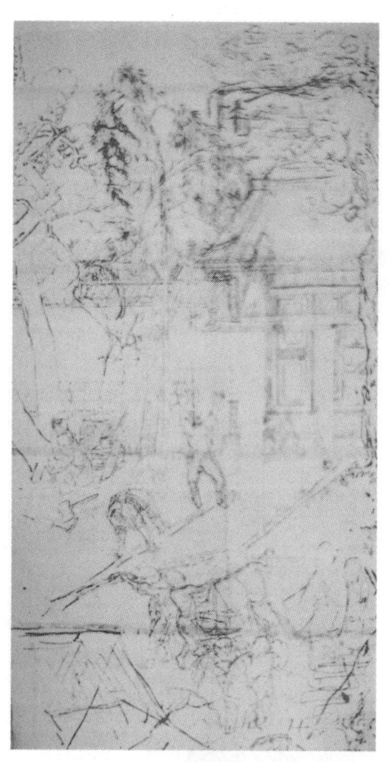

圖196
于公高門圖草稿
渡邊華山

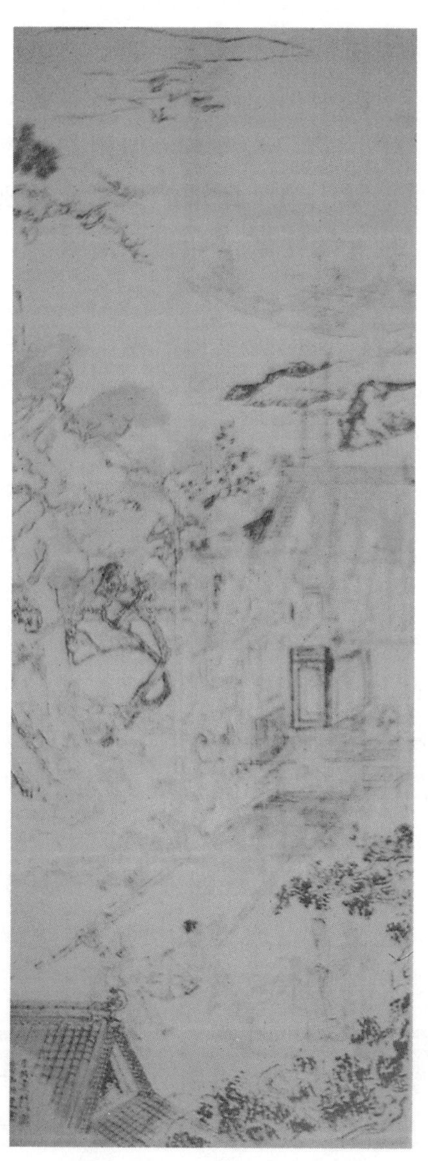

圖195
于公高門圖草稿
渡邊華山

作，甚有可能為渡邊華山死前特意傳世之嘔心巨作。

（三）「市川畫像」（圖197）

這幅畫是為市川（公元1779～1858年）所繪的肖像，市川在江戶時期是極為著名的書法家。繪畫上方的題詞是市川本人所寫，是渡邊華山為慶祝他的六十歲生日而繪的。但是這幅畫的實際繪作日期是一八三七年，較市川的六十歲生日（公元1838年）早了約一年。市川為了答謝渡邊華山為他所繪的畫，還特別送了他一本中國清朝畫家所畫的畫冊。

圖197
市川畫像
渡邊華山

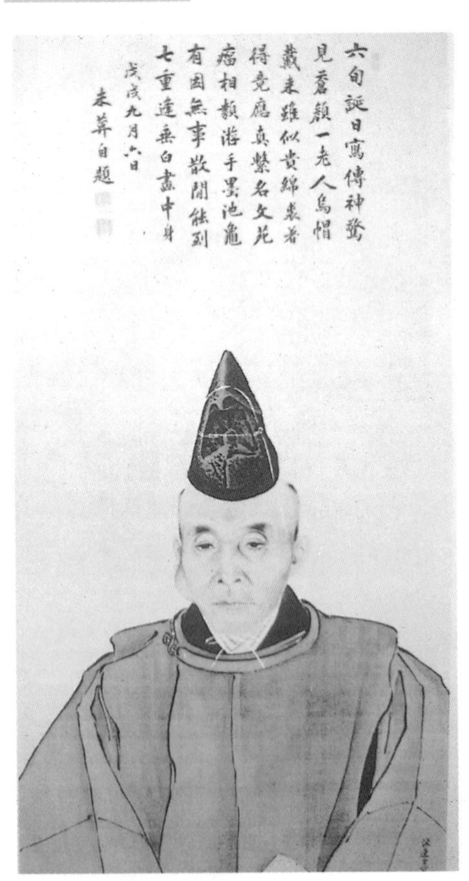

這幅畫與他其他所繪的畫像有顯著的不同處，就是這幅畫的人物的面部整個表現，已變得柔和細緻，看不見深刻或明顯的筆劃或線條，而是以柔和而不搶眼的陰影代替，下巴部分亦無法看見線條存在，這是用近似西方素描的方法所畫的人物肖像，故頗有寫實感。但是在衣紋部分，仍以線條為主，部分偶用明暗對比的手法，但缺乏如面部的真實感。

（四）「巨人小圓畫像」（圖198）

這幅畫是渡邊華山為日本巨人小圓所繪的特寫畫。這位日本巨人是渡邊華山的好友，亦是知名的儒家學者全樂堂薰本所介紹認識的。渡邊華山特地到全樂堂薰本的家中，為這位巨人作畫。

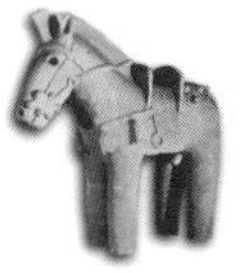

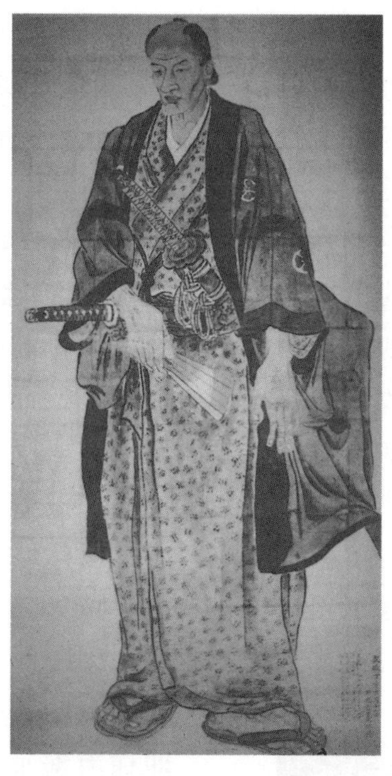

圖198
巨人小圓畫像
渡邊華山

圖畫右下角是全樂堂蘗本所寫的日期，即「丁亥六月十一日」，他還特別將此一巨人的身高等作一記載，即身高二一四公分，肩寬一〇七公分，和服長一五五公分，手掌長二五．七公分，腳掌長三三．三公分，體重一二一．二八公斤。據資料記載，小圓於一八二七年五月到達江戶。他原來是九州一位「大名」的武士，但到達江戶後，立即成為商人小販的熱門人物，到處都是販售他的手印、足印及圖像的熱潮，但是卻無一是真實的，有的甚至將他與色情畫刊結合在一起，日本政府看見社會上為他鬧得太不像話，最後終於下令嚴禁與他有關的任何東西出售。巨人小圓在江戶的日子自然過得不愉快，他曾經一度想做摔跤角力選手，但並未成功，故在江戶未及一年，就重返九州了。

巨人小圓的畫像的特殊處如下：

(1)首先令人覺得繪畫者所站的角度，是從下而上觀望，彰顯了巨人的特殊身高。

(2)巨人頭部的些微俯視，使他巨大的身高略為收歛，避免予人覺得更高大的感覺。

(3)巨大的雙手及雙足均特別強調。

(4)身帶雙刀及摺扇，此種配戴在其他武士人物畫中，並不多見。

(5)仍以線條為主，配以陰影以顯示明暗度，但是面部的線條已不過分強調，與表示明暗度的陰影，幾乎各佔一半，其比例與市川肖像極少線條相較，顯然甚有差異。如以繪畫日期相較，此幅畫繪於一八二七年，與市川的肖像畫繪於一八

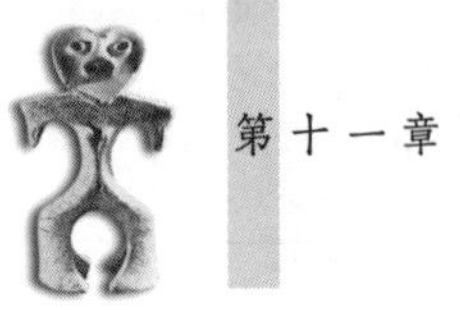

三七年相較，前後相差十年，應代表渡邊華山風格的轉變，即由強調線條，而逐漸轉至有如西方素描方式的肖像畫。

（五）「市川像草稿」（圖199）

渡邊華山繪作此圖的日期是在一八三七年，但是這是他為市川作正式肖像畫前的草稿，故較為粗略草率，使用線條之處甚多，但繪作正式肖像時，原有之線條大多消失不見，代之是細緻柔和的陰影與明暗的對照。兩者相較，自以後者耗時較多，但以性格之表現言，前者應勝於後者。

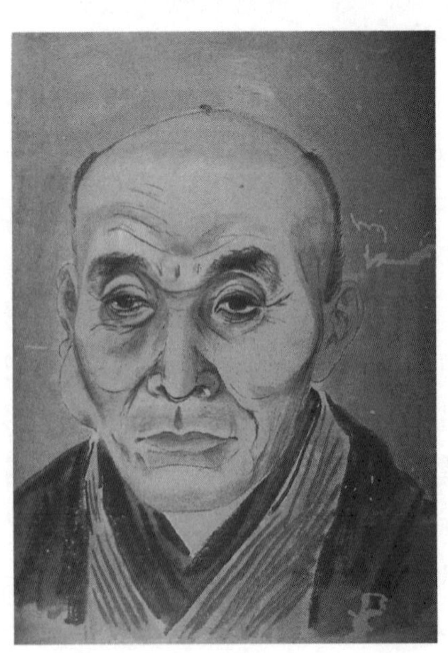

圖199
市川畫像草稿
渡邊華山

（六）「渡邊華山像」

此為渡邊華山的學生椿在渡邊華山逝世後十二年時（公元1853年）所繪（圖200），但在繪畫的下端卻寫著是渡邊華山四十五歲時的肖像，很可能是椿照著記憶或以前所繪之草稿而成，因渡邊華山在四十五歲時，尚未遭受幕府的迫害，事業亦在高峰，門徒及學生為其畫像應是極有可能的。

椿與渡邊華山可說是亦師亦友，因剛開始時椿與渡邊華山在同一師父門下學畫，師父逝世後，椿即在渡邊華山的指導下繼續習畫。故極有可能椿於拜師未久後，師父即逝世，而由渡邊華山代師訓練。或許因為此種特殊關係，而使椿成為渡邊華山的最忠實門生，但椿並非一個阿諛者，而是一個有獨立思想及判斷的人。其師逝後，他冒著危險照顧師父的母親、妻子及兒女的生活。此種氣節應正是中國文人所謂的「大義凜然」、「威武不能屈」及「高風亮節」的

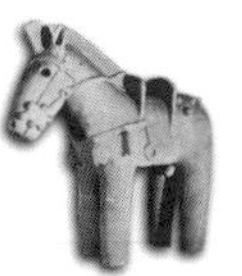

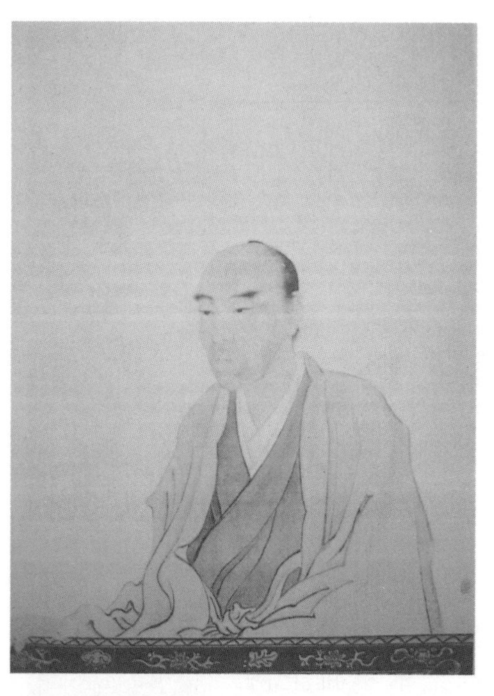

圖200
渡邊華山像 椿

崇高情操。日本的部分畫家，不但吸收了中國文人的繪畫技巧，而且也彰顯了中國文人及君子所期望的最高境界及風骨。

據記載，渡邊華山的兄弟曾從椿學畫，而椿的兒子又是渡邊華山的學生。一八二四年時，在椿門下學畫的人，就有四百人之多，可見他在當時的地位和聲譽。椿同時也是一位評論家、書刊編輯及社會運動的推動者，均極受人尊敬。渡邊華山有此一傑出的門生，也算可堪告慰矣。

渡邊華山肖像的繪畫手法，在衣紋及明暗處理方面，與渡邊華山的手法近似，但其線條較渡邊華山者輕柔，且甚多淡墨線條。至於面部之表現，仍甚為細緻及注重陰影與明暗之對比，但椿卻以極淡之陰影表示之，面部之輪廓線條亦淡淡現出，予人一種較為輕柔之感覺。兩者之個性差異，在他們所繪的肖像畫中，或許亦可見其端倪。

建　築

東照宮

日本的神道思想對於部分日本的建築影響甚大，如特定人物死後，可化為神的觀念，至少自開國後即逐漸流行。早期多出自皇室成員及宗教領袖，著名之聖德太子神社即為一例，但其後幕府政治形成，武士階級之身分亦隨之提升，武士之領袖死後亦被神化，並建神社供之，一五九九年在京都所建之豐臣秀吉神社為其先例。

江戶時期的大將軍德川家康開府江戶，權傾一時，集軍政等大權於一身，自盼死後亦能神化，並建神社供之。他聽從一位佛教住持的建議，選擇了江戶北方的日光，作為他死後建造神社的地點，並埋葬於當地。此一德川家康神社的範圍，佔地二十五萬英畝，極為廣大，現已被日人定為國家公園。

德川家康於一六一六年去世，一六一七年開始動工。現在的規模則是他的第三代繼承人於一六三六年完成的，因規模極大，故稱之為宮，但內部卻涵蓋了佛寺、神社及塔式墓園。由於日光之地理位置關係，陽光照射之時間甚長，此一結合佛寺、神社及墓園而成的建築群，被稱為「東照宮」。

東照宮的陽明門（圖201）為一六三六年完成之建築。稱之為陽明門，應係自明朝理學家王陽明之名而來，因德川幕府特尊儒家，明朝大儒王陽明之學說必傳至日本，又因王陽明文武雙全，與幕府將軍之軍事扯上關係，以之為大門的名稱，應為合理之事。

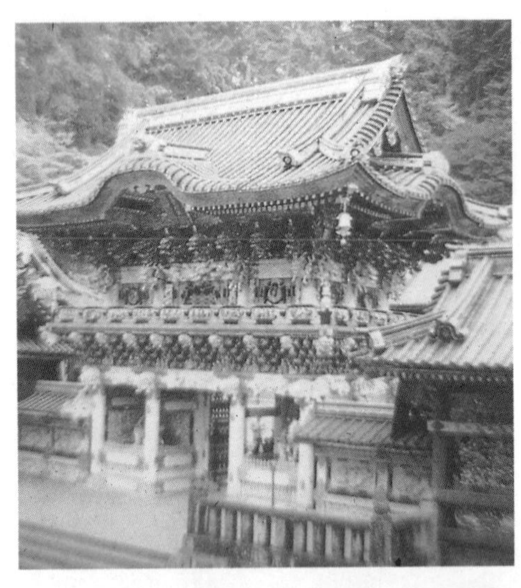

圖201
陽明門
日光東照宮

此一陽明門正門寬十八英尺，高三十七英尺，樑柱均施以漆及鍍金飾物與雕刻等，極為富麗，係由大將軍府之建築師所設計。在陽明門二樓的雕塑，均以中國之儒、道人物、佛教高僧及帝王名臣與仕女作為題材，配以華麗的花樹及極為寫實的動物等。由此種題材看來，可見中國文化如何為當時的日本統治階級所仰慕。

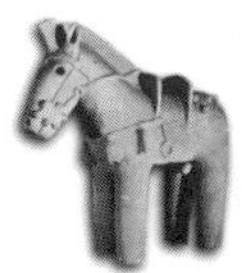

至少自中國南北朝始，佛寺大門多以二層為之，中國洛陽的永寧寺是為其例，故東照宮之大門為二層，係來自中國之傳統建築。再看屋簷四角懸掛銅鏡鐘，亦係源自中國南北朝。屋頂瓦面之配置與裝飾亦係受中國南北朝建築之影響，如屋脊尾端突出之經卷狀瓦當，以及正脊兩端出現之鬼面瓦等。唯一非南北朝風格之地方為正面及兩側彎曲狀的瓦面。

以整體看來，陽明門的風格是屬於中國式的建築，最大的不同是它以極其奢華的物料作為裝飾，並過於繁瑣，木結構建築的優點和美觀，皆被遮掩無遺，再加上鮮艷耀目的色彩，使整座建築物顯得極為俗氣，難怪日本的專家學者亦不表示恭維，一些日本學者甚至將東照宮列為「軍人所作的藝術」，以有別於一般的藝術品，言中之意當可想而知了。

東照宮的主殿稱為社殿（圖202），社殿又分前殿及後殿兩座，但兩者均有覆有瓦頂的石階相連，前後兩殿均約為三十英尺

圖202*
東照宮主殿
東照宮

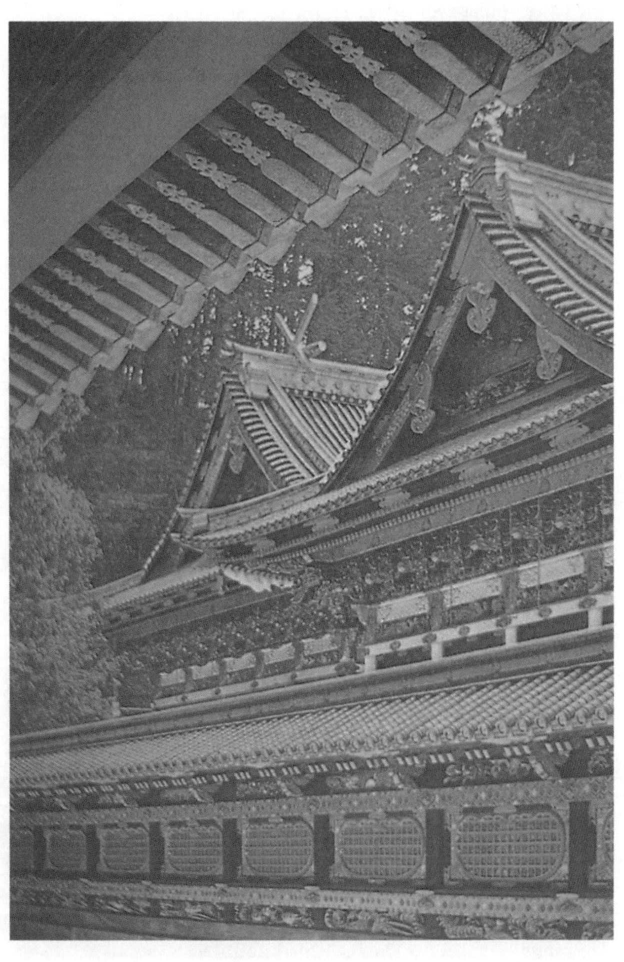

高，五十四英尺寬。由此兩座建築可以看出，東照宮喜用極為耀目鮮艷的色彩，如金、綠、紅、黃、白等。屋面之風格仍屬中國南北朝式，脊尾尾端皆有經卷瓦當伸出。但最特別的地方是在兩處，一處是將日本伊勢神宮屋頂所見到的交叉狀木支柱，置放於中國式建築的正脊上，形成一種中日混合體，另一處是房屋山面的心狀「懸魚」。交叉木支柱與中國瓦面式屋頂混雜的方式，可見於早期的出雲大社建築，「懸魚」亦見於法隆寺建築，但在東照宮之「懸魚」卻有三個之多，此為中日建築前期所無，應為設計者所特意添加者，惟過多則繁，似並無增加之必要也。

桂離宮

在品味方面，皇室貴族或許長期處於悠閒及風花雪月之環境中，在美的欣賞方面，似遠較一般之武夫為高，有名之桂離宮（圖203）即係由智仁親王於一六二〇年所興建，其子智忠親王繼承其志，約於一六七五年完成。前後相距五十五

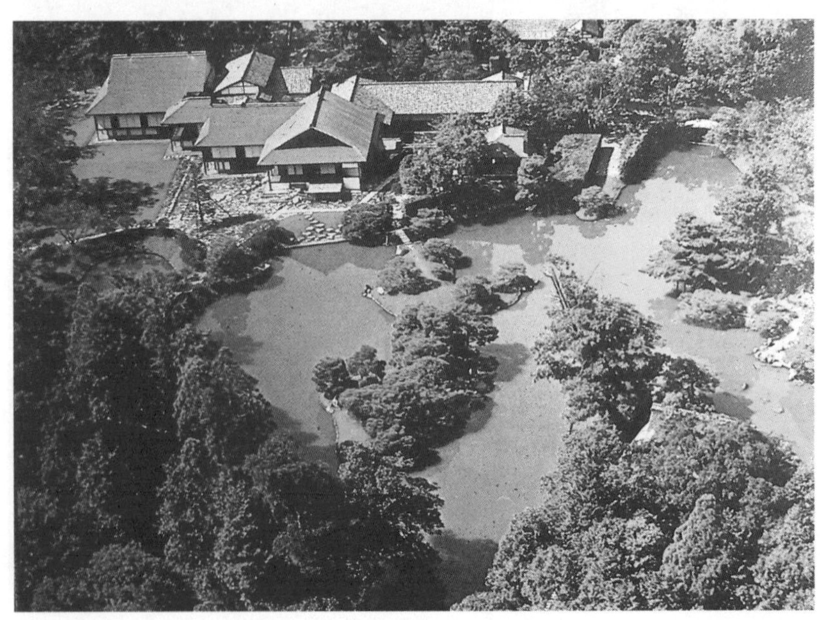

圖203*
桂離宮　京都

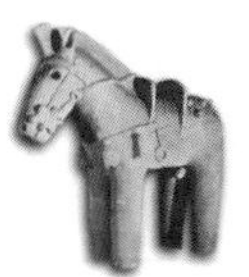

年之多，有云：「慢工出細活」，桂離宮之為人所讚賞，自應有其原因。

桂離宮的原興建者智仁親王(Prince Norihito, 公元 1579～1629年)為日本皇帝後陽成（公元1586～1611年）的幼弟，在一五八八年時，為豐臣秀吉收為義子，並內定繼承他的權位，但過後豐臣秀吉親生子誕生，智仁親王遂重新回到親王的位子。他於一六一六年三十八歲時結婚，四年後即在京都興建桂離宮，但卻於一六二九年去世，僅得年五十一歲。其子智忠結婚後，於一六四一年遷入桂離宮，現在的建築物大部分是他生前所興建的。桂離宮總面積約十七畝，智忠的家族擁有該宮直至明治維新初期，後來就成為日皇的財產至今。

桂離宮的原名是桂宮(Katsura Palace)，因與日本有名的桂河相鄰，並自河中注入河水，故以之為名，有人稱之為桂離宮的原因，是因為許多建築均各自分散，有如分離的宮殿，故稱為離宮，桂離宮之名即由此而來，所以桂離兩字並非宮殿的名稱。

桂離宮主屋極為寬廣，約有一萬四千五百七十平方英尺（圖204），其主要的特色是不規律而有連貫性的設計，這種設計與中日傳統性的規律、方正、平衡的建築設計迴異；由正面上方大小不均的白牆，以及距離不同的木柱看來，即可知設計者如何強調其變化性及不規則

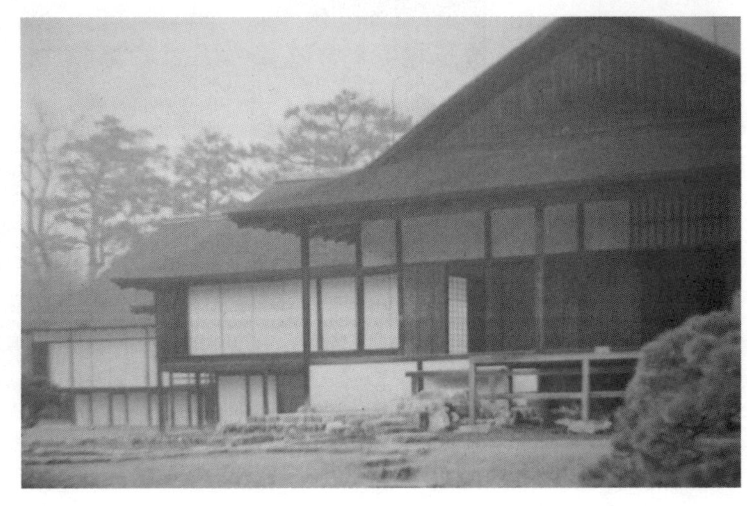

圖204
主屋
京都桂離宮

性。相似的手法亦可見於左側地板下方的白牆部分。又如門前的石階，亦作不規則及隨意散布狀，充分表現活潑而不呆板的布局。此種隨意及不規則性的設計手法，亦見於桂離宮的人工湖，因整個湖的形狀就是極為曲折，並變化多端。設計者所強調者除了不規則外，尚求變化。此種原則可說是桂離宮的最大特色。

桂離宮松琴亭（圖205）之名稱，係因風吹松林時產生有如琴聲而來。此亭除屋頂部分之形式屬於中國的歇山式外，其餘皆日本本土風格，如茅草頂、紙門、開敞式前廊及原木等。亭的正面面對極為自然而不人工化的山石、石橋、草坪、碎石、小島、矮松，予人一種極為舒暢，並與大自然美景融合的感覺，禪宗的靜觀、坐觀、景觀皆可自此入手。

松琴亭的內部純為日本式設計，如榻榻米、紙拉門等（圖206），其紙門的設計亦採不規律化的形式，如左右紙門方塊形裝飾並不相同，即為一例。將屋內紙門全部拉開，屋內外景觀就融為一體。欣賞大自然，並與大自然的山水合而為一，為桂離宮的另一大特色。此種特色亦為小型日本茶室特徵之一。

圖205
松琴亭
京都桂離宮

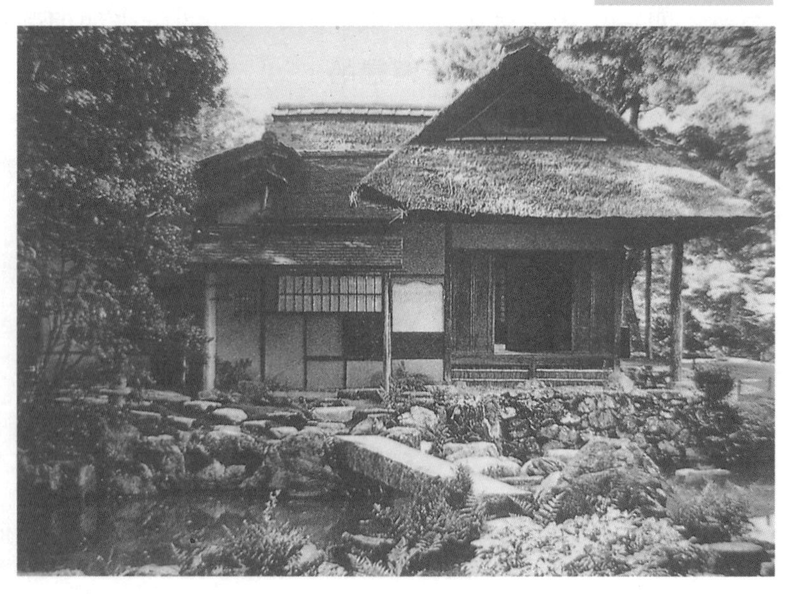

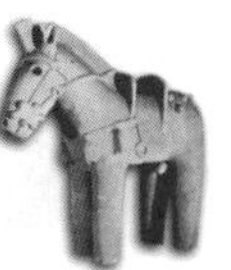

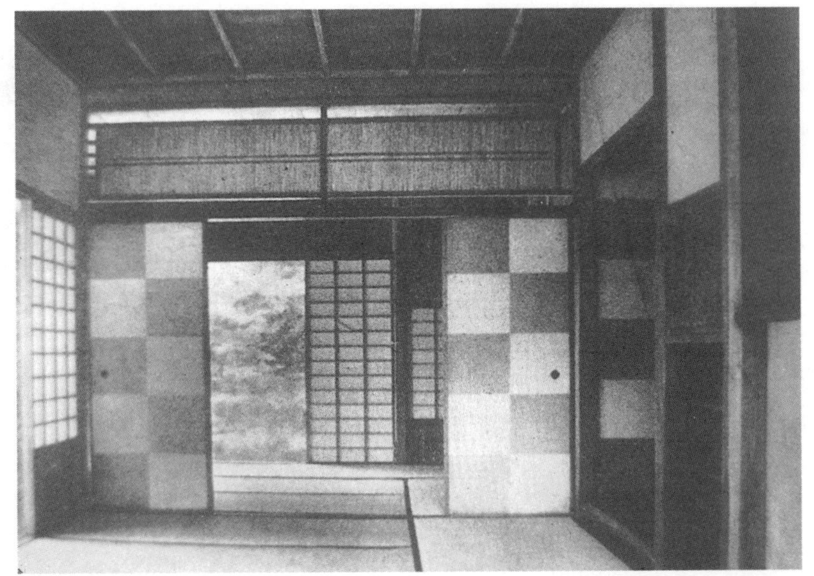

圖206
松琴亭內部　京都桂離宮

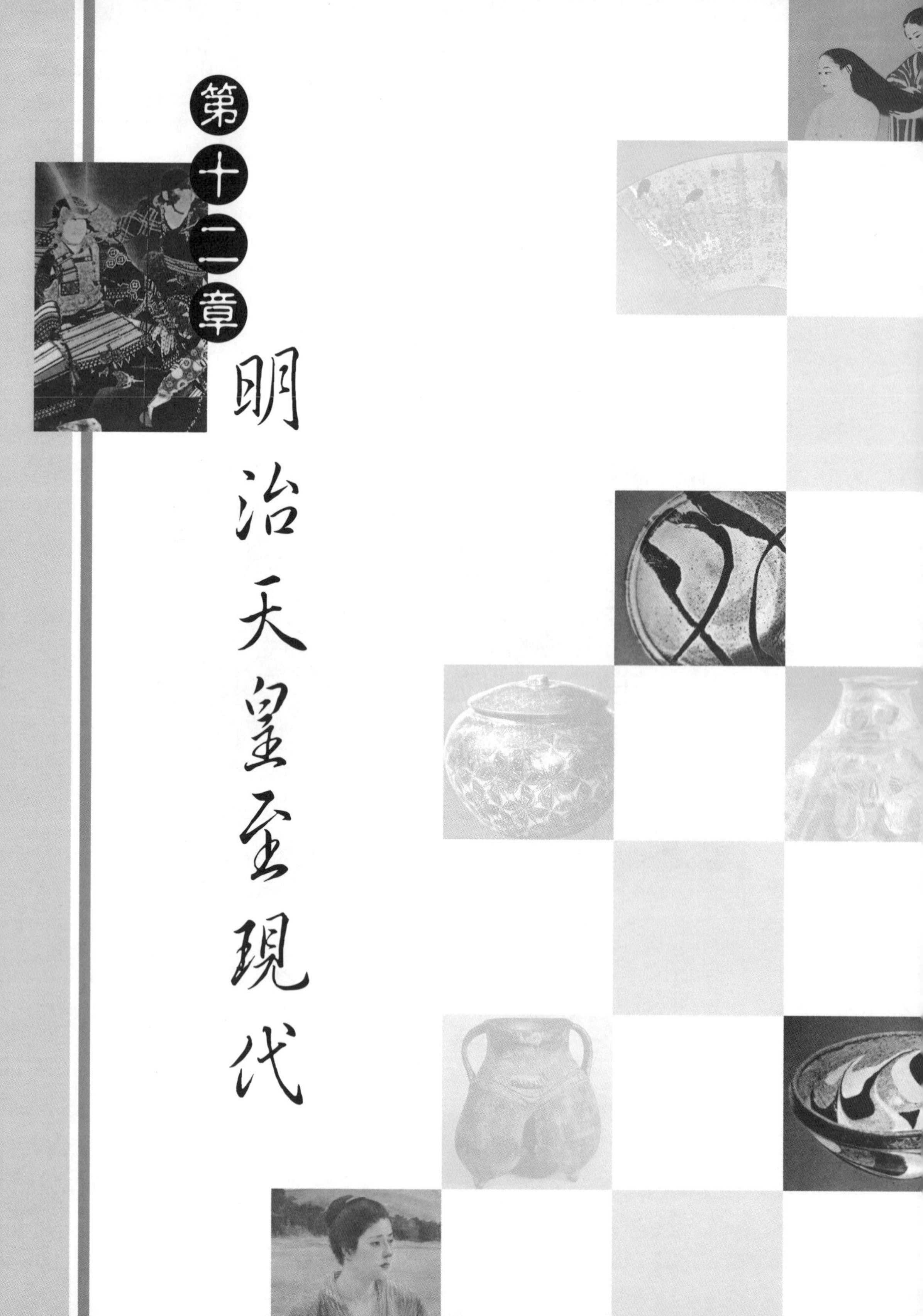

第十二章 明治天皇至現代

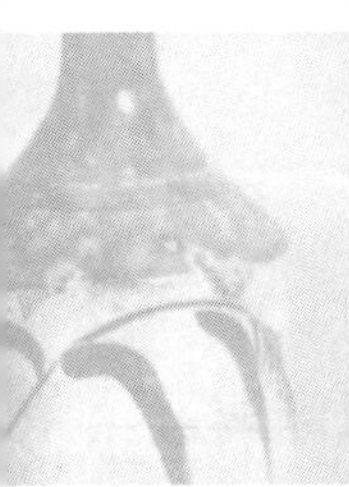

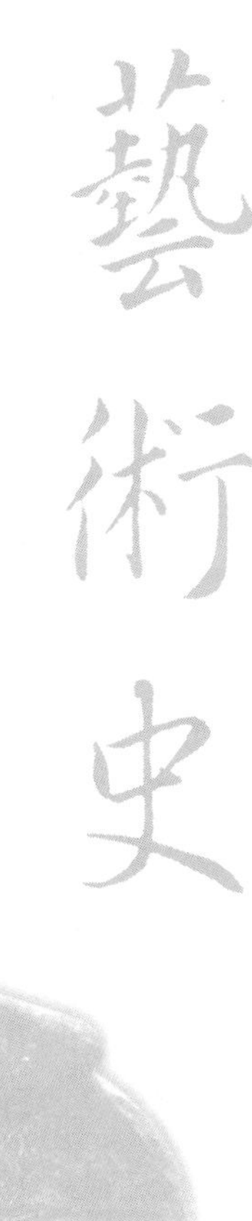

摘　要

明治維新後，中國文化及日本傳統文化逐漸衰退，代之而起者為西方文明及科技，甚多藝術家難以在傳統及西化中定位，最後多數選擇將西方文化融匯於日本傳統文化之中，此即近代「日本畫（Nihon-ga)」興起之因。此一時期之藝術家，如畫家、陶瓷家、建築師等，均與西方文化或藝術有廣泛之接觸，為融入西方文化之時期。

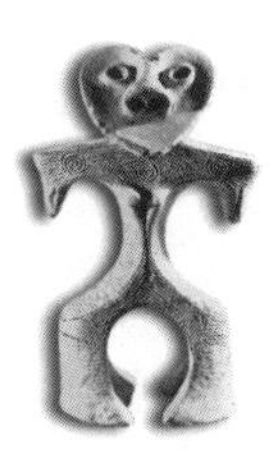

一八六八年，統治日本約三百年的德川幕府被推翻，主要的原因是幕府政治腐敗、攘夷的錯誤外交政策以及各藩主與人民的反對。同年七月，改江戶為東京，十月日皇睦仁正式收回政權，並舉行即位大典，改年號為「明治」，定都東京，史稱為明治天皇。因天皇掌權之政府多為改革派之武士，積極從事維新事宜，故亦稱明治維新時期。

明治維新

明治維新最重要的成就為：(一)廢藩置縣。(二)地稅改革。(三)殖產興業。(四)中央集權。(五)師法歐美。(六)文明開化。在改革開始時，國內的經濟、政治、教育等均有長足的進步，惟因為對於下層階級未能極力照顧，形成農民及工人的窮困，又因國內市場有限，資源亦缺乏，故積極尋求國外的市場及資源。當時日本政府所制定的大陸政策，即以韓國及中國為主要目標，然後再及於亞洲與世界。一八九〇年，日本經濟發生嚴重問題，各地農民紛紛起義，日本政府為解決國內的各種問題，遂相繼發動侵韓戰爭、甲午戰爭及日俄戰爭。一九一二年明治天皇去世。

一九一三年及一九一四年，日本又發生嚴重經濟危機。一九一八年第一次世界大戰爆發，日本對德宣戰，不但使日本擺脫了嚴重的經濟危機，而且也承繼了德國在中國的利益，包括了在中國的租借地及相關的經濟利益。對於中國二十一條的要求，亦是在一九一五年提出，可見當時謀中國之急。第一次世界大戰的結果，更增強了日本的經濟及國力。最佳的例子是在一九一四年，日本的出口總額僅有六.三二億日元，而一九一八年卻增至二十.七二億日元，黃金儲備量也增高了五倍，使日本藉在中國與第一次世界大戰後所得，一躍而躋身世界強國之林。

一九二九年的世界經濟蕭條，

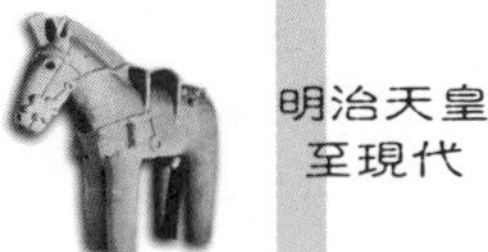

連帶地影響了日本的經濟，一九三〇年日本工人失業人數高達三百萬人，農民亦在飢餓線上掙扎，工農反對運動不斷發生，為了解決國內的重大經濟問題，日本政府又積極地籌備更大規模的侵略戰爭。其後，九一八事變、七七事變、淞滬戰爭及全面侵華戰爭即相繼發生。一九四〇年珍珠港偷襲成功，隨即第二次世界大戰全面爆發。一九四五年日本戰敗投降。戰敗後之日本，經過美國的援助等因素，加上本身的努力奮鬥，終於又躋身世界經濟大國及強國之林。

在此一時期內，最大的文化及社會的變化，是中國文化逐漸在年輕一代中消退，代之者為西方的文化藝術、政治哲學及工業科技。此種日本本土風格的逐漸移位，使許多關心日本文化的西方人士深感憂心，因為他們所要看到的，是帶有日本本土特色的文化與藝術，而非近似西方，或與西方文化相同的「西方化的日本文化藝術」。

西化與維護傳統

日本的明治維新，雖然帶領日本走向富強霸權之路，但全盤西化的結果，也有其難以挽救的後遺症。譬如，當日本全國上下正為全盤西化努力的時候，也是日本人排斥他們固有傳統文化藝術最強烈的時候；他們認為除了神道教，或與神道教有關的藝術品外，舊有外來的東西最好摧毀廢棄，包括了中國藝術品，尤其是有關佛教的藝術品。這時一批維護日本固有傳統文化的知識分子及藝術家，均群起反對，以在東京及京都兩地之人數最多。故在美國學者費洛羅沙（Ernest Fenollosa,公元1853～1908年）抵日前，日本的知識分子及藝術家，對於日本政府的政策與社會的錯誤態度，已明白地表示反對，但是正式發生顯著之效果，不得不歸功於費洛羅沙。

費洛羅沙畢業於哈佛大學，一八七八年應邀至剛成立未久之東京帝國大學教授政治哲學。他的同事家岡倉天心（Okakura Kakuzō, 公元1862～1913年）為一位哲學家，對於東方哲學及藝術甚有研究，他所著的《東方思想》及《茶經》❶使西方人士對於日本歷史文化及藝術，發生極大的興趣，但是因為西化之影響，他開始把美國許多東西揉入日本藝術史內。費洛羅沙於是啟發家岡倉天心認識了日本古代藝術及佛教藝術的珍貴價值，因為他那時發覺大多數的日本人，正走向毀滅自己優美傳統文化之路，而費洛羅沙本人，亦因為長期鑽研的結果，使他從一位對佛教藝術所知不多的學者，而成為日本藝術及佛教藝術的專家。

當時的日本政府為了政治上的目的，僅對本土神道教的藝術予以保護。費洛羅沙與家岡倉天心遂聯合一批維護日本傳統文化藝術的學者及藝術家，組成了一個團體，為上述的目的而努力。組成分子的畫家中，有的專長佛教藝術，有的為山水、花鳥、動物等傳統性畫家。一八八六年，家岡倉與費洛羅沙率領這個團體赴歐洲及美國訪問，主要的目的是激勵西方人士研習東方藝術，尤其是日本藝術。他們在費洛羅沙的老家波士頓，受到極為熱烈的歡迎，對於西方人士研究日本藝術，自有甚大之影響。

一八八七年，日本東京美術學校成立。一八八九年家岡倉與費洛羅沙返回東京。同年家岡倉被任命為東京美術學校校長。學校的課程包括了日本畫（Nihon-ga）、雕刻、漆器、金工等。一八九六年又增加了西畫或稱洋畫（Yōga）。但西畫的介入，卻掀起一片熱潮，亦使家岡倉在西畫擁護者的壓力下離職。於是大約三十位教授隨同辭職，與家岡倉新創立了日本美術院，著名之橫山大觀、下村觀山及菱田春草均為其中教授。但成立後，因流派之爭及相互攻訐，紛爭極多，甚至有教授因而自盡者。一九一三年家岡倉逝世，橫山大觀繼之成為領導中心，紛爭亦逐漸減少，但學院之光輝已大為褪色。

費洛羅沙及家岡倉的擁護者，包括了橫山大觀、下村觀山與菱田

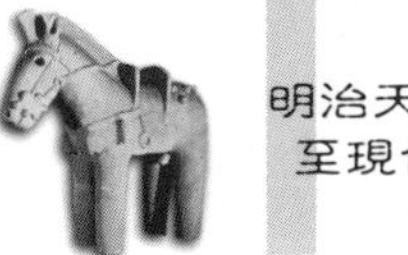

春草等，對於日本美術界影響極大。在行政方面言，今日日本之文化財委員會，係由此批人士所促成；在美術方面言，部分日本藝術家不再走過去臨摹之路線，而集東西方之特點，同時並不揚棄日本本身之優點及特性，但也是因為這種原因，日本畫家的風格呈現多元化的情況；即有走傳統路線者，亦有走東西合璧者，亦有從事純西方創作者，可謂係一「百家爭鳴」之時期，其背景自然與國家之社會文化背景有密切之關係。現個別介紹如下：

繪　畫

富岡鐵齋

富岡鐵齋（公元1836～1924年）被公認為是在明治時代，繼續中國風格的「南畫」畫家中最傑出者。他曾習佛教及神道教之義，並潛研中國儒家思想。習畫初期是學習「大和繪」繪畫，後來學習「南畫」。他的代表作為「瀛洲仙境」及「前赤壁賦」。

「瀛洲仙境」（圖207）係其於大正十二年一月，亦為富岡鐵齋八十八歲時所作。他作此畫之年，亦為他逝世之年，稱其為最後之遺作應不為過。在他畫上的題跋中，對於中國典籍關於日本的記載，有一詳細的說明。他大意說：瀛洲去中國西岸七十萬里，有神仙及靈芝草，泉出如酒，風俗似關中，山川與中國相似，所指者即今之日本，中國古稱瀛島。但部分外籍學者未能辨其義，譯為“Realm of the Chinese Immortals,”或「中國神仙之境」❷。其實圖中所繪係日本之景色，而非

❶ 即*Ideals of the East & The Book of Tea.*

❷ Seiroku Noma, *The Arts of Japan* (Kodansha International Ltd., N.Y., 1978), p. 282.

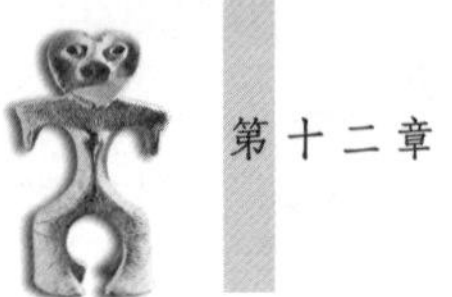

中國之景色，中國之神仙如何會居於日本之地？

以筆法言，此畫係屬較為寫意之作，而非工筆畫。係以線條及乾筆塗抹為主，再加以色彩，前景及中景極為顯目，亦為重心之所在，後景之淺藍色尖峰及紅色太陽，已屬陪襯之作。全圖布局左右均衡，左右兩側樹木之筆法甚為隨意，與前景之岩石及海面波濤，係同一粗略手法，但後面之高山、房屋則較為細緻。山前之雲霧則仍受中國宋代「雲山」畫法之影響。上端左側之印章為「鐵道人書畫證」，故「鐵道人」應為其自稱者。總言之，這幅畫筆法雄健有力，寫意重於寫實，亦極生動，為「南畫」中的傑作。

「前赤壁賦」（圖208）為富岡鐵齋根據中國宋代蘇東坡的〈赤壁賦〉而來。由前述之「瀛洲仙境」及本畫，可知富岡鐵齋確對中國文化頗有深研，並以之作為題材，可見中國文化對其影響之深。

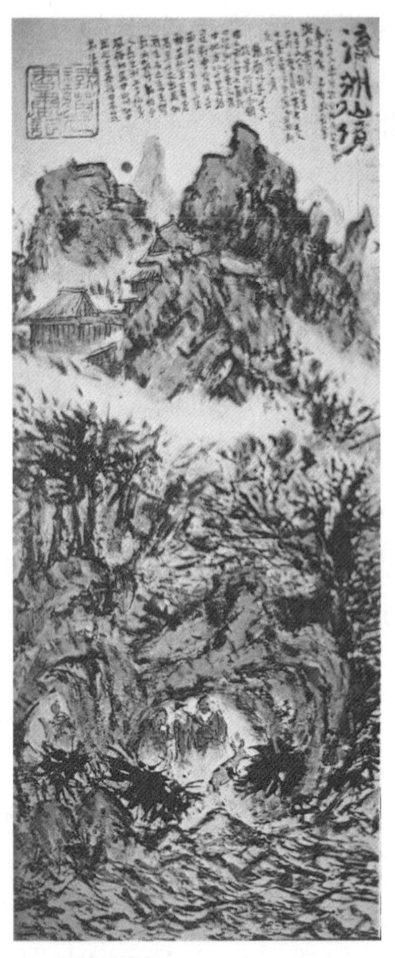

圖207*
瀛洲仙境
富岡鐵齋

這幅山水畫，係以濕墨線條及小作暈染而成，山石部分筆法粗黑有力，但在樹葉草叢以及小艇、人物、水波部分，則頗細緻，可謂寫意之中仍重細節。這幅「前赤壁賦」所描繪的赤壁，是作者想像之作，因他從未履足中國也。由他兩幅畫的布局可知，富岡鐵齋頗喜高聳直上之高山，可能受中國部分畫家之影響甚大；前如巨然、王蒙，後如董其昌及清代四王等。

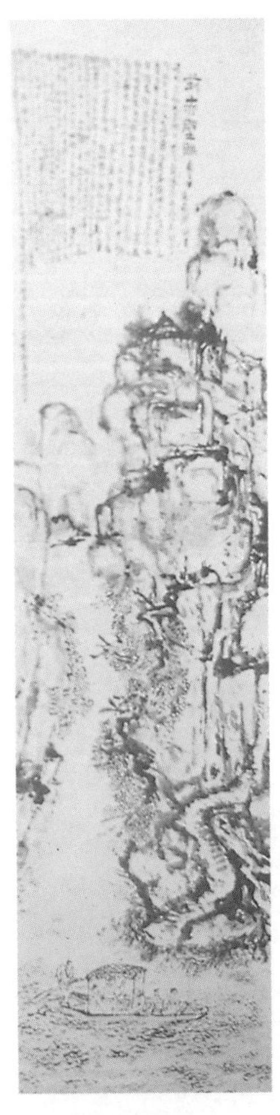

圖208
前赤壁賦
富岡鐵齋

黑田青輝

黑田青輝（公元1866～1924年）最重要的影響，是他帶領日本畫家學習西方繪畫，這種影響一直延續至今。他之醉心西洋畫的創作，與他的個人背景有關。他幼時為其叔收養，十七歲時，就被其叔送往法國巴黎學習法律，但他的興趣卻在繪畫方面。在巴黎時，他曾從不少名師學畫，受當時流行的寫實主義及印象主義畫派影響甚大。他在法國待了十年後，於一八九三年回國。他所追求的是一個傑出西方畫家的地位，而非日本畫。返國後未久，他即設館授徒，三年後，創立「白馬會」，其後日本甚多傑出西畫家，均出於這兩個系統。一八九七年，黑田青輝成為東京美術學校的教授。一九二〇年被選為國會眾議員。一九二三年被任命為帝國美術學院的校長。

黑田青輝回國後未久，曾以一幅裸體畫參加京都的一個畫展，但被拒於門外，可見當時日本對於西方繪畫的部分題材，仍然未能接納。他的代表作為油畫「湖畔」（圖209）。

「湖畔」是描繪一位日本少女坐在湖邊，身著和服，手拿紙扇，側面欣賞湖景的情形。這幅畫的題材及人物均是日本的，但是畫法與構圖卻是西方的寫實派與印象派。以構圖為例，蒙奈（Monet）畫了不少少女坐在海邊山崖或湖畔欣賞美景的油畫，主要人物少女多坐於畫面之左側或右側向前眺望，如題為「少女」的油畫即是一例（圖210）。黑田青輝與蒙奈最大不同處，是他將少女的軀體放大，佔了畫面約三

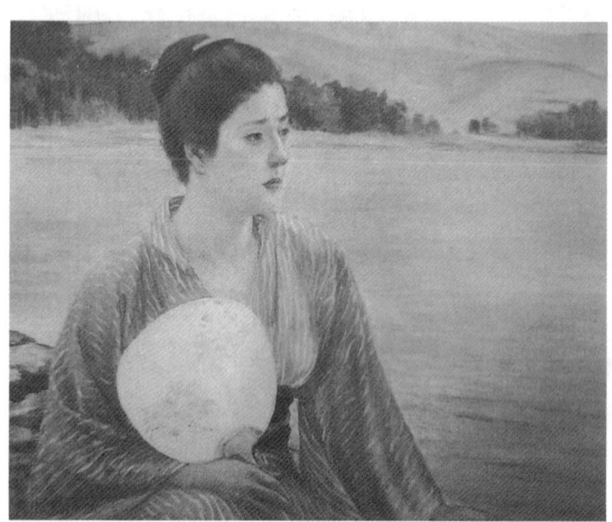

圖209*
湖畔
黑田青輝

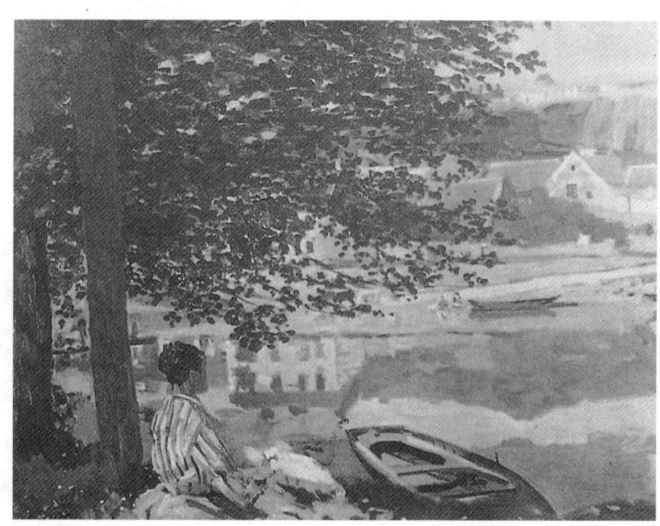

圖210*
少女
蒙奈

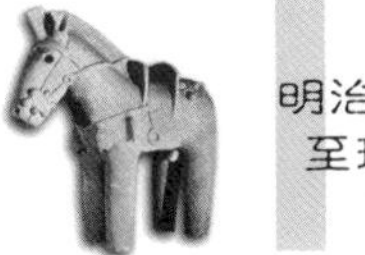

分之二的部位。蒙奈是以風景為主，少女為輔，而黑田青輝則以少女為主，風景為輔。此種手法，在蒙奈的油畫中，並無與黑田青輝相同者，但以黑田青輝對西畫之傾心，及蒙奈在法國畫壇之名氣，黑田青輝的「湖畔」油畫的構圖，應是從蒙奈繪畫中得到靈感的。

如上所述，蒙奈繪畫中的少女，從未有成為畫中主題者，黑田青輝的手法是改良者，或仍為仿效者？因「湖畔」一圖，係黑田青輝返國後四年所畫，即一八九七年完成。以當時日本「浮世繪」之流行，黑田青輝自有甚多接觸之機會。在「浮世繪」中，將人物放大特寫者甚多，其中以喜多川歌麿者最為著名，故黑田青輝放大的手法，極可能受到日本「浮世繪」的影響。

「湖畔」畫中，少女的面部及頭髮頗為逼真寫實，但雙手部分又見極為明顯的線條，與寫實主義的大師柯貝（Courbet）「碎石者」中的人物近似。湖面則以綠、黃、藍、青、黑等，表示湖面受光線影響而產生不同的反映，這又是印象派的手法，故仔細深究之，黑田青輝雖是一位具有西方寫實主義及印象主義的畫家，但仍有部分地方在不知不覺間，受到日本「浮世繪」的影響。

日本的洋畫（Yōga）雖可上溯至江戶時期，甚至桃山時期的西洋人物畫，但是影響最大與推動最力者，當以黑田青輝最為著名。

竹內栖鳳

竹內栖鳳（公元1864～1942年）於十四歲時即開始學畫，初學畫時受圓山應舉的畫風影響，但後來因到中國及歐洲訪問的結果，對於中國水墨畫與西畫又極感興趣。他曾以西畫手法描繪水都威尼斯，亦以中國手法及中、日、西混合手法作畫，均獲得甚高的評價，但同時代的畫家中，他是最受尊崇及最成功的畫家之一。他曾任教於京都美術學校。

竹內栖鳳繪畫的題材極多，包括了魚、竹、樹、動物、山水、花卉等。他的畫風如前所述，除了中

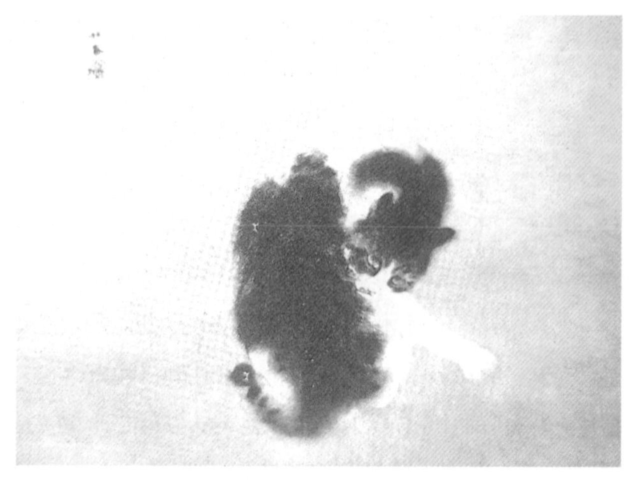

圖211
貓　竹內栖鳳

國的水墨畫與工筆畫外，尚有綜合中國水墨與日本大和繪的繪畫，亦有再加上西畫的畫法，更有其自創的風格，故竹內栖鳳是一位極具才氣的畫家。他的水墨畫「貓」（**圖211**），極為生動寫實，頗似圓山應舉的「猿」，但是竹內栖鳳卻將貓的體積縮小，令空間增大，予人一種較為清新開闊的感覺，這種開闊的空間，在竹內栖鳳的畫中經常出現。

橫山大觀

橫山大觀（公元1868～1958年）曾與家岡倉天心長期共事，曾任教於東京美術學校，亦為日本美術院創辦人之一，對日本畫壇影響甚大。他於一八九三年畢業於京都美術學校，成績極為優異。他除了學習日本狩野派的繪畫外，亦習中國水墨畫與西畫。一次歐洲之旅，使橫山大觀注重中國文人畫意境之表現，由他的「山四趣雨」（**圖212**）看來，橫山大觀係用中國之潑墨手法為之，但是中國之潑墨與西方之水彩畫頗為近似，或許西方之行後，看見西方水彩畫所表現的形式意境，與中國潑墨相似，使他認識在日本文化向西方一面倒之際，東方傳統繪畫確有

圖212
山四趣雨
橫山大觀

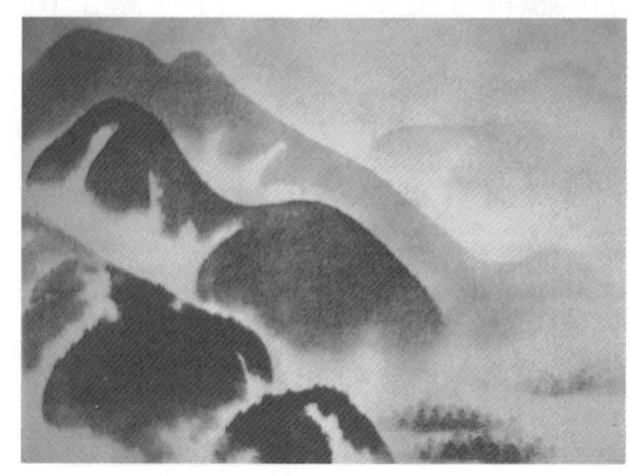

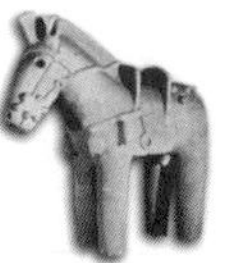

其優異之處，在某些地方且可稱為先進，故不憚以潑墨作畫。

如細究此圖，東方風格不但見於潑墨之手法，亦見於朦朧的「雲山」。他雖然是綜合日、西、中的「日本畫」的大力推動者，但由這幅畫看來，他可能仍無法脫離日本傳統之繪畫，而全部投入新創的「日本畫」。

菱田春草

菱田春草（公元1874～1911年）為東京美術學校成績特優的畢業生，但他卻自幼習畫，並且有他獨創的風格。他的代表作為「落葉」（圖213）。

「落葉」係一對六摺紙屏風之一部分，最大的特點是完全揚棄了中國畫及日本「大和繪」中常常使用的線條。近似沒有線條之畫法，可見於中國的潑墨畫及日本部分的「大和繪」，如尾形光琳的「鳶尾花圖」及「紅白梅圖」屏風。但是前者之畫法有如西方油畫，筆觸亦較粗略；而後者之梅樹及水紋狀部分，仍可見線條。全幅圖畫完全沒有線條，而且極細緻寫實者，恐以菱田春草為第一人。

「落葉」圖中的樹幹、松樹與落葉之部分，均極為細緻寫實。樹幹極為

圖213*
落葉　菱田春草

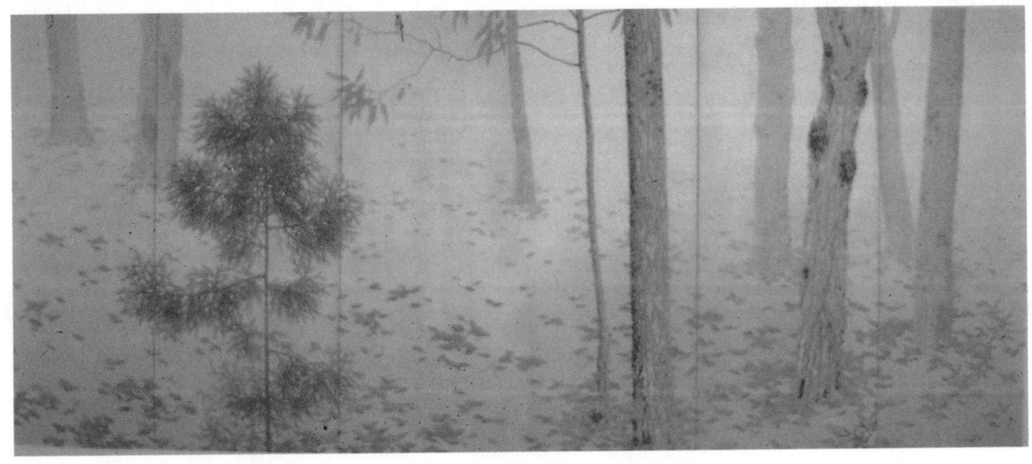

寫實之手法，在部分「大和繪」中可見之，但是如菱田春草之逼真手法，與樹幹上表現之深淺不同之顏色，則在「大和繪」中難得一見，而此種深淺不同之顏色，亦顯示光影之不同，可能係受西方印象派之影響，因甚至地上之落葉亦見明暗之對比。畫面左前方之矮松，亦極為逼真，但如與後景之樹幹相較，顯然極不調和，因前面極為寫實逼真，有如實景，但後景卻較為朦朧，似非實景，兩者相差極大，亦由於兩者之差距及不協調，而予人一種似非真景與人工化之感覺，此種與眾不同的處理手法，自然容易引起他人的注目，亦強烈地影響了部分日本後代畫家。

下村觀山

下村觀山（公元1873～1930年）與費洛羅沙、家岡倉天心、橫山大觀及菱田春草等，對日本畫壇影響極大。他與後兩者均為東京美術學校畢業生，為家岡倉天心的學生。他們吸收了西方繪畫的觀念與技巧，但是仍然維護日本傳統繪畫，即日本大和繪、中國畫及中、日混合的狩野派繪畫等。

下村觀山於十七歲即進入東京美術學校就讀，但他在進入學校之前，已從當時知名的狩野派畫家習畫。畢業後即留校任教，並隨家岡倉天心及其他畫家旅遊日本各地。一九〇三年，赴歐洲居住一年半。他與橫山大觀為好友，曾共同至北海道繪畫。

下村觀山是一位現代日本畫的主要推動者，他早期繪畫的題材，幾乎全為有關日本歷史者，或是山水人物畫，偶而則模仿中國畫與西洋畫，到了後期，題材方逐漸擴大。在他未赴歐洲觀摩學習以前，他對日本歷史畫特有興趣。以他著名的「後百河天皇探訪兒媳」一畫而言，他就畫了兩張手卷（繪卷）。

「後百河天皇探訪兒媳」（圖214）係手卷之一部分，此一手卷長七九〇．三公分，高五三．三公分，以長、高度言，堪稱為巨作。談到日本歷史文化與藝術，許多人都說日本民族許多歷史與文學作品，都帶有悲劇性，如《源氏物

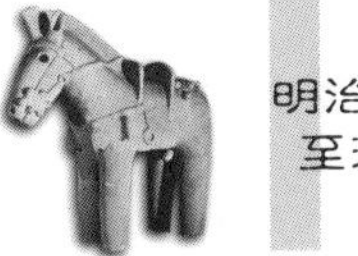

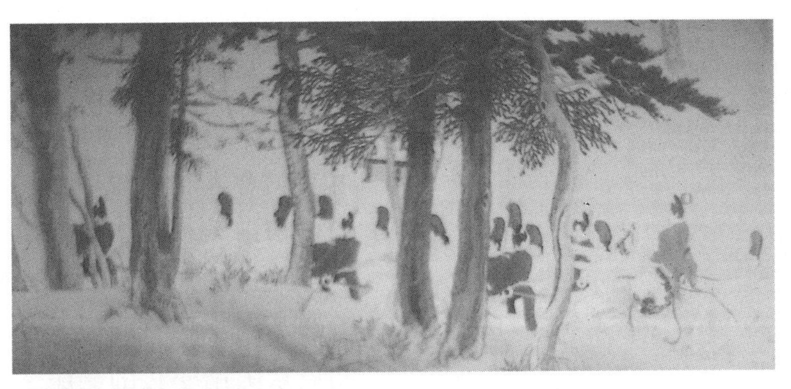

圖214
後百河天皇探訪兒媳
下村觀山

語》、《平治物語》、《保元物語》、《平家物語》，以及皇帝及皇親國戚遁入空門等，皆為此種看法作一佐證。「後百河天皇探訪兒媳」即係描述曾權傾一時的平氏家族的女兒嫁後百河天皇之子為妻，後平氏與源氏交戰，平氏戰敗，皇媳之母抱子投海自盡，而日皇之媳婦亦被平氏所迫，令其攜幼子返回京都，返回京都後，日皇之媳即以二十九歲之年齡削髮為尼。「後百河天皇探訪兒媳」即係描述身為公公身分的日皇，與其隨從至佛寺探視兒媳之情景。

由此幅圖畫之部分可看出，畫法極為細緻寫實，無一粗略之處，人物之造型與細如游絲的線條，頗似鎌倉時期以武士戰爭為題材的細緻日本和繪，但最大的不同是在以郊外的巨大森林代替宮殿房屋，樹木與人物之比重幾各佔一半，尤其樹幹及其枝葉的細緻逼真，更是令人讚歎，此種極為逼真寫實之手法，中國畫中未能見之，傳統之日本畫亦未有之，唯在西方之巴洛克風格繪畫中，如卡拉伐吉奧（Caravaggio）之繪畫，與寫實主義繪畫中可見❸，故西方繪畫之影

❸圖片等請閱邢福泉著《藝術概論與欣賞》（臺北，臺灣商務印書館，1993年），第173頁。

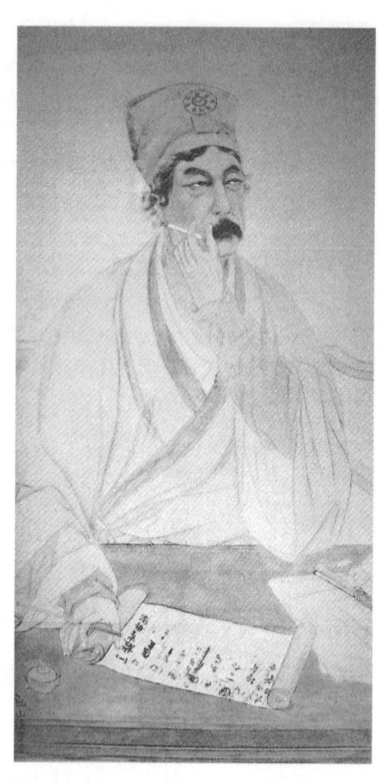

圖215
家岡倉天心肖像
下村觀山

術大學，即以前之東京美術學校。

此幅肖像畫稿，係描述家岡倉天心坐於學校內的桌子前，思考繪畫手卷內容之情形，左手並夾一香煙。所穿的衣服就是當初東京美術學校的制服。左下方有「觀山謹寫」的簽名及印章。下村觀山這種排除過去肖像畫正襟危坐的姿態，而捕捉瞬間實景的手法，應是受西方寫實主義的影響。由家岡倉天心面部所表現的明暗對比畫法、頭髮與手部的逼真，以及清晰之線條等，均顯示現代「日本畫」綜合各種不同風格的特徵。

響，在此得一證明，但是圖中右上角，隱若可見雲霧迷漫，又是屬於中國山水畫手法了。現代「日本畫」的複雜化關係，亦由此可見一斑。

「家岡倉天心肖像」(**圖215**) 是下村觀山為他的校長及老師家岡倉天心所繪的草稿畫像，而不是最後完成的原本肖像。這是因為下村觀山於一九二二年，以完成後的肖像參加日本美術學校的展覽，但是一九二三年的日本大地震，卻將此一正式完成的肖像損毀，其最初的草稿，則在此以前贈送給曾在東京美術學校學畫的西人華納博士（Dr. Langdon Warner)，當華納獲悉最後完成的肖像被損毀後，即於一九三二年，將此一最初之草稿送還現今之東京美

小林古徑

小林古徑（公元1883～1957年）於十二歲時即開始習畫，十七歲轉至東京繼續學習，未及兩年，即在同學中名列前茅。因小林古徑係來自新瀉，自古係日本和繪風行之地區，他於此一地區初習繪畫，自然

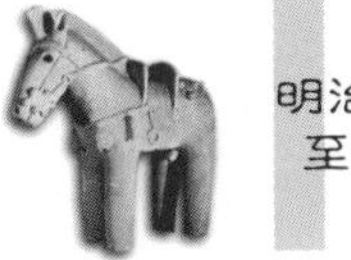

亦受「和繪」之影響頗多。至東京後，他希望能為傳統日本繪畫找出一個新的方向，並且曾一度走向全然寫實，卻帶有匠氣的畫法。他對寫實之發生興趣，當然與當時日本西化之風氣有極大的關係。可是，一九二二年至一九二三年，他的歐洲及英國大英博物館之行，卻對他日後的觀念和畫風產生極大的影響❹。

大英博物館豐富的中國繪畫藏品，對於小林古徑有莫大的吸引力，並臨摹部分他所喜愛的中國繪畫。返回日本後，除創作外，尚任教於東京美術學校。他與著名的畫家前田青邨過從甚密，曾同行數次訪問中國。

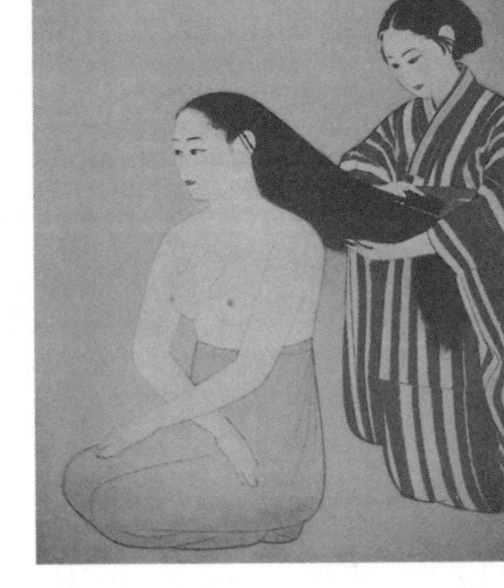

圖216
髮　小林古徑

由小林古徑的藝術生涯得知，他是一位對日本和繪，中國繪畫與西方繪畫均有涉獵的畫家，這也是當時大多數日本著名畫家所共有的特點。他所繪的「髮」（圖216）為其代表作之一。

在「髮」的這幅繪畫中，畫面表現極為平坦，缺乏景深，這是日本「和繪」特徵之一；畫面背後空無一物，空間甚大，這是日本畫應用於人像或動物，常見手法之一，如圓山應舉及竹內栖鳳之部分繪畫皆是。圖中彩色皆用單一色彩，可上溯至飛鳥時期及平安時期的繪

❹同❷，第304頁。

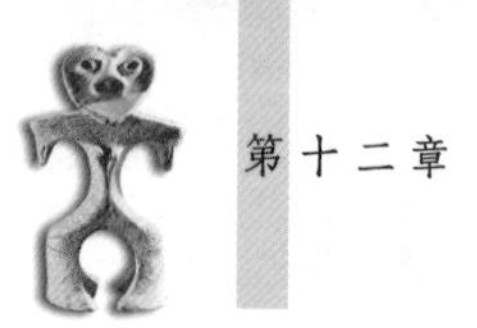

畫，亦見於後來之「浮世繪」。清晰之線條，又為中國畫及日本畫長期所使用。以日常生活作為題材，並以女性為主，在「浮世繪」中極為常見。秀美逼真的長髮，則是受到西方寫實主義的影響。再看少女身上簡略的線條及衣紋，又予人一種較為簡陋與抽象的感覺。故小林古徑這幅繪畫，可說是綜合各種不同風格而成。

小林古徑的另一幅傑作則是題為「水果」的繪畫（圖217）。這幅畫與「髮」皆無背景，空間極大，且幾乎皆為黃色。這種手法，可使繪畫的主題不過分突顯強烈，而產生一種柔和細緻之感，而色彩在繪畫中作柔和化的處理，可見於部分鎌倉時期的手卷，如「平治物語」等。但是，蘋果上面的紅色部分的手法，又是西方油畫的方式。背景與實物甚易混淆，界限不清，則近乎印象派手法。如小林古徑不將部分水果用線條勾勒，就極難以清楚辨認了。綜言之，小林古徑的繪畫對後代畫家極有影響性，為日本畫壇的重要畫家之一。

圖217*
水果　小林古徑

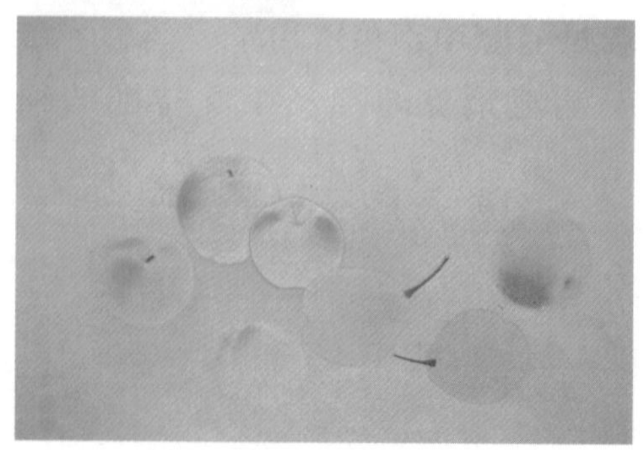

前田青邨

前田青邨（公元1885～1977年）的早期繪畫，多以日本之歷史題材為主，並喜作大幅繪畫與細部之描繪。他亦是一位能綜合各種不同風格的畫家，當他與小林古徑赴京都訪問時，曾以水墨畫的方式繪作京都八景。他以歷史作為題材之著名繪畫有「洞窟內之源賴朝」（圖218）。

「洞窟內之源賴朝」係畫於兩摺之屏風上，主要描繪開府鎌倉之源賴朝大將軍於作戰時，居於洞窟內之情景。在此幅畫中，可見到前田青邨係以「和繪」之手法作畫，對細部之描繪極為仔細，尤其在衣

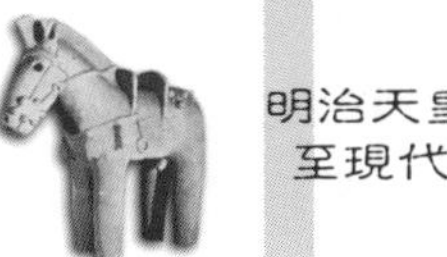

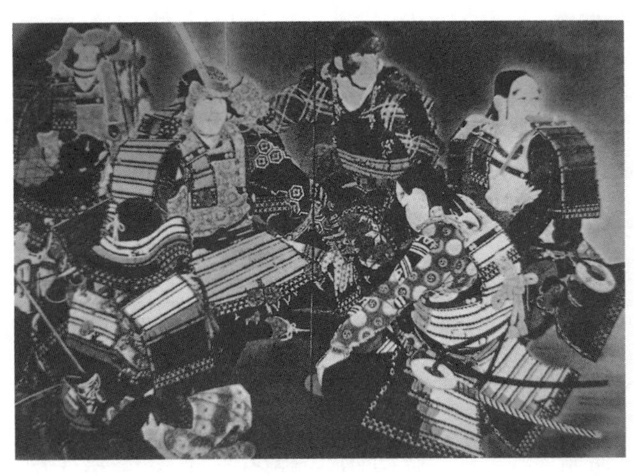

圖218
洞窟內之源賴朝
前田青邨

服、盔甲及物品上，但對背景部分卻並不重視，此為鎌倉時期「和繪」戰爭畫特色之一。畫中人物之構圖組合，係以源賴朝為中心，四周以武士圍住，形成一橢圓狀的布局，而此種橢圓狀之布局，在西方巴洛克繪畫中，為常見之手法，甚有可能係受西畫之影響。

再看前田青邨所繪的「京都四條橋」（圖219），他係以西畫方式作畫，筆法甚為濃厚有力，頗多部分以渲染為之，線條亦極粗重，人物皆多生動，乍看之下，應為西畫，但如細看之，街上拉車者雙足之線條，卻極為明顯，故前田青邨又將東方傳統之線條畫法，應用於西畫上。再看左下方的林木部分，甚為細緻寫實，一反其他各部分所用的粗略手法，這種特重某一部分的方式，又是日本和繪特色之一，故西畫中亦摻有日本傳統繪畫之色彩在內。

前田青邨的另一代表作為「獅衣舞者」（圖220）。背景用日本「和繪」傳統的光輝金色，無背景，亦缺景深。舞者雙手伸開的舞衣及其他裝飾部分，皆極盡裝飾化之能事，尤其是細部

圖219
京都四條橋 前田青邨

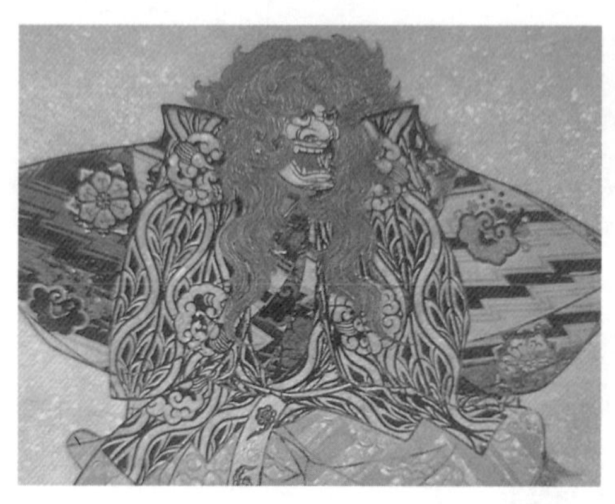

圖220
獅衣舞者
前田青邨

的圖案，這是「和繪」特色之一。但是伸展的舞衣卻未予人自然與真實的感覺，而是僵硬與人工化的反應，此種僵硬與人工化的感覺，亦是部分「和繪」特色之一。可是舞者所戴毛髮表現出來的筆法及紋路，極似西方的油畫與梵高所繪的「星夜」。故這幅看似係純日本「和繪」的繪畫，卻摻雜西畫手法在內，可為現代「日本畫」混合各種風格之另一例證。

建築與工藝

明治維新後，幾乎全盤西化的結果，使日本建築界與西方建築界發生交流，日本的大型建築物，如政府辦公大樓、博物館、百貨公司等，皆以西式建築為主，如日本的國會圖書館即幾乎係以法國的凡爾賽宮為藍本，唯一的大差別僅在尺寸規模的縮小。

較值得一提的是國際建築大師萊德（Frank Lloyd Wright）為日人所設計的帝國大旅館，至今仍為東京建築物中，最引人注目者之一。一九六四年在東京舉行的奧林匹克運動會，雖曾引起部分人士對於日本現代建築的注意，但是卻後繼無力，又再度退居世界舞臺幕後矣。

東京大學建築教授丹下健三於一九六四年，為第十八屆的世界運動會所設計的運動場，屬於純西洋式的建築（圖221），形狀有如圓形之扁碟，四周漸次昇高至中間部分，形成如中國建築之屋脊，著重曲線之流暢變化，其頂端如屋脊狀之部分，頗似日本早期模仿中國南北朝建築的佛寺，類似風格之佛

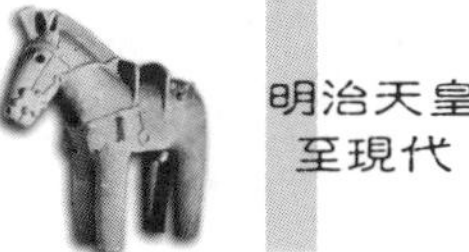

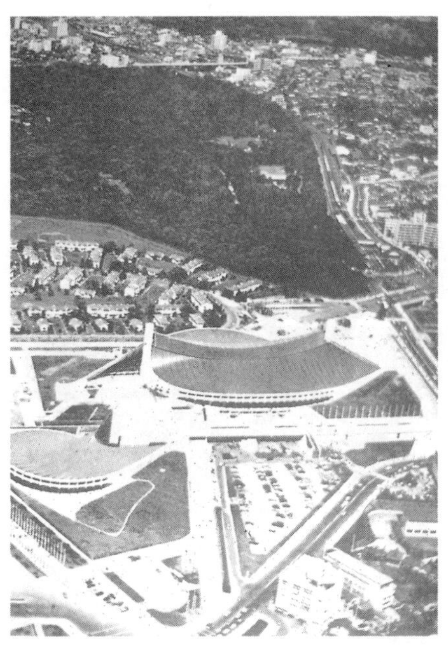

圖221
一九六四世運會場
舟下健三　東京

寺，在日據時代的臺灣極為盛行，臺北之圓通寺與臨濟寺等皆是，但最大的不同點是形似正脊部分，成為一略似圓周之曲線。其靈感頗有可能自瓦頂木構建築而來，

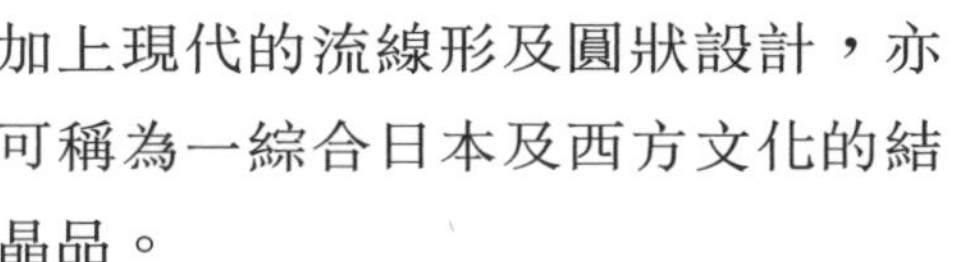

加上現代的流線形及圓狀設計，亦可稱為一綜合日本及西方文化的結晶品。

甚多西方藝術史家認為：現代日本最有成就的是日本的陶器，而非其他。因為日本的陶器除了在本國展示外，尚且在紐約、巴黎、倫敦及世界各地展出，獲得國際間極高的評價。在這些陶器中，又以民藝風格的陶器最為傑出。在民藝陶器家裡面，最著名者為濱田庄司、富本憲吉與河井寬次郎。

濱田庄司（公元1884～1978年）於一九二〇年至英國研究陶瓷，頗受英國民俗藝術之影響。回國後，即創立以後馳名國際的陶瓷館於東京附近。濱田庄司與河井寬次郎均為東京工程學院畢業生，畢業後即在一間陶瓷研究機構工作，故對於陶瓷極有研究，他們不但是工程師，也是陶瓷藝術家。

濱田庄司雖然曾赴英國研究，本身亦是極為現代的工程師，但是他的作風是以現代技術製造陶瓷，而出來的陶瓷卻純粹是日本式的。他的傑出作品可以一個直徑二十二點四英吋的大陶盤為例（圖222）。他所製陶瓷的特色是粗厚、高溫、灰色，並加上鐵色的釉料。此一大陶盤係以米色釉塗上，再以黑色線條覆蓋其上。整個造型及設計，令人覺得極有鄉野趣味，簡單而又自由奔放。

日本另外一位著名的陶瓷家是

富本憲吉（公元1886～1963年），他與濱田庄司均認識一位英國著名的陶瓷家兼陶瓷工業家里茲先生（Benard Leach）。里茲先生在英國陶瓷界極為有名，對他們頗有影響，濱田庄司赴英國研究陶瓷，就是與里茲先生同行。在初期製造陶瓷的時候，他們都採取陶器由工匠製造，而陶器表面上的裝飾與設計則由藝術家來完成的方式，但是他們經過試驗後，發生許多困難，最後終於在認為兩者均應由藝術家統一包辦後，方解決了問題。

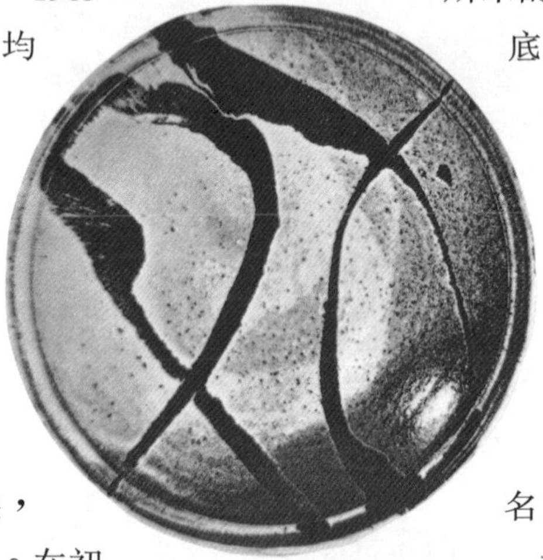

富本憲吉在初期係製造低溫度製作的陶器，後來則專門製造瓷器。他的代表作可以有蓋的瓷罐為例（圖223）。這個瓷器是他發明一種新技法後而生產的製品。他的新技法就是以有顏色的釉與發光的釉為底，然後再加金色或銀色的裝飾，經燒製後，即閃閃發光。圖中所示的瓷罐則係以紅色為底，再加金銀兩色的裝飾，看起來甚為富麗堂皇，與濱田庄司所製含有鄉村野趣的陶器相較，兩者自大不相同。

圖222
陶盤
濱田庄司

日本第三位著名的陶瓷家是河井寬次郎（公元1890～1966年）。河井寬次郎長期居住京都，但他卻致力於民藝式的陶瓷，亦以民藝陶瓷家自居。他所製作的陶器（圖224），裝飾不如濱田庄司的帶有自由奔放的野趣，而是帶有原始文化的意味。他們在陶瓷上所表現的風格雖各不相同，但是他們對日本陶瓷，在世界上佔有極高的地位卻是功不可沒，亦為日人及世界所公認，故日本政府在他們生前曾公開表揚他們三人，並稱他們為「具有生命的國寶」。

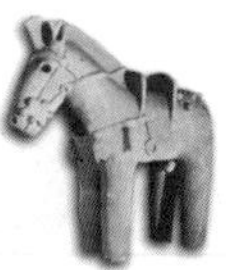

圖223
瓷罐　富本憲吉

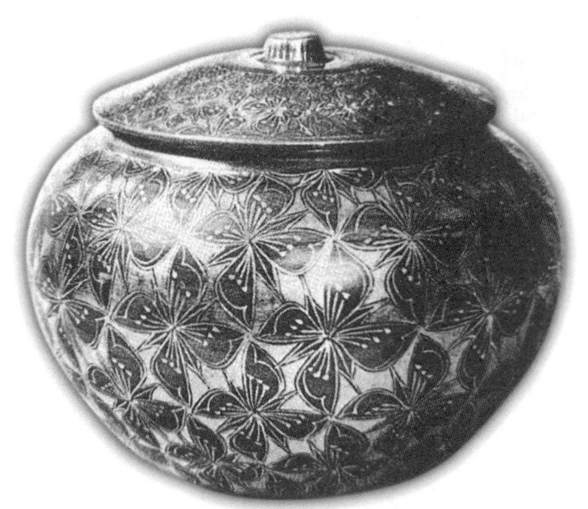

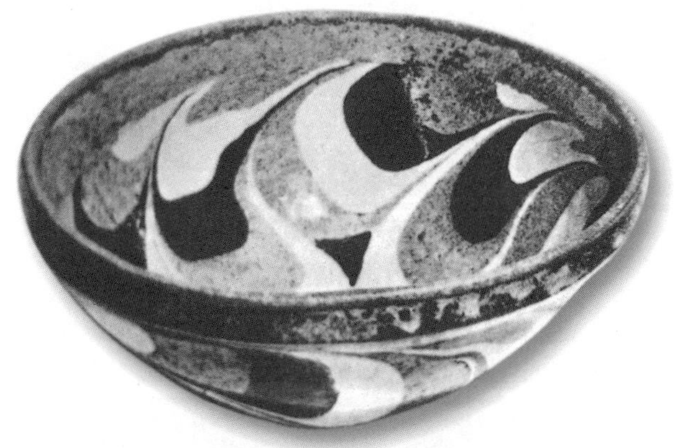

圖224
陶器
河井寬次郎

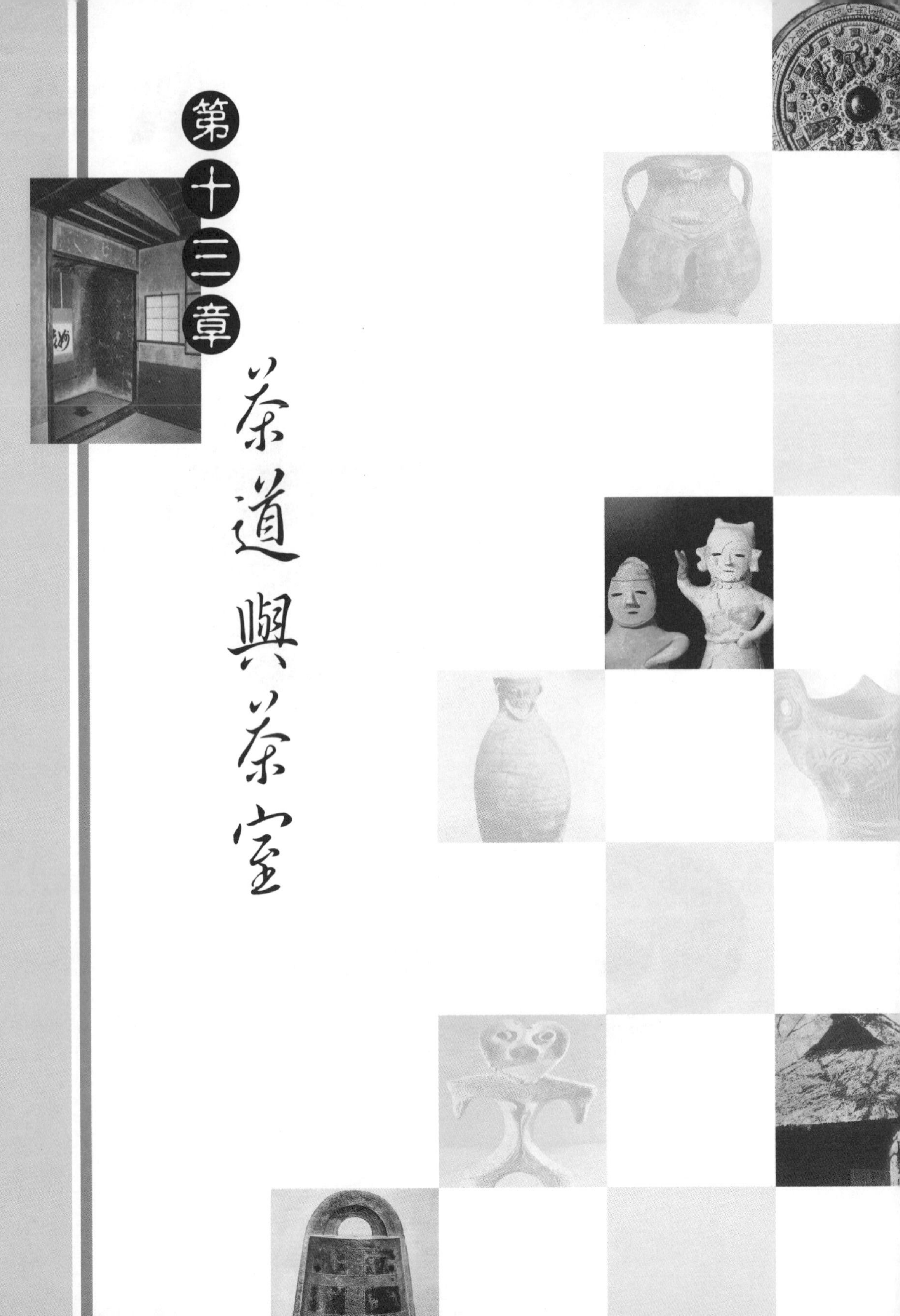

第十三章

茶道與茶室

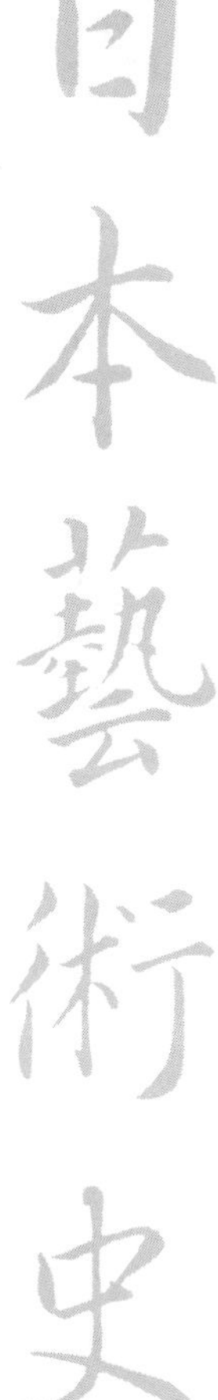

摘 要

中國之茶葉於十三世紀時由日本留華禪僧介紹至日本，先在禪寺中盛行，後廣及貴族、武士及社會大眾。至江戶時期品茶之風已甚為流行，品茶時之禮儀亦逐漸由繁入簡，轉而注重品茶者心境之寧靜，以及對於自我在宇宙間所處地位的自我認知，故專門為品茶而設的茶室與茶庭遂應運而生。茶室始於鎌倉時代，大盛於江戶時期。

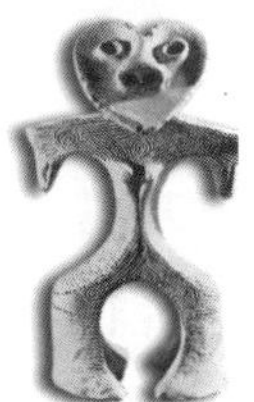

日本禪僧於公元十三世紀將中國之茶葉及飲茶習俗介紹至日本，故日本佛教僧侶對日本之知識分子、文人雅士、書畫家、政治、社會文化、經貿之影響極大，因其本身就與上述之範疇有密切之關係。但是，經由日本禪僧轉介至日本之茶葉及飲茶之習慣，最初僅在佛教僧侶及佛寺中流行，直至十四世紀左右，方在日本宮廷、貴族及武士階級中受到歡迎，原因之一當然是與佛教僧侶之密切關係有關，另一原因則為日本政治走向幕府時代，以生命作為賭注的武士，在戰鬥或緊張情緒之後，亟需一種鬆弛心情的物品，回復內心的平靜安詳，在上述之原因下，佛教僧侶所流行的飲茶習俗，遂為當時的武士及貴族階級等所喜愛，流風所及，逐漸普及於社會大眾。故茶道之原始大力推動者，係武士出身的幕府大將軍，但是，早期之茶葉係來自中國，價格極貴，一般平民階級無法享受，直至茶葉進口日多，及自行栽種茶葉後，方在社會平民階級中普及。當然還有一個重要的因素，就是江戶時代工商業發達後的結果，導致藏富於民，以及茶價的滑落，使以前專為僧侶、貴族及統治階級的專用品，成為平民化。

談到日本茶道的盛行，最初推行最力並有重要影響性者，可分兩方面敘述之：

武　士

武士階級中，自以幕府大將軍之影響最大。日本之王室及貴族，雖然為茶道之愛好者，但因其當時活動及影響範圍不大，故遠不如當時集軍政大權於一身的幕府，包括其組成分子武士。

前曾言及，中國之禪宗係在十三世紀中葉左右傳入日本❶，而當時日本之政經中心在鎌倉幕府時代的鎌倉，故日本的禪宗高僧最早在鎌倉地區設立禪寺，禪宗文化對當時的幕府影響甚大。後來室町幕府開府室町（今之京都），又特尊禪宗，並在京都設置五山，即五座禪

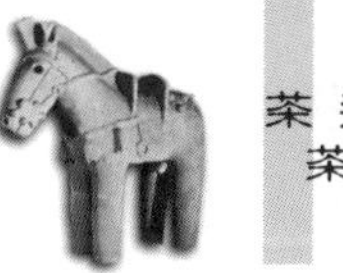

宗官寺。禪宗與幕府及武士階級之關係，可謂甚為密切。

室町幕府的開府大將軍足利義滿，對於文學藝術極為醉心，有名之金閣寺即係其建造，嚮往中國文化蔚為一時風氣。在受到中國及日本禪宗文化之影響下，茶道逐漸在貴族、武士間流行。

當時在貴族及武士階級中，盛行一種「鬥茶會」，所謂「鬥茶會」係以品茶方式，猜測何種茶及茶之產地在何處，並以勝敗作賭。賭注中，以中國輸入的書畫工藝品為主。由於此種風氣之盛行，不但助長了飲茶之風氣，亦使日本積極大量進口來自中國的文物。對於當時的社會風氣及經貿之走向，有極為重要的影響。

日本飲茶風氣之自貴族化而逐漸轉至平民化，室町時代第八位大將軍足利義政之功勞甚大。他是一位提倡武士文化世俗化的鼓吹者，他極力提倡飲茶不應注重其形式或場面，或限於特定的階級，或作為一種身分的代表，而應予世俗化及普及化。在此種情形下，茶道由一種身分、階級的代表，而轉為簡樸及注重精神陶冶的生活方式，因而亦影響日人對陶器的愛好，因茶道專屬於貴族及武士階級時，所用者皆為昂貴之瓷器，而非粗簡的陶器。此種茶道方式的改變，形成了世俗化的茶道，此種世俗化或普遍化的茶道被稱為「佗茶」，在室町後期開始逐漸盛行。其後，日本茶道歷經桃山時代及江戶時代而大盛。

茶　人

如前所述，茶道雖由貴族化而

❶吉河功著《禪寺庭　》(東京錦明印刷株式會社，1991年)，第122頁。

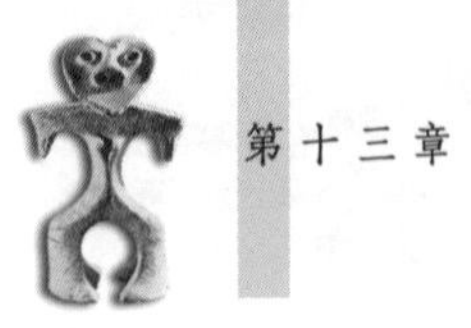

逐漸平民化，但是茶道的儀式及所用茶具，在初期仍受中國影響甚深，如較繁的茶儀與瓷器的使用等。至桃山時期，因織田信長及豐臣秀吉均喜愛茶道，前者侵韓時所擄獲的陶工，對日本陶製茶具的大量生產，有極為重要的關係，亦推動了日本茶道的民間化及簡樸化。

但是日本茶道逐漸脫離中國之影響，而大力在社會民間推展，並影響後代甚深者，為桃山時代富商之子千利休（公元1520～1591年）。他首先將茶道中與宗教有關的儀禮刪除，而注重在品茶者對於自我在宇宙間所處地位的認知。他這種觀念有如下之意義：

（一）當時的日本人對於日本以外之事，所知者甚少，茶道可促使他們在品茶時，念及本身所在的國土、祖先、家庭及自我。

（二）世人對宇宙未知部分是茫然無知的，對宇宙的未知部分，常是人們所困惑的。茶道可使人們對此種情形或疑慮，得以從容的思考或探索。

（三）人為大自然中的一部分，而大自然之美是美之極致。人要與大自然之美接觸，就必須身在大自然、看到大自然，並與大自然融合為一。

上述的前兩項，係人內心的心理狀況，如不說明，外人無從得之，亦無法見之，但第三項則是人人可見，人人可知的大自然景色，在此種情形下，如何在品茶時，仍能接觸、領會並看到大自然之美，是一件極為重要之事，而這一點又是人為可以做到，並且用肉眼可以看到的。於是，基於上述的原因，專用於茶道的茶室因而產生。

據稱，千利休於一五八二年，在他的家鄉山崎的一座禪宗寺院妙喜庵，建立了一座小型茶室，稱之為「待庵」（圖225）❷。這個小茶室僅有三個榻榻米大，即五十四平方英呎，約為三張單人床大小。房屋的主要材料是香柏木與竹子，除了粗糙的牆壁部分外，其餘的樑柱均顯露在外，屋頂亦用茅草覆蓋，可謂不加裝飾，力求保持其自然之本性；屋頂下不加修飾的細竹，以及凹凸不平表面粗糙的柏木，均為

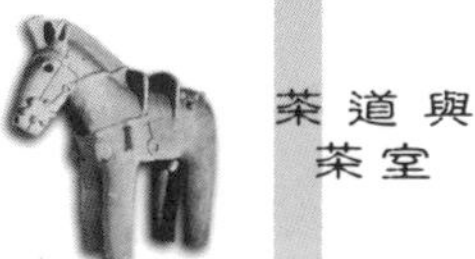

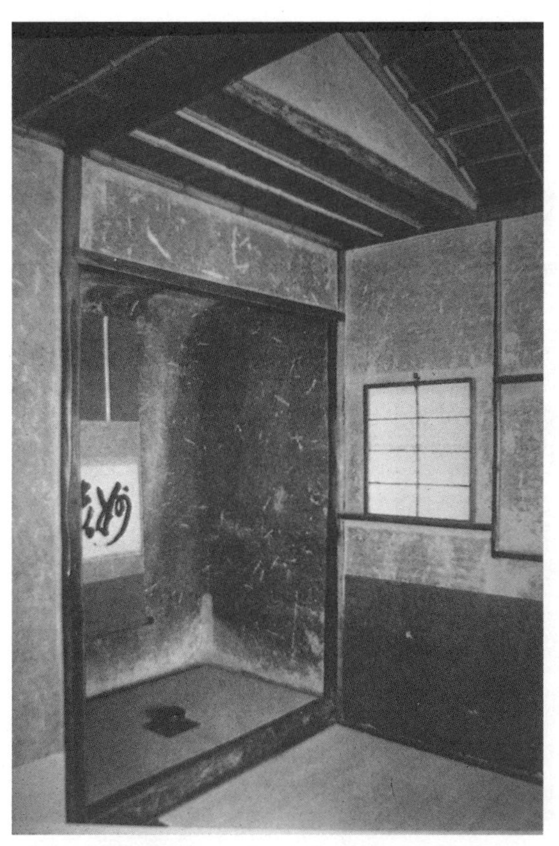

圖225
待庵 山崎

美的庭園、山水及泉井，當更為理想。京都的另一座位於國際基督教大學，建於江戶時期的茶室（圖226），為另外一個例子。一般的茶室通常有兩個進口，一為主人，一為客人，而客人者皆及與腰部，進入時需彎腰匍伏而入，以示對主人之尊敬及為客之謙恭。

日本之小型茶室，最早始於鎌倉時代，再經桃山時代而至江戶時代，以後者最為盛行。

其例。綜言之，茶室建築最重要的原則是簡單與自然。通常是面積小、輕便、不加修飾的木竹、小窗、簡單家具等。當然，如果有優

❶ Seiroku Noma, *The Arts of Japan* (N.Y., 1978), pp. 110, 128.

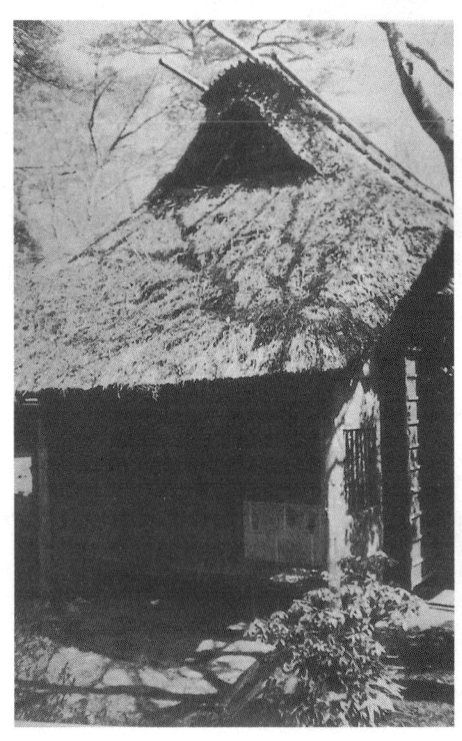

圖226
茶室　京都

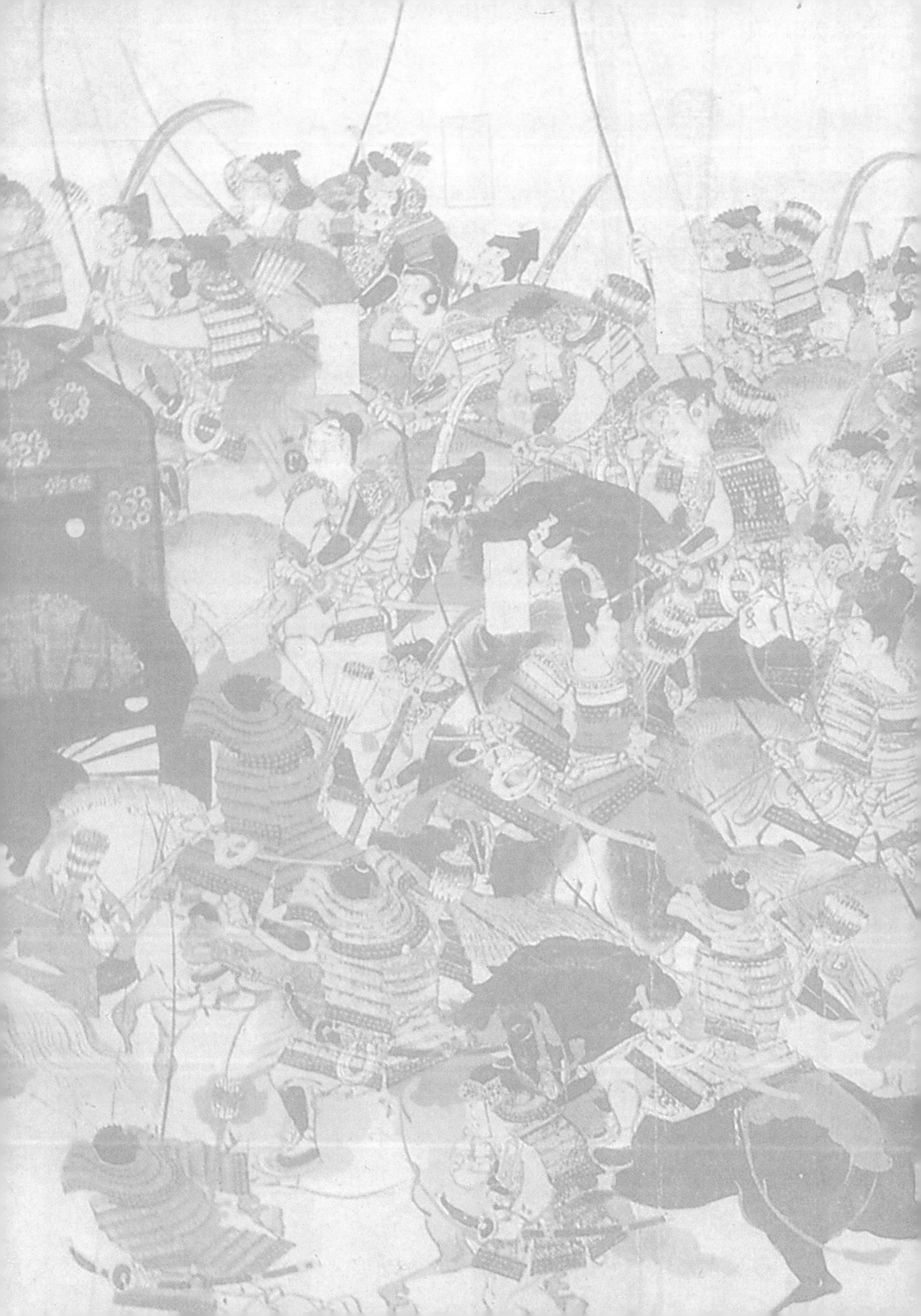

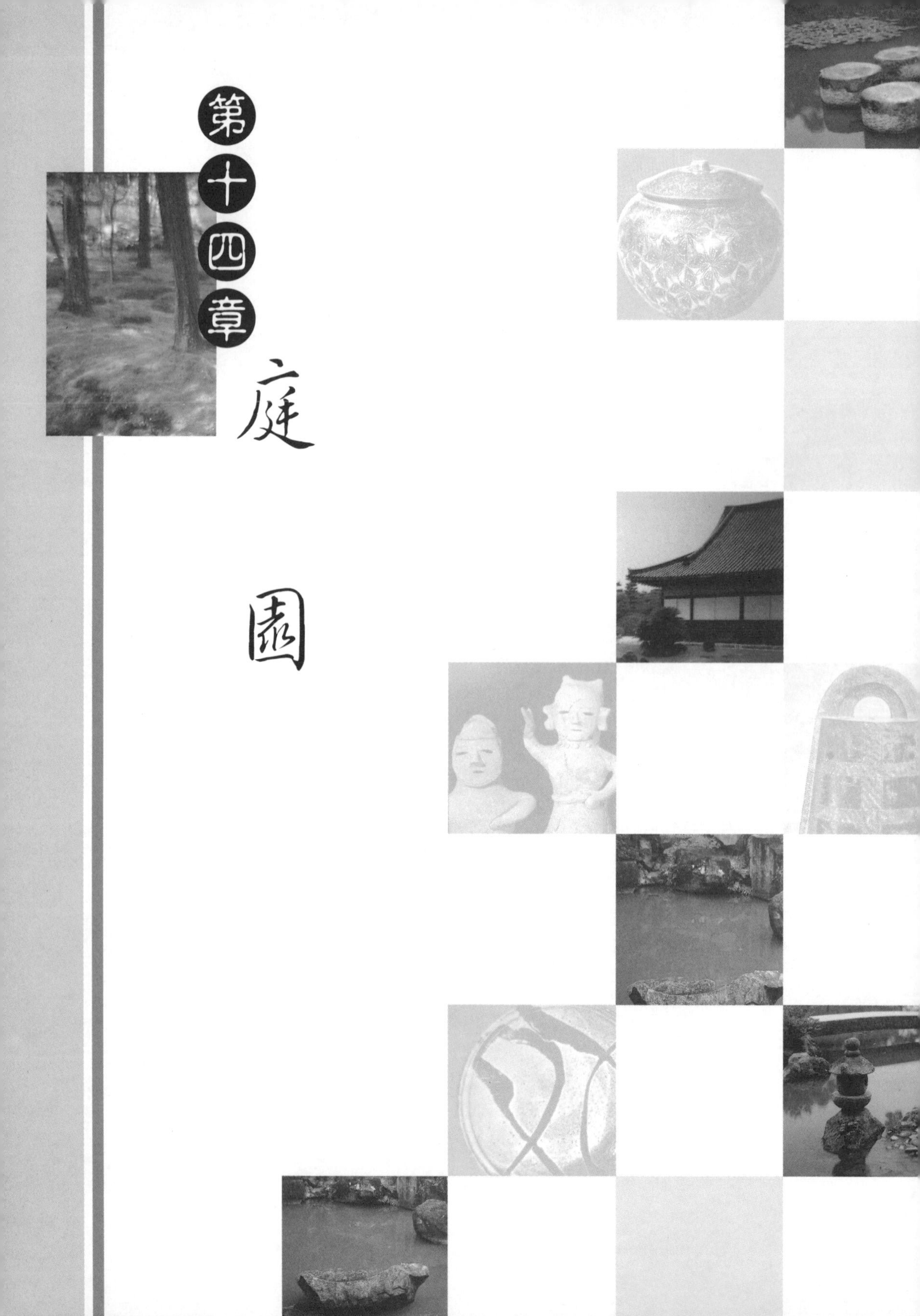

第十四章 庭園

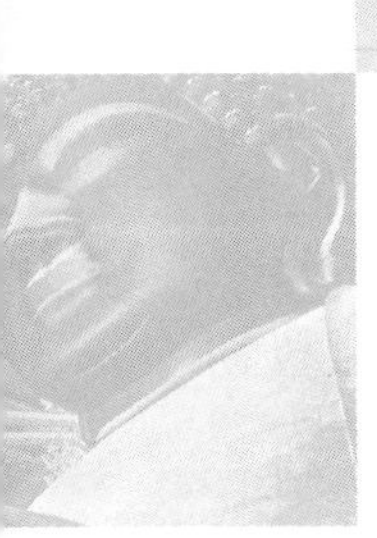

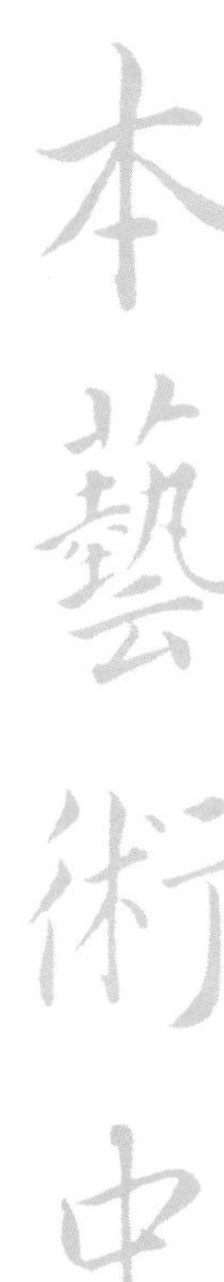

摘　要

日本之庭園淵源於中國之佛寺及山水畫，早期之禪寺庭園對日本之庭園影響極大。禪宗興盛時期，如鎌倉時代及室町時代，為日本庭園之盛期，亦強烈影響後代之庭園設計。江戶時代及明治維新後，則略受西方之影響，並較重視色彩之效果，但基本上仍傳承日本傳統庭園之風格。

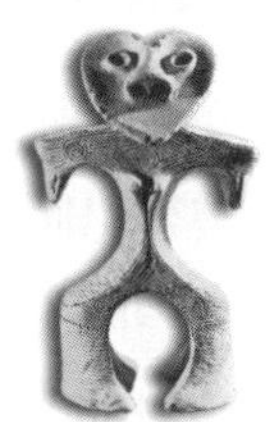

日本之庭園設計，向為歐美人士所稱許，其之所以能流行久遠，獲得社會大眾的注意，自與佛教以及佛教中的禪宗在日本具有悠久歷史有關。

源　流

在中國南北朝時代，佛寺不但是宗教活動的場所，同時也具有文化與交際之功能，《洛陽伽藍記》內所載之「殫土木之功，窮造形之巧……雕粱粉壁，青璅綺疏……栝柏松椿，扶疏拂檐翠，竹香草布護……四門外樹以青槐，亘以綠水(永寧寺條)。珍木香草，不可勝言(瑤光寺條)。堂廡周環，曲房連接，輕條拂戶，花蕋被庭……女樂歌聲，繞梁舞袖，徐轉絲管，寥亮諧妙入神……諸音樂逞伎寺內，奇禽怪獸舞抃殿庭，飛空幻惑，世所未睹，異端奇術，總萃其中（景樂寺條)。」❶均足以為證也。故佛寺對於庭園設計之重視，目前最早可上溯至中國之南北朝。日本佛教初傳承自韓國，後則直接與中國通，並廣遣僧人至中國學習，對於佛寺庭園之重視，自係由中國而來。

佛教之淨土宗在中國及日本大盛後，西方淨土之美麗世界，在淨土三經中有極為詳盡之描述❷。法隆寺側及鳳堂前方之水池，即象徵西方淨土中的蓮花池，既有水池，四周之環境自亦隨之美化，故日本對庭園之重視，實可溯至飛鳥時代之佛寺，禪宗之影響則為後來推動之主要力量，故並非禪宗興盛後，方有佛寺庭園之設計也。

但是無可否認地，日本佛寺庭園之大盛，及社會民間對庭園設計之重視，禪宗佛寺是應居首功的。當中國的禪宗被引進日本時，正當鎌倉時期，在中國則為南宋（公元1185～1333年）。當時禪宗中心似在浙江省的杭州與寧波，日本僧人多以寧波作為登陸港口，當時有名的天童山景德禪寺，就是一座重要的交流中心。榮西禪師（公元1141～1215年）及聖一國師（公元1202～1280年）被認為是最早引進中國禪

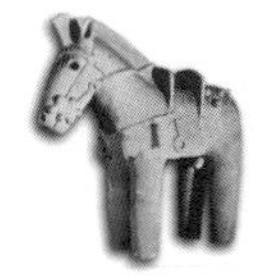

宗者，但是日本禪宗的庭園是誰最早設計的，卻無法得一確實解答。

事實上，剛引入的禪宗，並非為一獨立的宗派，而是附屬在天台宗下，如榮西禪師在京都所建的第一座禪寺建仁寺，就是附屬在京都比叡山天台宗的延曆寺之下。後來蘭溪道隆（大覺禪師，公元1213～1278年）應鎌倉幕府執政北條之請，由中國赴日弘揚禪宗，並在鎌倉建立臨濟宗的第一座禪寺建長寺。建長寺之設計係以杭州禪寺萬壽寺為藍圖，據圖形所示，寺之後方中部有一大的水池。這似乎可以證明，當時係繼續中國佛寺之傳統，水池及庭園皆為不可缺少之物。

其後，蘭溪道隆於甲州又建立興國禪寺（後稱為東光寺），這座寺內後方，現存有以水與石塊拼湊而成的庭園（圖227）。這個庭園雖歷經改建，但基本上仍遵從原有之形式，即以甚多頂部無尖端之石頭，加以組合，配以青草及池水，由較高處逐漸而下，頗似山水畫中之景色，最遠之尖形山石，則代表位於遠處之蓬萊仙山，池之形態作龍形狀，中間部分代表中國之龍門瀑布，象徵鯉魚跳龍門之故事。右下

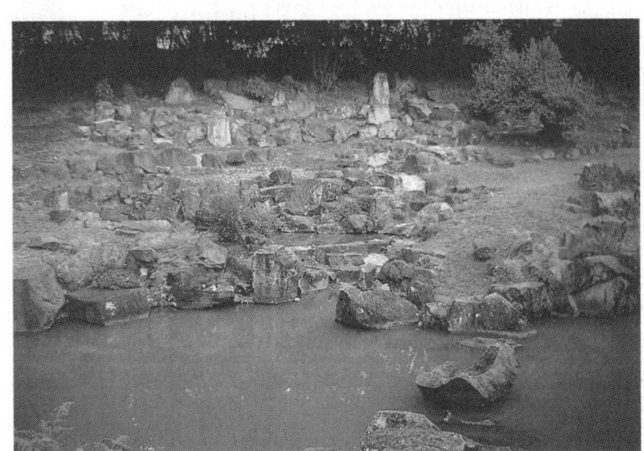

圖227
庭園
山梨縣甲府市東光寺

❶楊衒之撰《洛陽伽藍記》（臺北世界書局，1974年），第9~33頁。
❷淨土三經即《阿彌陀經》、《觀無量壽經》、《無量壽經》。

方則為一略經雕鑿之石舟（圖228），極為風雅。惜缺乏文獻資料，無法證明係蘭溪道隆所設計。但禪寺多有巧奪天工、獨出心裁的庭園則是不可否認的事實，加上中國山水畫、禪畫在日本之受到歡迎，以及中國宋代庭院之精美細緻，受中國之影響應無太大疑問。

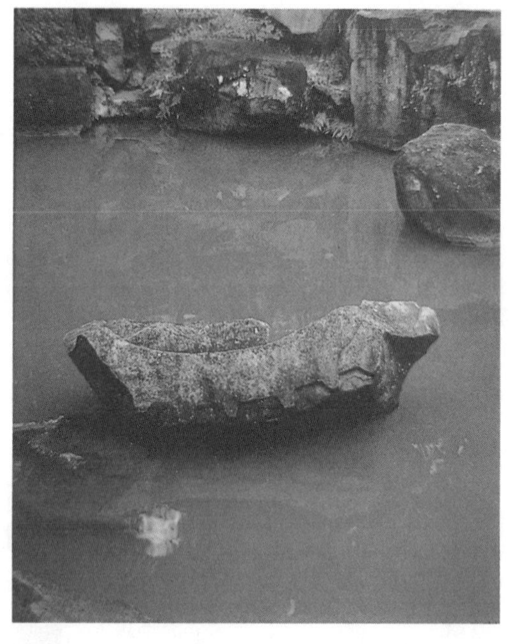

圖228
石舟
山梨縣甲府市
東光寺

在鎌倉時代前期，大政大臣西園寺公於一二三五年完成「北山第」庭園，此一庭園後經室町時期大將軍足利義滿收為己有，後稱為金閣寺或鹿苑寺❸（Rokuon-ji）（圖229）。在此一庭園的湖中，有甚多象徵蓬萊仙島的石塊露出水面（圖230），部分石塊上且有古松及花草，襯以平靜反光或倒影之湖面，極具詩情畫意，俗念亦為之消散。圖中之景稱之為「九山八海」，又因形狀之不同，有稱之為鶴島、龜島者。金閣寺側之突出部分，稱之為「漱清」（Sosei），係供觀魚、觀景之用（圖231）。夏日坐於其內，清風三面而來，甚為清涼。在靠岸部分，又有以龍門瀑布作為主題的景觀，流水下直立之長石，係代表跳龍門之鯉魚（圖232）。可見中國「跳龍門」之傳說，在鎌倉時期頗為盛行。

如眾所周知，日本禪宗以臨濟、曹洞兩宗最盛，後者且先傳入日本，由道元希玄（Dogen Kigen, 公元1200～1252年）留學中國後，返日傳揚。故部分曹洞宗禪寺，亦有類似之庭園，應係受中國之影響，惟為數不如臨濟宗禪寺之多。

根據各項資料記載，禪寺庭園

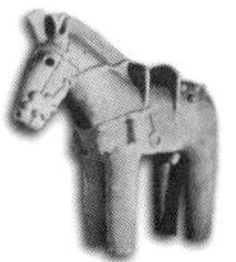

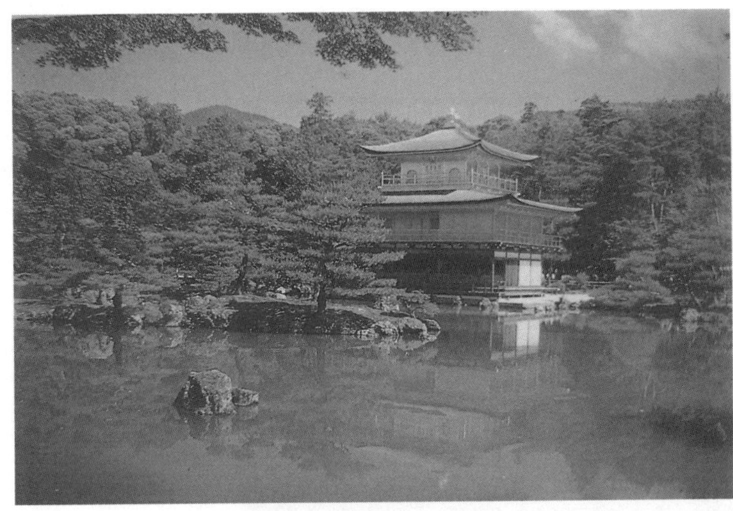

圖229
金閣寺
京都
鎌倉時期

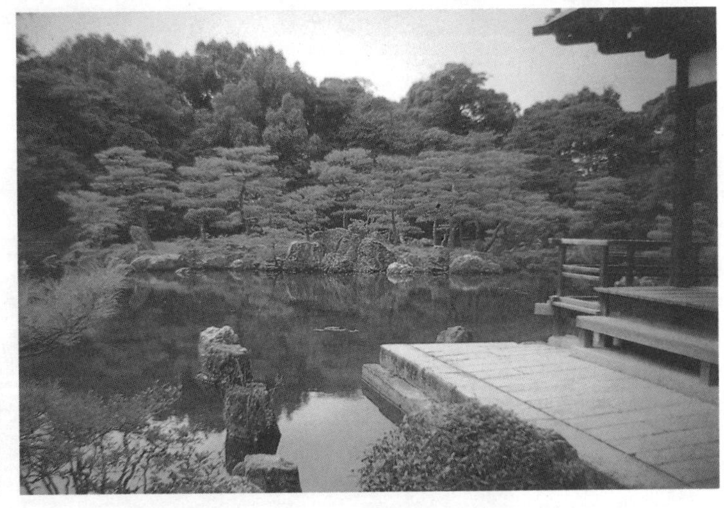

圖230* 蓬萊島
京都金閣寺
鎌倉時期

❸金閣寺為其官邸「北山殿」之一部分，當時鹿苑寺係在金閣寺之側。現連金閣寺在內，成為鹿苑寺之一部分。

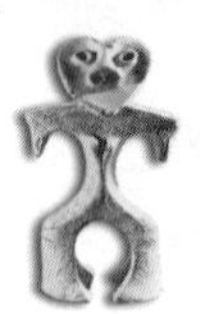

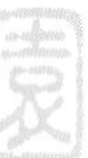

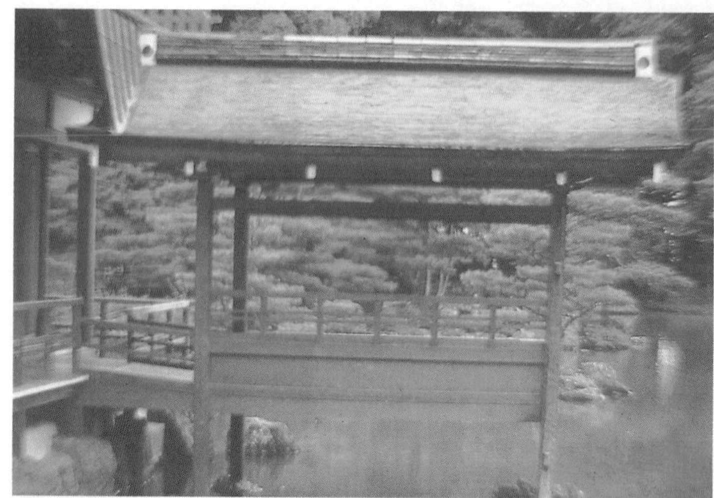

圖231
漱清
京都金閣寺
鎌倉時期

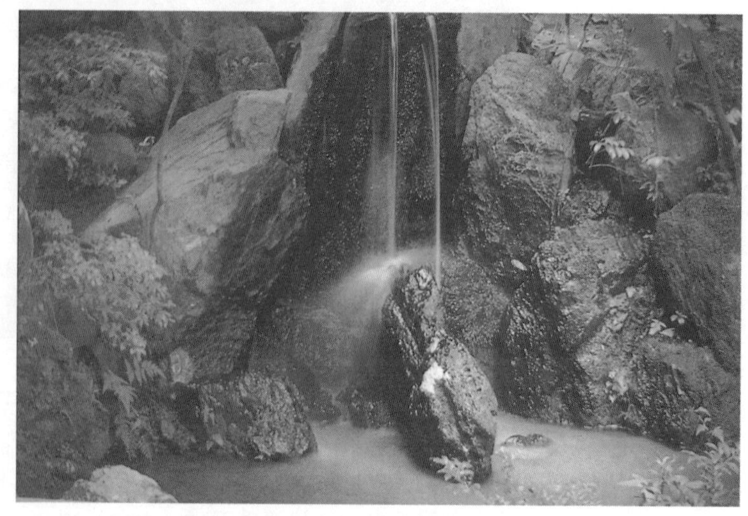

圖232*
龍門瀑布
京都金閣寺
鎌倉時期

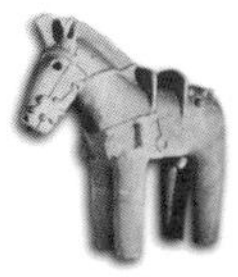

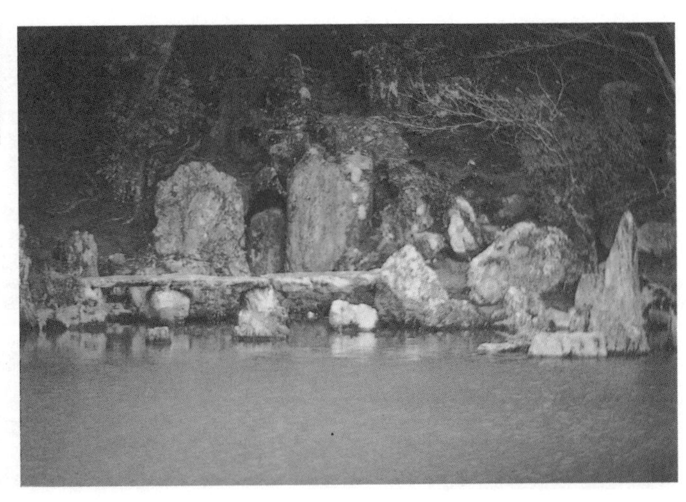

圖233* 龍門瀑布
京都天龍寺　鎌倉時期

設計與禪僧直接有關係的應是夢窗疏石，他在所有居住過的禪寺都建造庭園，且均留存至今，僅有臨川寺例外。這些有名的禪寺，包括了西芳寺及天龍寺。他因為愛好庭園及奇石，故人稱之為具有「煙霞之癖」的禪僧。甚至有人說，他總共設計了至少五十個庭園以上，但上述庭園是否真是他所設計，學者仍存疑問，但他大力推動禪寺庭園化應該是有可能的。因為夢窗疏石曾為日皇之師，據說有子弟逾萬人，為當時「五山」之首要人物，以他的嗜好及關係來倡導，自然會蔚為一時風氣。

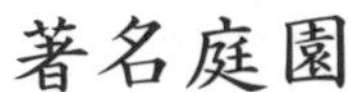

著名庭園

現以京都天龍寺之庭園為例，仍有以龍門瀑布作為主景之一的設計（圖233），可見在鎌倉時代甚為風行。瀑布前以長石板及尖石作成「小橋流水」之景觀，如加以放大或縮小，即中國山水畫中常見之景色也。再看其池畔之設計，右前方突出處象徵半島，其他豎立之石塊則代表小島或仙山。設計者為求變化，特意將池畔作出不規則及彎曲變化的線條，而此種不規則及變化的線條，在日本庭園中應用極為普遍。

京都西芳寺的庭園，仍以池景及池中奇石為主，但是卻有一種新的手法（圖234），即強調薄如絨衣的青綠，池畔土壤及石塊多以類似

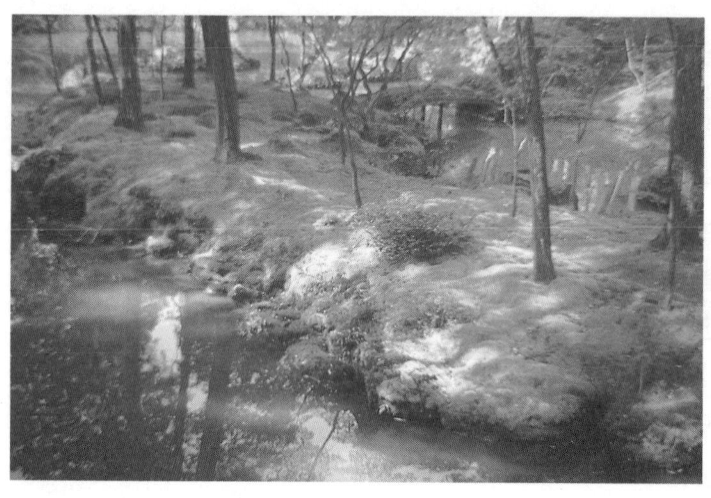

圖234*
池泉中島
京都西芳寺
鎌倉時期

青苔之物覆蓋，予人一種綠意滿眼前之感覺。西芳寺原為淨土宗寺院，後夢窗疏石主持應仁戰後之重建事宜，改為禪宗寺院，庭園之池，係象徵西方淨土中之蓮池，故淨土宗與禪寺庭園設計之密切關係，可見一斑。

及至室町時期，日本的庭園不僅流行於禪寺，亦在日本社會民間風行，其原因甚多，但主要者在元朝滅亡後，中日交通又恢復常態，中國書畫大批輸入日本，日本武士信仰禪宗者有增無減，加上著名畫家兼禪僧之盛極一時，如雪舟、祥啟、默庵、如拙、周文等，更使日人對山水庭園之喜好日增。其中較著名者有大將軍足利義滿修築之「北山殿」，馳名之「金閣」及「銀閣」建築，即屬於此一時期。始建於一四八〇年的「銀閣」，係由足利義政下令所建，據說「銀閣」之庭園係由著名畫家及庭園設計家善阿彌所設計。雖今日所見者是否確為善阿彌所設計尚有疑問，但應可窺探當時庭園之一斑。後來銀閣改為禪寺，又稱銀閣寺或慈照寺。

銀閣寺之「銀沙之海」(圖235)係配合銀閣建築而來；一方面以白沙象徵銀色，一方面使白色與周遭的綠景形成鮮明對比。白沙表面施以如海浪狀之迴旋紋，代表波濤，正中之白沙丹錐狀之堆積，象徵向月臺。此種以白沙作為庭園之主要材料，在室町時期極為流行。

室町時期盛行的枯山水庭園設

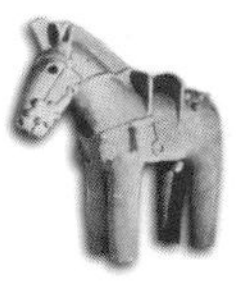

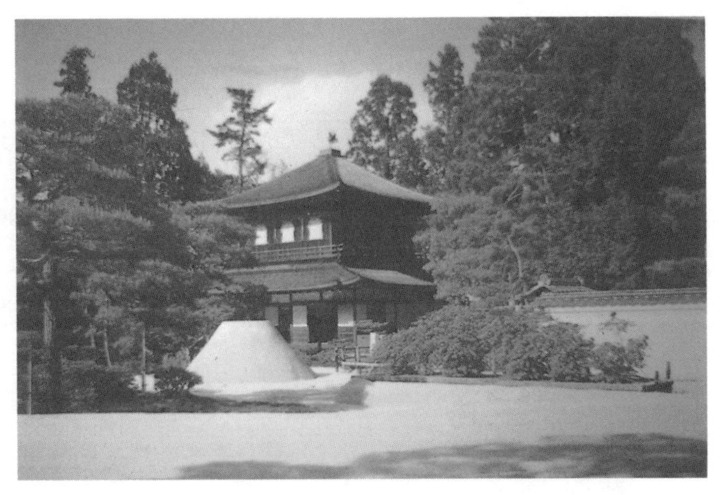

圖235* 銀沙之海
京都銀閣寺
室町時期

計，最有名者當為京都龍安寺之庭園。但所謂「枯山水」並不僅是以沙石為主要材料，亦可以草坪代替白沙，最佳之例為位於山口市宮野之常榮寺（妙喜寺）庭園（圖236）。上方之山石底部覆以低矮植物，極似富士山。石頭以單個或數個分為數組，皆表示仙山海島。雪舟曾居住於常榮寺之前身妙喜寺，故有人稱現在常榮寺之庭園係雪舟所設計。

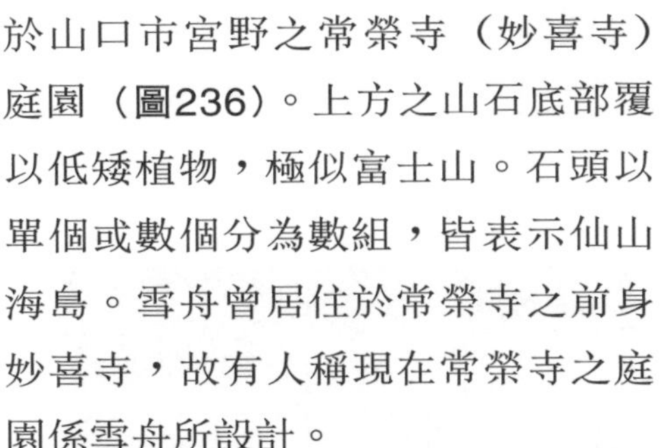

京都大德寺之大仙院，係由禪師古岳宗亘（Kogaku Soko）於一五一三年所創建，其同門師兄東溪宗牧（Tokei Soboku）則建立龍源院（Ryugen-in）。前者稱為北派，後者稱為南派。當時大德寺禪僧親自建造庭園為一種傳統之風氣。據稱此一庭園建造於一五三三年，至今仍保持原有之面貌（圖237），為日本國寶之一。圖中所示係庭園之中心部位，山、橋、水、樹均以石、砂及矮密之植物代替，如將之放大則極似真正之山水。再看方丈室前亭之沙海（圖238），更將石頭完全棄置不用，以堆積之白沙來代替，極具創意。龍源院之方丈庭園（圖239）則在中心置一橢圓綠洲，平頂大石為蓬萊山，另一長石則象徵龜島，在色彩上有強烈醒目之效果。

日本庭園中，似以京都龍安寺之枯山水庭園（圖240）最負盛名。此寺原建於一四五〇年，係由大名（武士階級之地方統治者）細川勝元所捐建，但在應仁之戰中被

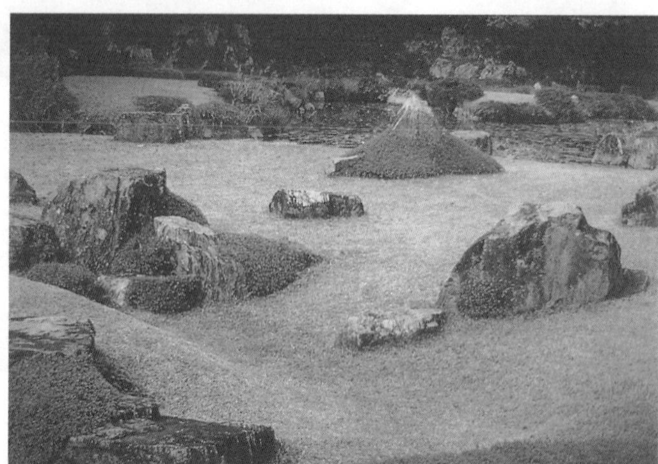

圖236
枯山水
山口市常榮寺
室町時期

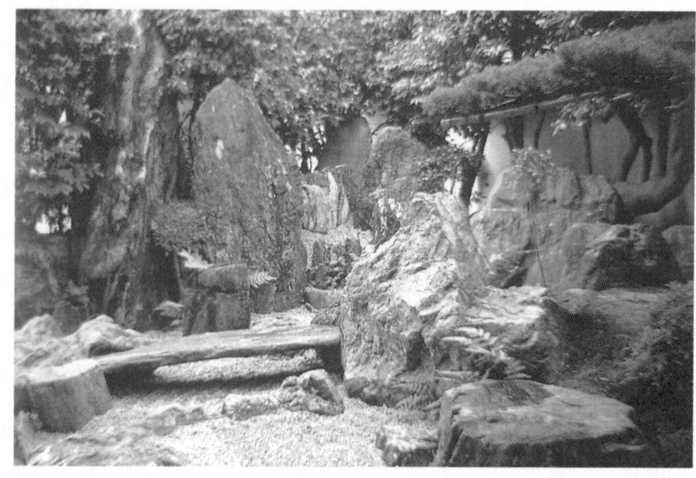

圖237* 庭園
京都大仙院
室町時期

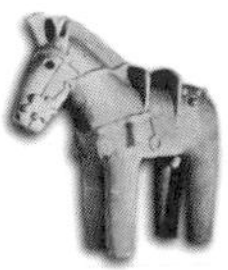

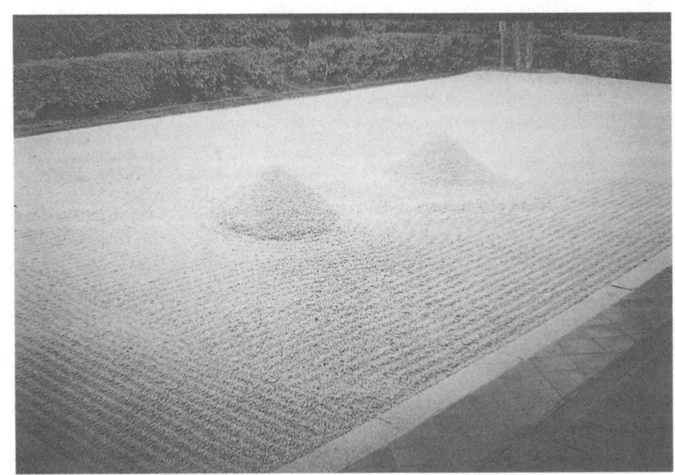

圖238
方丈前庭
京都大仙院
室町時期

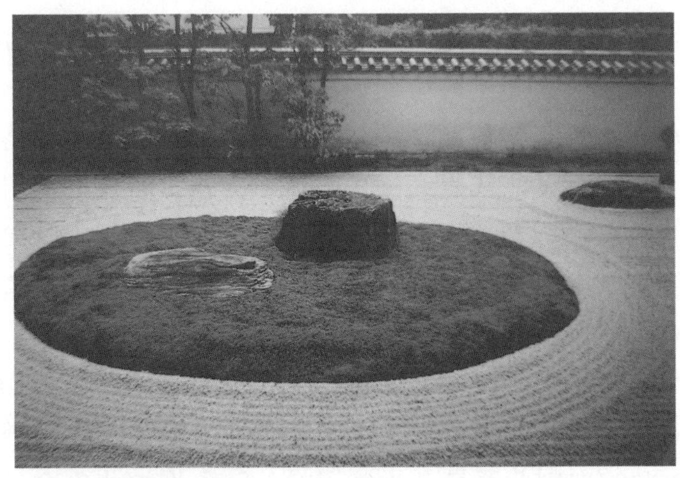

圖239*
方丈南庭
京都龍源院
室町時期

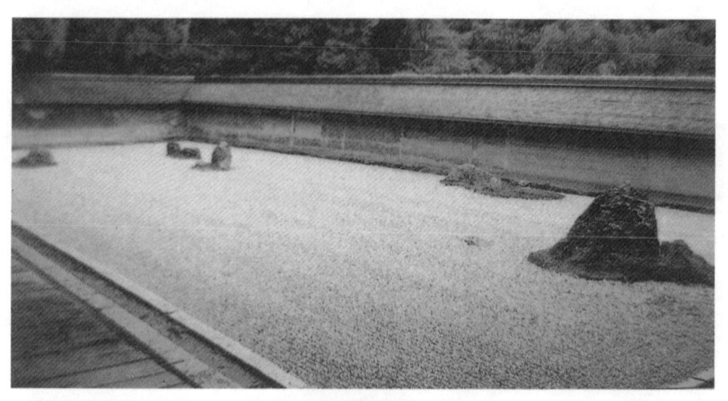

圖240*
枯山水
京都龍安寺
室町時期

焚毀，其子於一四九九年重建至今。此一由沙、石組成的庭園共有各種形狀石塊十五個，各以五、二、三、二、三之數組成。確實之意義各有解釋，但以著者之看法，此一枯山水應象徵世界，而佛經中之世界共有四大洲及九山八海❹；白沙象徵大海，而巨石可能代表大海中的大洲及仙山。修行者如面對此一枯山水，則象徵面對整個宇宙。當面對浩瀚而又神秘莫測的宇宙，自必感到人如滄海一粟，渺小而又微不足道，雜念、妄念亦無從生矣。又密宗修行時須面對曼荼羅，而曼荼羅則為宇宙及大日佛之代表，此一枯山水或亦有類似之含義及作用。

桃山時期因戰亂甚多，城堡建築興起，禪宗勢力已不如前，再因品茶之風在禪僧中盛行，居於領導地位的大德寺，轉而熱中於茶道及露地（茶庭），而茶庭與庭園並不相連，故庭園設計可道者不多。德川家康大將軍於一六〇三年完成的二條城二丸庭園（圖241）及桂離宮松琴亭庭園（圖242）應為此一時期之代表作。

在江戶時期，日本國內長久安寧，大將軍及各地之大名多傾向禪宗，禪宗兩大寺院大德寺及妙心寺為當時庭園設計之主流派。京都南禪寺內之金地院（Konchi-in）住持以心崇傳，甚為幕府將軍所信賴，授以「僧錄司」之位並為大將軍之政治顧問，權傾一時，稱之為黑衣宰相。他當時敦請一流庭園設計師小堀遠州為金地院設計庭園，此即有名之鶴島（圖243）及龜島（圖244）。

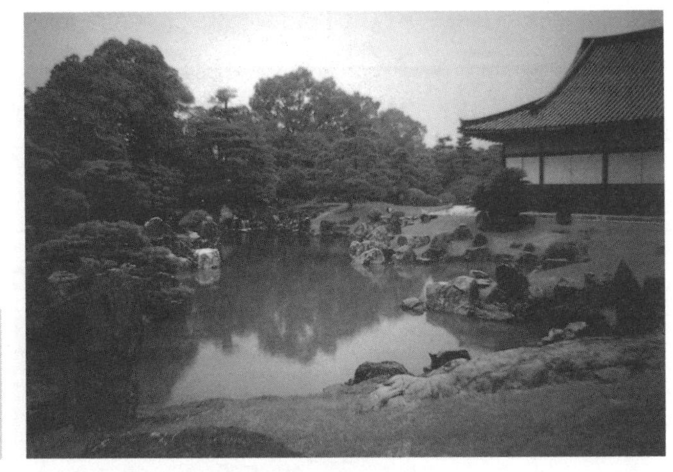

圖241
二丸庭園
二條城　桃山時期

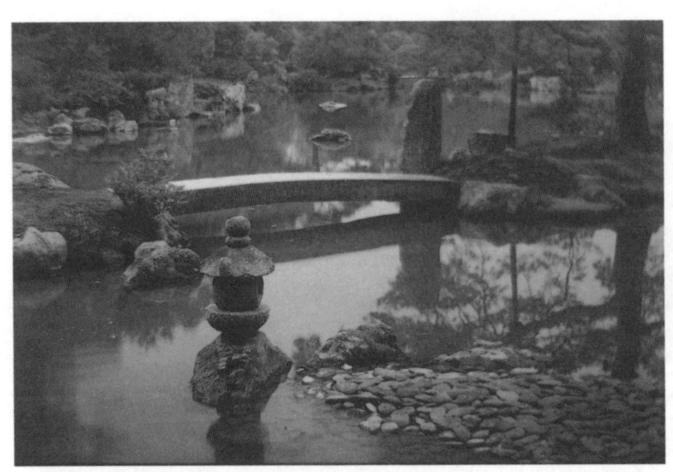

圖242
松琴亭庭園
京都桂離宮
桃山時期

❹見《起世經》卷一，《長阿含經》卷十八。

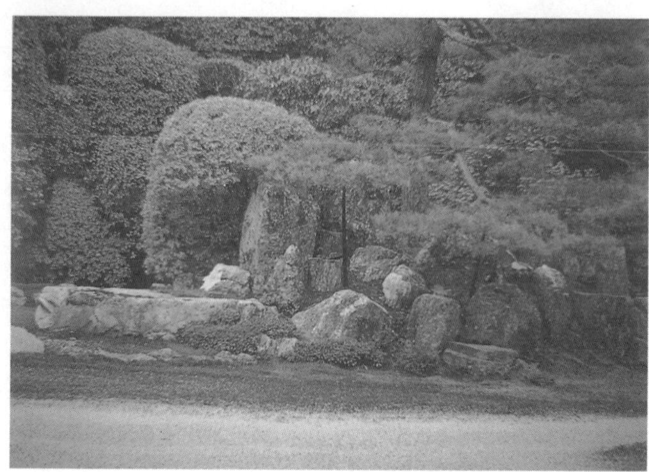

圖243
鶴島
京都金地院
江戶時期

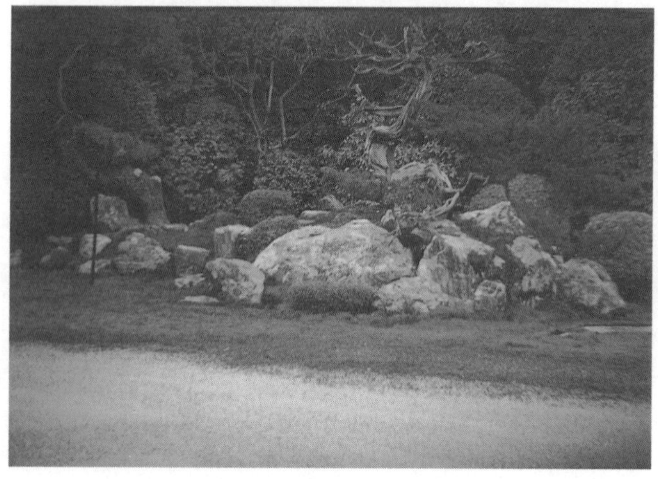

圖244
龜島
京都金地院
江戶時期

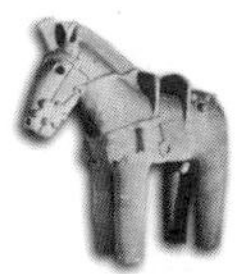

據稱，鶴島左方象徵鶴首之扁平大石，係由安藝（Aki）之大名淺野家所贈，用了四十五頭牛才能拖來。此一鶴島係位於金地院庭園的西方。龜島之方向位於東面，與鶴島遙遙相對。中間之大石象徵烏龜之頭部。

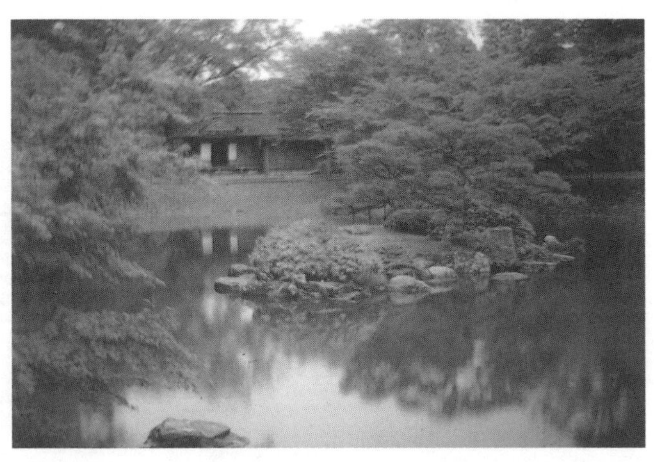

圖245*
南庭
京都仙洞御所
江戶時期

由京都仙洞（Sento）皇宮南庭（圖245）、南禪寺（Nanzen-ji）方丈庭園（圖246）、智積院（Chishaku-in）庭園（圖247）、東福寺（Tofuku-ji）方丈庭園（圖248）、蓮華寺（Renge-ji）庭園（圖249）及詩仙堂（Shisen-do）庭園（圖250）可看出，江戶時期的庭園多喜以顏色鮮豔之花樹摻雜於綠色庭院之中，與以前少用花樹之手法略有不同，此種變化，極可能係受江戶社會風氣之影響，不再以素簡為訴求矣。

江戶時期另一創新之手法為大池寺（Daichi-ji）之庭園（圖251）。大池寺位於滋賀縣之甲賀郡，原寺係建於七一三年，現在建築建於一六六七年，由妙心寺派之丈巖慈航（Jogan Jiko）主其事。此一庭園之主題係象徵位於蓬萊仙境內浮於水面上之寶舟，綠色修剪部分即代表寶舟，四面之白沙為海洋之代表。

此一時期另外普遍之特色為喜以不規則的石塊或石板，拼成彎曲之小徑。此種手法可見於岡山縣高梁市之賴久寺(Raikyu-ji)庭園（圖252）及位於島根縣平田市之康國寺（Kokoku-ji）庭園（圖253）。類似之小徑，在亞洲及歐美之景觀設計中，屢見不鮮，為日本庭園建築

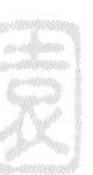

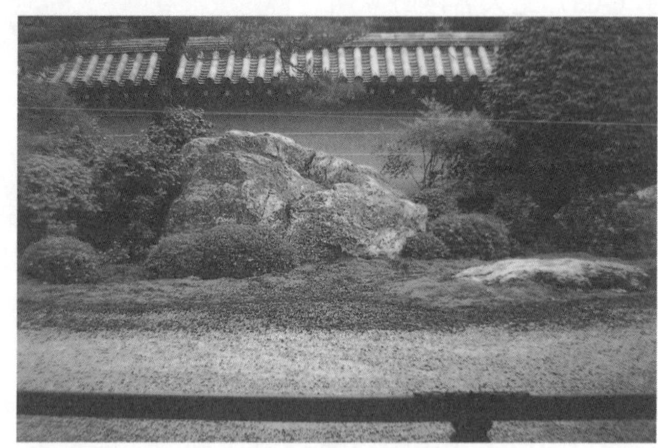

圖246
方丈庭園
京都南禪寺　江戶時期

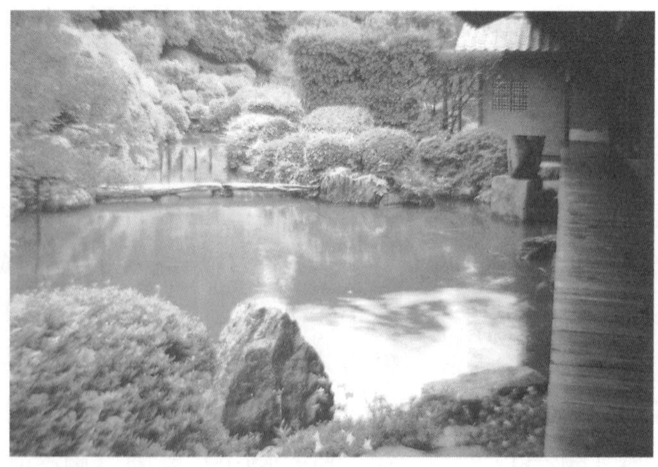

圖247*
庭園
京都智積院
江戶時期

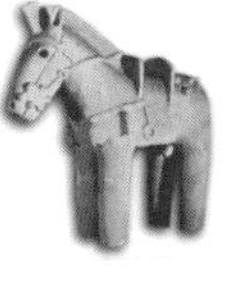

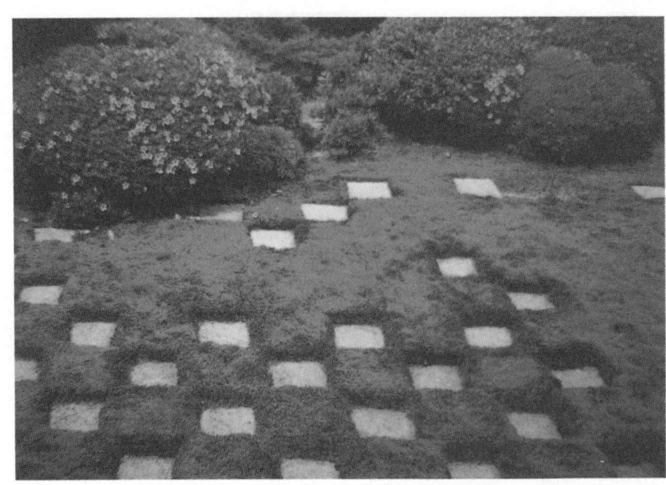

圖248*
方丈庭園（北庭）
京都東福寺
江戶時期

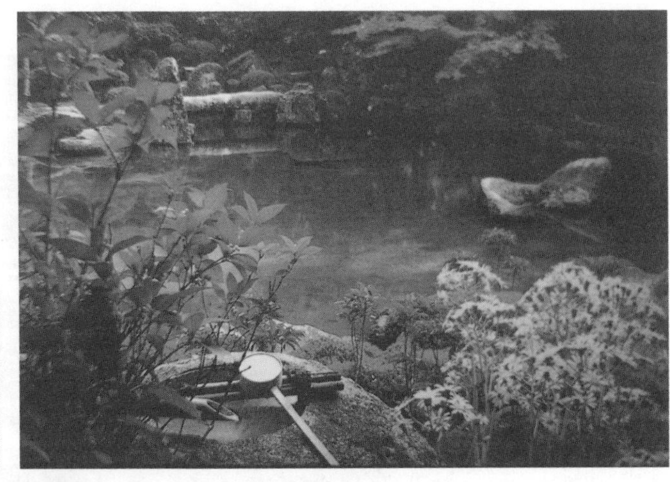

圖249*
庭園
京都蓮華寺
江戶時期

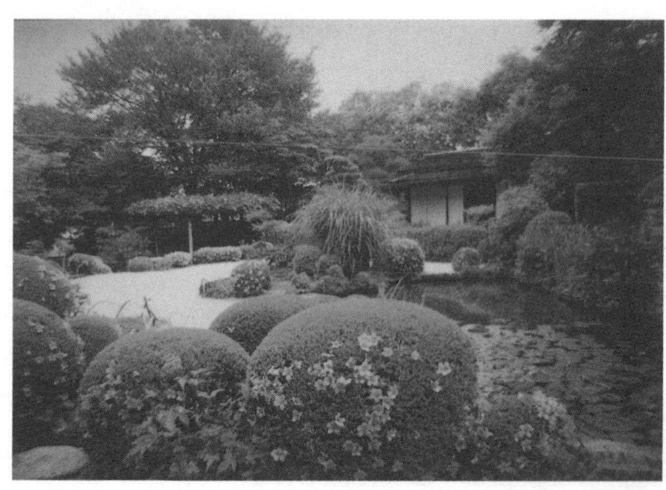

圖250*
庭園
京都詩仙堂
江戶時期

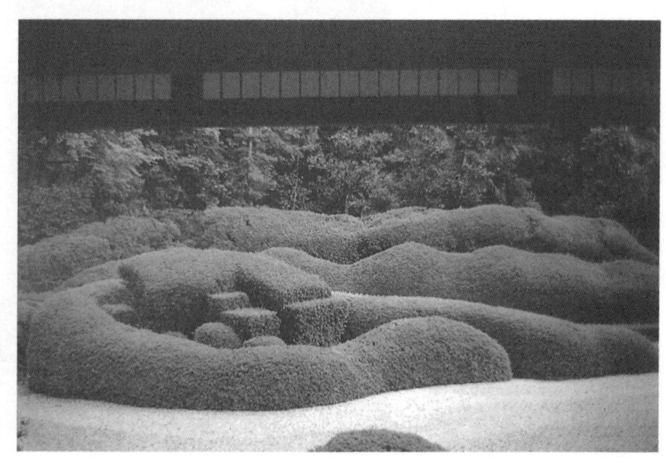

圖251*　庭園
滋賀縣甲賀郡大池寺
江戶時期

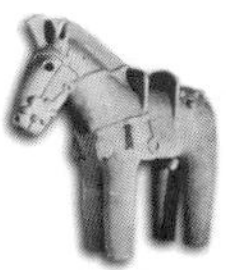

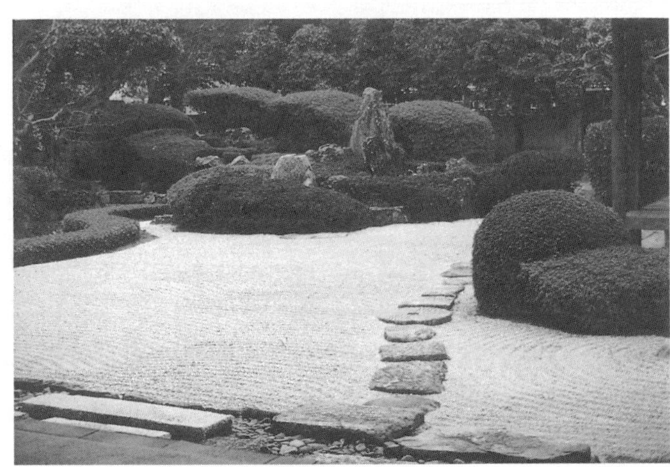

圖252
書院前庭
岡山縣高梁市賴久寺　江戶時期

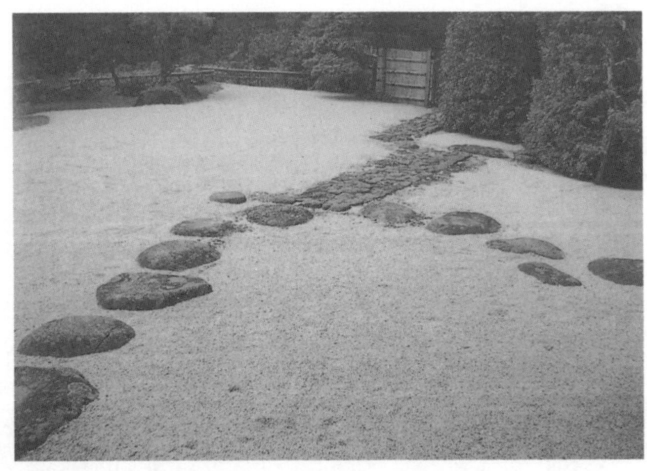

圖253　庭園
島根縣平田市康國寺
江戶時期

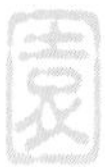

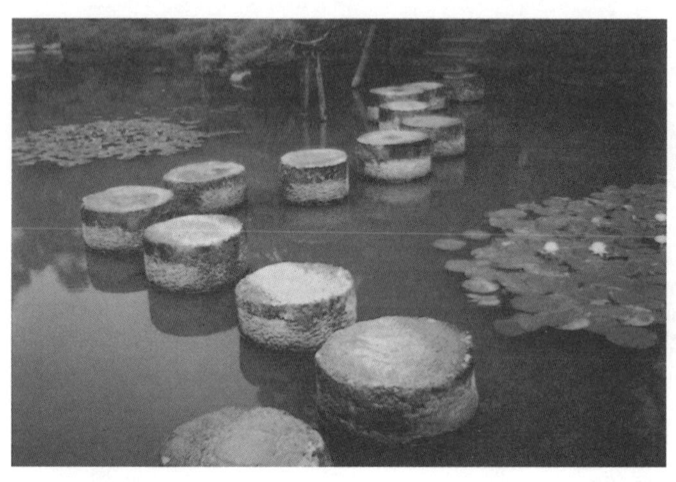

圖254*
蒼龍池
京都平安神宮
明治時期

影響近代建築之例。

江戶時期以後，大體上以前期之庭園為基本，稍作變易；或使用現代技術及材料，或融匯西方庭園之特色。京都明治時代平安神宮(Heian Jingū)之石墩（圖254）及昭和時代城南宮(Jōnan-gū)神苑之庭園（圖255）為其例。後者以寬闊之草坪作為景觀，係受西方之影響。中間之木屋係一茶室，庭園兩側之粉紅色花樹，使全屬清一色綠意的景觀，添上活潑生動的韻味，「萬綠叢中一點紅」的意境，在此應可體會一斑了。

綜言之，日式庭園設計多小巧精緻，如將之放大，部分有如引人入勝的真實山水。中國宋、元、明之山水畫及宋代禪寺，對於日本庭園設計有極為密切的關連。

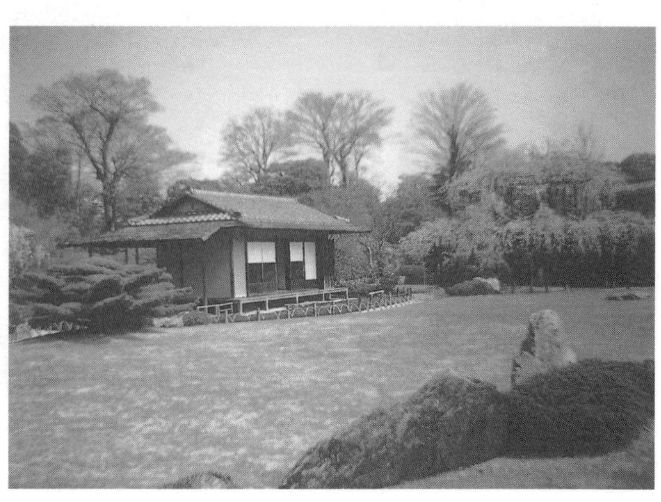

圖255*
樂水軒庭園
京都城南宮　昭和時期

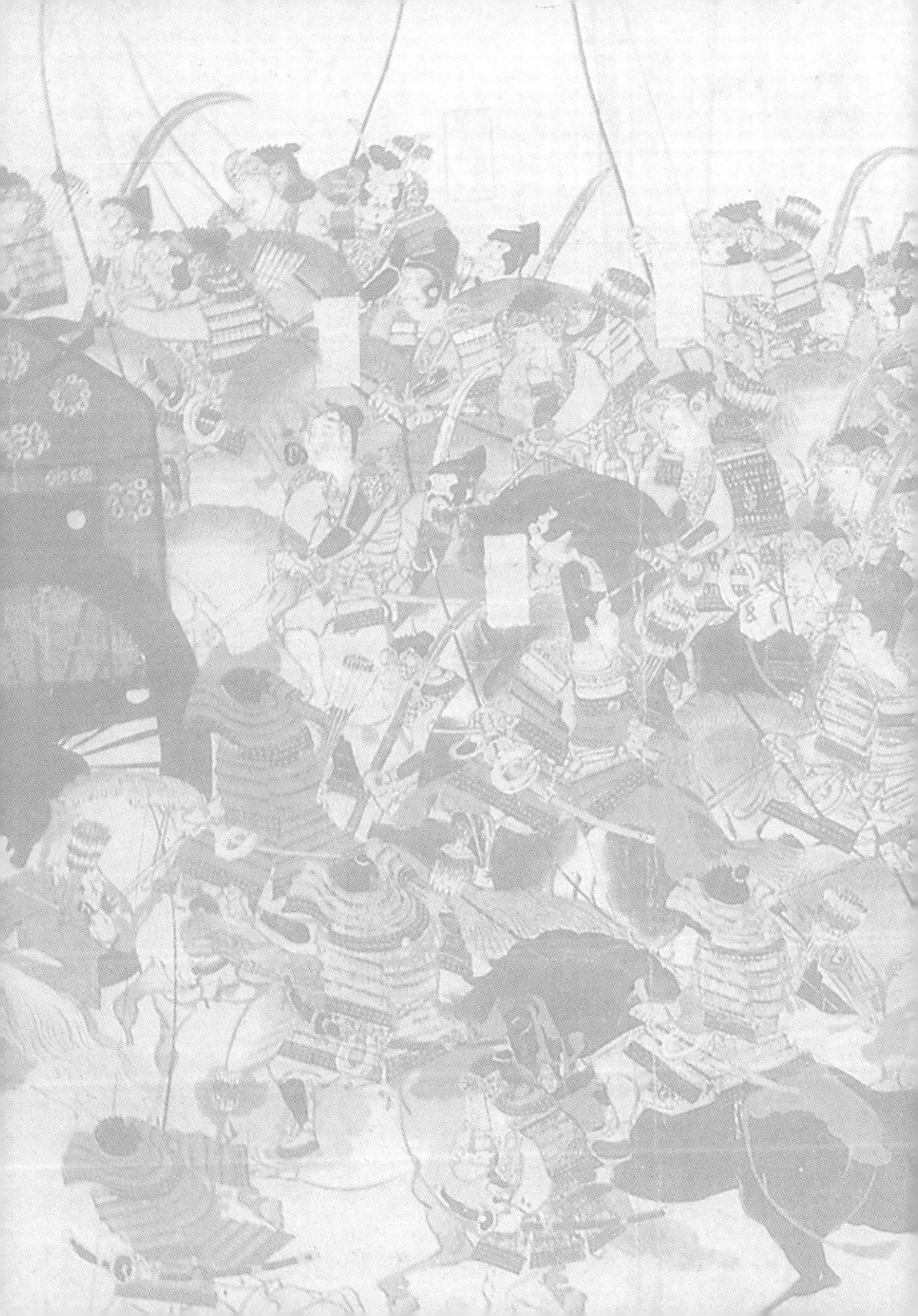

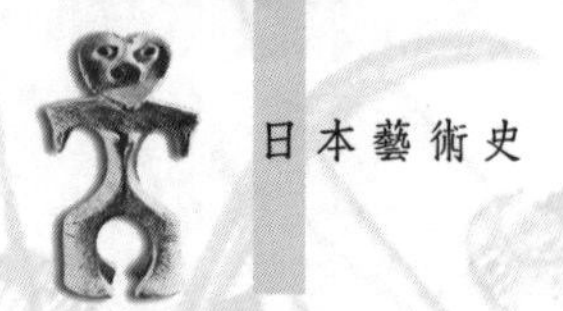

參考書目

一、中、日文部分

【書籍】

袁昌堯、張國仁著《日本簡史》(香港開明書局，1993年)。

余我編著《日本古典文學評介》(臺北商務印書館，1992年)。

印順著《中國禪宗史》(臺北慧日講堂，1978年)。

曉雲法師著《佛教藝術論集》(臺北原泉出版社，1992年)。

孫毓修著《中國雕版源流考》(臺北商務印書館，1974年)。

余又蓀著《隋唐五代中日關係史》(臺北商務印書館，1974年)。

王曉秋著《中日文化交流史話》(臺北商務印書館，1994年)。

敦煌研究院編《敦煌》(甘肅人民出版社、江蘇美術出版社出版，1993年)。

楊衒之撰《洛陽伽藍記》(臺北世界書局，1974年)。

玄奘著《大唐西域記》(臺北商務印書館，1971年)。

清水善三著《佛教美術史の研究》(東京中央公論美術出版社，1996年)。

清水善三著《平安雕刻史の研究》(東京中央公論美術出版

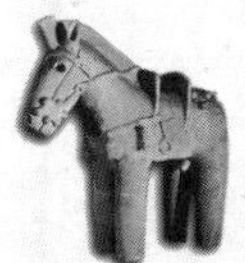

社，1996年）。

海老根聰郎、河合正朝、河野元昭編《日本水墨名品圖譜》（東京每日新聞社，1996年）。

宮本長二郎著《日本原始古代の住居建築》（東京中央公論美術出版社，1996年）。

吉河功著《禪寺の庭》（東京錦明印刷株式會社，1991年）。

大橋治三《坪庭》（東京凸版印刷株式會社，1987年）。

水野克比古《坪庭》（京都ニユーカラー寫真印刷，1991年）。

容天圻著《談藝續錄》（臺北商務印書館，1982年）。

《畫餘隨筆》（臺北商務印書館，1988年）。

柳田聖山著、吳汝鈞譯《中國禪思想史》（臺北商務印書館，1983年）。

伍蠡甫著《談藝錄》（臺北商務印書館，1984年）。

邢福泉著《中國佛教藝術思想探原》（臺北商務印書館，1997年）。

《臺灣的佛教與佛寺》（臺北商務印書館，1994年）。

《藝術概論與欣賞》（臺北商務印書館，1994年）。

敦煌研究院編《敦煌》（甘肅人民出版社、江蘇美術出版社，1993年）。

《觀世音菩薩授記經》。

《藥師經》。

《瑜伽論》。

《如來本願功德經》。

《增一阿含經》。

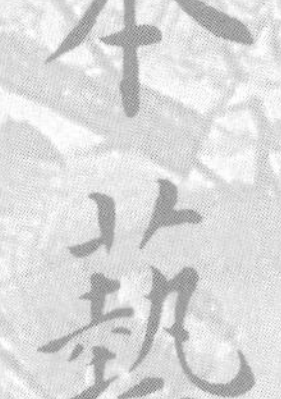

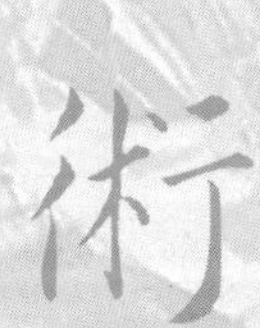

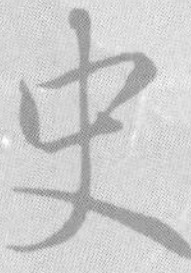

《長阿含經》。
《大日經》。
《攝無礙經》。
《探玄記》。
《摩訶摩耶經》。
《法華經》。
《大乘義章》。
《起世經》。
《唐高僧傳》「智興傳」。
《行事鈔》。
《俱舍論》。
《佛祖統紀》。
《百緣經》。
《智度論》。
《大日經疏》。
《玄應音義》。
《圓覺大鈔》。
《慧苑音義》。
《涅槃經》。
《往生論》。
《雜寶藏經》。
《觀法三昧經》。

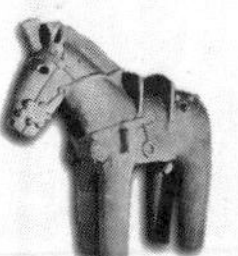

【論文及期刊】

梁思成作〈中國建築與建築家〉，《文物》第十期（1953年）。

高木森作〈禪畫的格法——牧溪的畫裡乾坤〉，《故宮文物月刊》第四卷第八期（臺北故宮博物院，1986年）。

日本文化廳監修《日本の美術》（東京）。

日本佛教藝術學會編《佛教藝術》（東京每日新聞社）。

日本東洋哲學研究所編《東洋學術研究》（東京明和印刷株式會社）。

日本龍谷大學佛教史研究會編《佛教史研究》（京都同朋舍）。

日本佛教史學會編《日本佛教史學》（東京長野印刷商工株式會社）。

禪文化研究所編《禪文化》（京都花園大學）。

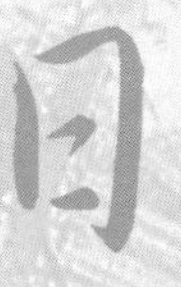

二、英文部分

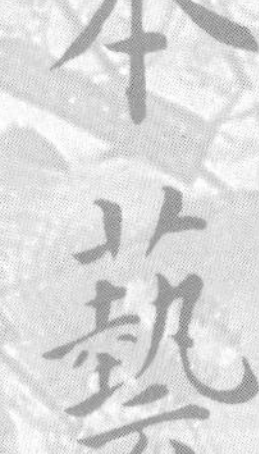

【書籍與期刊】

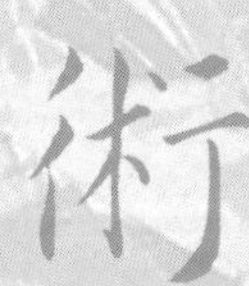

W. T. de Bary, ed.,*Sources of Japanese Tradition* (N.Y., 1958).

D.T.Conze, *Buddhism：Its Essence & Development* (N.Y., 1959).

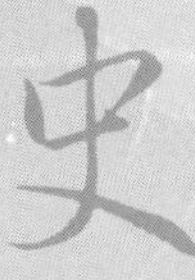

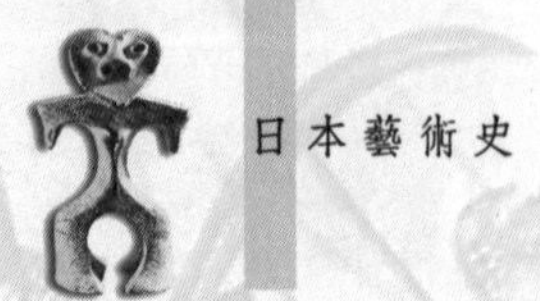

James Cahill, *Scholar Painters of Japan: The Nanga School* (N.Y., 1975).

Martin Collcutt, Marius Jansen & Isao Kumakura, *Cultural Atlas of Japan* (Oxford, 1988).*Japan Quarterly* (Tokyo, Japan).

Danielle Elisseeff, *Art of Japan* (Harry N. Abrams, Inc., 1985).

Shizuya Fujikake, *Japanese Wood-Block Prints* (Tokyo, 1954).

Jiro Harada, *The Lesson of Japanese Architecture* (London, 1954).

Masao Hayakawa, *The Garden Art of Japan* (N.Y.,1974).

Lawrence F. Hsing, *Taiwanese Buddhism & Buddhist Temples* (The Pacific Cultural Foundation, Taipei, 1983).

———— "The Transition Periods of Chinese Early Buddhist Architectures and Their Backgrounds," *Chinese Culture*, XXI, 1980, pp. 57~68. (A paper delivered at the Annual Meeting of the College Art Association of America on February 4th, 1977 in Los Angeles, California).

Donald Jenkins, *The Ledoux Heritage: The Collecting of Ukiyo-e Master Prints* (N.Y., 1973).

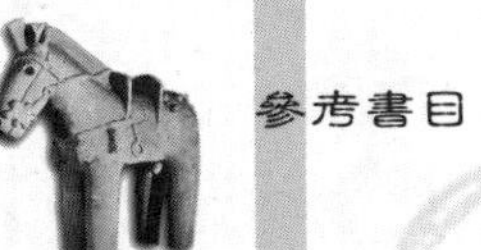

Richard Lane, *Masters of the Japanese Print* (London, 1962).

James Michener, *The Floating World* (N.Y., 1954).

Hugo Munsterberg, *The Landscape Painting of China and Japan* (Tokyo, 1955).

——————, *The Arts of Japan* (Tokyo, 1972).

Metropolitan Museum of Art, *Momoyama: Japanese Art in the Age of Grandeur* (N.Y., 1975).

Tokyo National Museum, *Pageant of Japanese Art*, 6 vols. (Tokyo, 1952~54).

Seiroku Noma (Translated by Glenn T. Webb), *The Arts of Japan* (Tokyo, 1978).

Robert Treat Paine & Alexander Soper, *The Art and Architecture of Japan* (Yale University Press, New Haven, 1981).

James Talbot Rice, *Ancent Arts of Central Asia* (N.Y.,1965).

Benjamin Rowland, *The Evolution of the Buddha Image* (N.Y., 1963).

Alexander Soper, *Buddhist Architecture in Japan* (Princeton(Princeton University, 1942).

——————, *The Evolution of Buddhist Architecture in Japan* (Princeton, 1942).

D. T. Suzuki, *The Laṅkāvatāra Sūtra* (London, 1932).

Peter Swann, *An Introduction to the Arts of Japan* (N.Y., n.d.).

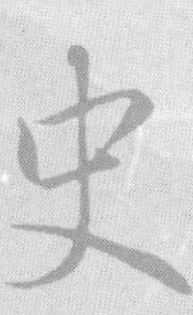

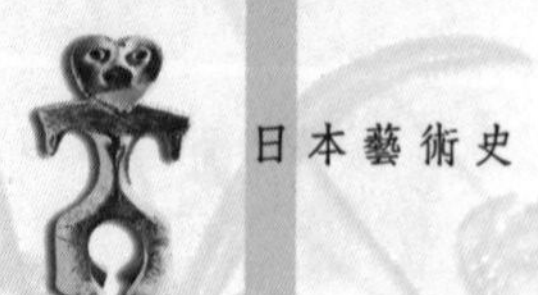

———, *The Art of Japan* (N.Y., n.d.).

Seiichiro Takahashi, *Traditional Woodblock Prints of Japan* (N.Y., 1972).

Kobayashi Takeshi, *Nara Buddhist Art: Todai-ji* (N.Y., 1975).

Paul H. Varley, *Japanese Culture: A Short History* (N.Y., 1973).

Langdon Warner, *The Enduring Art of Japan* (Cambridge, 1952).

Kenzo Yamamoto, *Invitation To Kyoto Gardens* (Mitsumura Suiko Shoin Co., Kyoto, 1989).

Yukio Yashiro, *2000 Years of Japanese Art* (N.Y., 1972).

———ed., *Art Treasures of Japan*, 2 vols. (Tokyo, 1960).

Tetsurō Yoshida, *The Japanese House and Garden* (N.Y., 1955).

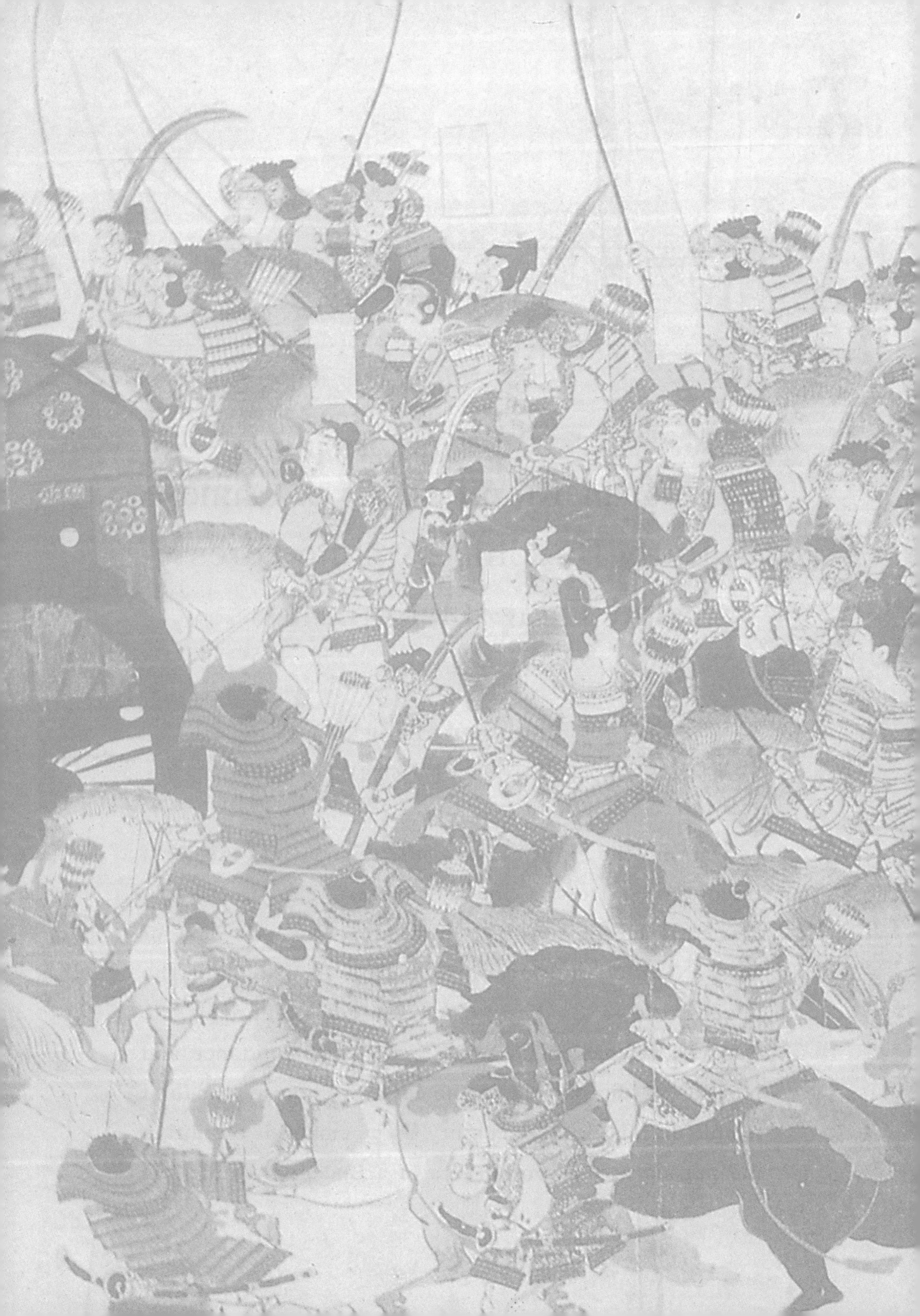

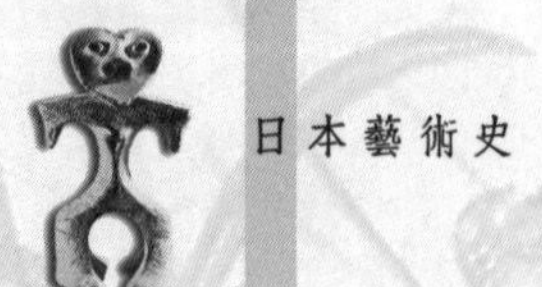

附　錄

The Transition Periods of Chinese Early Buddhist Architectures and Their Backgrounds*

Fu-ch'uan Hsing**

(Lawrence F. Hsing)

During the sixth century, the pagoda was the most important part of a Chinese Buddhist temple, and was located at the center of the temple area. The excavation for Yung Ning Ssu (Plate 1), erected in 516, and the description in *Lo Yang Chia Nan Chi* (Record of the Buddhist Temples in Lo Yang), prove the importance and location of the pagoda at the largest Chinese Buddhist temple during the sixth century. ❶ The emphasis of putting the pagoda at the central area of a Buddhist temple can

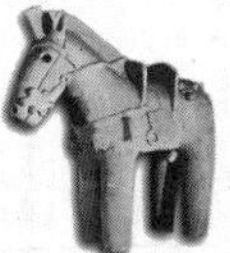

also be seen at the Japanese Shitennō-ji (dated 593 A. D.), (Plate 2), and Hokō-ji❷(dated 596 A.D.) (Plate 3). According to *Nihon Shoki*, (*Chronicles of Japan*) there were some Korean architects, craftsmen and artisans, etc., who arrived in Japan in 588 A.D.❸Moreover, the design of a ruined temple, dated Kokuryo Dynasty (37 B.C.~668 A.D.) and found at Chung Am Li, near Pyongyang of present Korea, is similar in design as that of Hokō-ji.❹The above

* This study is based upon a paper delivered at the Annual Meeting of the College Art Association of America on February 4th, 1977 in Los Angeles, California.

** Visiting Associate Professor, Chinese Culture University; former Assistant Professor at San Jose State University, San Jose, California, U.S.A.

❶ In volume one of *Lo Yang Chia Nan Chi*, it mentioned that "there was a nine-story pagoda at the center, which was framed in wood." Also see Laurence Sickman and Alexander Soper, *The Art and Architecture of China* (Baltimore, 1956), p. 229. In 1972, Lo Yang city of the Han and Northern Wei Dynasties was excavated by the Chinese. It proves that the floor plan of Yung Ning Ssu was rectangular; the pagoda was centered and had a three-story platform. See China Academy of Science (ed.). "*Han Wei Lo Yang Ch'eng Tso Pu K'an Ch'a* (Preliminary Survey of the Remains of the Han Wei city of Lo Yang," K'aoku, IV (1973), pp.204~206.

❷ The excavation carried out in 1956~57 at Hokō-ji proved that the original pagoda of the temple was at the central area. The architects and craftsmen came from Korea to Japan in 588. See Bijutsu Shuppan-sha, *Nihon bijutsu zenshi* (*History of Japanese Art*)(Tokyo, 1959), p.49.

❸ Ibid. Also see Robert Treat Paine and Alexander Soper, *The Art and Architecture of Japan* (Baltimore,1974), p.174.

❹ See above, note 2.

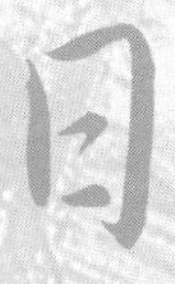

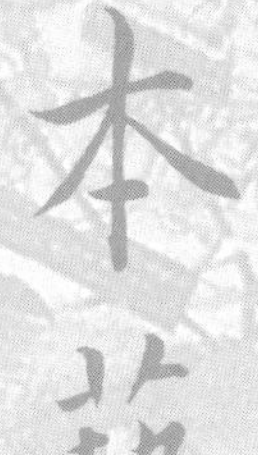

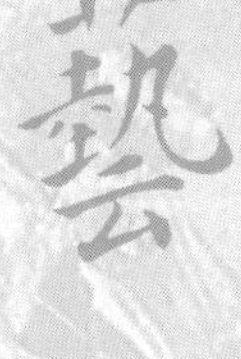

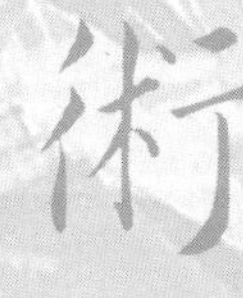

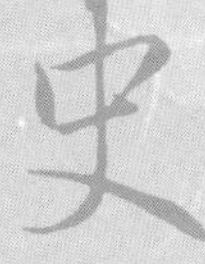

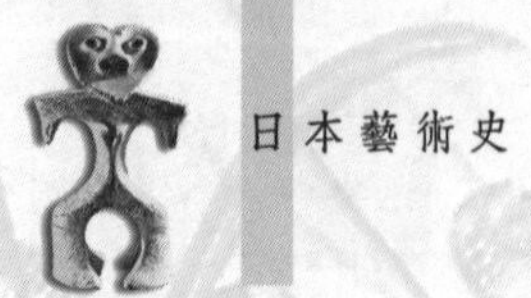

examples indicate that emphasis on the importance of the pagoda and putting it at the central area of a Buddhist temple was popular in China, Korea and Japan by the sixth century, and was strongly influenced by the Chinese.

The famous Hōryūji was originally established around 607 A. D.❺The present design of the temple shows the pagoda parallel with the Buddha hall (Kondō or main hall) (Plate 4). It is quite different from the design which was popular during the sixth century in China, Korea and Japan. According to *Nihon Shoki*,on April 30th, 670, "after midnight there was a conflagration at Hōryūji; not one building was left." But the opposing opinion is that the pagoda, Buddha hall and inner gateway are of the Chinese Six Dynasties style, so it must have been a mistake in *Nihon Shoki.*❻But the excavation in 1949 and 1968, at Hōryūji, proved that the original monastery was burned and rebuilt.❼

After Hōryūji was rebuilt, there are two problems: 1) Whether or not the present design of Hōryūji is according to the original design, and 2) Wasn't the arrangement of putting the change in style in mainland China during the beginning of the seventh century ? It seems to me that the present arrangement of putting the pagoda parallel with the Buddha hall of Hōryūji should have followed the earliest design of Hōryūji, and this design was the second type of arrangement practiced by the Buddhist temples in mainland China during the beginning of the seventh century.

Soper suggested that the present Buddha hall was the only saved building from the fire in 670, due to its distance from the rest of the buildings. Later, this building "became the 'golden hall' of the new design, and so has remained to the present day." ❽ But his opinion does not seem to have strong supporters. On the contrary, most of

❺ See Ganha Publisher (ed.), Hōryūji (Tokyo, 1972), p.8.

❻ Ibid.

❼ In 1949 the Buddha hall and pagoda of Hōryūji had been repaired and dismembered. Under the ground some bronze mirrors and Sāri (relics) containers which were dated the Sui and early T'ang Dynasties were found. See above, note 2, p.50. It proves that the present pagoda and Buddha hall must have been rebuilt after the early T'ang period. Moreover, some parts of the wood columns on the base of the Buddha hall are damaged by fire. It proves the above columns, after the original major damaged parts were cut off, were used again by the constructors for the rebuilt Buddha hall after the conflagration. See above note 5, p.9. In 1968, the discovery and excavation of the temple, which is located at the east side of the present Nandaimon (Great South Gate) of Hōryūji, found some roof tiles which are older than those used on the roofs of present Hōryūji. It indicates that there were buildings older than the existing Hōryūji. See above, note 5, p. 9.

❽ See above, note 3, Soper, pp.177~178.

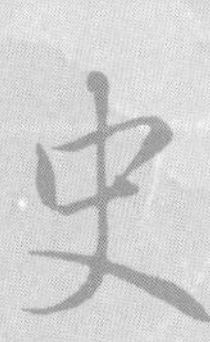

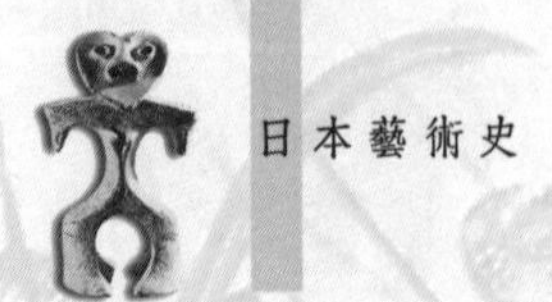

the Japanese scholars suggested that both the pagoda and Buddha hall at Hōryūji were rebuilt after the fire. ❾ Moreover, *Nihon Shoki* clearly stated there was "not one building left." Therefore, the idea that the present design was influenced by the building which remained after the fire of 670 is unacceptable.

Japanese Buddhist architecture of the Asuka period (552~645) and the Nara period (645~794) were dominated by the Chinese Six Dynasties and the T'ang style. Examples of the latter style can be seen in the original floor plans of Yakushi-ji (dated 718 A. D.), (Plate 5), and Tōdai-ji at Nara (dated 745 A. D.), (Plate 6). It seems that putting two pogadas in front of both sides of the Buddha hall and symmetrical design were the most popular designs in Japan during the 8th century. The discovery of Han Yüan T'ien (Han Yüan Palace, dated 663 A. D.) of the T'ang Dynasty (618~905) in Chang A City in 1959 (Plate 7), proves that the designs of Yakushi-ji and Tōdai-ji imitated that of Han Yüan T'ien. ❿ Therefore, the strong influence of the 6th to 8th century Chinese architecture is obvious in the design of Japanese Buddhist temples.

There is a bronze Yakushi statue and a bronze S'ākyamuni statue in the Buddha hall of Hōryūji; the former was vowed by Empress Suiki and Prince Shōtoku, and the latter was made for the recovery of Shōtoku from his disease. ⓫ As an important temple which had very close relations with the members of the Japanese royal family, it was hardly believed by the researchers that the temple was rebuilt carelessly or the design of the temple was not influenced by those designs of Chinese Buddhist temples which had dominated in Japan since the 6th to 8th century. Even the architect who was in charge of the reconstruction of Hōryūji after 670 wanted to change the

❾ See above, note 5, pp. 11, 12. Also see Bijutsu Shuppan-sha (ed.), Hōryūji, (Tokyo, 1961), p. 9. It seems no Japanese scholars have the same opinion as *Soper's. Nihon bijutsu zenshi* does not mention the left over building as well. See above, note 2, p. 49. If there were any buildings left and these buildings influenced the design of the present Hōryūji, they should be mentioned by other scholars.

❿ Han Yuan T'ien was one of the most important palaces from 633 to 886. Famous T'ang-tai-tsung always received foreign envoys or reviewed parades at this palace. See Fu Hsi-nien, *"T'ang Chang An Ta Ming Kung Han Yuan T'ien Yuan Chuang Ti T'an T'ao* (The Restoration of the Han Yuan T'ien of the Ta Ming Kung at the T'ang Capital Chang An)," *Wen Wu*, VII (1973), pp.30~48. The Chinese Buddhist temples were basically like Chinese palaces in design. See Liang Ssu-ch'eng, "Chung Kuo Kien Chu Yu Kien Chu Chia (Chinese Architecture and Architect)," *Wen Wu*, X (1953), p.56., and above, note 3, Soper, p. 172. The design of Chinese palaces were the reflections of those of Chinese Buddhist temples of the contemporary period.

⓫ See above, note 3, spoer, pp. 177~178.

⓬ Wang Chi-wu, *Chung Kuo Jih Pen Chiao T'ung Shih (History of Sino-Japanese Communication Shanghai*, 1937), pp. 58~70.

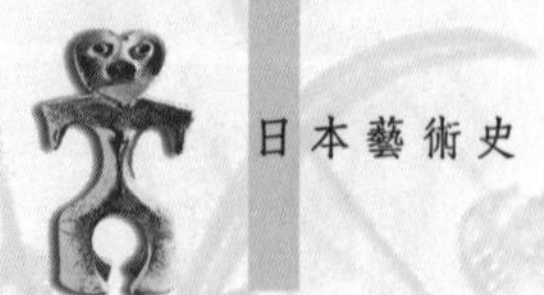

plan, he should consider or imitate the most popular T'ang style of the contemporary period, such as Han Yuan T'ien, or the earlier Six Dynasties style, such as Shitennō-ji, etc. There was no reason to lay out a plan which was entirely different from its former design, no matter what it was. Moreover, in 631, 653, 654, 656, 669, 701, etc., there were Japanese diplomatic delegates visiting the T'ang government.⓬In 646, the famous Japanese Taika Reform began.⓭Under the strong influences of Chinese politics and culture, the most popular T'ang style should first be accepted by the people who were devoted to the reconstruction of Hōryūji, if there was any change. Therefore, it seems the present design of Hōryūji, except the Kōdō(lecture hall) which was not in the compound until the early Heian period (Plate 8),⓮still follows the original design of 607 due to the temple's historical background and significance.

The idea that the Japanese strongly preserved the characteristics of ancient architecture can be seen when looking at the cloud-pattern on the bracket of the Buddha hall at Hōryūji,which was one of the characteristics of the Chinese architecture by the Six Dynasties (265~581).⓯In accordance with the preservation of this pattern, when Hōryūji was rebuilt the original design was probably

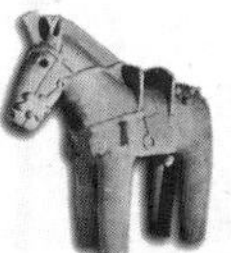

preserved and was not changed to the other type.

Soper mentioned that the design of Hōryūji "reveals a unique variation." ⓰ As a matter of fact,the unsymmetrical plan of having the Buddha hall parallel with the pagoda can be seen at other Buddhist temples. ⓱ The best example is Kawara-ji in Nara, which was excavated in 1957 and dated 661 to 667 A.D. (Figure 9). ⓲ Therefore, according to the development of Japanese Buddhist temples and the strong Chinese influences on Japanese Buddhist architecture during the Asuka and Nara periods, the original design of Hōryūji must have reflected a style or design which appeared in China by the beginning of the

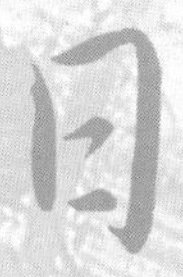

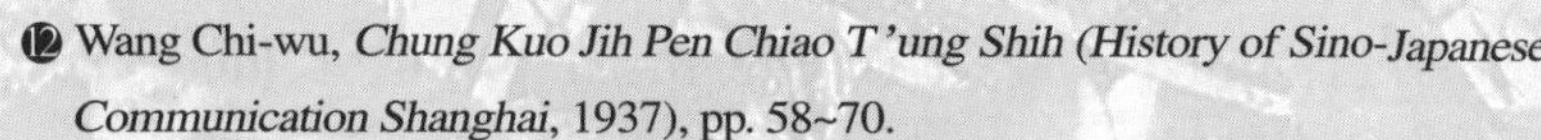

⓬ Wang Chi-wu, *Chung Kuo Jih Pen Chiao T'ung Shih (History of Sino-Japanese Communication Shanghai*, 1937), pp. 58~70.

⓭ John Whitney Hall, *Japan: from prehistory to modern times* (N.Y., 1971), p. 44.

⓮ See above, note 3, Soper, p. 175. Also see above, note 5, p. 11. The original design of Hōryūji did not have the lecture hall in the compound.

⓯ See above, note 2. Also see Bijutsu Shuppan-sha (ed.), Hōryūji (Tokyo, 1931), p.12. In contemporary China it was the T'ang Dynasty when Hōryūji was burned down and rebuilt.

⓰ See above, note 3, Soper, p. 175.

⓱ See above, note 5, p. 19.

⓲ Ibid. Also see above, note 2, p. 52. The design of this temple indicates the unsymmetrical plan had been used by some Buddhist temples in Japan at least until the second half of the 7th century.

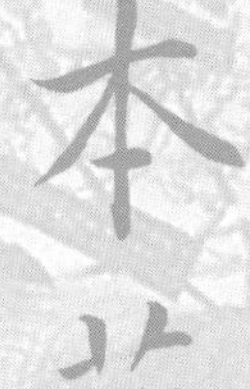

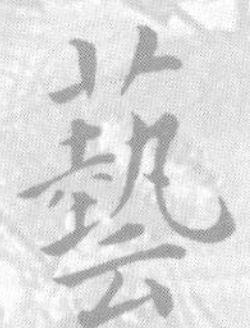

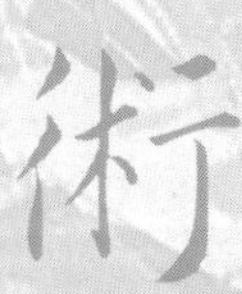

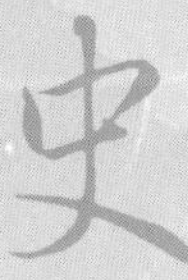

7th century.

According to *Fo Tsu T'ung Chi (Record of the Lineage of the Buddha and Patriarchs)*, on October 15, 601, which was the birthday of Sui-wen-ti, the emperor officially ordered the Chinese local governments to establish thirty pagodas.⑲ On April 8, 602, which was the birthday of Sākyamuni, the emperor ordered fifty-one pagodas built.⑳ On April 8, 604, he ordered thirty more pagodas built.㉑ Therefore, during the Sui-wen-ti's period (581~604), there were at least 111 pagodas established in China. It seems the pagoda was still the most important part of a Chinese Buddhist temple, because the records just mentioned the establishment of Buddhist pagodas rather than the names of Buddhist temples.㉒ If above supposition is correct, until 604 A.D. the most popular design of a Chinese Buddhist temple was probably that of putting the pagoda in the central area. The design of Jakuso Sangharama (Jakuso Monastery), which was excavated at the east side of Hōryūji in 1968, dated 601 A. D.,㉓ is an example which indicates that the Chinese Six Dynasties style was popular in Japan at least by 601 A. D. (Plate 10).

According to the above study, the second type of design, the arrangement of setting the pagoda and the

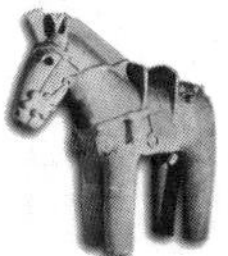

Buddha hall side by side, must have appeared in China after 604. According to *Sui Shu* (*History of the Sui Dynasty*) and *Nihon Shoki*, the Japanese prince Shōtoku Taishi opened direct communication with the government of the Sui Dynasty in 607, and there were several Japanese Buddhist monks, who were accompanied by the Japanese envoys to China, and who stayed in China to study.㉔In 608, the envoys of the Sui Dynasty, who were accompanied

⑲ See *Fo Tsu T'ung Chi* (*Record of the Lineage of the Buddha and Patriarchs*) Vo1. 39, translated by Shin Sheng-yen, *Chung Kuo Fo Chiao Shih K'ai Shuo*. Also see Nogami Shunjo (*A Brief History of Chinese Buddhism*, Taipei, 1973), p. 51. The emperor also sent Buddhist monks who carried the sacred relics of the Buddha to different states, and enshrined them in the pagodas. It seems the pagodas, which were for keeping the sacred relics; were the most important part of the Chinese Buddhist temples.

⑳ Ibid. Nogami Shunjo, p. 51.

㉑ Ibid. Nogami Shunjo, p. 51.

㉒ Ibid. The important positions of the pagodas can be seen in *Fo Tsu Li Tai T'ung Chai* (*General Record of the Lineage of the Buddha and Patriarchs*) Vol. II.It just mentioned how Sui-wen-ti issued an edict for establishing pagodas and the names of the important monks who were sent to the states to enshrine the relics. No new temple's name was mentioned. It might indicate the superior position of the pagoda during the Sui Dynasty.

㉓ See above, note 5, pp. 11, 21. According to Ishidamosa's opinion, the remains should be Hankyu Palace which was established by Shotoku in 601.

㉔ See "Biography of Japan," *Sui Shu (History of the Sui Dynasty).*

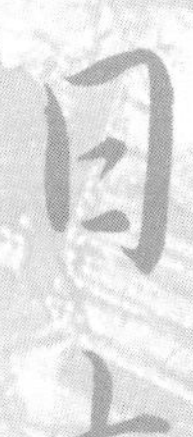

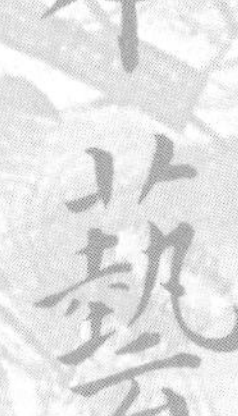

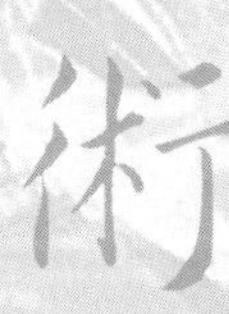

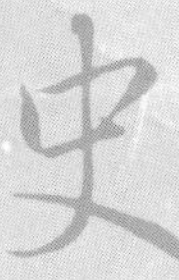

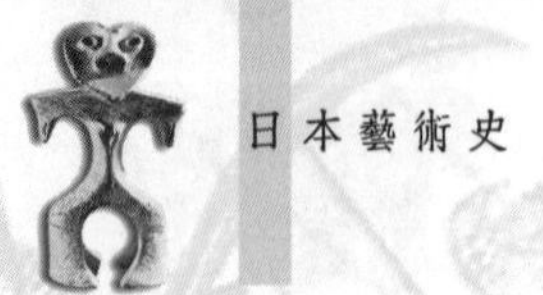

by more than ten staff members, visited Japan.㉕By the end of 608, Shōtoku sent his envoys to accompany the Sui mission returning to China; there were eight Japanese students going to China to study, as well.㉖In 614, the Japanese government again sent envoys to China.㉗ Therefore, the influence of Chinese politics and culture on the Japanese government and culture was intense. Hōryūji was established around 607 which was the year the Japanese government had direct communication with the Chinese government. As an important temple of the Japanese royal family, Hōryūji must have been influenced by the most popular design and arrangement of the Buddhist temples of the Sui Dynasty. The design of putting the pagoda parallel with the Buddha hall of the temple probably came from the people who visited China in the beginning of the 7th century, which included governmental envoys, Buddhist monks or students, etc., or the imported Chinese architects.㉘It seems the second type of design probably appeared in China between 605~607; 605 was the year that Sui-yang-ti came to the throne and 607 was the year that Hōryūji was completed.

But, by the second half of the 7th century, and no later than the first half of the 8th century, the second type of design must have been replaced by the most popular

T'ang style, that of putting the pagoda in front of both sides of the Buddha hall. The Chinese Han Yüan Palace and Japanese Yakushi-ji and Tōdai-ji of the Nara period are the good examples of the popularity of this design.

The three kinds of designs mentioned above must have been influenced by the development of Chinese Buddhism during the Six Dynasties until the T'ang Dynasty. According to statistics, during the 5th and 6th centuries in China most of the famous Buddhist monks came from India or Central Asia.[29] Therefore, it was a period which

[25] Ibid.

[26] *Nihon Shoki* (*Chronicles of Japan*).

[27] Ibid.

[28] During the T'ang Dynasty some craftsmen came to Japan from China, and some Japanese Buddhist monks, after studying in China, returned to Japan and were in charge of the construction of Buddhist temples. The example of the former case is Toshodai-ji. See above, note 3, p. 29. The example of the latter case is Tōshōdai-ji. See above, note 3, p. 29. The example of the latter case is Doshi, a Japanese monk who was in charge of the construction of Taian-ji in 729. See Ch'en Sui-feng, *Chung kuo Wen Hua Tze T'ung Chin Yu T'ang Tai Ch'eng Chiao Tou Jih Pon Wang Chao Shih Tai* Ti Yin Shang (*The Influences of Chinese Culture and the Politics and Culture of the T'ang Dynasty on Japanese Periods*, Taipei, 1967), p. 957.

[29] See Fu-Ch'uan Hsing, "The Communication Between India and China During the 8th to 12th Centuries," *Journal of Buddhist Culture*, III & 1V (1975), pp.23~24.

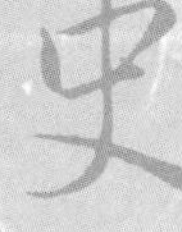

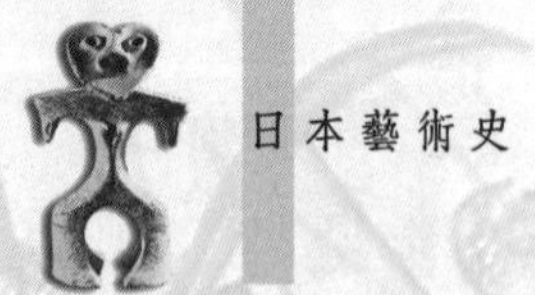

was strongly influenced by the Indian Buddhism; the fact that the Chinese put many Buddhist images on cars which were then shown in parades during the Northern Wei Dynasty, was one of the examples of Indian influences.㉚ The emphasis on the pagoda and putting it at the central area of a Buddhist temple is one of the examples of the influence of the ancient Indians; it is the same as the Indian Buddhists putting the stupa at the center of the end of the chaitya hall.㉛ But, until the end of the Sui Dynasty and the T'ang Dynasty, the Indian Buddhism was gradually digested by the Chinese, and the Chinese began to develop and establish their own ideas and theories.㉜ They might not have thought it was necessary to entirely imitate or follow the Indian Buddhism and tradition any more; Buddha was no more a god. Therefore, the pagoda, symbol of Sākyamuni, gradually lost its important position. Until the T'ang Dynasty, the layout of the Chinese Buddhist temples was strongly influenced by Chinese palaces such as Han Yüan Palace, etc. Instead of the pagoda, which was mentioned very often in Chinese records of the Six Dynasties, the names of Buddhist temples were mentioned often in the records of the T'ang Dynasty. For example, T'ang-kao-tsung, the third emperor of the T'ang Dynasty, ordered every state to build a Buddhist temple in its territory in 666; there was no special pagoda mentioned. ㉝ In 690, Wu-hou, the empress, ordered one more national Buddhist temple added in each state; no special pagoda was mentioned. ㉞ This information proves that the position of Buddhist pagodas was on the decline.

* Please see page 301 to page 307 for plates.

㉚ See "Shih Lao Chih (Treatise on Buddhism and Taoism)," *Wei Shu* (*History of the Northern Wei Dynasty*). Soper mentioned that the parade for the birthday of Sākyamuni may be traced back in India to the Mauryan Dynasty. See Alexander Soper, *Literary Evidence for Early Buddhist Art in China* (Switzerland, n.d.), p. 194.

㉛ During the Six Dynasties there were a lot of pagodas established. When the records, such as *Lo Yang Chia Nan Chi*, *Nan Shih* (*History of the Southern Dynasties*) and *Wei Shu*, etc., mentioned the Buddhist temples and Chinese emperors, they always mentioned the pagodas of these Buddhist temples or how many emperors were supporters of the pagodas. The importance of pagoda is obvious. See "Shih Lao Chih," *Wei Shu*; and "Biography of Yu Yuan," *Nan Shih*.

㉜ Arthur F. Wright, when discussing the Buddhism of the Sui and T'ang Dynasties,described it as "the period of independent growth." See Arthur F. Wright, *Buddhism in Chinese History* (Stanford, 1971), pp. 65~85. Kenneth K. S. Chen also said that "Buddhism was to reach its apogee during the Sui and T'ang Dynasties." See Kenneth Ch'en, *Buddhism in China* (Princeton, 1964), p. 184.

㉝ See above, note 19, Nogami Shunjo, pp. 64~65.

㉞ Ibid.

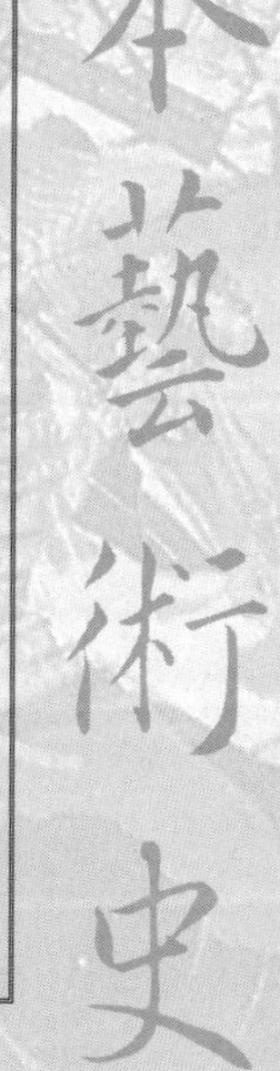

附　錄

中國早期佛教建築的轉變時期及其背景*

邢福泉 原作
黃振甫　　譯

在六世紀時，佛塔（pagoda）是中國佛寺最重要的部分，且座落在佛寺的中心區域。據建於公元516年的永寧寺現存遺跡（圖一）及記載六朝時期中國佛寺的《洛陽伽藍記》的描述，證明了佛塔位於此一當時最大的中國佛寺的中心及塔之重要性❶。此外，將佛塔配置於佛寺中心位置，也見於日本的四天王寺（Shitennō-ji，建於公元593年）（圖二）及飛鳥寺（Hokō-ji，建於公元596年）❷（圖三）。根據《日本書紀》（Nihon Shoki，舍人親王總裁，720年完成的日本編年史記）記載，在公元588年已有一批朝鮮建築師、工藝師及畫師等東渡日本❸。而在朝鮮，接近今平壤一帶，有一建於高句麗王朝（Kokuryo，公元前37年至公元668年）的佛寺遺跡，在清岩里被挖掘，其配置形式竟與飛鳥寺相近❹。從上述這些例子皆顯示出當時佛寺對於佛塔的重視及將塔配置在佛寺中心，是普遍流行於六世紀的中國、日本與朝鮮的一種設計，且係強烈受中國的影響。

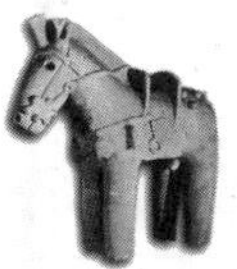

著名的法隆寺（Hōryū-ji）初建於公元607年左右❺。從現今的佛寺配置上可看到佛塔與金堂（或稱大雄寶殿，Kondō）是平行排列（圖四）。此一配置與上述普遍流行於六世紀時中

＊本文係作者於1977年任教於美國加州州立大學（聖荷西）時，在CAA（College Art Association）學術年會遠東藝術史組中以英文所發表之論文，獲准發表者總共僅有四人。CAA為世界研究藝術史及藝術最具聲譽之學會，會員涵蓋全美國所有之大學院校、教授及學生參加，會員約有四千人，總會設於紐約市。美國學術界人士凡欲在大學謀職及升等者，無不以在該會年會中發表論文為最大目標，因對學術地位之提升，助益極大。唯審核甚嚴，由每一組中僅有四、五人准予發表即可見其端倪。論文之取捨完全係公平競爭，絕無「邀請論文」、「人人中獎」或「情面請託」之情形發生。（譯者黃振甫為華梵大學藝術史碩士）

❶ 在《洛陽伽藍記》卷一中提到「其寺……中有九層浮屠一所，架木為之，舉高九十丈……浮圖北有佛殿一所，形如太極殿。」亦可見於Laurence Sickman and Alexander Soper，*The Art and Architecture of China*（Baltimore，1956），p.229。1972年對東漢及北魏的首都洛陽的挖掘，證明出永寧寺的平面為方形，佛塔配置在中心區域，且有三層臺基。見中國科學院，＜漢魏洛陽城初步勘察＞，《考古》1973年4期，pp. 204~6。

❷ 1956~57年間對飛鳥寺的挖掘成果，證明出原始的佛塔係配置於佛寺的中心，其建築師及工藝師則在西元588年由朝鮮東渡日本。見Bijutsu Shuppan-sha，*Nihon bijutsu zenshi*（*History of Japanese Art*）（Tokyo，1959），p.49。

❸ 同前註。亦可見Robert Treat Paine and Alexander Soper，*The Art and Architecture of Japan*（Baltimore，1974），p.174。

❹ 同註❷。

❺ 見Ganha Publisher（ed.），*Horyuji*（Tokyo，1972），p.8。

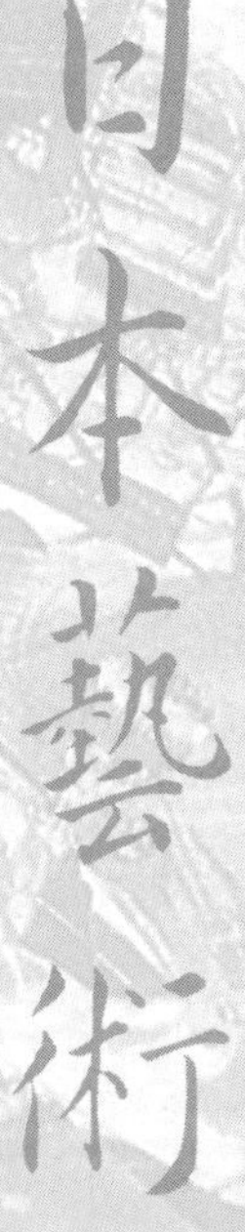

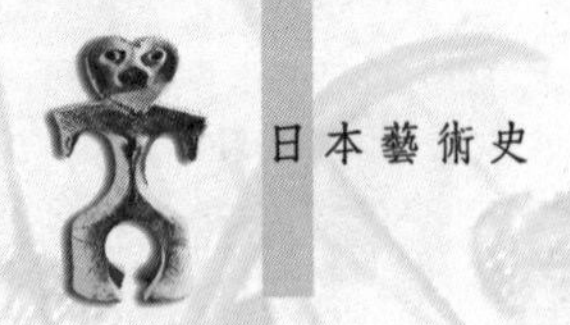

國、日本與朝鮮的佛寺配置並不相同。根據《日本書紀》的記載，在公元670年的4月30日「夜半發生火災，無一屋存留」（夜半之後に，法隆寺に災けり。一屋も餘ること無し。）但部分學者相反的意見認為：現今的佛塔、金堂與中門（Inner Gateway）卻是屬於中國六朝的早期建築樣式，故《日本書紀》上的記載必然有誤❻。但據1949到1968年間對法隆寺周圍的挖掘，卻又證明出原始的佛寺確曾遭火焚而後重建❼。

法隆寺重建後，產生兩個問題：(一)現今法隆寺的配置是否沿襲原始的配置？(二)這種配置上的改變是否亦為七世紀初中國佛寺的形式？吾人認為現今佛塔與金堂平行的配置應沿襲自原始的法隆寺，且這種配置是中國佛寺的第二種形式，約出現在七世紀初。

Soper 認為現今的金堂是670年火災時唯一倖存的建物，因它與其它建物相隔了一段距離而未被焚及，而後它「變成新配置方式下的金堂，且維持至今。」❽但他的理由並無太多的支持者。相反的，多數日本學者認為現今法隆寺的佛塔與金堂皆在火災後重建❾。並且《日本書紀》上清楚記載著「無一屋存留」（一屋も餘ること無し。）故對於法隆寺現今配置，乃受670年火焚後，倖存的金堂而作的設計是不成立的。

日本飛鳥時代（Asuka，公元552至645年）及奈良時代（Nara，公元645至794年）的佛教建築係以中國六朝及唐朝的建築形式為主流。受後者影響的例子，見於藥師寺（Yakushi-ji，建於公元718年）的原始遺跡（圖五）及奈良的東大寺（Tōdai-ji，建於公元745年）（圖六）此二寺皆配置兩座佛塔於金堂的前方， 而這種對稱的配置是普遍流行於八世紀的日本。從1959年對唐朝（公元618至905年）長安城含元殿（建於公元663年）

遺址的挖掘（圖七），證明了藥師寺與東大寺的這種配置乃模仿自含元殿⑩。故中國建築在六至八世紀強烈地影響了日本佛寺的配置是明顯易見的。

在法隆寺金堂內，有青銅鑄的藥師佛（Yakushi）像及釋迦牟尼佛（S'ākyamuni）像；前者為推古女皇（Suiki，公元554至628年）之誓願而造，後者則為祈求聖德太子（Shōtoku，公元574至622年）病癒而造⑪。故對於此座與日本皇室貴族關係深

❻ 同前註。

❼ 法隆寺的佛塔與金堂曾在1949年被拆卸和整修，在地下曾出土隋及初唐的銅鏡及舍利罐。見註❷，p.50；由此可知現今佛塔與金堂必然在初唐以後重建的。又在金堂的木柱底部，許多有火焚損害的痕跡，可見這些木柱，必在火焚後，被砍掉的嚴重損害的部位，再度被建造者用於金堂的重建。見註❺，p.9。1968年又在現今法隆寺南大門東邊的舊寺址，挖掘出一些屋瓦，比法隆寺的屋瓦更古老，顯示出有建物早存於現今的法隆寺之前。見註❺，p.9。

❽ 同註❸，Soper，pp. 177~8。

❾ 同註❺，pp. 11~2；亦見於Bijutsu Shuppan-sha (ed.)，Hōryūji (Tokyo，1961)，p.9。似乎無一日本學者同意Soper的觀點。又Nihon bijutsu zenshi書中亦無提及有建物倖存。見註❷，p.49。故如果有任何建物倖存下來，且影響到現今法隆寺的配置，理應被其他學者所提及。

❿ 含元殿是公元633至886年間最重要的宮殿之一，有名的唐太宗即於此殿接見使臣及校閱唐軍。見傅熹年，＜唐長安大明宮含元殿原狀的探討＞，《文物》1973年7期，pp.30~48。又中國佛寺的配置形式基本上與宮殿相似。見梁思成，＜中國建築與建築師＞，《文物》1953年10期，p.56；又見註❸，Soper，p.172。故當時的中國宮殿實反應了當時佛寺的配置形式。

⓫ 同註❸，Soper，pp.177~8。

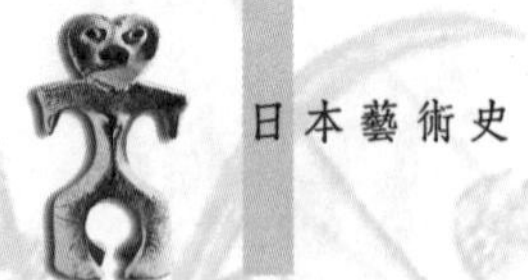

厚的佛寺而言，很難相信沒受到中國佛寺的配置所影響，或不顧當時在六世紀至八世紀在日本流行的中國佛寺的配置形式。即使當時的建築師，於公元670年後欲重建法隆寺並欲改變原始配置時，仍應會參考或模仿同時期普遍流行的唐朝形式，如含元殿，或者更早的六朝形式，如四天王寺等，而沒有理由去設計一座完全不同於以往的配置形式。並且在公元631、653、654、656、669、701等年，日本屢次遣使入唐 ⓬。有名的大化革新（Taika Reform）則始於公元646年 ⓭。在中國政治、文化的強烈影響下，如果有任何改變的話，最盛行的唐朝建築形式應首先被法隆寺的重建者所接受。因此，現今的法隆寺配置，在當時的重要地位及歷史背景下，應仍沿襲607年的原始配置。唯一的例外是建於平安時代（Heian，公元794～1185年）才連接於迴廊內的講堂（kōdō） ⓮，（圖八）。

日本保留古代建築特徵的強烈意識，可從法隆寺金堂斗栱上的雲狀裝飾得知。此乃中國六朝（公元265～581年）建築的重要特徵之一 ⓯。因此，由此一斗栱上的雲狀裝飾而推測，當法隆寺在重建時，很可能也保留原始的配置而沒有加以改變。

Soper曾提到法隆寺的配置是「顯示出一種獨一無二的改變。」 ⓰ 事實上，對於佛塔與金堂平行排列所形成的不對稱形式，仍可見於其它佛寺 ⓱，最顯著的例子便是位於奈良，建於公元661～667年，挖掘於1957年的川原寺(Kawara-ji)（圖九） ⓲。因此，根據日本佛寺建築的發展及中國建築對日本飛鳥與奈良時期的強烈影響的情形看來，法隆寺的原始配置必是反映第七世紀初期在中國的配置形式。

根據《佛祖統紀》（南宋・志磐，1269年著，記載佛陀生

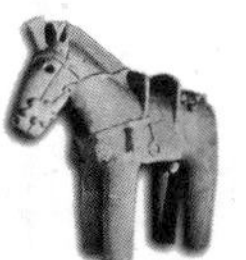

平及中國歷代祖師的史書）的記載，隋煬帝於公元601年10月15日（他的生日）詔令各州縣共建30座佛塔⓳。602年4月8日佛誕，再令建51座佛塔⓴。604年4月8日又令建30多座佛塔㉑。因此，在隋煬帝在位期間（公元581至604年），在中國至少有111座佛塔興建，顯示出此時佛塔仍是中國佛寺最重要的部分，因上述種種記載皆只提佛塔而無佛寺名稱 ㉒。如果以上的推測是正確的，那麼直到604年之前，中國佛寺最盛行的配

⓬ 見王輔五著《中國日本交通史》（上海商務，1937），pp. 58~70。

⓭ John Whitney Hall，*Japan：from prehistory to modern times*（N. Y. 1971），p.44。

⓮ 同註❸，Soper，p.175；亦可見註❺，p.11。法隆寺的原始配置並無講堂座落在迴廊包圍的主要區域內。

⓯ 同註❷；亦可見Bijutsu Shuppan-sha (ed.)，*Hōryūji*（Tokyo，1961），p.12。法隆寺的大火與重建正當中國的唐朝。

⓰ 同註❸，Soper，p.175。

⓱ 同註❺，p.19。

⓲ 同前註；亦可見註❷，p.52。此寺的配置顯示出這種不對稱的形式被運用在日本佛寺，至少至七世紀後期。

⓳ 見《佛祖統記》卷39及野上俊靜等著，釋聖嚴譯，《中國佛教史概說》（臺北，1973），p.51。隋煬帝亦派遣一些僧侶攜帶佛陀舍利到各地建佛塔，安龕供奉，故作為保存聖物的佛塔，是當時中國佛寺最重要的部分。

⓴ 同前註，釋聖嚴，p.51。

㉑ 同前註，釋聖嚴，p.51。

㉒ 同前註。佛塔的重要地位亦可見《佛祖歷代通載》（元．念常撰，記載中國佛教事跡的史書，卷二，其中記載了隋煬帝如何下詔建佛塔及一些被遣赴各地安奉舍利的重要僧侶名字，並無任何佛寺名稱被提及，由此可見佛塔在隋朝的優越地位。

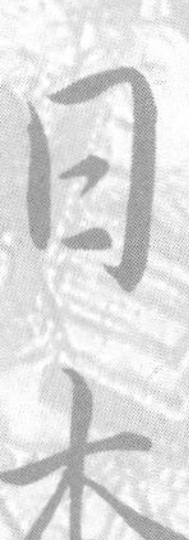

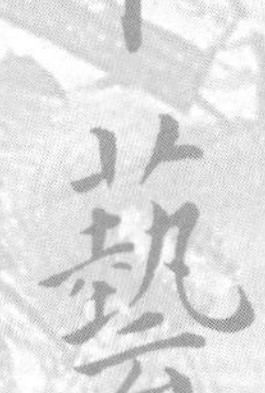

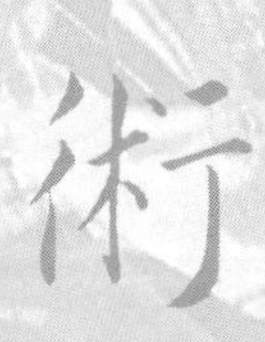

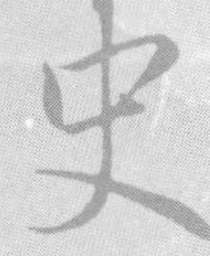

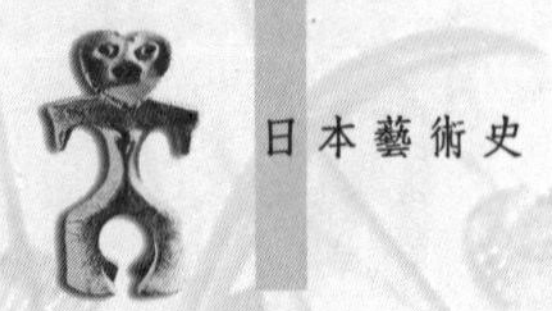

置形式很可能便是將佛塔配置在佛寺中心。建於公元601年位在法隆寺東側的若草伽藍（Jakuso Sangharam）（圖十），係於1968年被挖掘㉓，亦顯示出這種中國六朝的佛寺配置形式，即以塔為中心的配置，至少於601年即普遍流行於日本。

根據以上的研究，第二種配置形式，即佛塔與金堂的平行排列，必出現在公元604年以後的中國。《隋書》及《日本書紀》皆提到聖德太子於607年開始與隋朝建立正式外交關係，許多日本僧侶便隨使節團東來，甚至長期停留學習㉔。而在中國，608年也有超過10人隨使節赴日㉕。608年底，聖德太子再次派遣使節團入隋，其中包括8位到中國學習的日本留學生等㉖。至614年，日本又再遣使入隋㉗。故在此期中國的政治、文化皆強烈地影響了日本朝政與文化。法隆寺建於607年左右，是年正為中國與日本直接邦交的開始，作為一座日本皇室的重要佛寺，法隆寺必強烈受到隋朝佛寺所盛行的配置所影響。這種佛塔與金堂平行排列的佛寺配置，很可能出自一些曾於七世紀初到訪中國的人員包括使節、僧侶、留學生等，或者更直接從中國引入的建築師所設計㉘。故此第二種配置形式很可能出現在公元605至607年的中國。605年是隋煬帝登基之始，607年是法隆寺的完成之時。

但從七世紀後期到八世紀早期，此第二種配置形式必被最盛行的唐朝建築配置所取代，即兩座佛塔平行排列於金堂前。中國的含元殿、日本奈良時代的藥師寺及東大寺，皆是這種流行配置的重要例證。

綜合以上所論的三種配置形式，原來皆深受中國六朝至唐朝的佛教發展所影響。根據統計，在五世紀到六世紀的中國，大部分的佛教僧侶皆來自印度或中亞㉙，故當時的佛教乃深受印度佛教的影響。如從北魏時代，中國所流行用寶車載著佛像，在慶典時巡行城市街衢的一種宗教儀式（又稱行像），便源自印度㉚。對於佛塔的重視及配置在佛寺中心區域，亦深受古印度的影響。印度配置士都柏（Stūpa）在加支雅堂（Chaitya Hall）的中間盡頭的方式亦見於中國雲岡的中心塔柱㉛。但到了隋末及唐朝，印度佛教逐漸被中國所吸收且開始

㉓ 同註❺，pp. 11，21。根據Ishidamosa的觀點，遺址應是原聖德太子於601年所建的斑鳩宮（Hankyu Palace）。

㉔ 見《隋書・東夷傳》。

㉕ 同前註。

㉖ 見《日本書紀》。

㉗ 同前註。

㉘ 唐朝時，一些工藝師由中國東渡日本；同樣，一些日本僧侶也在中國學習了一段時間後返日，並主持佛寺的建造工作。前者的例子可見唐招提寺，見註❸，p.29；後者的例子可見於日僧道慈，於729年主持大安寺（Taian-ji）建造工程，見陳水逢著《中國文化之東漸與唐代》（臺北，1967年），p.957。

㉙ 見Fu-chuan Hsing（邢福泉），"The Communication between India & China during the 8th to 12th Centuries"，《佛教文化學報》1975年3、4期，pp.23~4。

㉚ 見《魏書・釋老志》；Soper亦提到在佛誕日的遊行可追溯到印度的孔雀王朝（Mauryan，公元前322~185年），見Alexander Soper，*Literary Evidence for Early Buddhist Art in China*（Switzerland, n. d.），p.194。

㉛ 在六朝，許多佛塔被興建。當《洛陽伽藍記》、《南史》及《魏書》等對佛寺及帝王的記載，總是敘述佛寺中的佛塔及多少帝王的支持興建佛塔，故佛塔的重要性顯而易見。見《魏書・釋老志》及《南史・虞愿傳》。

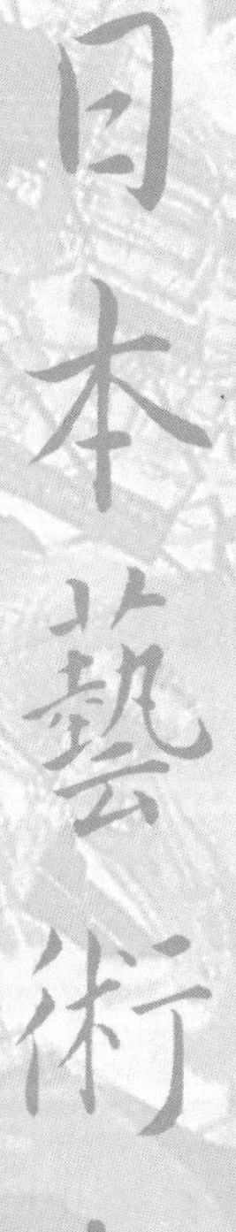

發展，並建立自己的理論與思想 ㉜ 。故當時的中國也許不再認為需要完全依循或模仿印度的佛教及傳統行事；佛陀也不再被崇拜為一尊神。因此，作為佛陀象徵的佛塔，必逐漸失去其重要地位。到了唐朝，中國佛寺的配置形式轉而深受中國宮殿建築所影響，如含元殿等。另一方面，從唐朝的文獻記載中，亦多提到佛寺名稱，取代了六朝文獻所提及的佛塔興建。如公元666年唐高宗詔令各州縣皆建一佛寺於邊境上，其中並無提及任何佛塔 ㉝ 。690年武后也詔令在各州縣建一座以上的國家佛寺，亦無提及佛塔 ㉞ 。故上述記載皆證明了佛塔的象徵地位在此期的衰退。

㉜ Arthur F. Wright 討論隋唐佛教時形容為「是獨立成長的時期」。見 Arthur F. Wright，*Buddhish in Chinese History*（Stanford，1971），pp. 65~85。Kenneth K.S. C'hen亦言「佛教在隋及唐朝到達了顛峰」見 Kenneth K. S. C'hen，*Buddhism in China*（Princeton，1964），p.184。

㉝ 同註 ⑲ ，釋聖嚴，pp. 64-65。

㉞ 同前註。

【附　圖】

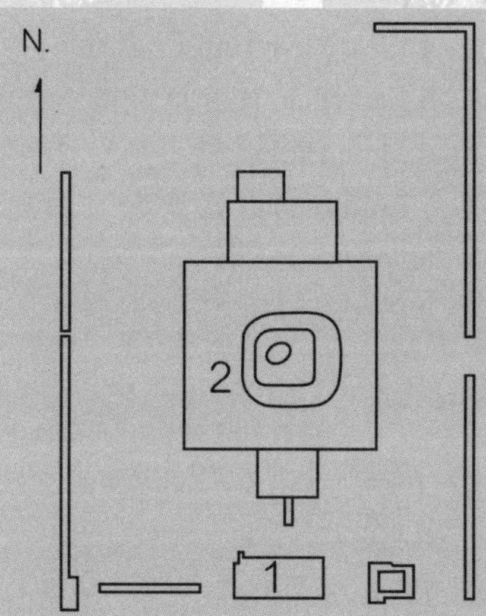

圖一、永寧寺平面圖

Yung Ning Ssu

永寧寺 洛陽

1.Gate 中門

2.Pagoda 塔

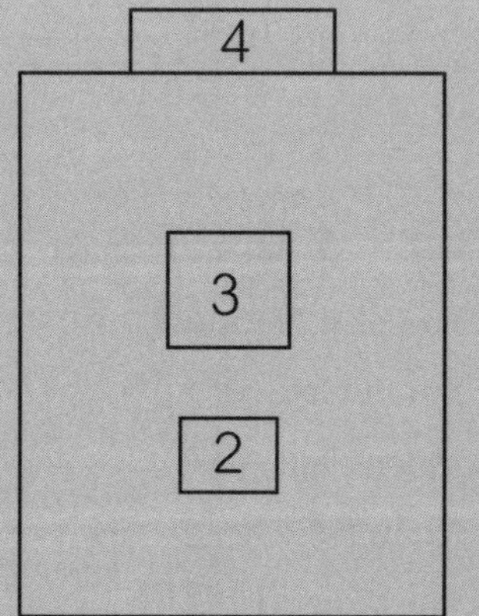

圖二、四天王寺平面圖

Shitenno-ji, Osaka

四天王寺 大阪

1.Inner Gate 中門

2.Pagoda 塔

3.Main Hall 金堂

4.Lecture Hall 講堂

圖三、飛鳥寺平面圖

Hokō-ji, Nara 飛鳥寺 奈良

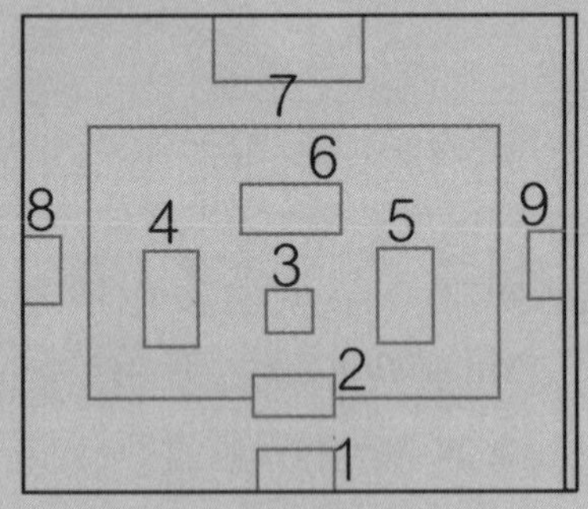

1.South Gate 南大門
2.Inner Gate 中門
3.Pagoda 塔
4.West Main Hall 西金堂
5.East Main Hall 東金堂
6.Main Hall 金堂
7.Lecture Hall 講堂
8.West Gate 西門
9.East Gate 東門

圖四、現今法隆寺平面圖

Plan of Present Hōryūji

法隆寺 奈良

1.Inner Gate 中門
2.Pagoda 塔
3.Main Hall 金堂
4.Sūtra Repository 藏經樓
5.Bell Tower 鐘樓
6.Lecture Hall 講堂

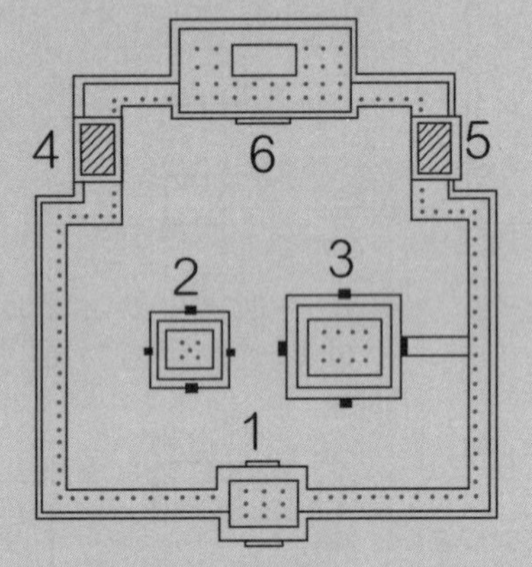

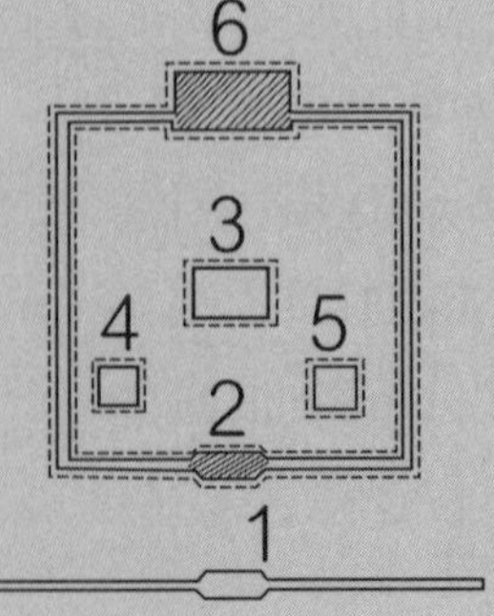

圖五、藥師寺平面圖

Yakushi-ji,Nara 藥師寺 奈良

1.South Gate 南大門
2.Inner Gate 中門
3.Main Hall 金堂
4.West Pagoda 西塔
5.East Pagoda 東塔
6.Lecture Hall 講堂

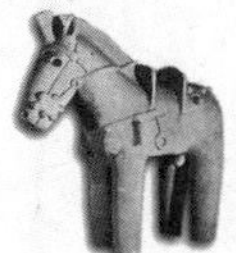

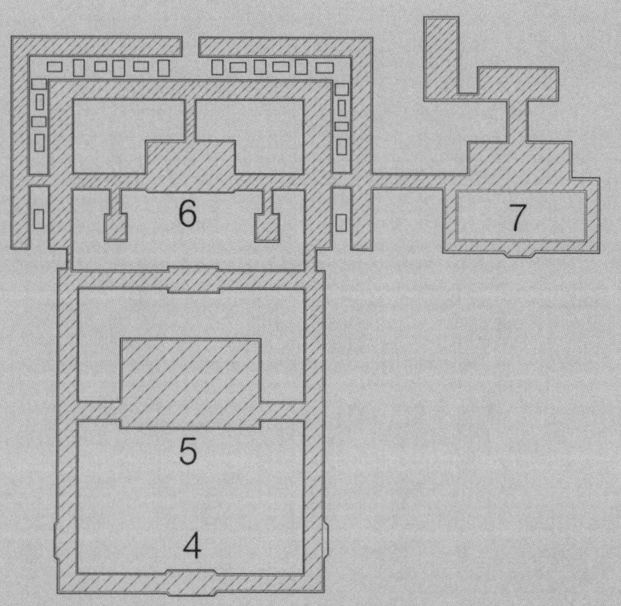

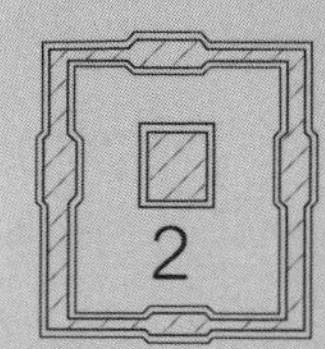

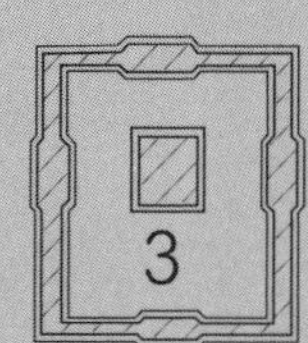

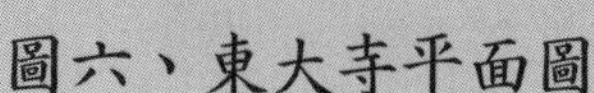

圖六、東大寺平面圖

Todai-ji, Nara 東大寺 奈良

1.South Gate 南大門

2.West Pagoda 西塔

3.East Pagoda 東塔

4.Inner Gate 中門

5.Main Hall 金堂

6.Lecture Hall 講堂

7.Refectory 貯藏室

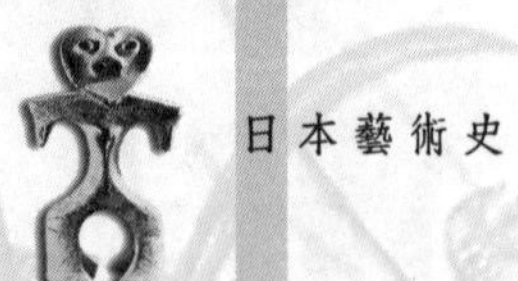

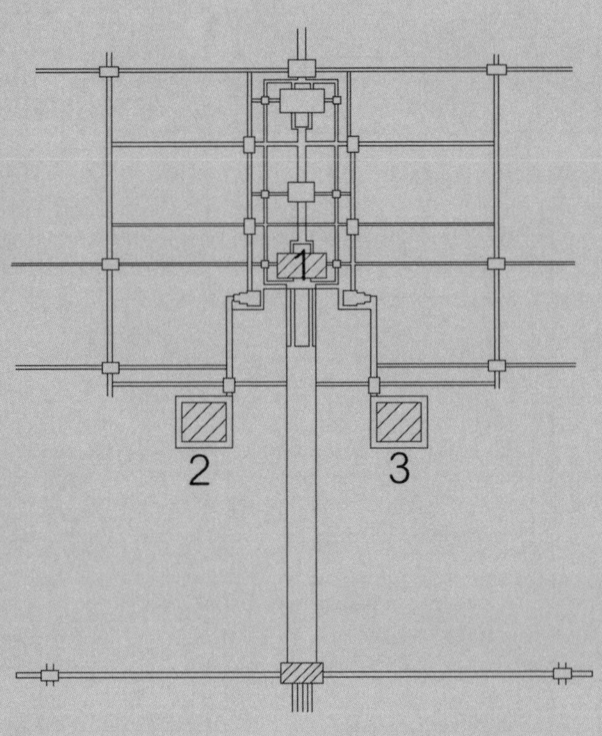

圖七、含元殿平面圖

Han Yüan T'ien and Its Environment 含元殿 唐長安

1.Han Yüan Palace 含元殿

2.West Pavilion 西閣

3.East Pavilion 東閣

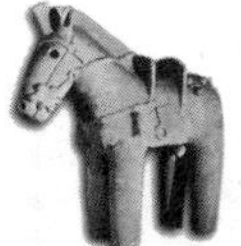

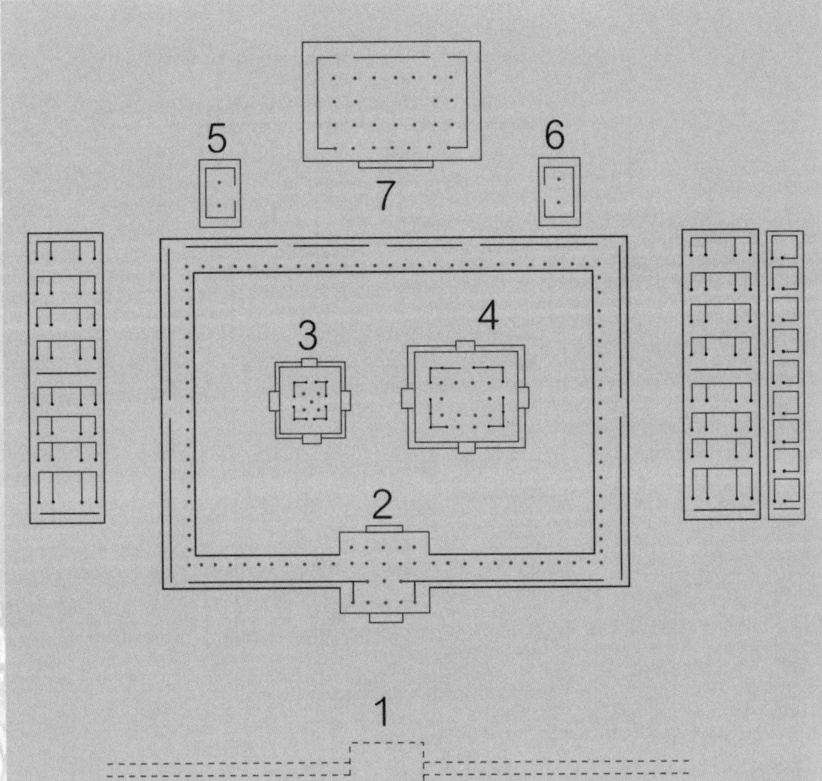

圖八、原始法隆寺平面圖

Reconstruction of the Original Hōryūji Plan 法隆

1.South Gate 南大門

2.Inner Gate 中門

3.Pagoda 塔

4.Main Hall 金堂

5.Sūtra Repository 藏經樓

6.Bell Tower 鐘樓

7.Lecture Hall 講堂

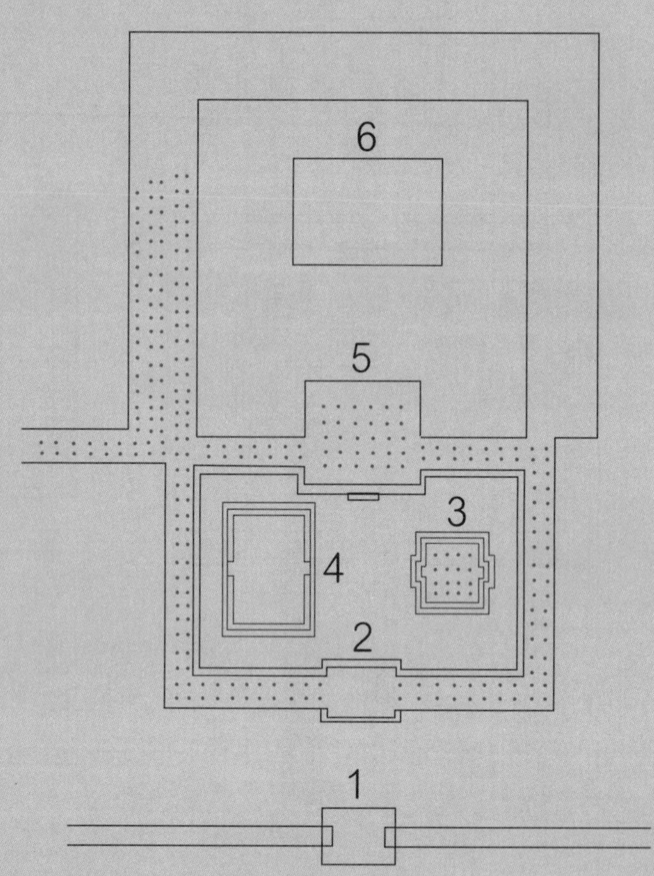

圖九、川原寺平面圖

Kawara-ji, Nara 川原寺 奈良

1.South Gate 南中門

2.Inner Gate 中門

3.Pagoda 塔

4.West Main Hall 西金堂

5.Main Hall 金堂

6.Lecture Hall 講堂

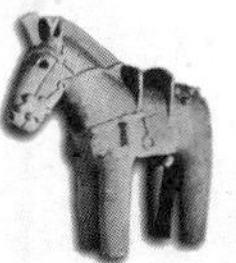

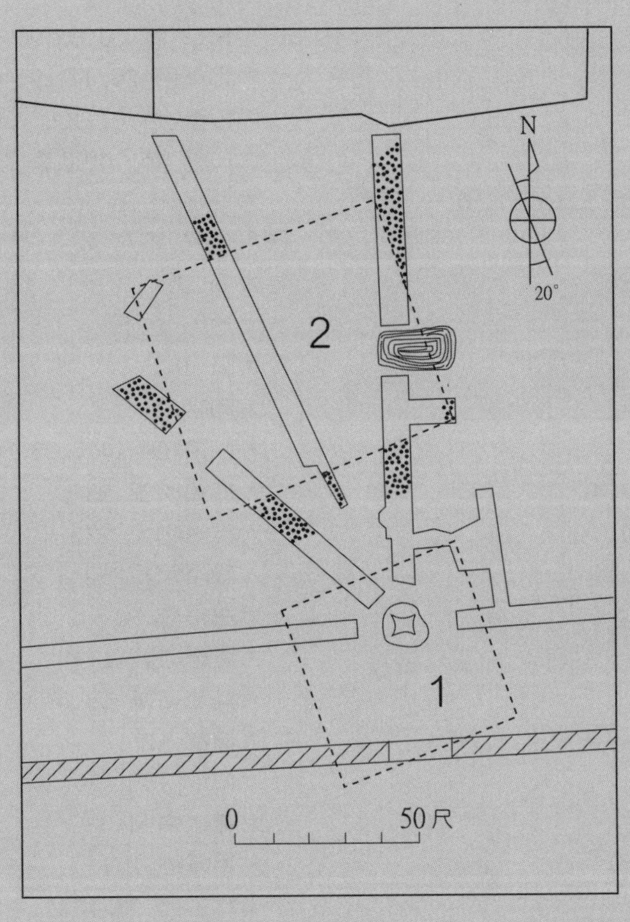

圖十、若草伽蘭平面圖

Plan of Original Jakuso Sangharam 若草伽藍 奈良

1.Pagoda 塔

2.Main Hall 金堂

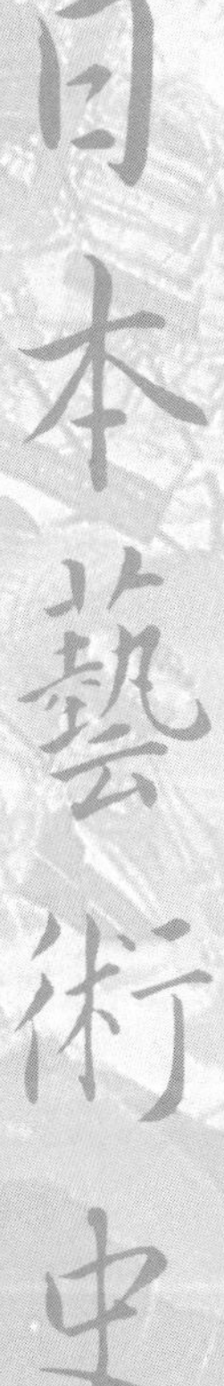

索　引

五　劃

六　劃

七　劃

八　劃

十 二 劃

十 三 劃

十　四　劃

十　五　劃

十六劃

十七劃

十八劃

十九劃

二十劃以上

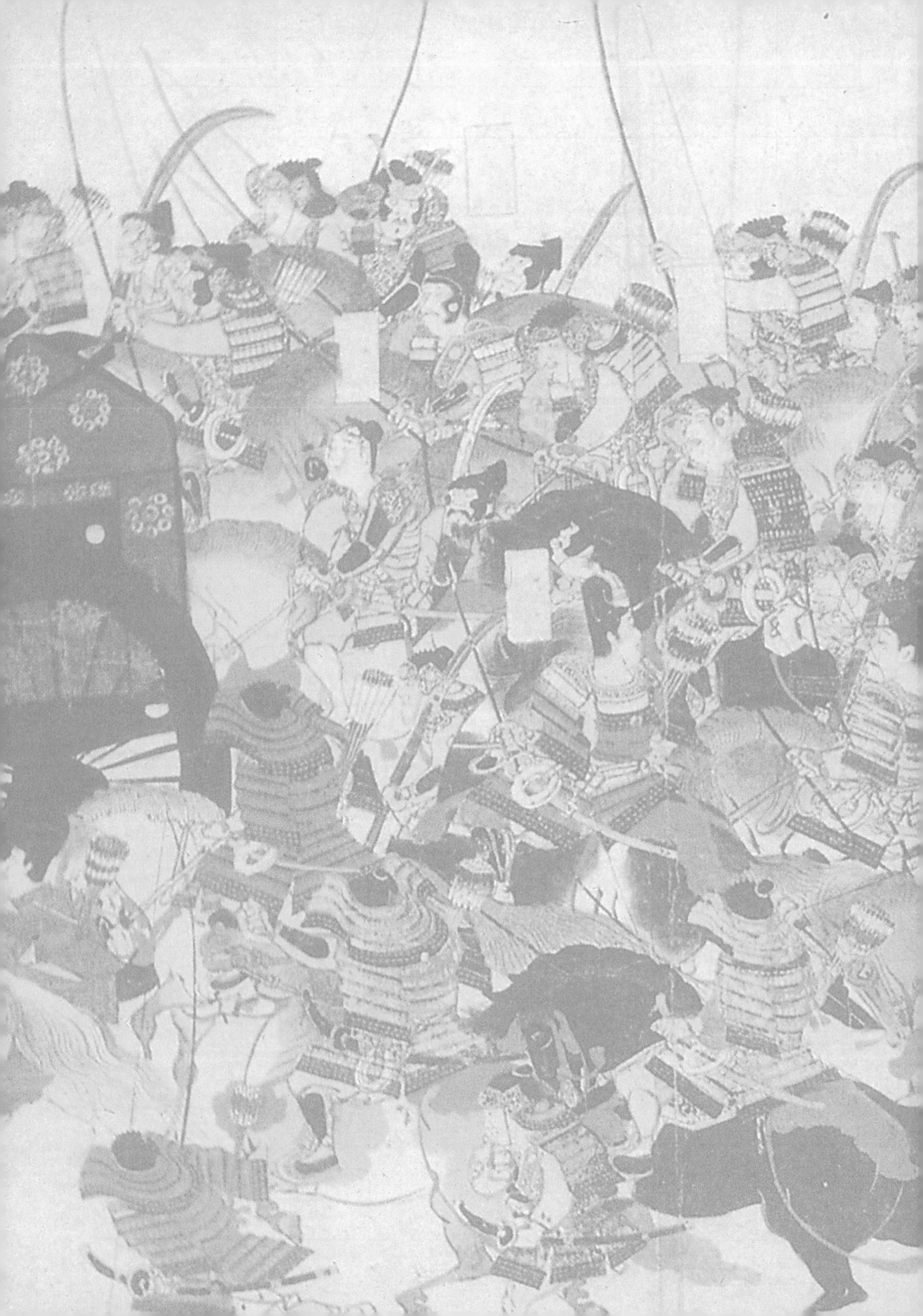

滄海叢刊／美術

邢福泉 著

日本藝術史

A HISTORY OF JAPANESE ART

— Lawrence F. Hsing

東大圖書公司

國家圖書館出版品預行編目資料

日本藝術史／邢福泉著.--初版.--臺
北市：東大，民88
面；　公分.--(滄海叢刊)
參考書目：面
含索引
ISBN 957-19-2207-2 (精裝)
ISBN 957-19-2208-0 (平裝)

1.藝術-歷史-日本

909.31　　87001857

網際網路位址　http://www.sanmin.com.tw

著作人　邢福泉
發行人　劉仲文
著作財產權人　東大圖書股份有限公司
臺北市復興北路三八六號
發行所　東大圖書股份有限公司
地　址／臺北市復興北路三八六號
電　話／二五〇〇六六〇〇
郵　撥／〇一〇七一七五──〇號
印刷所　東大圖書股份有限公司
總經銷　三民書局股份有限公司
門市部　復北店／臺北市復興北路三八六號
重南店／臺北市重慶南路一段六十一號
初　版　中華民國八十八年五月
編　號　E 90054
基本定價　玖元捌角
行政院新聞局登記證局版臺業字第〇一九七號

ISBN 957-19-2208-0 (平裝)

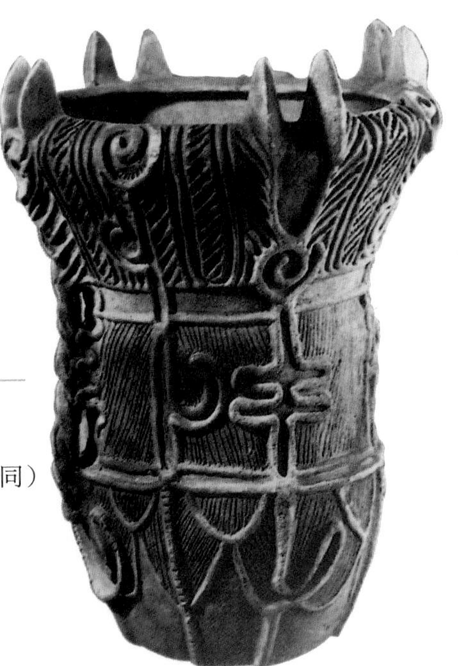

◆圖3

陶器
繩文時期
（彩色頁圖碼與內文相同）

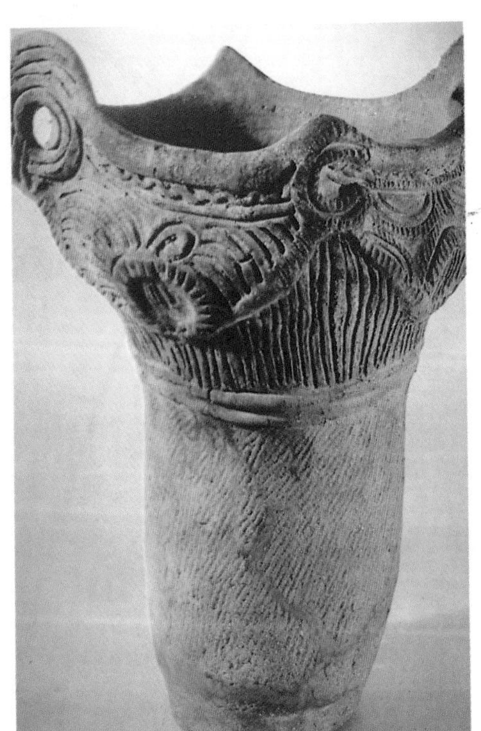

◆圖4

陶器
繩文時期

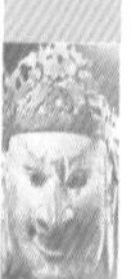

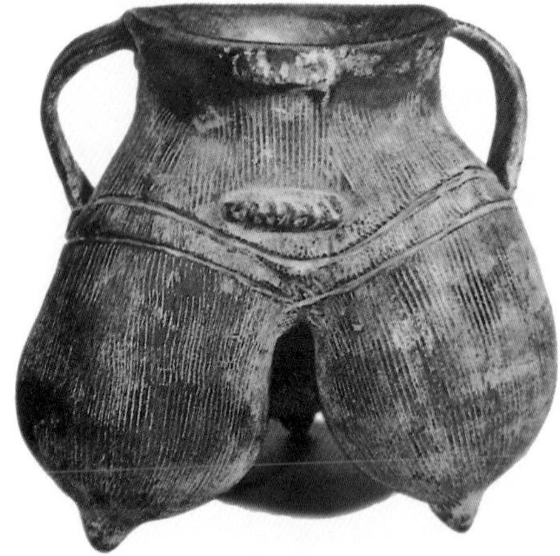

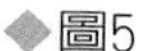

◆圖5

鬲

中國商朝

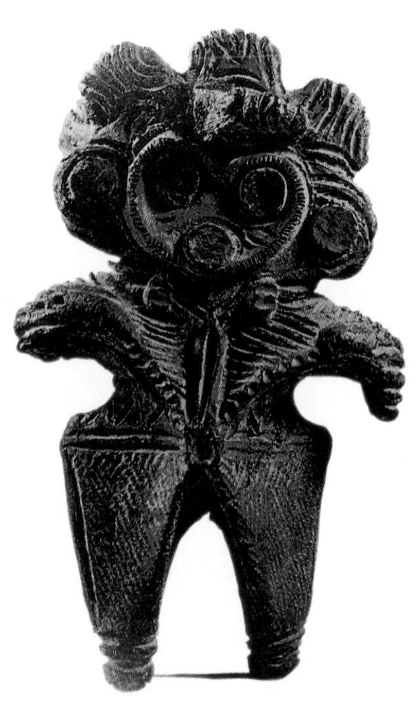

◆圖8

土偶

繩文時期

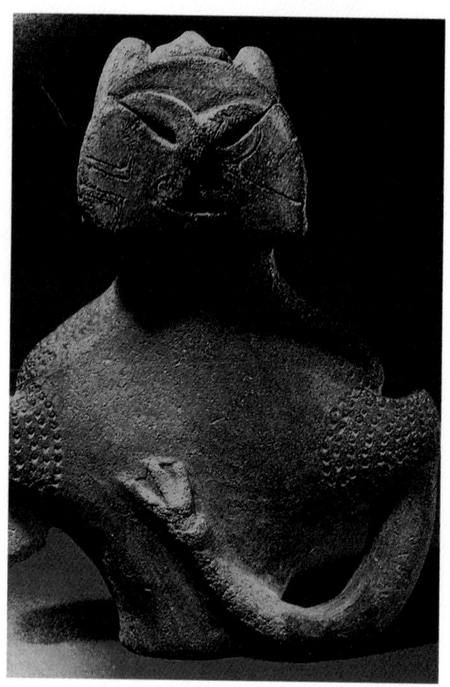

◆圖7

土偶

繩文時期

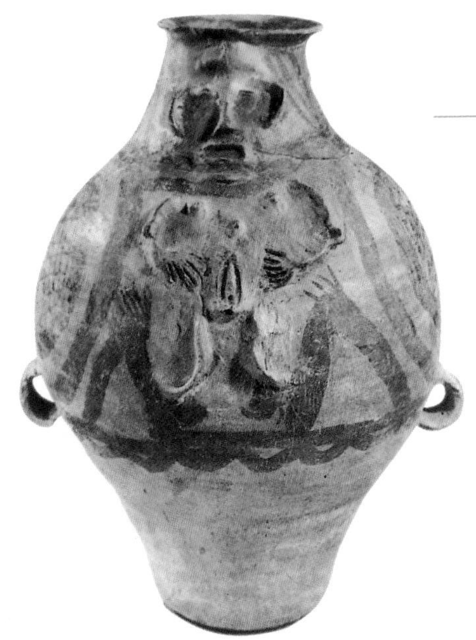

◆圖10

陶器
中國仰韶文化

◆圖16

漢委奴國王印
中國東漢

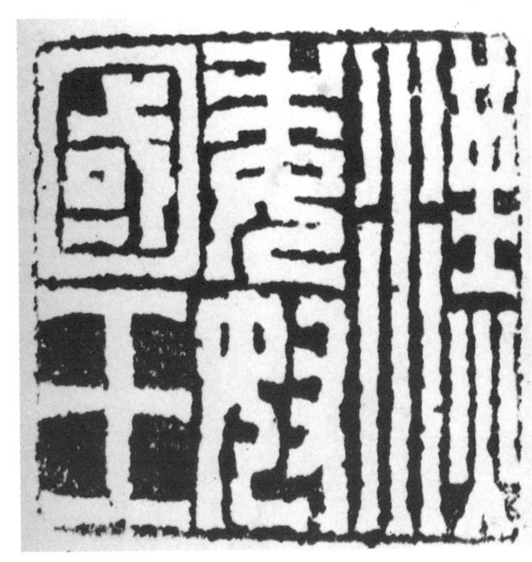

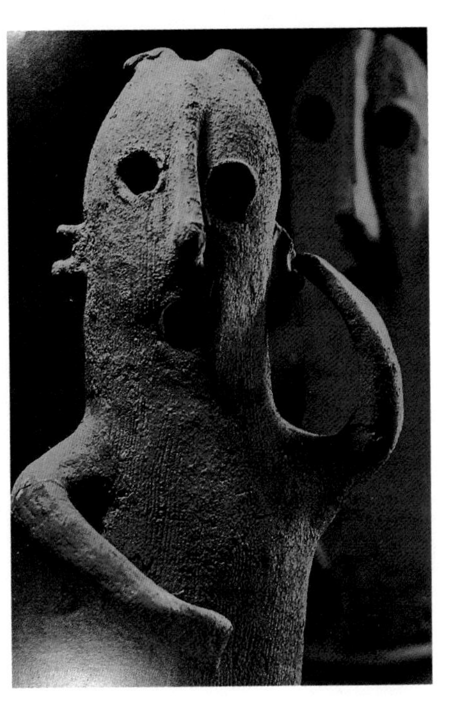

◆圖18

埴輪
古墳時期

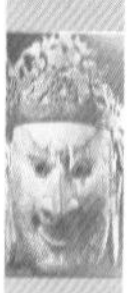

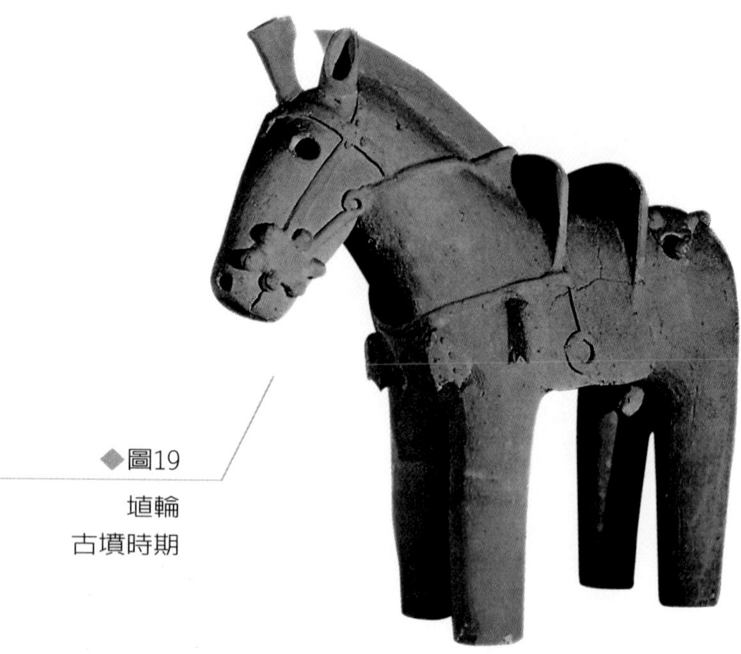

◆圖19

埴輪
古墳時期

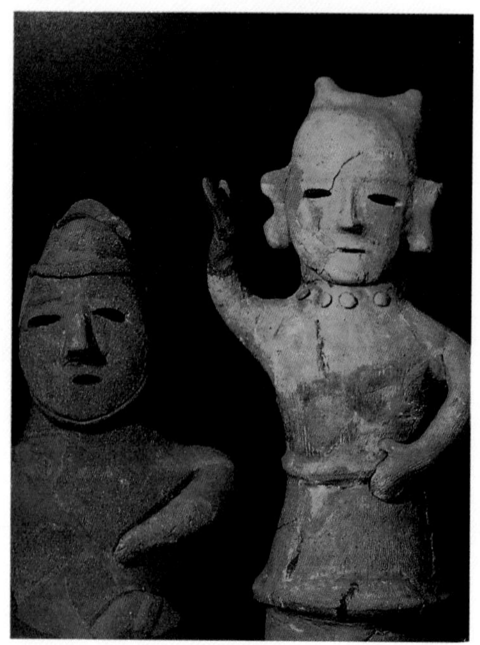

◆圖20

埴輪
古墳時期

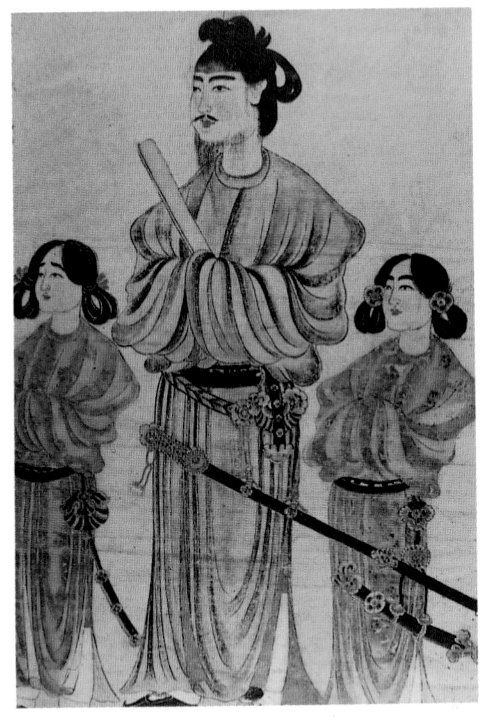

◆圖26

聖德太子
飛鳥時期

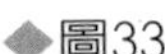
◆圖33

玉蟲廚中臺座繪
奈良法隆寺

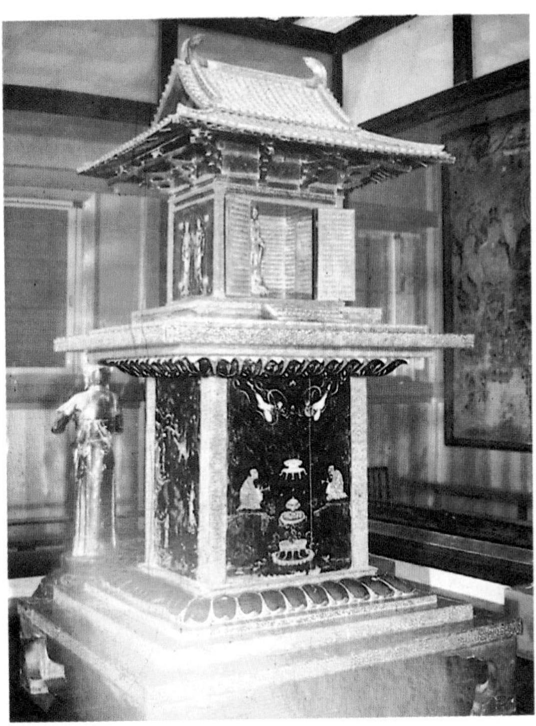

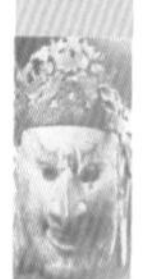

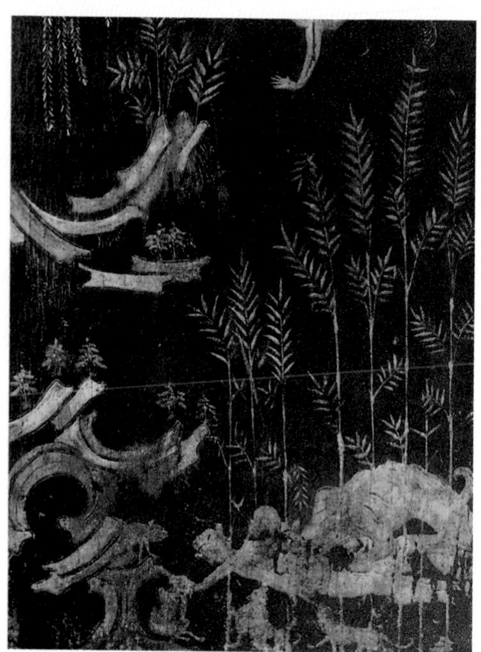

◆圖35

玉蟲廚中臺座繪
（局部）
奈良法隆寺

◆圖36

《過去現在因果經》
飛鳥時期

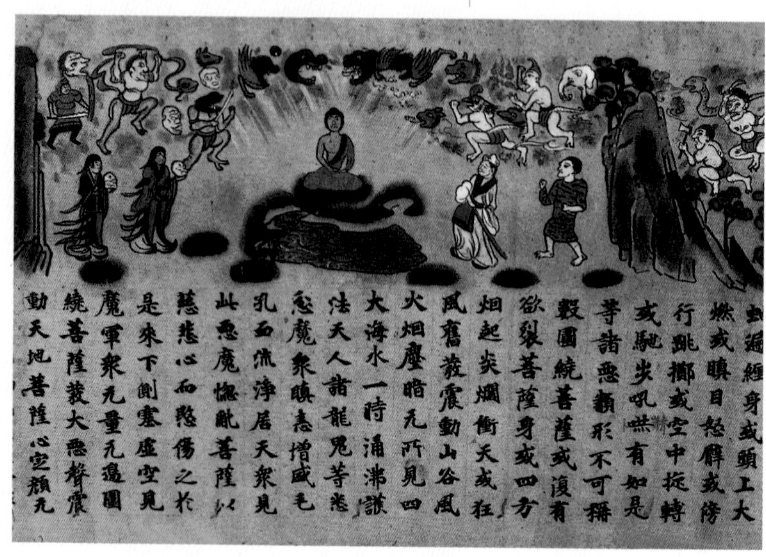

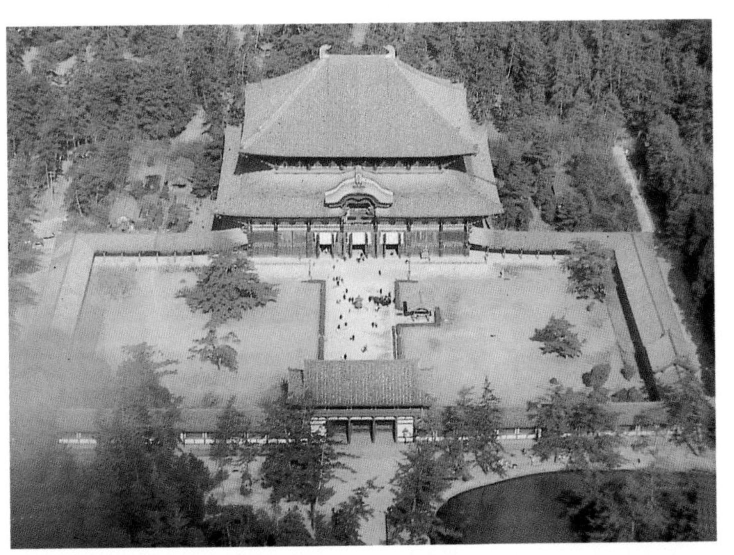

◆圖42

東大寺　奈良

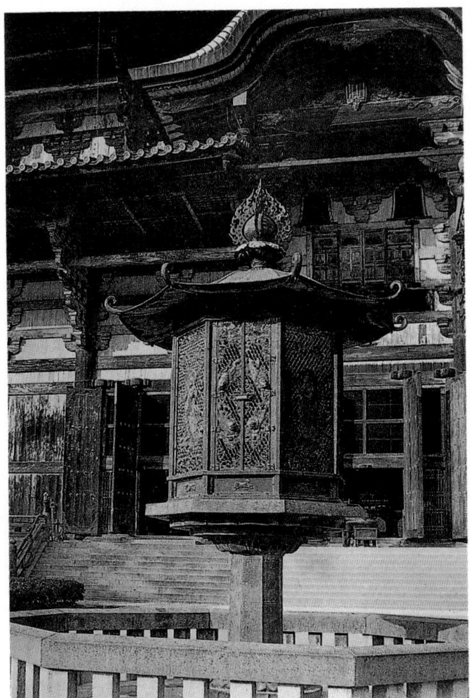

◆圖45

光明燈
奈良東大寺

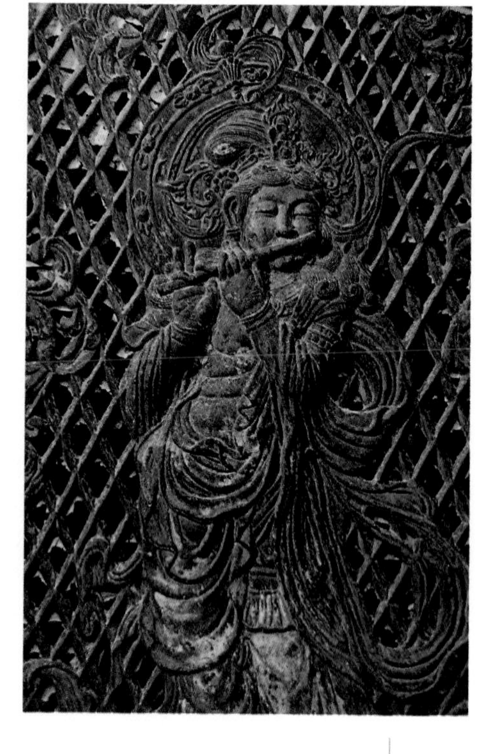

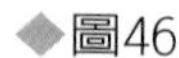圖46

光明燈（局部）
奈良東大寺

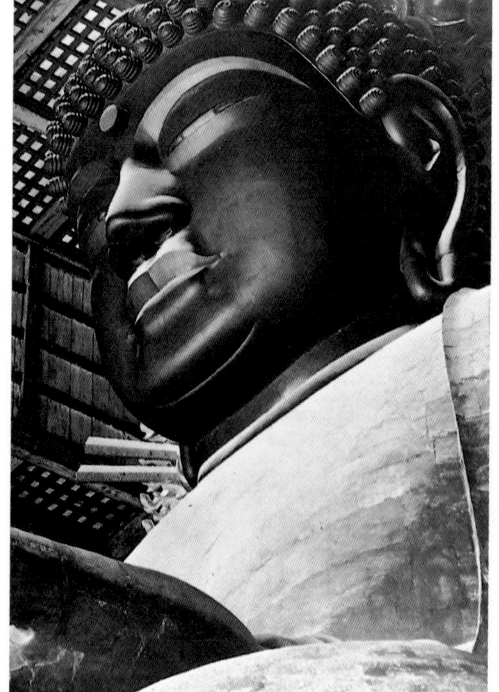

◆圖47

毘盧遮那佛
奈良東大寺

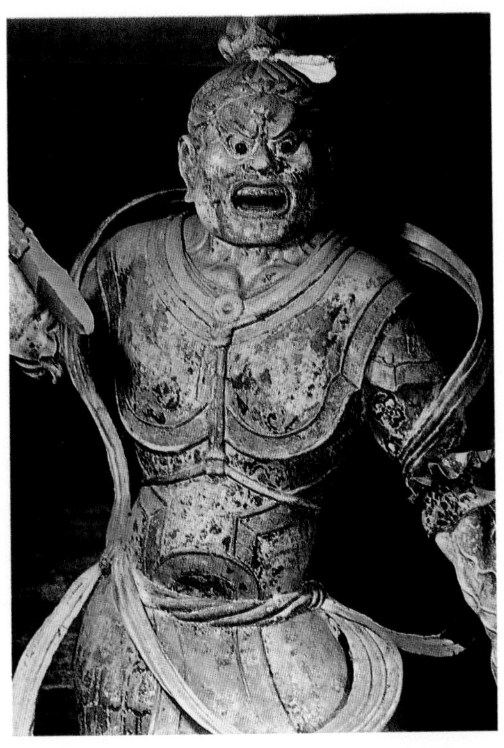

◆圖48

執金剛神
奈良東大寺

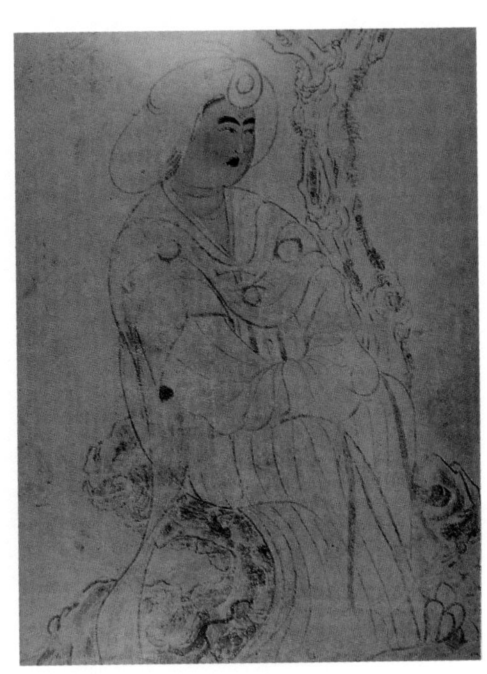

◆圖50

樹下婦人
奈良東大寺

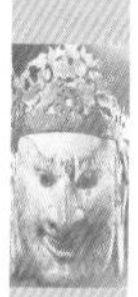

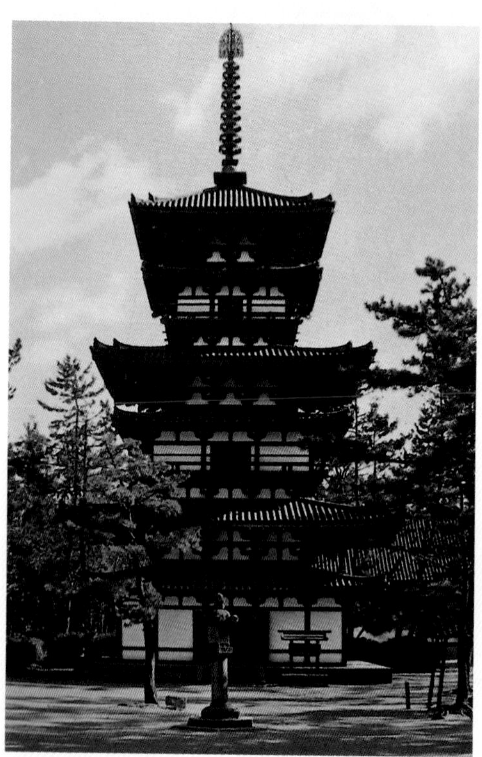

◆圖54

木塔

奈良藥師寺

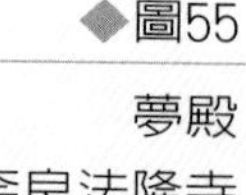

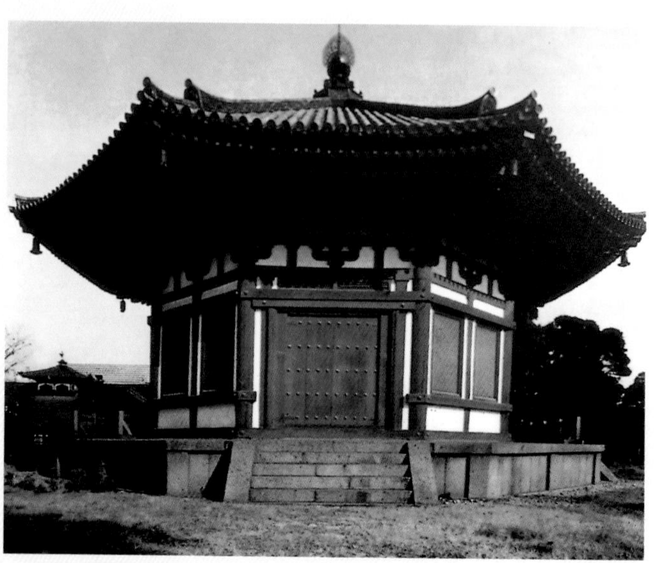

◆圖55

夢殿

奈良法隆寺

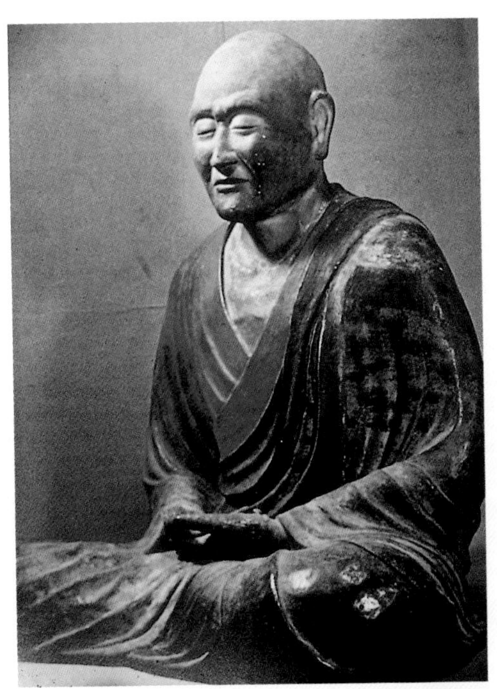

◆圖56

鑑真像
奈良唐招提寺

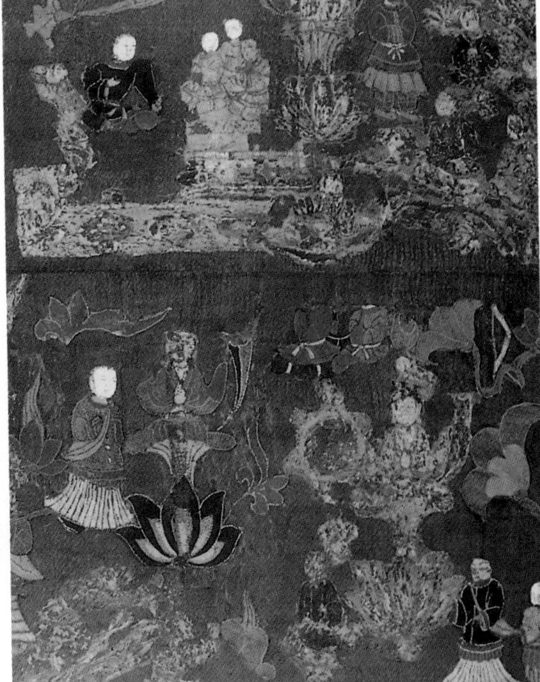

◆圖58

天壽國繡帳圖
飛鳥時期

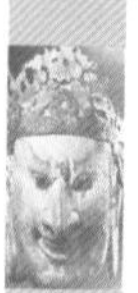

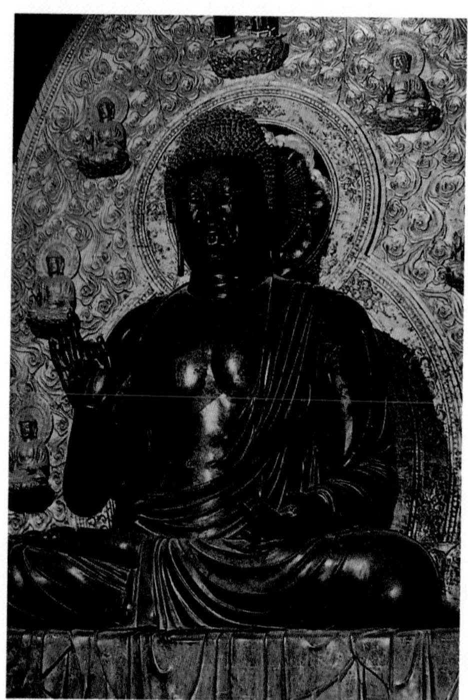

◆圖59

藥師佛
奈良藥師寺

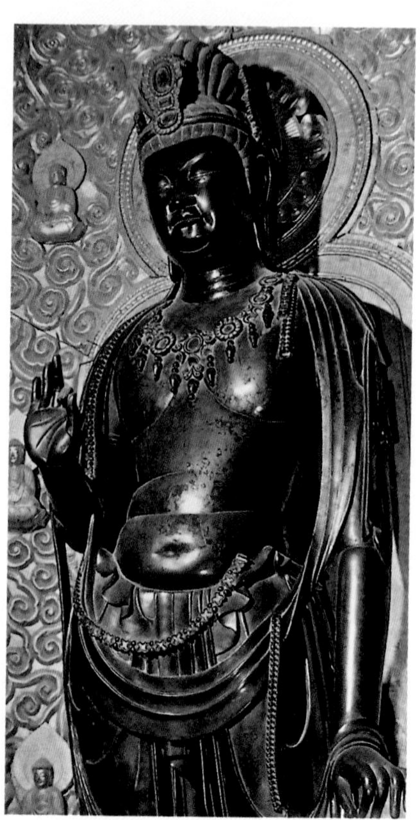

◆圖60

日光菩薩
奈良藥師寺

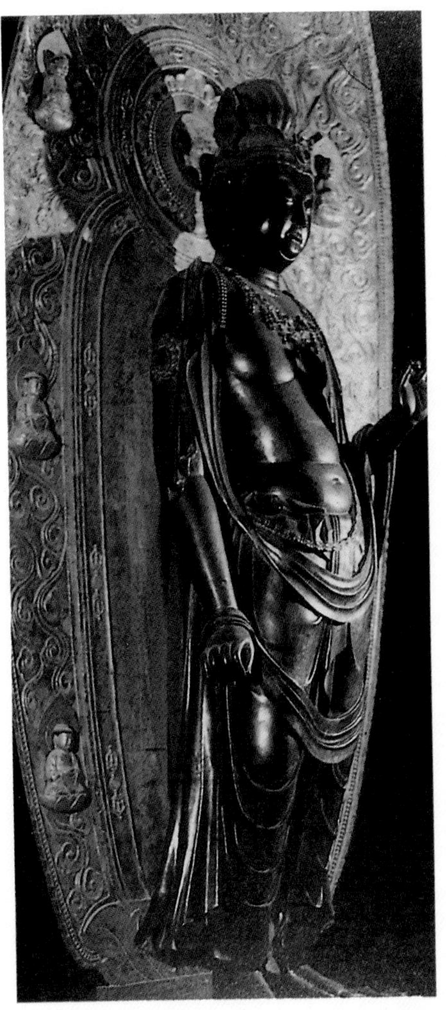

◆圖61

月光菩薩
奈良藥師寺

◆圖63

力士
奈良法隆寺

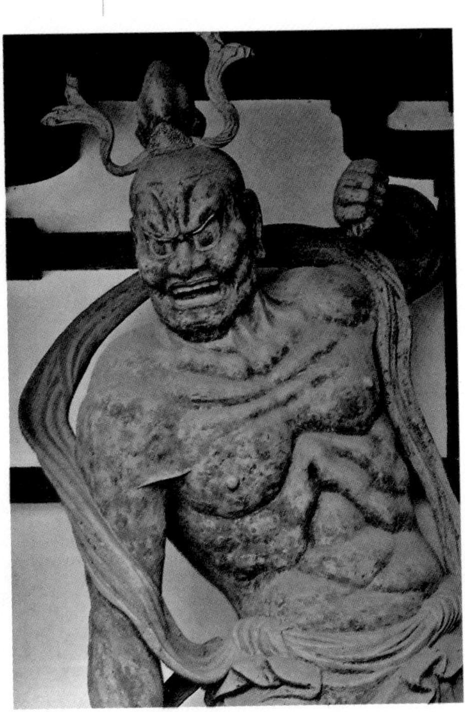

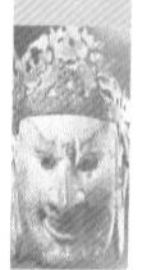

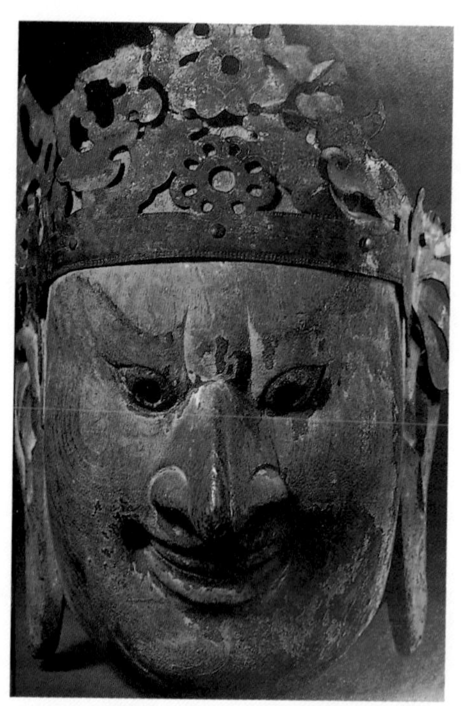

◆圖65

伎樂舞面具
奈良東大寺

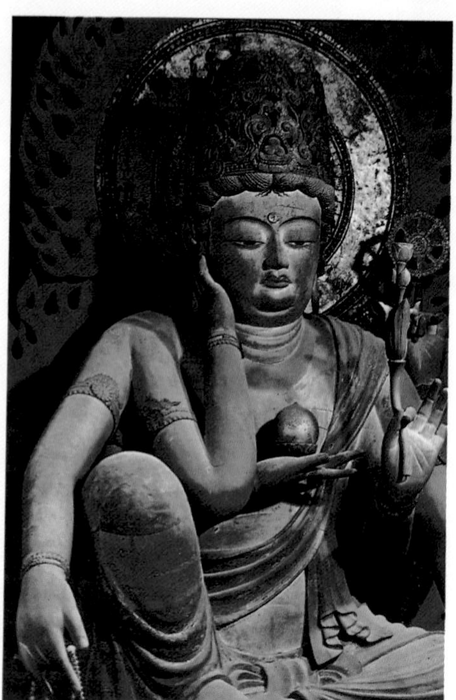

◆圖66

如意輪觀音
奈良觀心寺

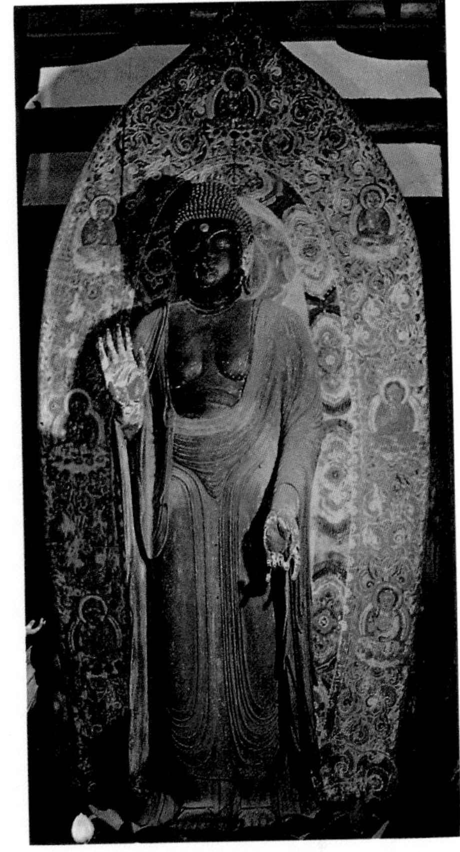

◆圖67

釋迦牟尼佛
奈良寶生寺

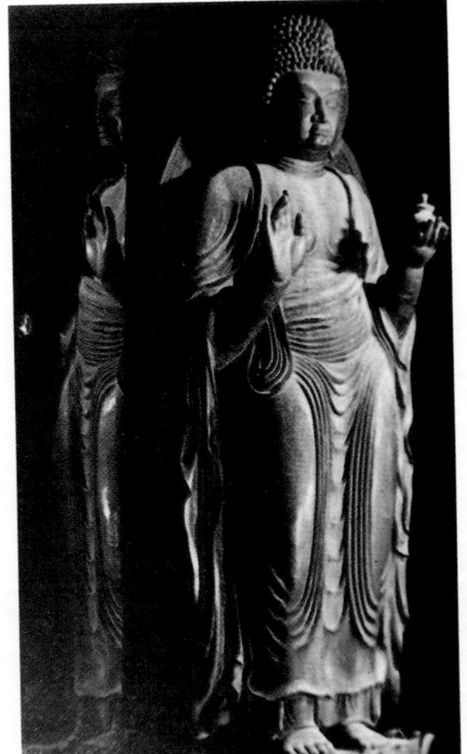

◆圖68

藥師佛
京都神護寺

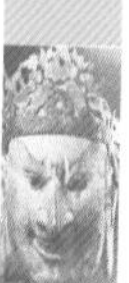

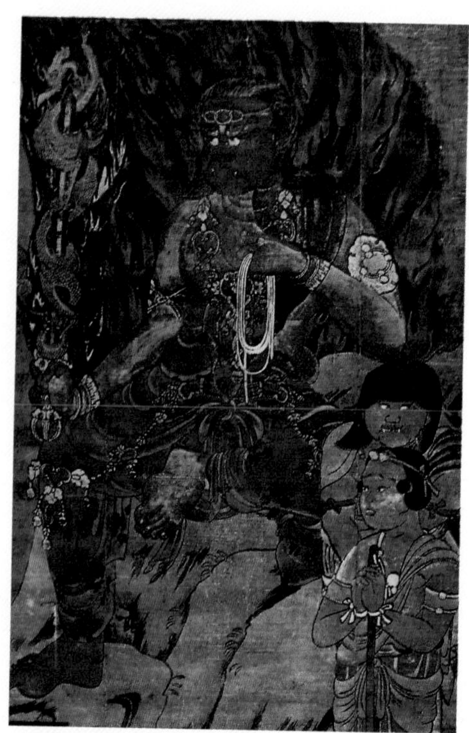

◆圖79

紅不動明王
京都青蓮院

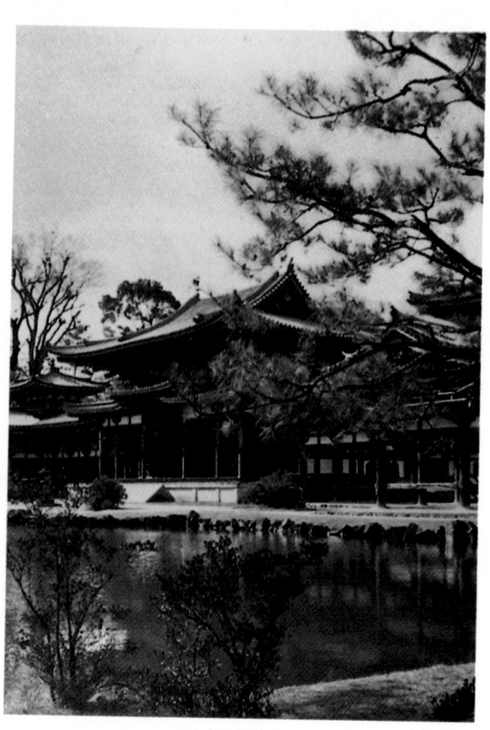

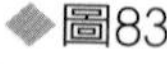

◆圖83

鳳堂
京都平等院

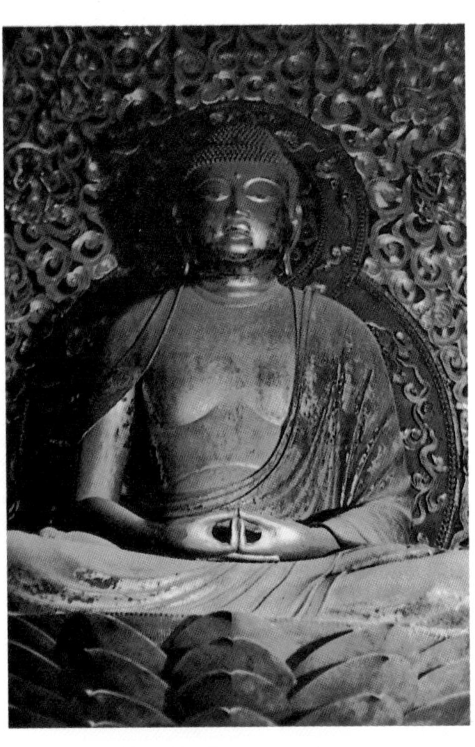

◆圖86

阿彌陀佛像
京都平等院

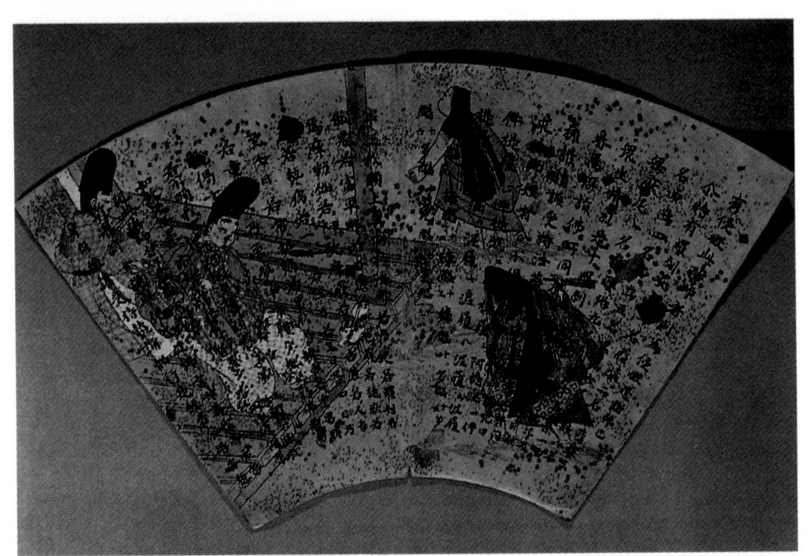

◆圖88

《妙法蓮華經》扇面
平安後期

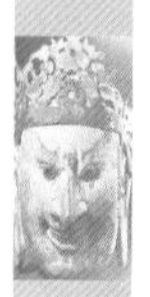

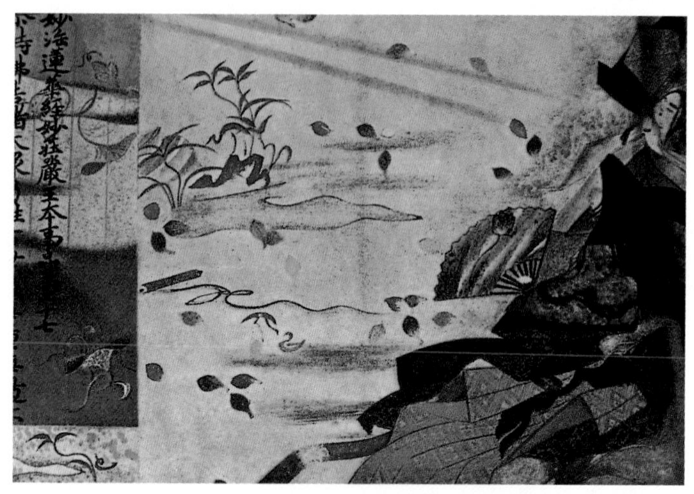

◆圖89

《妙法蓮華經》插畫　平安後期

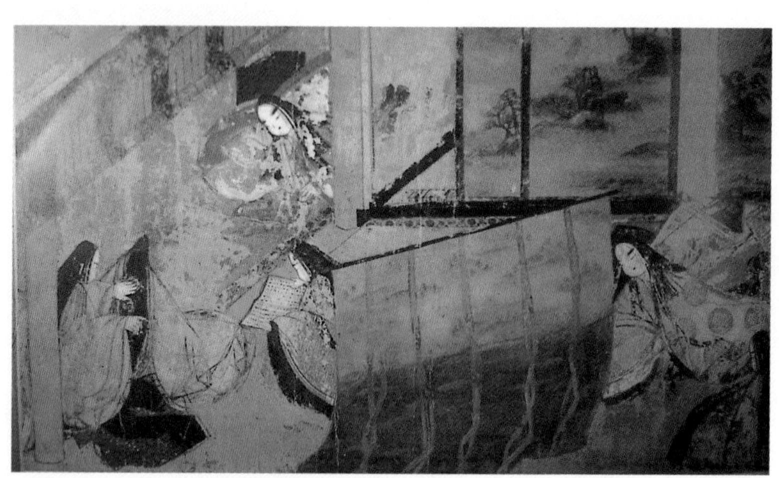

◆圖90

《源氏物語》繪卷（局部）
平安後期

◆圖92

釋迦牟尼涅槃圖
和歌山金剛峰寺

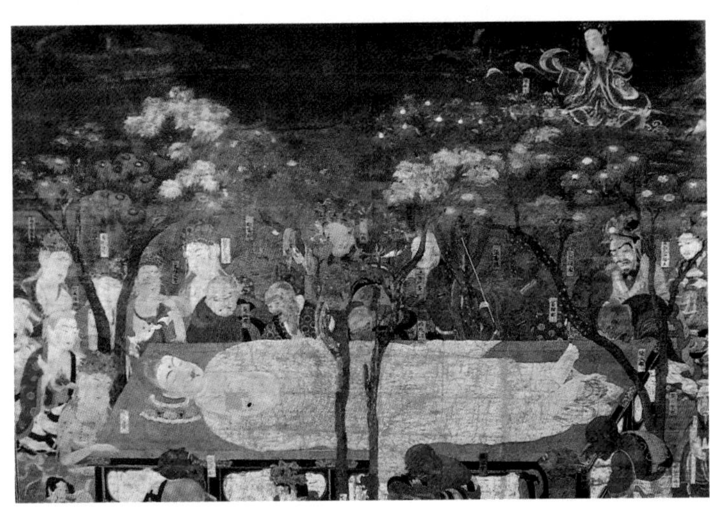

◆圖93

地獄草紙（局部）
平安後期

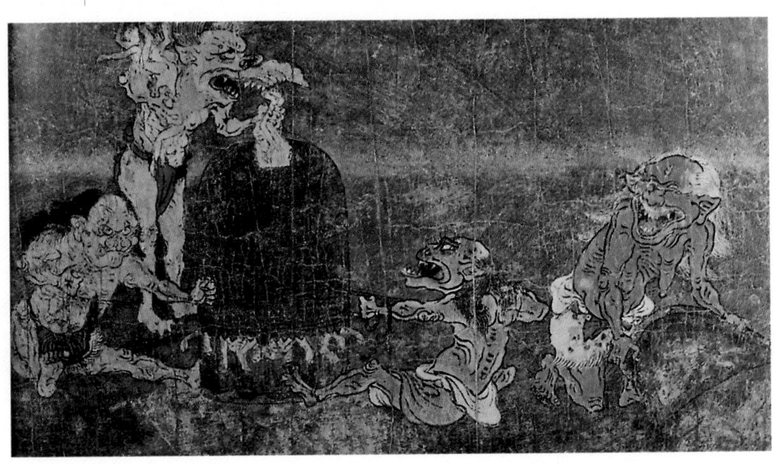

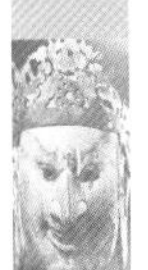

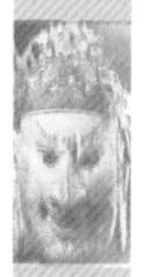

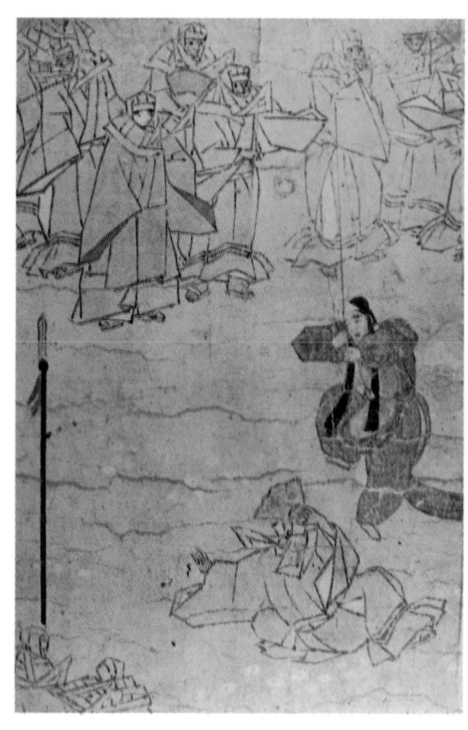

◆圖94

天狗草紙
(局部)
平安後期

◆圖98

舍利堂
鎌倉圓覺寺

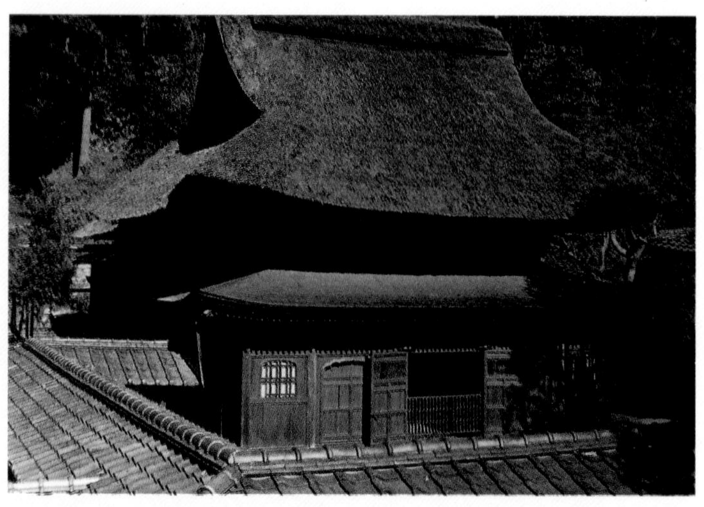

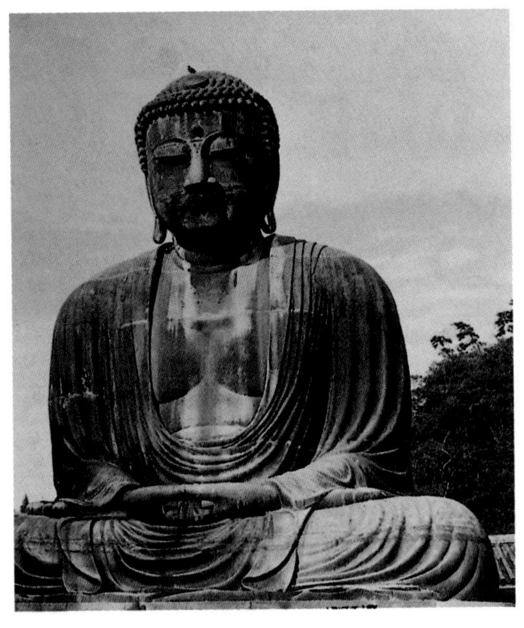

◆圖99

阿彌陀銅佛
鎌倉

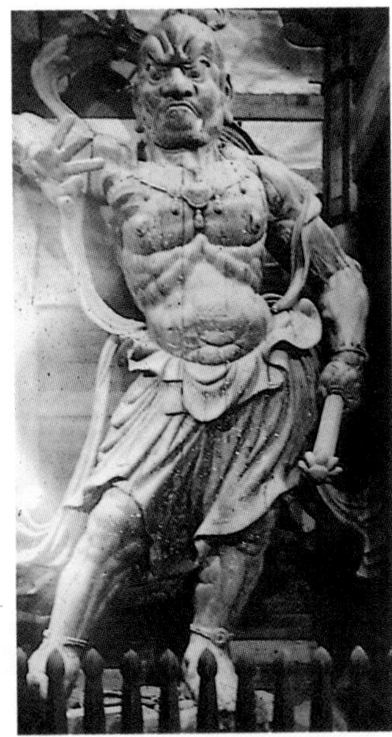

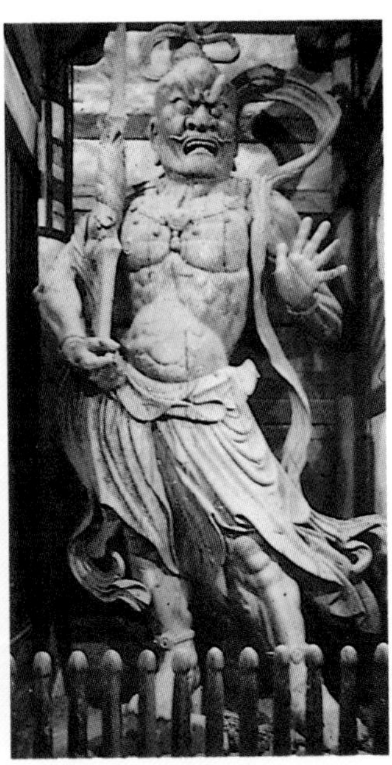

◆圖100

力士
奈良東大寺

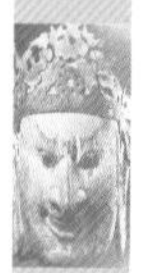

◆圖101

無著（局部）
鎌倉時期

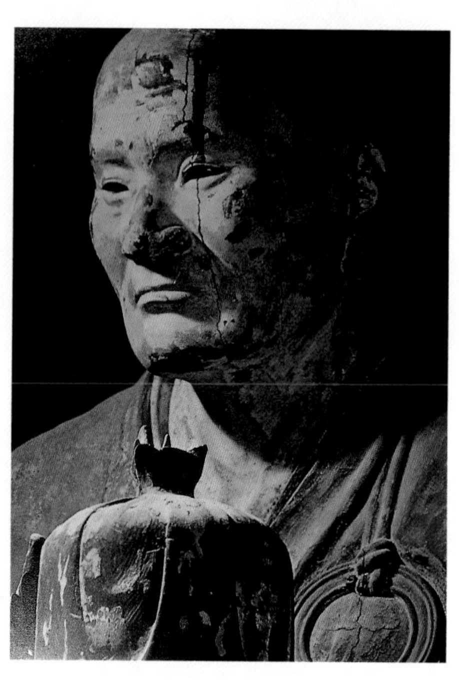

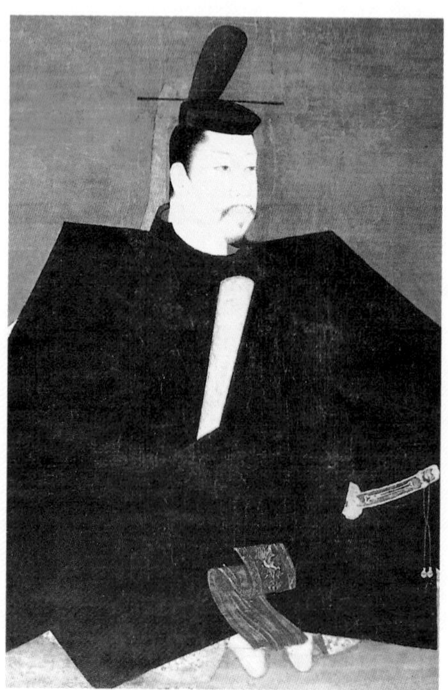

◆圖104

源賴朝大將軍
鎌倉時期

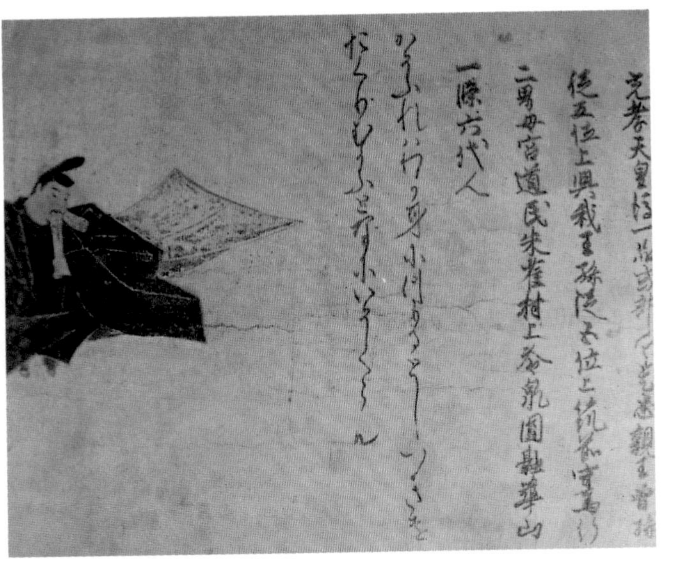

◆圖106

名詩人繪卷（局部）
鎌倉時期

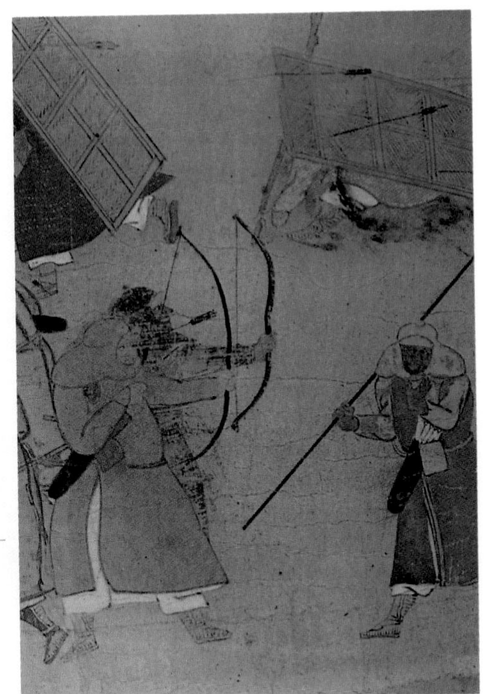

◆圖107

元兵入侵繪卷（局部）
鎌倉時期

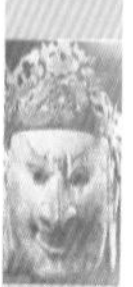

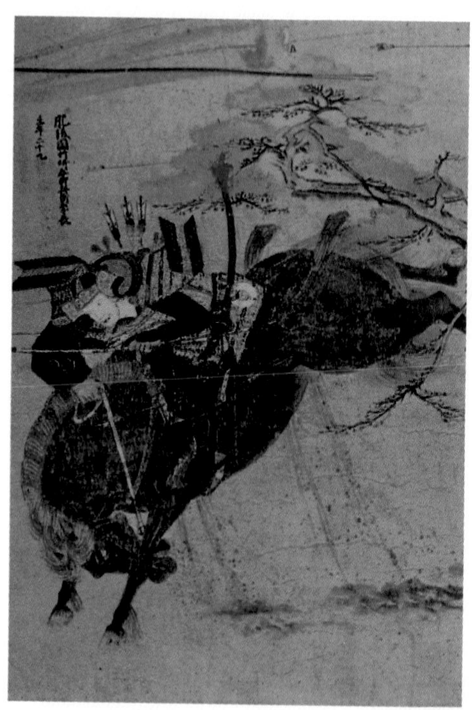

◆圖108

元兵入侵繪卷（局部）
鎌倉時期

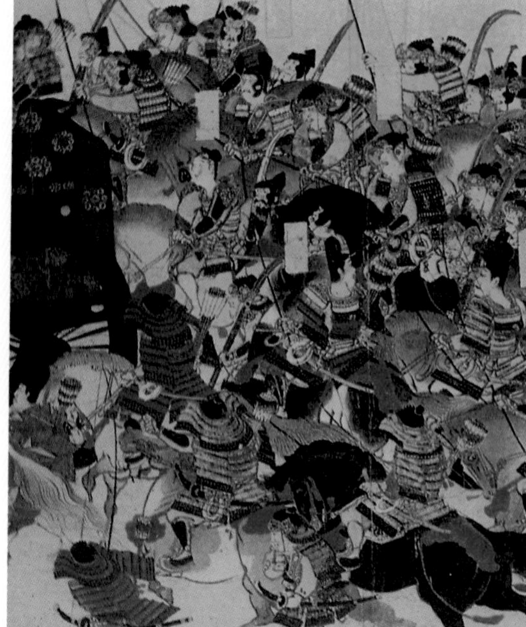

◆圖109

平治物語繪卷（局部）
鎌倉時期

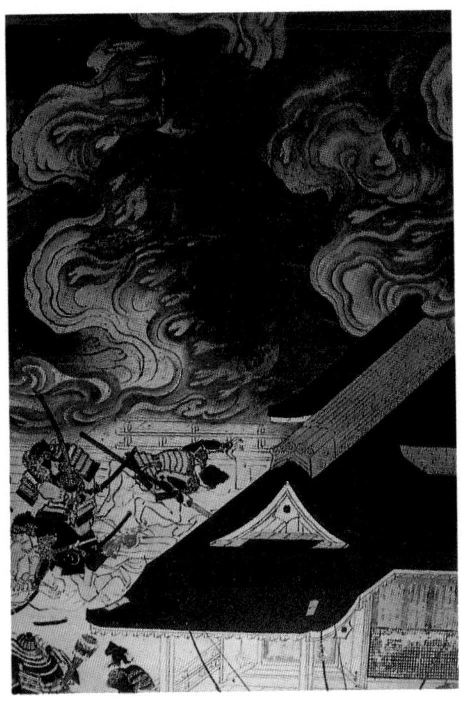

◆圖110

平治物語繪卷（局部）
鎌倉時期

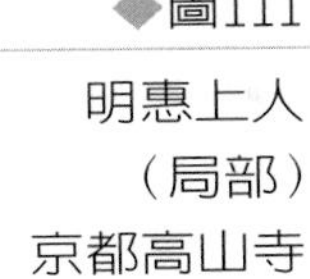

◆圖111

明惠上人
（局部）
京都高山寺

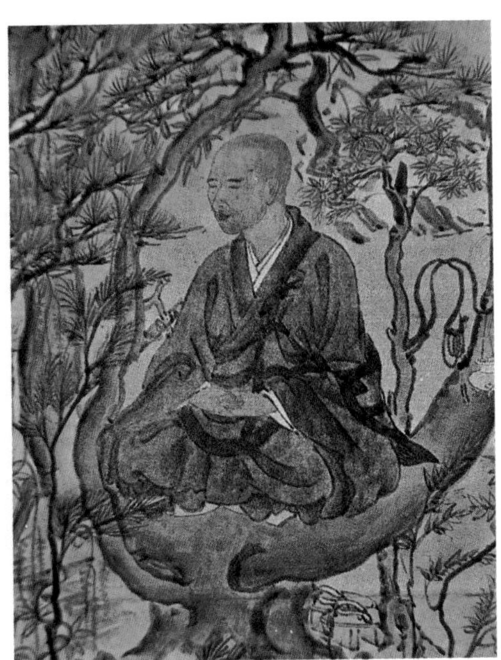

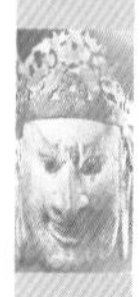

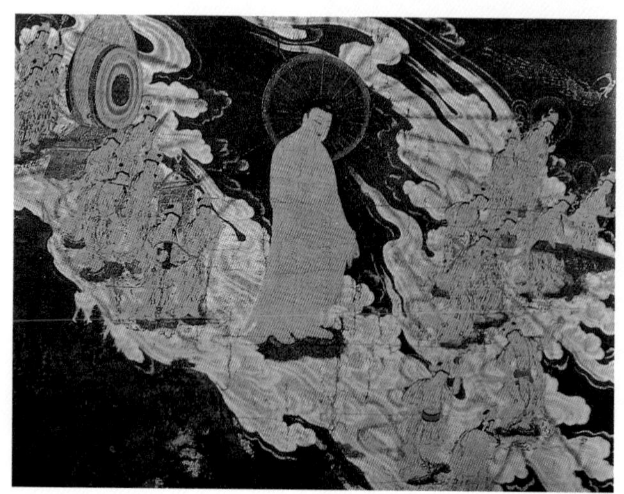

◆圖112

阿彌陀佛來迎圖
（局部）
鎌倉時期

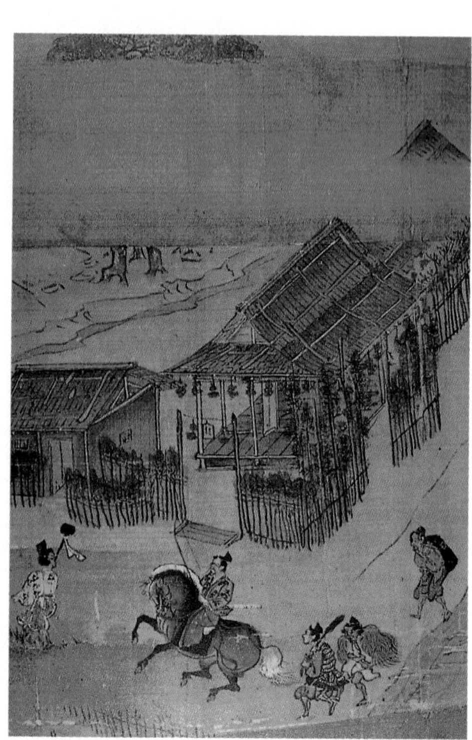

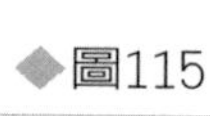

◆圖115

一遍上人繪卷（局部）
鎌倉時期

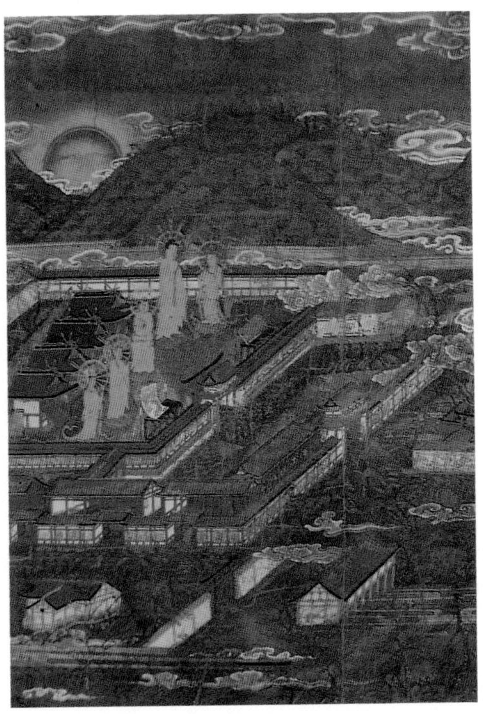

◆圖117

神道曼荼羅（局部）
鎌倉時期

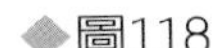

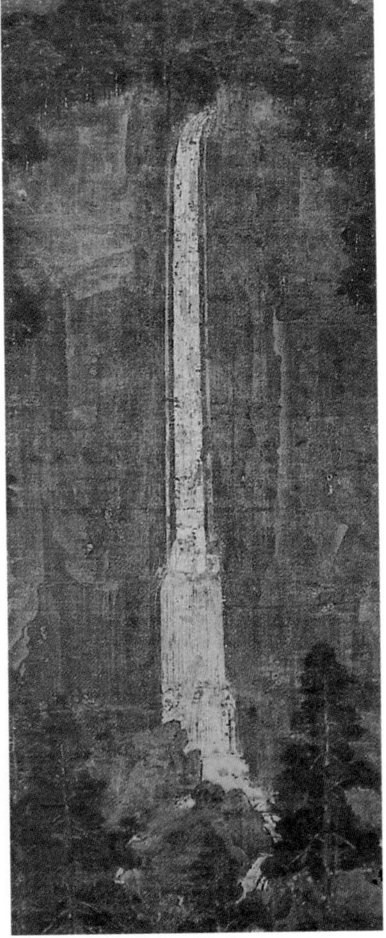

◆圖118

瀑布曼荼羅
鎌倉時期

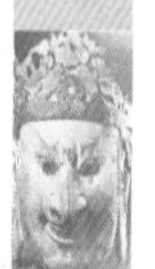

◆圖124

山市晴巒圖
瑩玉澗

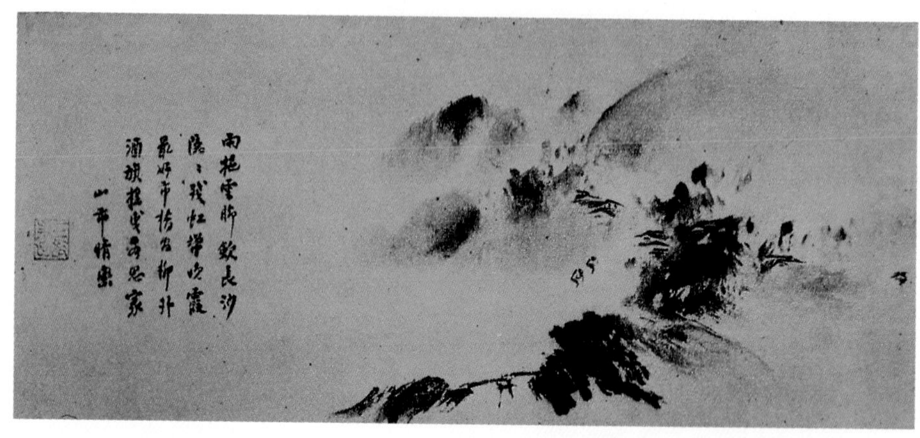

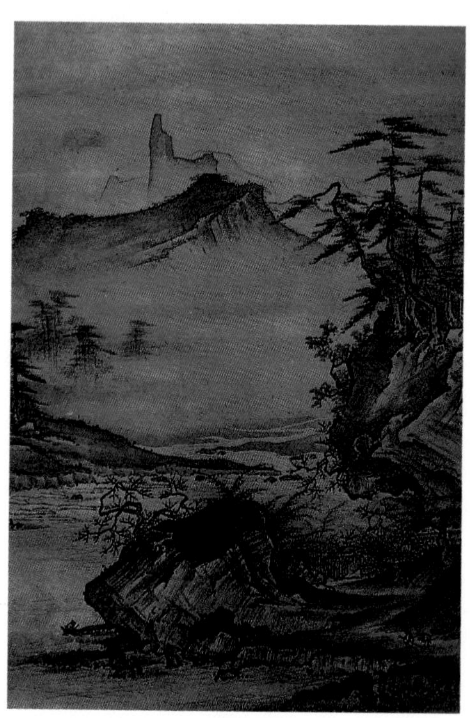

◆圖130

山水　祥啓

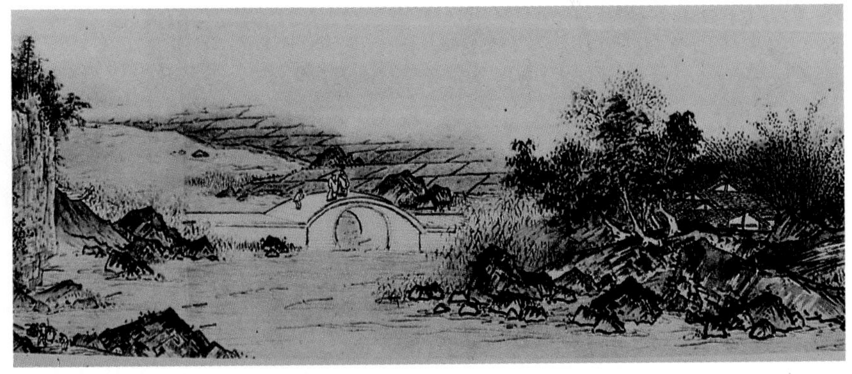

◆圖137
山水　雪舟

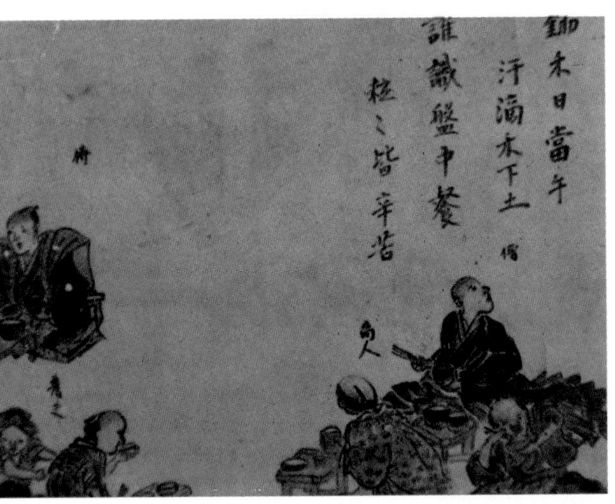

◆圖141
社會生活繪卷
作者不詳

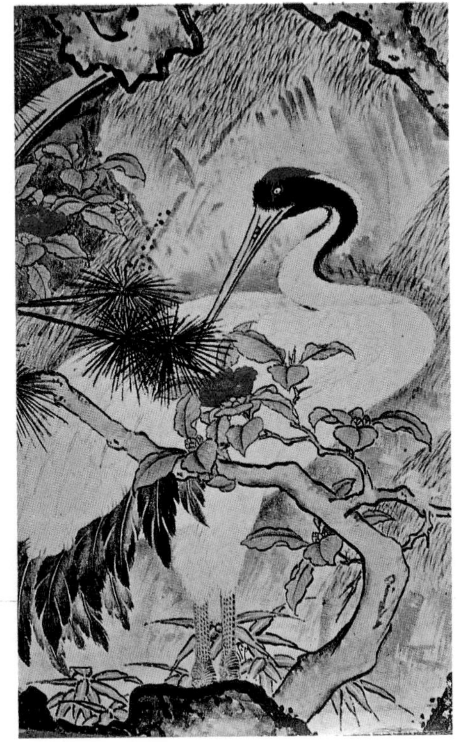

◆圖140
屏風花鳥畫（局部）
雪舟

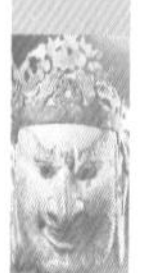

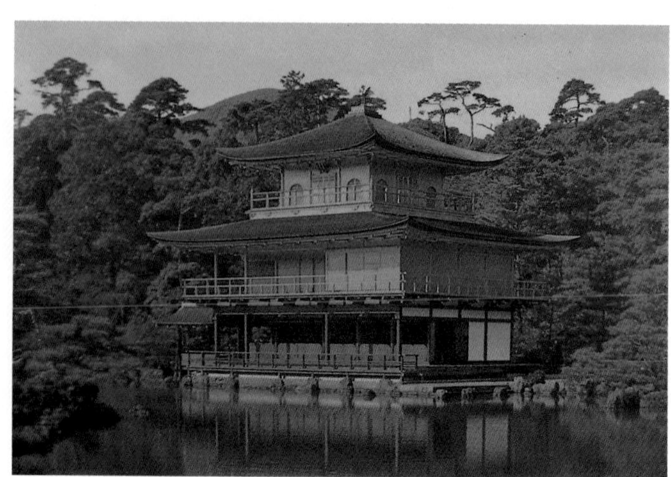

◆圖142

金閣寺
京都

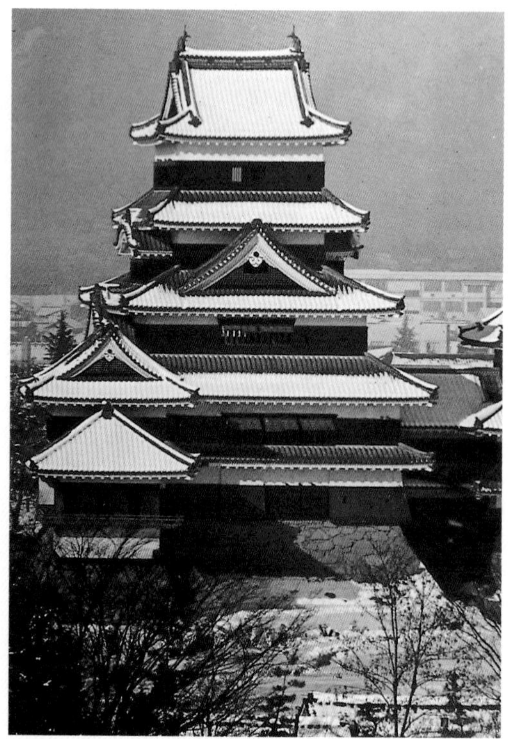

◆圖143

松本城堡
松本市

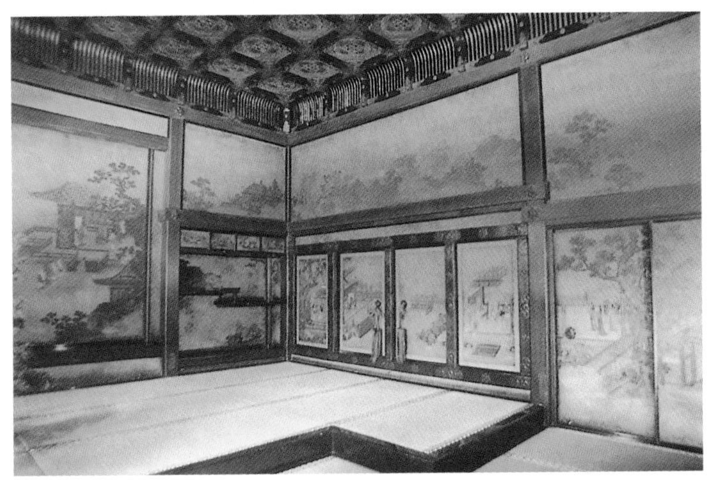

◆圖144

二條城堡內景

京都

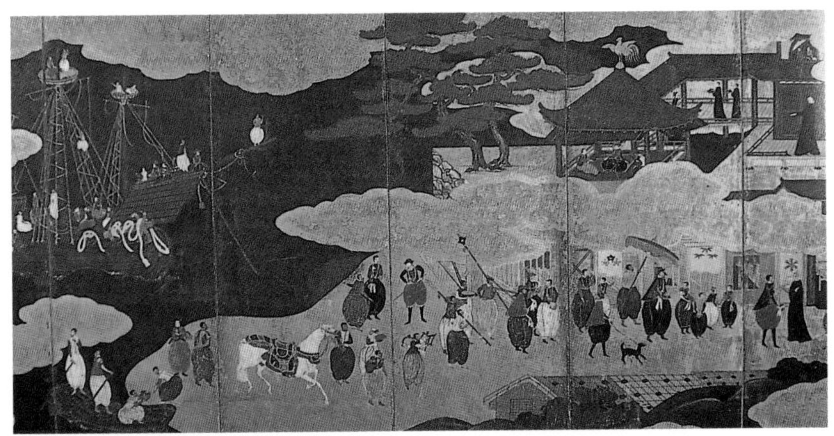

◆圖145

南蠻畫

桃山時期

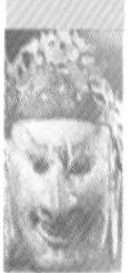

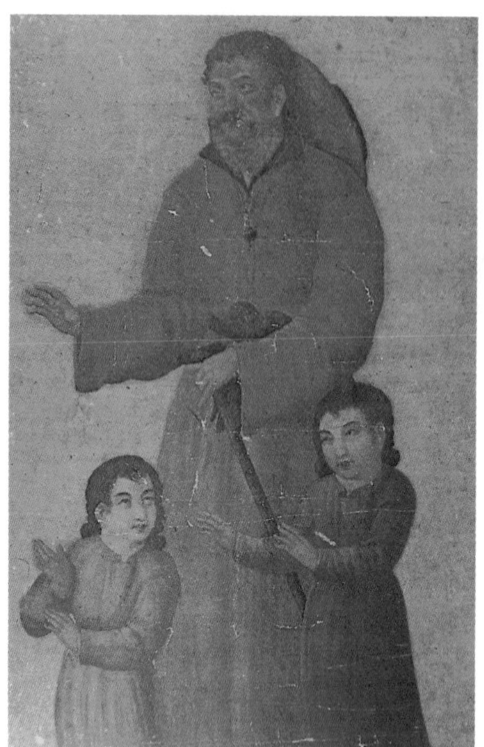

◆圖146

葡籍神父與日童
桃山時期

◆圖150

松樹花草
長谷川等伯

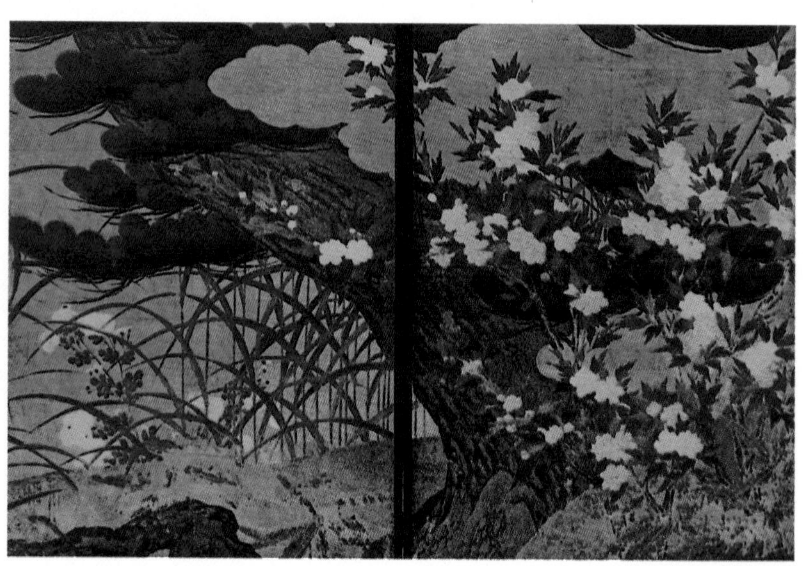

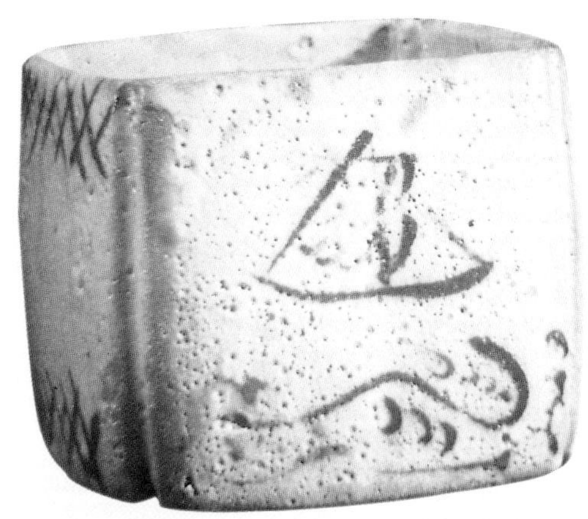

◆圖151
志野陶器
桃山時期

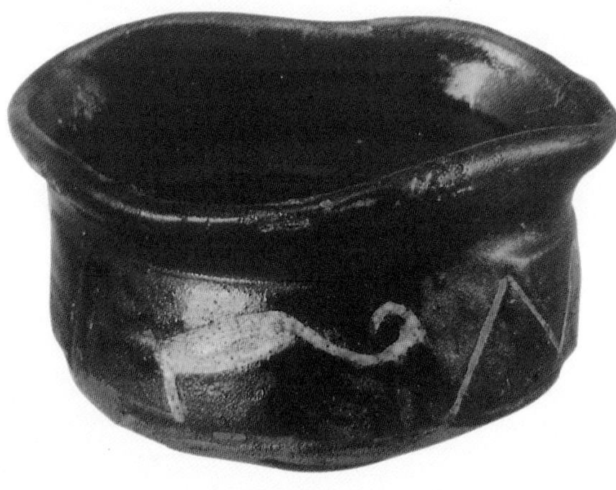

◆圖153
樂燒陶
桃山時期

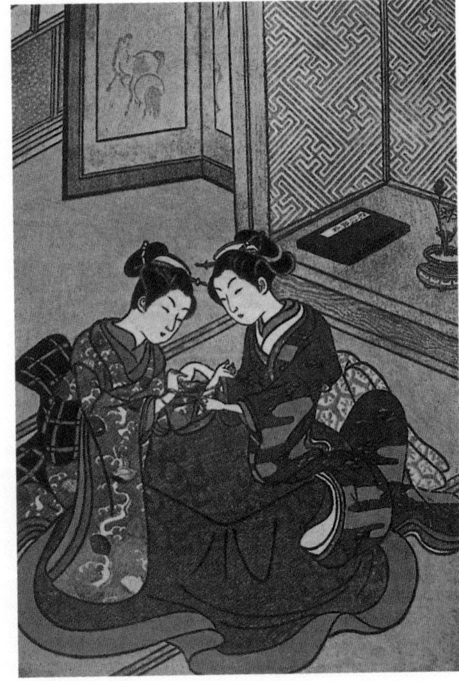

◆圖155
女戲圖
鈴木春信

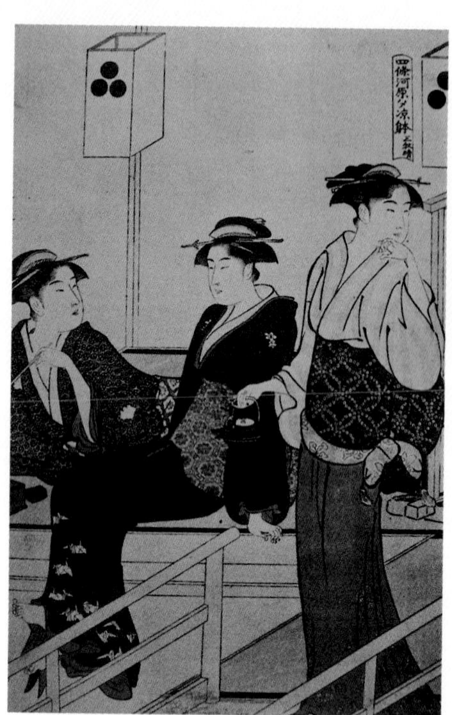

◆圖156

衆女圖
清長

◆圖157

仕女
喜多川哥麿

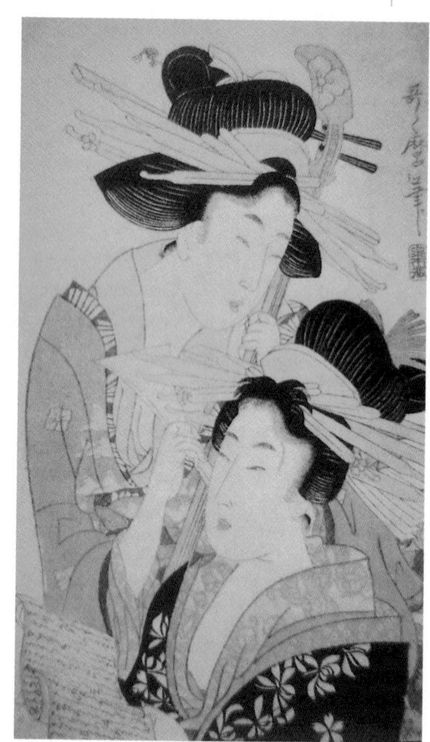

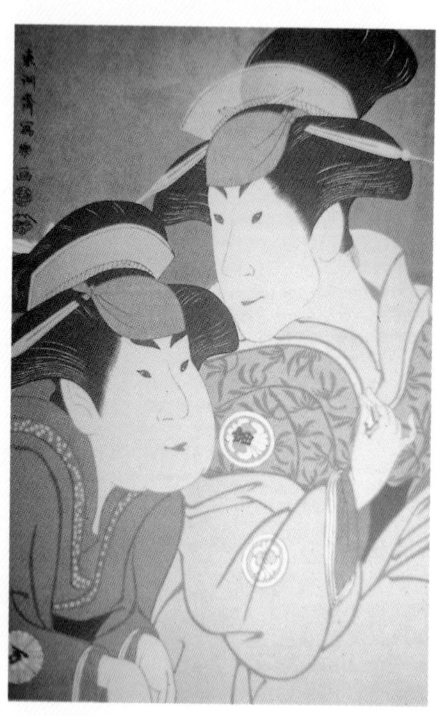

◆圖159

瀨川富三郎與中村萬世
東洲齋寫樂

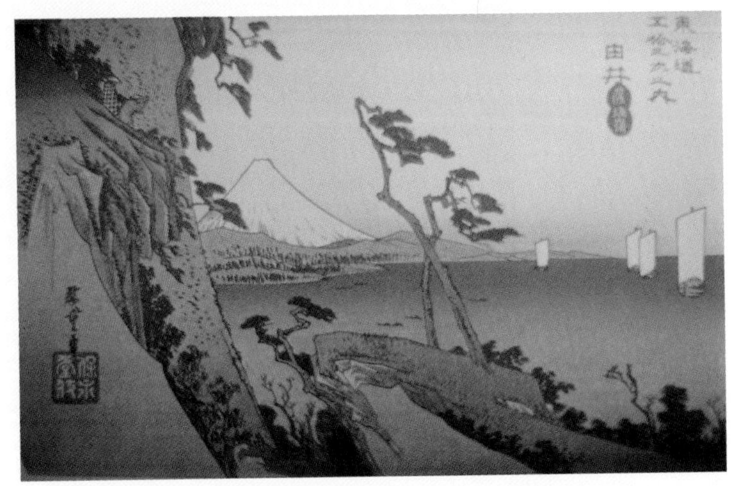

◆圖161

由井，東海道
安藤廣重

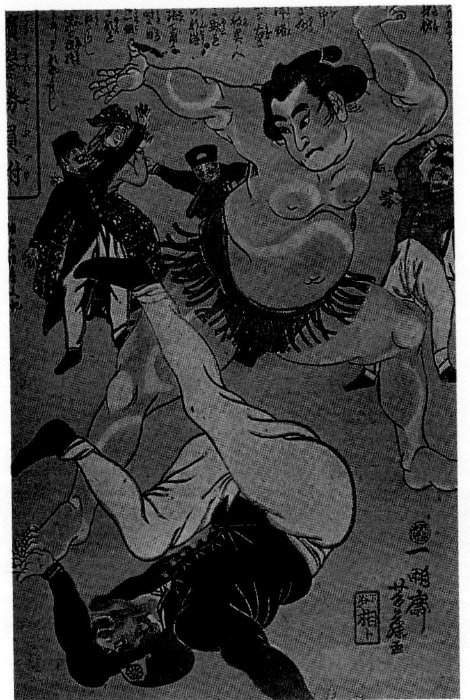

◆圖163

相撲
一明齋

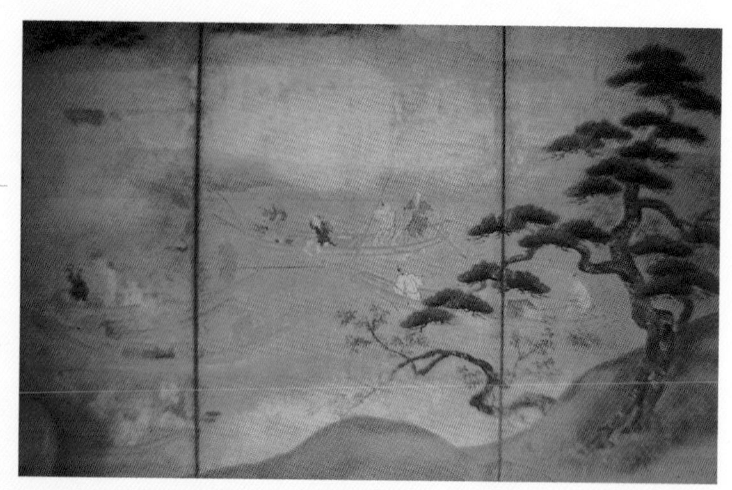

◆圖167

鵜飼圖（局部）
狩野探幽

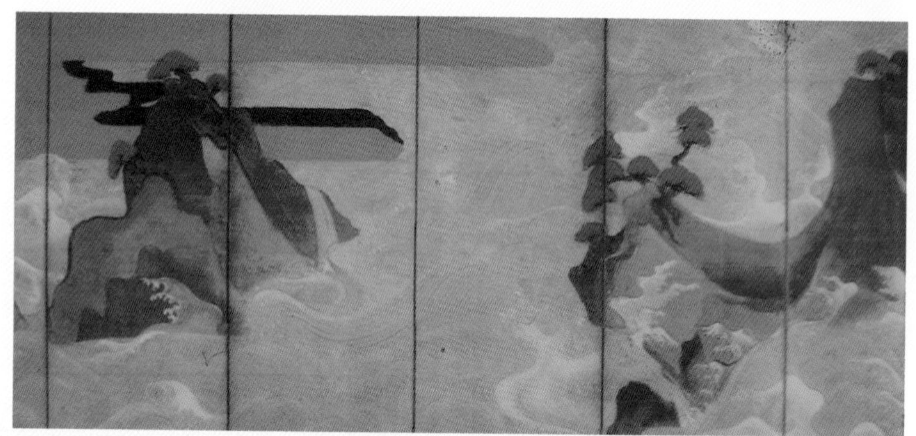

◆圖169

松島圖（局部）
俵屋宗達

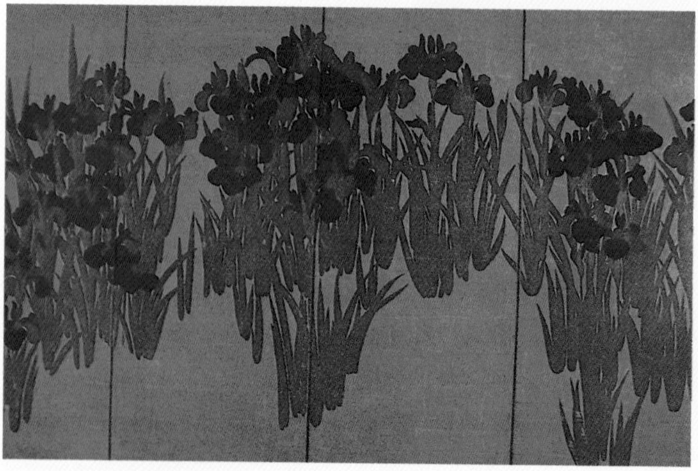

◆圖170

鳶尾花（局部）
尾形光琳

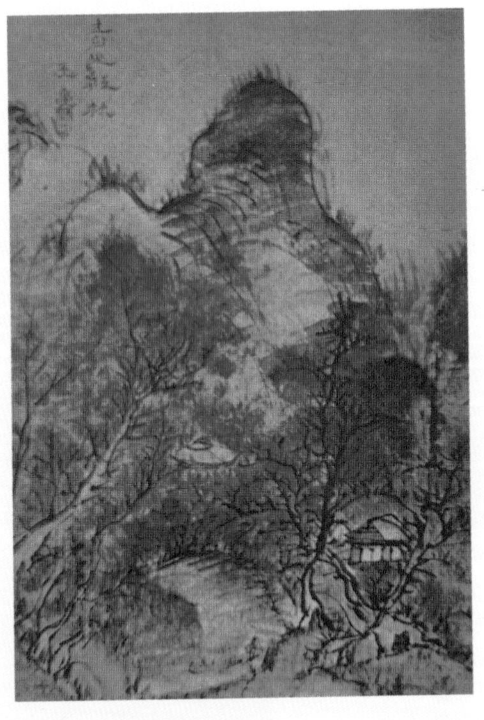

◆圖183

青山紅林
浦上玉堂

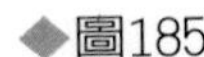

◆圖185

萬壽南壘圖
青木木米

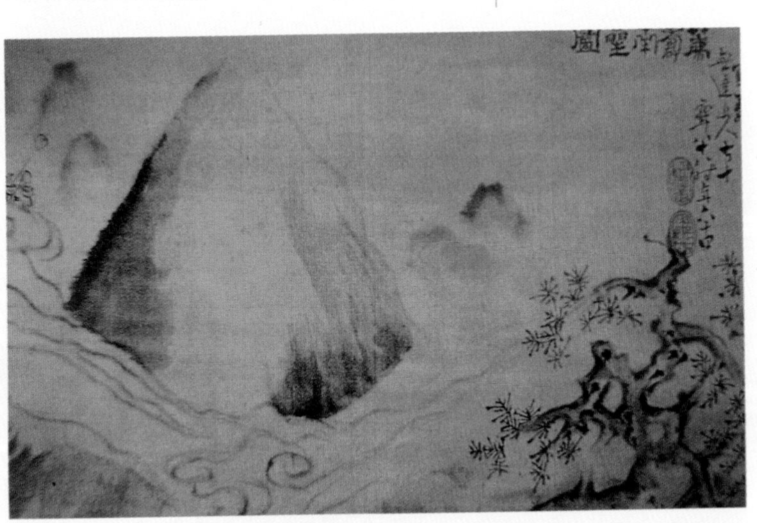

◆圖202

東照宮主殿　東照宮

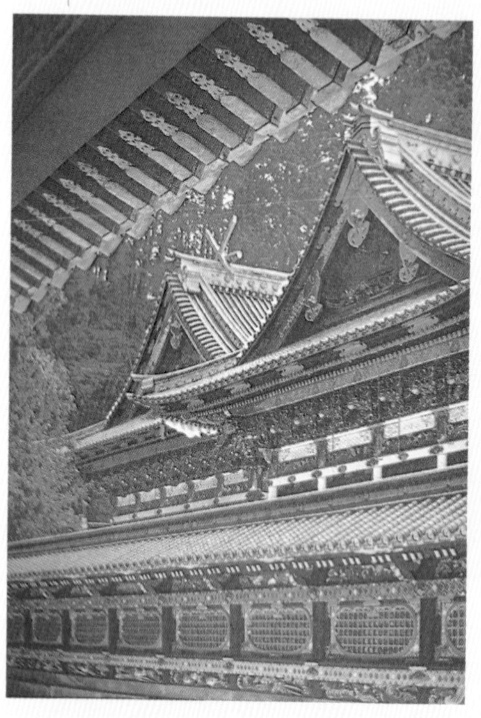

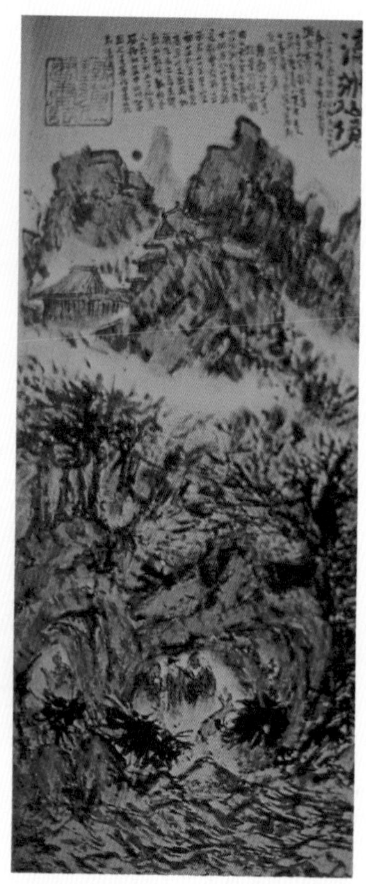

◆圖207

瀛洲仙境

富岡鐵齋

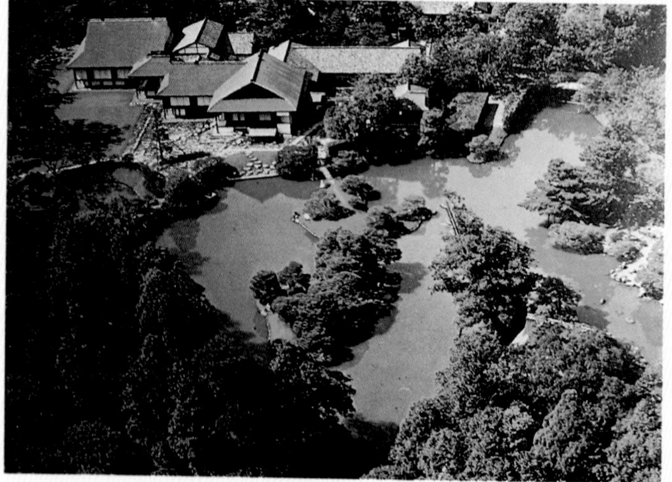

◆圖203

桂離宮

京都

◆圖209

湖畔　黑田青輝

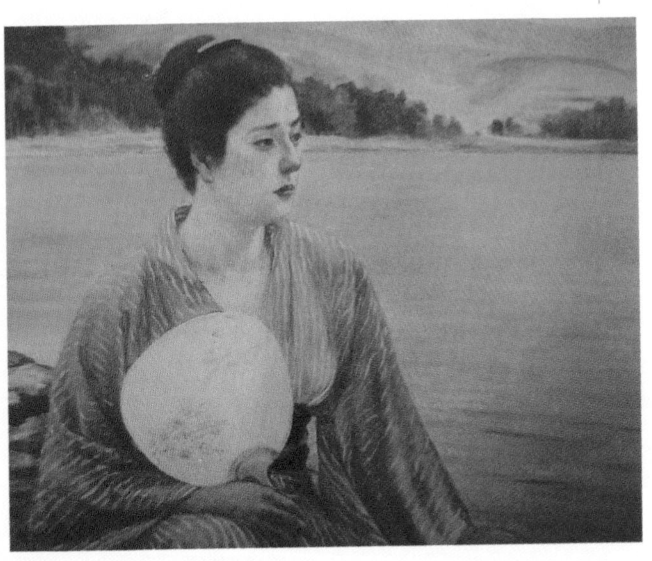

◆圖210

少女　蒙奈

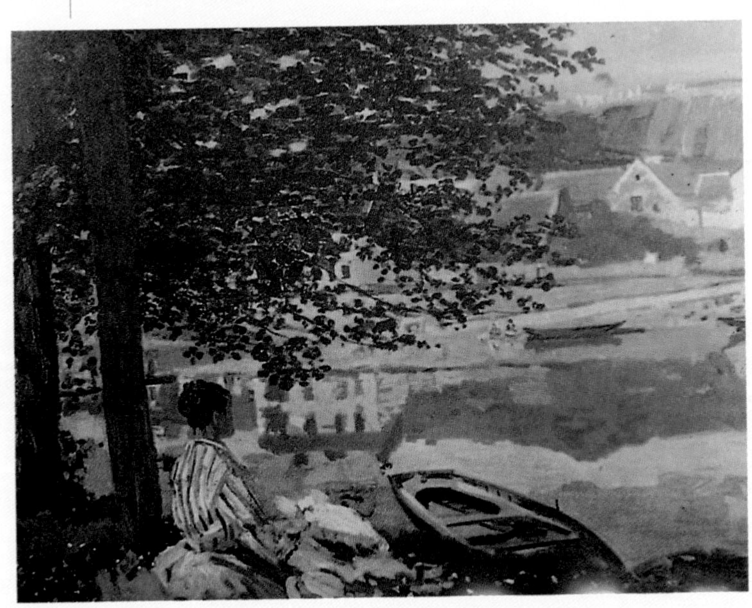

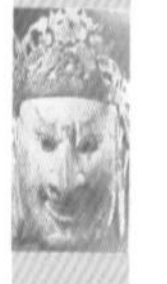

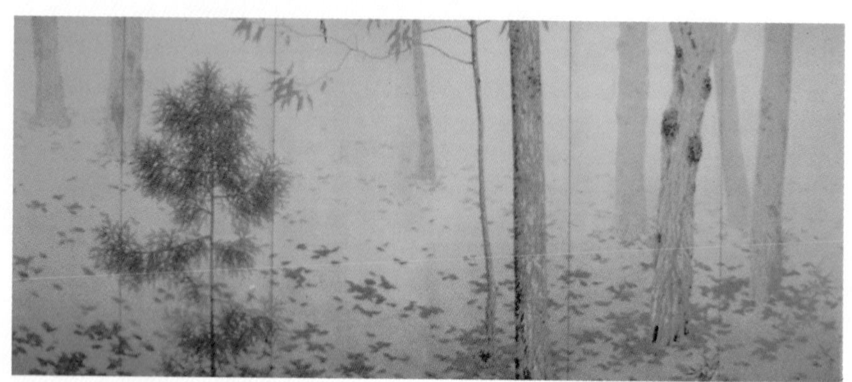

◆圖213

落葉　菱田春草

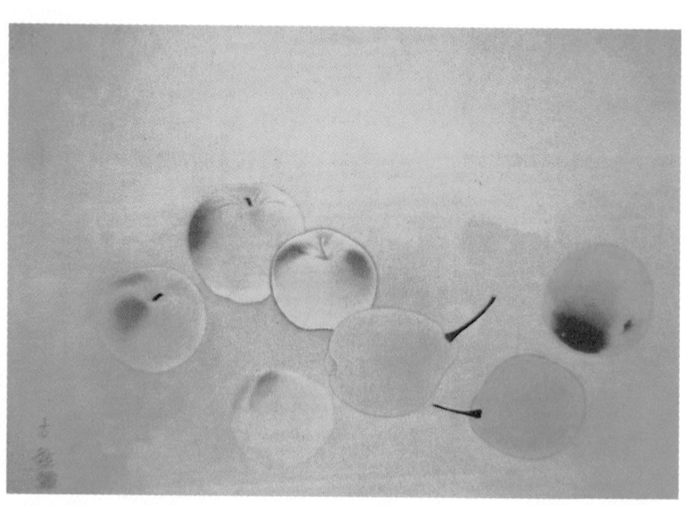

◆圖217

水果　小林古徑

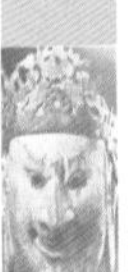

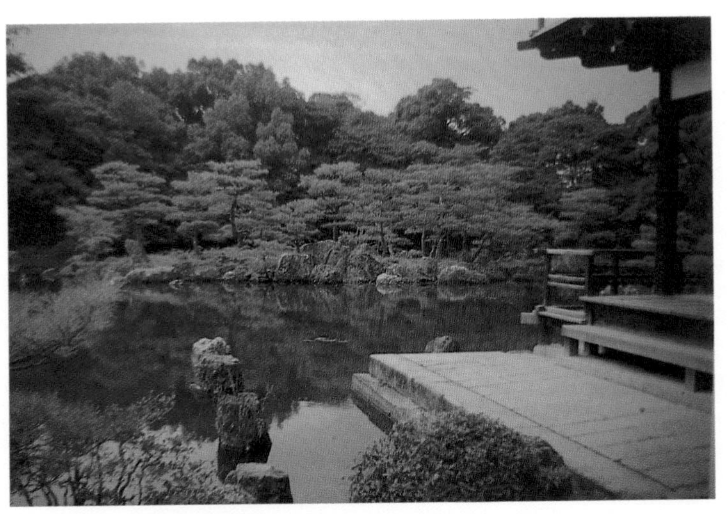

◆圖230

蓬萊島　京都金閣寺
鎌倉時期

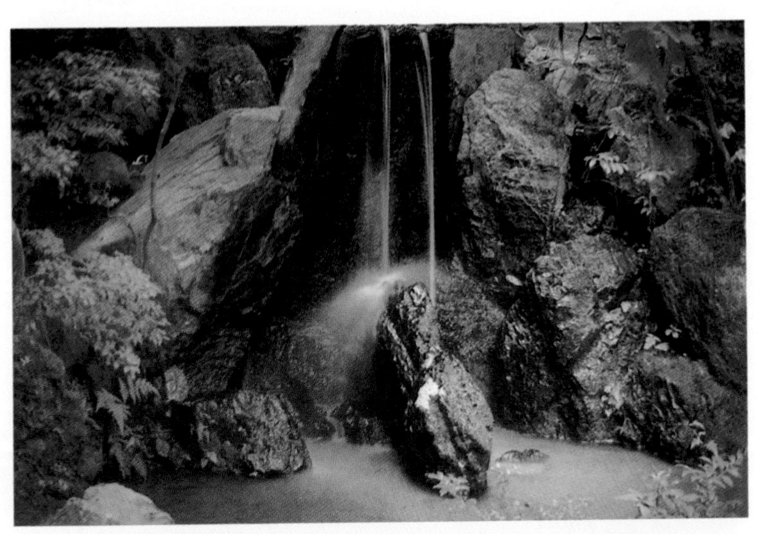

◆圖232

龍門瀑布　京都金閣寺
鎌倉時期

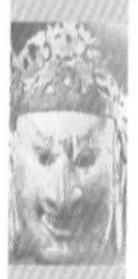

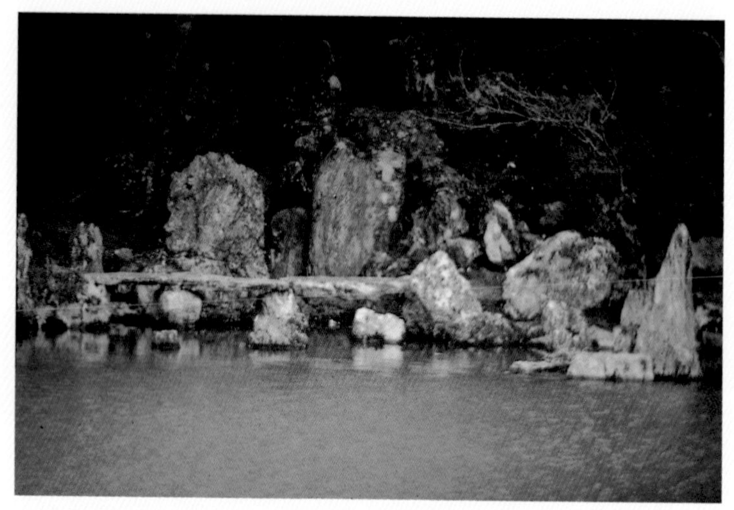

◆圖233
龍門瀑布　京都天龍寺
鎌倉時期

◆圖234
池泉中島
京都西芳寺
鎌倉時期

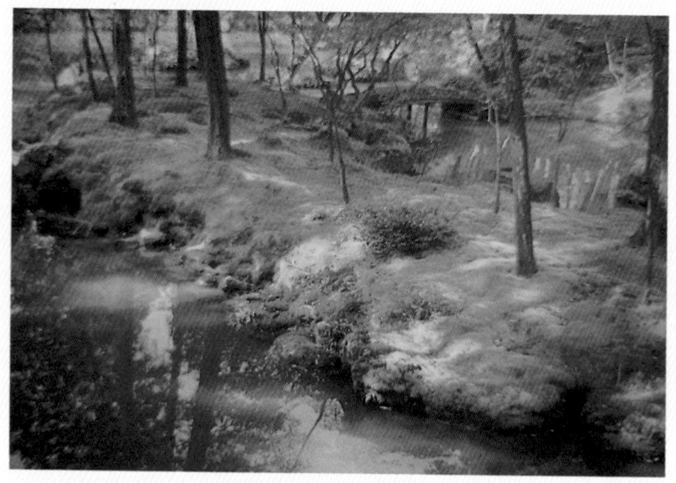

◆圖235

銀沙之海　京都銀閣寺
室町時期

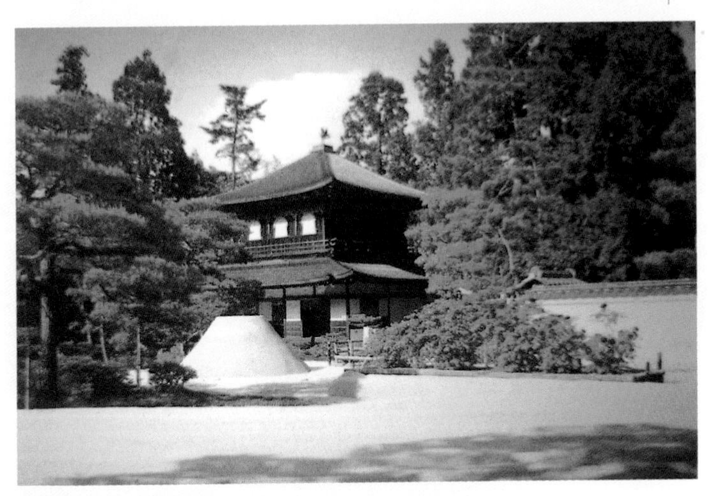

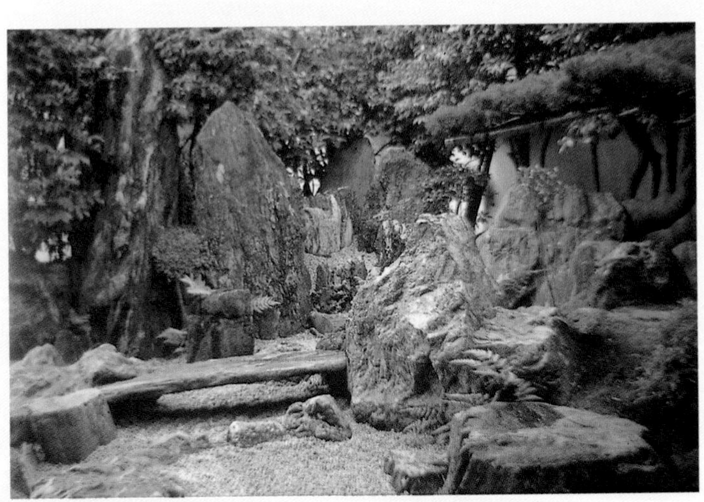

◆圖237

庭園　京都大仙院
室町時期

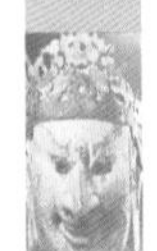

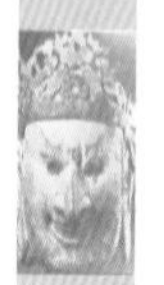

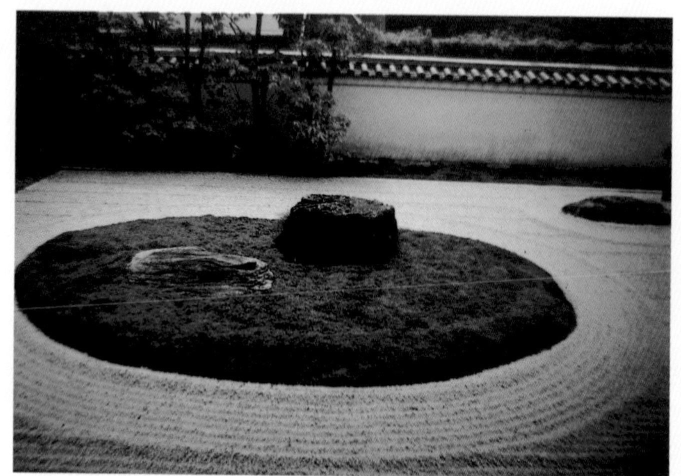

◆圖239
方丈南庭
京都龍源院
室町時期

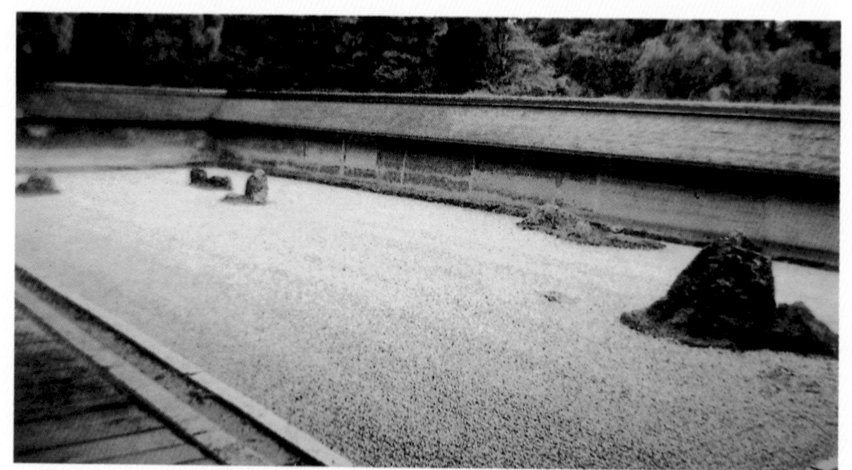

◆圖240
枯山水　京都龍安寺
室町時期

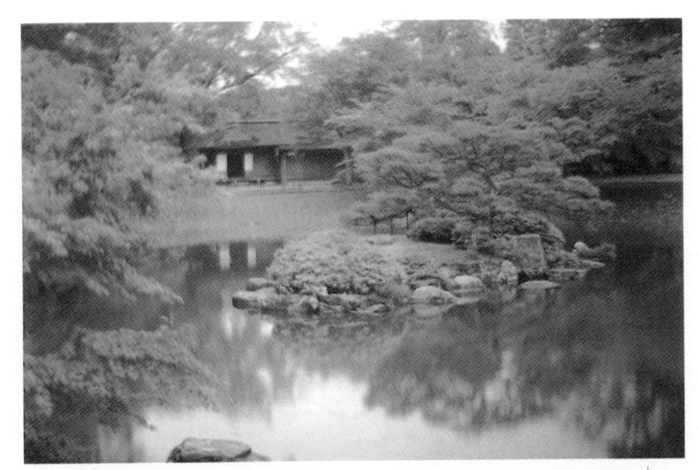

◆圖245

南庭　京都仙洞御所
江戸時期

◆圖247

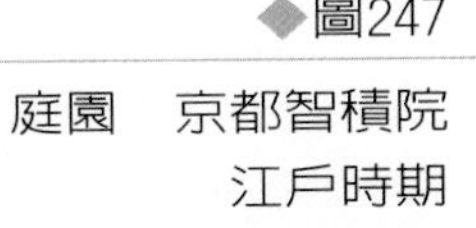

庭園　京都智積院
江戸時期

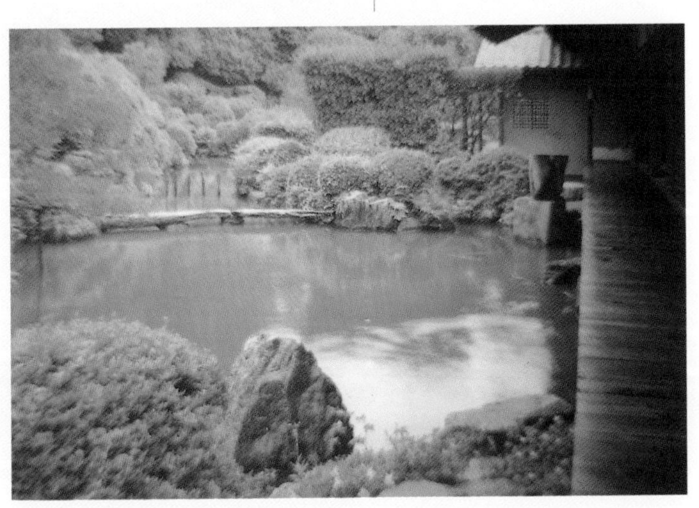

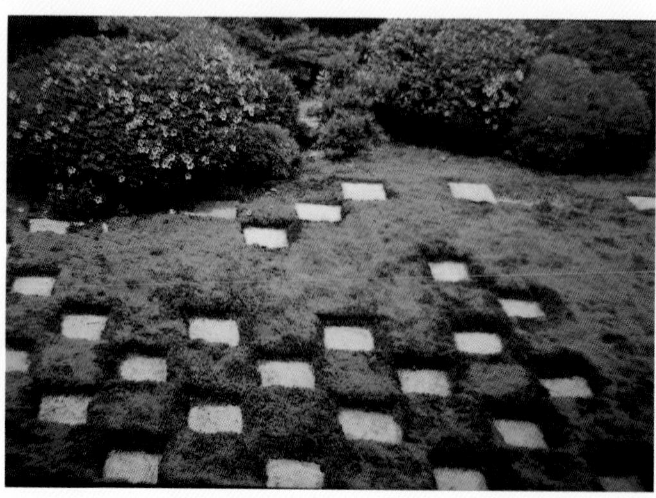

◆圖248
方丈北庭
京都東福寺
江戸時期

◆圖249
庭園　京都蓮華寺
江戸時期

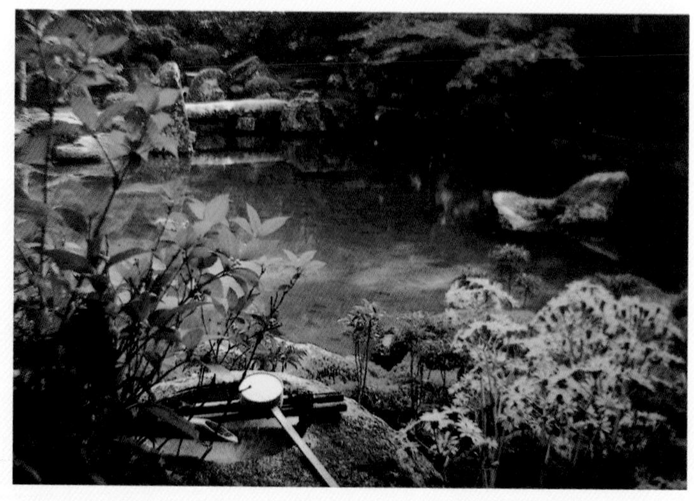

◆圖250

庭園　京都詩仙堂
江戶時期

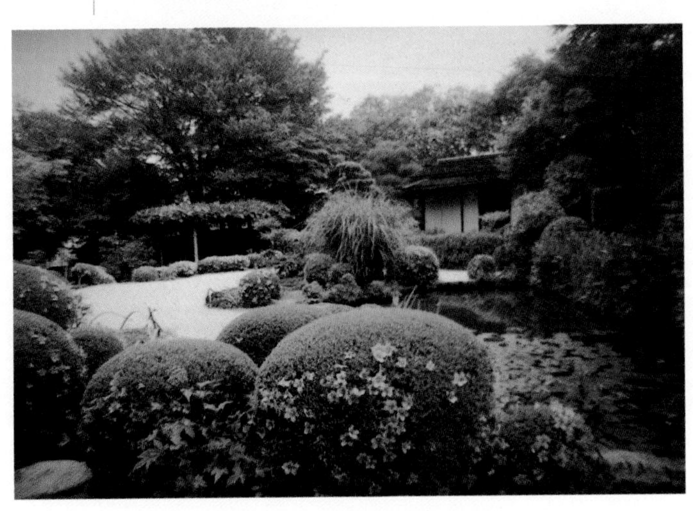

◆圖251

庭園　滋賀縣甲賀郡大池寺
江戶時期

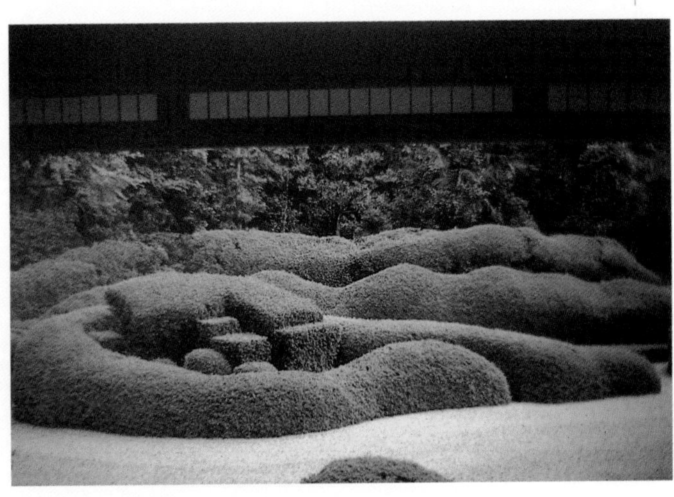

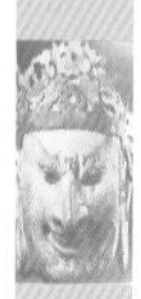

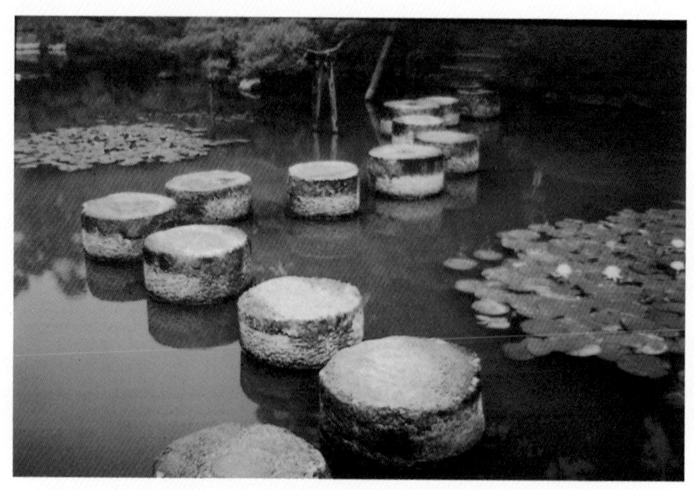

◆圖254

蒼龍池　京都平安神宮
明治時期

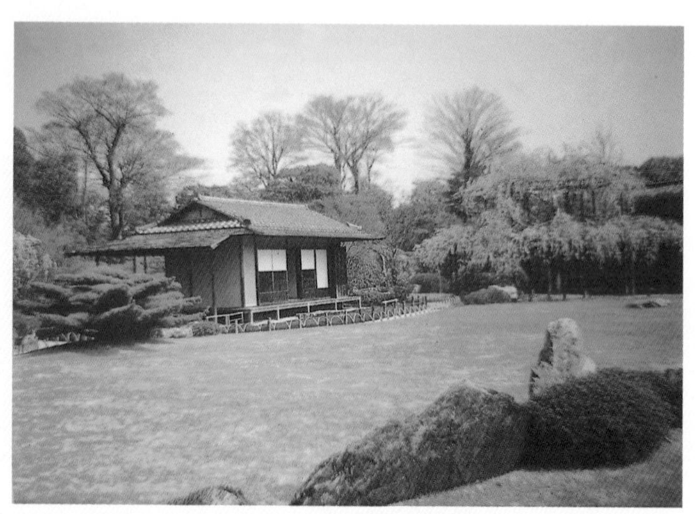

◆圖255

樂水軒庭園
京都城南宮　昭和時期